欧阳修传略

刘德清　刘菊芳　著

江西人民出版社

欧阳修书系　刘德清　丁功谊　主编

图书在版编目(CIP)数据

欧阳修传略 / 刘德清,刘菊芳著.—南昌:江西人民出版社,2012.3
(欧阳修书系 / 刘德清,丁功谊主编)
ISBN 978-7-210-05185-5

Ⅰ.①欧… Ⅱ.①刘… ②刘… Ⅲ.①欧阳修(1007~1072)-
传记 Ⅳ.①K825.6

中国版本图书馆 CIP 数据核字(2012)第 029374 号

欧阳修传略

作 者:刘德清 刘菊芳 著
策划编辑:游道勤
责任编辑:翦新民
封面设计:同异文化传媒
出 版:江西人民出版社
发 行:各地新华书店
地 址:江西省南昌市三经路 47 号附 1 号
编辑部电话:0791-86898510
发行部电话:0791-86898815
邮 编:330006
网 址:www.jxpph.com
E-mail:jxpph@tom.com web@jxpph.com
2012 年 6 月第 1 版 2017 年 10 月第 2 次印刷
开 本:787×1092 毫米 1/16
印 张:20.75
字 数:300 千
ISBN 978-7-210-05185-5
赣版权登字—01—2012—25
版权所有 侵权必究
定 价:29.00 元
承 印 厂:永清县晔盛亚胶印有限公司
赣人版图书凡属印刷、装订错误,请随时向承印厂调换

《欧阳修书系》总序

  欧阳修是宋代学者型政治家的杰出代表,是封建盛世文人立身行事的光辉典范,也是宋朝重创造的时代精神的首倡风气者。他一生的为人、为政、为学、为文,都站在时代最前列,尤其是他坚持将改革创新精神贯彻于学术研究和文学创作中,取得了丰硕的成果,为创立、繁荣宋型文化,作出了全方位、开创性的贡献。

  欧阳修的为人,性格刚直,襟怀坦易,宽厚廉正,风节自寺。他不满宋初以来的因循世俗和卑弱士风,竭力倡导并厉行"君子"意识,讲究儒教"名节",以"果敢之气,刚正之节"(王安石《祭欧阳文忠公文》),矫正社会陋习,化育士林新风,培育造就了宋一代士大夫忠义气节,形成宋代士林群体自觉的道德人格,开启了宋代重人格、厚人品的时代精神。

  欧阳修的为政,恪守儒家仁义思想,前期积极参与朝政革新,后期坚持稳健改革。纵观其一生行迹,治国理政,基于宽简爱民;建言献策,循依人情物理。他的执政理论主要是"人情说"、"宽简说"和"爱民说"。他自始至终以人之常情作为政治圭臬,反对一切不符合人情事理的政治弊端;为政宽而不苛,简而不繁,不务虚名,注重实效;主张"节用以爱农",关注民生,反对滥用民力。

  欧阳修的为学,承继中唐韩愈的道统文统说,标举胡瑗、孙复、石介的道文观,开启宋明理学之先河。在经学研究上,他的

《易童子问》《诗本义》等著述,大胆突破汉唐章句训诂之学,自出议论,探求经典本义,使经学研究摆脱名物训诂轨道,转入讲求义理的方向。在史学著述上,他主持编纂《新唐书》,独自撰写《新五代史》,通过史著褒贬忠奸,整饬道德,标举名节,丰富并发展我国正史编纂体例。此外,他的《集古录跋尾》是我国古代金石学开山之作;他参与编纂的《崇文总目》为我国现存最早的国家图书总书目,对古代目录学的发展影响深远;他独立编撰的《欧阳氏谱图》奠定明清两代私家族谱基本范式,对我国谱牒学的发展贡献卓著。

作为北宋中期文坛宗师,欧阳修的文学创作成就最为显著。他为北宋诗文革新运动提供了系统的理论,创作了大量堪称典范的优秀文学作品,并且利用自己的政治地位,借用行政的力量,奖掖后学,爱赏人才,培养大批文学新秀。在文学理论上,他提倡"文与道俱"、"穷而后工",把儒家之道与世间"百事"联系起来,以文学反映社会现实。在创作实践中,他众体兼备、各极其工,为诗文革新提供大量典范之作。在诗歌创作上,他先后作为西京洛邑文人集团的骨干、东京汴梁诗人群体的领袖,转益多师,学习韩愈"以文为诗",兼学李白、杜甫、白居易等,且颇多创变,抒情议论相融,情韵理趣兼备,以个人充沛的情感,反映复杂的社会现实,矫正西昆诗风的唯美倾向,奠定宋诗的现实主义基础,导引了宋调的形成。在词的创作上,他沿着南唐后主李煜开辟的方向,多用白描,抒发自我的人生感受,富有强烈的生活气息。同时,他借鉴民歌"定格联章"等表现手法,改变词的审美趣味,朝着通俗化的方向开拓,成为宋代词史上学习民歌的第一人,并由此造就其清新明畅的词风。在辞赋创作上,他长于议论,讲究用典,句法错落有致,将诗词传神隽永的语辞特色和要眇宜修的语气之美引入辞赋,使之兼具摇曳生姿的美感。

作为北宋中期杰出的文学家、史学家与政治家,欧阳修既是吉安永丰最宝贵的历史文化资源,也是江西、中国乃至是世界的著名文化品牌。大力宣传欧阳修,对外可以提升永丰的整体形象,对内可以激发永丰人民的自豪感,从而把千年欧公的家乡建设得更加美好。

　　本丛书以《四部丛刊》初编影印元刻本《欧阳文忠公集》为底本,参用《全宋文》《全宋诗》《全宋词》等通行版本及李逸安点校的《欧阳修全集》,对现存的欧阳修的散文、诗歌、词赋,统一按照写作时间重加编纂,予以笺注评析,力求准确反映欧阳修思想发展和创作演变的轨迹。由于这套丛书所涉及的内容广博而复杂,编著者学识水平有限,书中缺谬在所难免,恳请海内外方家及广大读者不吝赐正。

刘德清　丁功谊

2011 年 12 月 15 日

目　录

一　家世与童年

　　在江西的中西部,赣江的中游,有一座历史文化名城叫吉安,古称庐陵。相传庐陵的名称,得自于泸水。泸水是赣江主要支流之一,在庐陵县境汇入赣水,水源出自武功山麓。武功山海拔一千九百一十八米,号称"江西第一峰",传说主峰金顶两旁各有一峰,古代有卢姓、萧姓二位道士结庐峰顶,炼丹修真,故称卢山、萧山,合称卢萧山,也作泸潇山,后世讹称罗霄山。又传泸潇二峰之下各有一水,潇水南流下洞庭,泸水东流趋彭蠡,彭蠡就是江西鄱阳湖。泸水下游广袤的丘陵地带及山间平原,因此获称"庐陵"。唐朝李吉甫《元和郡县志》卷二九说道:"庐陵,因庐水为名。"作为县名的庐陵,一直沿用两千余年,民国初期才更名为吉安。作为郡名的庐陵,后世虽然改称吉州、吉安府,但是州府各县的文人学士自述乡籍时,依然习惯于称署"庐陵"。

　　有人称呼庐陵为"秦县""汉郡",其中"秦县"之说不一定可靠。说是秦始皇统一中国时,秦将王翦灭楚后设置庐陵县,隶属九江郡,此说法并无早期文献可征,始见于秦亡一千年后的《元和郡县志》,盛行于再过六百年后的明万历《吉安府志》。而有汉代史料佐证的,则是高祖初年,豫章郡从九江郡析出时,庐陵为其辖县之一。《汉书》卷二八《地理志》"豫章郡"下附注"高帝置",下辖"县十八","庐陵"名列第二,位居"南昌"之后。有关庐陵立郡的年月,也有多种说法,然而相差无几,都在东汉之末。魏晋之前的庐陵,基本属于未开化的蛮荒之地。西晋永嘉之乱、盛唐安史之乱以及唐末五代之乱,迫使大量北民南迁,庐陵地区以其得天独厚的自然环境,成为南迁者落脚的首选地。而随着先进中原文化的不断传入,庐陵的经济与文化得到快速发展。唐初张九龄奉诏开凿梅岭驿道后,更使庐陵处在中原与岭南往来的南北交通要道上。初唐"文章四友"之一、诗人杜甫的祖父杜审言贬官吉州司户参军期间,在治所建诗社,兴文教。中唐忠烈大臣颜真卿贬官吉州司马时期,也在州治广辟学舍,大兴教化。后世庐陵学子思慕其人,景仰其行,文章节义,昭著天下。尤其是宋明两代,此地文风鼎盛,人才辈出,相继涌现欧阳修、胡铨、周必大、杨万里、刘过、刘辰翁、文天祥、杨士奇、解缙、胡广、彭时、罗钦顺、罗洪先、邹元标等一大批历史文化名人。其中的欧阳修,就是古庐陵地区最早升起的一颗灿烂的文坛巨星。

欧阳修的籍贯地就在吉州庐陵郡永丰县沙溪镇。关于欧阳姓氏的由来,欧阳修在他亲自撰写的《欧阳氏谱图序》中有详细叙述:

欧阳氏之先,本出于夏禹之苗裔。自帝少康封其庶子于会稽,使守禹祀,传二十余世至允常。允常之子曰勾践,是为越王。越王勾践卒,子王鼫与立。自鼫与传五世,至王无疆,为楚威王所灭。其诸族子分散争立,滨于江南海上,皆受封于楚。有封于欧阳亭者,为欧阳亭侯。欧阳亭在今湖州乌程欧余山之阳。其后子孙遂以为氏。

据其所述,欧阳氏是夏禹的后裔,传到越王勾践五世孙王无疆时,被楚威王灭亡。后裔封在乌程(今浙江湖州)欧余山之阳,做欧阳亭侯,于是子孙以此为姓氏。然而,其中大都兼带传说成分,虚远玄邈,难以考证。接下去叙述西汉后欧阳氏谱,内容渐趋明朗:

汉高祖灭秦,得无疆之七世孙摇,复封为越王,使奉越后。而欧阳亭侯之后有仕汉为涿郡太守者,子孙遂居于北。一居冀州之渤海,一居青州之千乘。其居千乘者曰生,字和伯,仕于汉最显,世为博士,以经名家,所谓"欧阳尚书"是也。其居渤海者,仕于晋,最显曰建,字坚石,所谓渤海赫赫欧阳坚石是也。建遇赵王伦之乱见杀。其兄子质以其族奔于长沙,由是子孙复居于南。仕于陈者曰颁,威名著于南海。颁之孙曰询,询之子通,仕于唐尤显,皆为名臣,其世居长沙,犹以渤海为封望。

诚如所言,西汉著名经学家欧阳生,西晋名士欧阳建,都是欧阳氏的远祖。隋末唐初的杰出学者、大书法家欧阳询,是欧阳修的二十世祖。然而,中国古代谱牒常患的一种通病,就是将同姓的历史名人统统载入本家族谱,欧阳修恐怕也未能免俗。接下去所叙述的唐代欧阳氏谱,揭示庐陵欧阳氏始祖为欧阳琮与欧阳万,是世居长沙、以冀州渤海为郡望的欧阳通的后裔:

自通三世生琮,琮为吉州刺史,子孙因家焉。自琮八世生万,万为安福县令。万生和,和生雅,雅生效、楚,效生谟、讬、谚,讬生皇高祖府君。府君生子八人,于世次为曾祖。今图所列子孙,皆八祖之后。盖自安福府君以来,遭唐末五代之乱,江南陷于僭伪,欧阳氏遂不显,然世为庐陵大族。

欧阳询四世孙欧阳琮,出任吉州刺史,子孙开始居住吉州。欧阳琮八世后裔欧阳万,担任吉州安福(今属吉安市)县令,后嗣散居安福、庐陵(今江西吉安县)、吉水(今属吉安市)等县地,欧阳修是欧阳万九世孙。文献记载与文物遗存证明,欧阳琮坟茔在今萍乡市芦溪县狮子岩,欧阳万墓葬在今吉安市安福县江南乡欧金村,此二人历来被视为庐陵欧阳氏开基祖。在《欧阳氏谱图》中,欧阳万事迹阙如,而所具列的欧阳琮事迹,则明显不合情理:

吉州府君讳琮,葬袁州之萍乡(今属江西),而子孙始家于吉州。当唐之末,黄巢攻陷州县,府君率州人捍贼,乡里赖以保全,至今人称其德。

南宋欧阳守道《巽斋集》卷十九《书欧阳氏族谱》,首先揭示其中的乖舛,指出所叙人物事迹的自相矛盾:

刺史(欧阳琮)为率更(欧阳询)四世孙,率更父子(欧阳询、欧阳通)仕唐初,而四世孙乃捍黄巢之乱,是为当僖宗之世。唐有天下,至此已二百六十余年之久。唐帝且十有六传,而吾家才四世也。推官(欧阳郴)为刺史十四世孙,既曰刺史捍巢贼,而推官仍仕南唐,南唐有国,始终不过四五十年,上去广明(唐僖宗年号,880—881,时黄巢农民起义军进攻江西)之乱近,何四五十年之近,而吾家已十四世也?

稍晚些时候,周密《齐东野语》卷十一,也以《谱牒难考》为题,揭示这一失误:

欧公著族谱，号为精密。其言询生通，自通三世生琮，为吉州刺史，当唐末黄巢陷州县，率州民捍贼，乡里赖以保全。琮以下谱亡。自琮八世生万，为安福令，公为安福九世孙。以是考之，询在唐初，至黄巢时，几三百年，仅得五世，琮在唐末，至宋仁宗才百四十五年，乃为十六世，恐无是理。

这里的错误显而易见。从唐初欧阳询到黄巢农民起义军进攻吉安，所谓"广明之乱"中欧阳琮"率州民捍贼"，其间将近三百年，欧阳氏不可能只传五代。既然欧阳琮生于唐末，又称其十四世孙欧阳郴"仕南唐"，唐末南唐仅有数十年时间，欧阳氏又如何能传十四世？实在令人难以置信。因此，欧阳守道《书欧阳氏族谱》指出："唐欧阳琟碑，颜鲁公撰并书，其书上世名讳与率更以前同，又名从玉旁，比之刺史讳相类，琟似是刺史从兄弟。然其卒在大历中，则刺史亦必是此时人。若吾家果有捍巢贼事，当是刺史以后六七世孙，不可系此于刺史事迹内也。"也有人据此推测，《欧阳氏谱图》将欧阳万的事迹，误载于欧阳琮名下，欧阳琮事迹实际上阙如，因而形成这种乖误。

《欧阳氏谱图》的纪事，自欧阳修高祖欧阳托以下，比较准确可靠：

处士讳托，字达明，隐德不仕，乡里称之。凡民有争决之官府者，后多复诉讼；有从处士平其曲直者，遂不复争。

高祖欧阳托只是一个普通的老百姓。乡民之间发生争讼，经由他裁判调停，都不会再有争执。可见他为人正直，处事公道，在乡里享有崇高威望。欧阳修高祖以上的居住地，本来叫庐陵县文霸乡安德里，而《欧阳氏谱图序》开章明义所标注的籍贯地"吉州庐陵县儒林乡欧桂里"，是从曾祖欧阳郴时代才获得的改称。

令公府君讳郴，字可封，仕南唐，为武昌令、吉州军事衙推，官至检校右散骑常侍兼御史大夫。性至孝，兄弟相友爱。有紫芝，一茎两葩，生于楹。乡人以为孝德所感，为著赋颂。享年九十有四，葬欧桂里横溪保之燕湖。

曾祖欧阳郴，做过南唐的官吏。他孝敬父母，友爱兄弟，在乡里传为美谈。而关于"儒林乡欧桂里"地名的由来，《欧阳氏谱图》明确揭示出自欧阳郴第三子欧阳仪：

> 屯田府君讳仪，字象之，仕南唐。举进士及第，官至屯田郎中。府君之登进士第也，父母皆在乡里，荣之，乃改庐陵之文霸乡安德里为儒林乡欧桂里，其所居履顺坊为具庆坊。

祖父欧阳偃有同门兄弟八人，其中三兄欧阳仪考中南唐进士，官至屯田郎中。他登进士第的时候，父母都还健在，乡里引为荣耀，于是改称庐陵县故里"文霸乡安德里"为"儒林乡欧桂里"，住地"履顺坊"也改名为"具庆坊"。

祖父欧阳偃，在同门八兄弟当中，排行第六。欧阳修四岁丧父，他的《先君墓表》称父亲"享年五十九"，可见欧阳修是父亲五十六岁时的晚年得子。墓表又称"先君少孤力学"。可知祖父欧阳偃弃世，距离欧阳修出生有四五十年之久。《欧阳氏谱图》说：

> 令公府君讳偃，少以文学著称南唐，耻从进士举，乃诣文理院上书，献其所为文十余万言。召试，为南京街院判官。享年三十八，葬吉水之回陂。

欧阳偃文学天赋极高，从小能诗善文，性格孤高狷介，可惜英年早逝，未能有所建树。实际上，欧阳偃生前不再居住庐陵县儒林乡欧桂里，已经迁徙到吉水县沙溪镇，墓葬在今吉水县葛山乡回陂。宋仁宗至和元年（1054），欧阳修四十八岁那年，割吉水县报恩镇及周围五乡，设置永丰县（今属吉安市），沙溪归属永丰。因此，准确地说，欧阳修籍贯地是吉州庐陵郡永丰县沙溪镇。《欧阳氏谱图序》明确指出："今谱虽著庐陵，而实为吉州永丰人也。"据《四库全书》康熙《御定佩文斋书画谱》，《集古录跋尾》卷八《唐高闲草书》，欧阳修也曾自署"永丰欧阳修"。

然而，欧阳修的出生地，却在遥远而偏僻的四川绵州（今四川绵阳）。绵州宋时属成都府路，是北宋版图最西的州郡之一，西接吐蕃国。当时父亲欧阳观担任绵州军事推官，儿子就出生在官所。那是宋真宗景德四年（1007）六月二十一日凌晨，四川绵州军事推官廨舍里，一个浑身白毫的男婴，迎着晨光孤呱坠地。孩子的母亲在怀孕之前,曾经梦见一位白发苍苍的仙翁,送给自己一个白毛小孩。身怀六甲的时候,母亲身上忽然长起白色毫毛。孩子降生以后,白毫在母体上逐渐脱落,却不知怎的转移到婴儿身上去了。这个不平凡的婴孩,就是欧阳修。

四川人素来以"天下文人皆入蜀"自许,从汉代的扬雄、司马相如,到唐代的李白、杜甫,皆为蜀人。一代文宗欧阳修诞生在蜀地,使得历代四川人引以为豪。早在宋徽宗政和年间,就有人在绵州军事推官厅旧址上修葺"六一堂",供人们参观瞻仰。当时,颇有名气、号称"小东坡"的巴蜀才子唐庚,赋写过《六一堂》诗,其中咏道:

我思六一翁,羽化四十年。虽不及抠衣,每愿为执鞭。……嗟余又晚辈,读书慕先贤。即彼生处所,馆之与周旋。

在欧阳修谢世四十年后,唐庚徘徊在"六一堂"上,追思先贤,无限钦慕,一往而情深,大有"高山仰止,景行行止"的深沉感慨。

欧阳修的父亲欧阳观,字仲宾,自幼丧父,刻苦攻读。宋真宗咸平三年(1000),年近五十的他考中进士,出任道州(今湖南道县)判官,后调任泗州(今安徽泗县)推官。欧阳观为人刚正直道,又有些恃才傲物。担任泗州推官时,淮南转运使前来视察,他没有及时迎候谒见。郡守设宴款待转运使,他又拒绝赴宴作陪。转运使恼羞成怒,上书弹劾,诬告他玩忽职守,犯有渎职罪,于是他被调迁到偏僻的绵州担任军事推官。

军事推官只是地方官府的下级官吏,佐助知州、通判治理地方政务,如每日赴签厅与知州、通判共同签署公文,参与司法案件的录问、签押与拟判等。欧阳观心地仁厚,办事谨慎。一天晚上,他在烛光下处理公务,一再放置案卷,唉声叹气,夫人郑氏问他为什么老是如此。他说:"这是一个应该判死刑的案子。我想替死刑犯寻找一条活路,可怎么也找不到。"

夫人觉得奇怪:"犯死罪的还可以找到活路吗?"

"我替他寻找活命的路子而找不到,那么,死者和我都将没有任何遗憾。有时候还真的能在死囚中间找到不该判死刑的人哩！正因为死刑犯有找到活命的可能,所以不替死囚寻找活路,死刑犯会有怨恨。我们常常为死囚寻找活路,还难免误判错杀,何况世上有的人总是千方百计地罗织罪名致人死罪哩,怎能不替死刑犯寻找活路呢?”

说到这里,欧阳观回过头来,看见奶妈抱着欧阳修站在身旁,于是指着儿子对夫人说:“算命的人都说我遇上戌狗之年将要死去。如果他们的话果真灵验,那么,我是看不到儿子长大成人了。你以后要把我的这些话告诉他。”后来,郑氏夫人在欧阳修成长过程中,时常转述丈夫的遗训。父亲为政以仁的生动事迹,深深地烙印在儿子心坎之上,欧阳修在其四十年的为政生涯中身体力行,并形成了宽政爱民的政治理念。

欧阳观为官清正廉洁,为人豁达大度,喜欢匡贫济困,又热情好客,常常不顾家庭生计,备酒置菜,招待四方宾客。推官的俸禄本来有限,他又往往不让手头留有多余的钱财,说什么“不要让钱财拖累了自己的品格”。三年绵州为官,同僚们争相采购蜀地特产。欧阳观却什么也没有购置,全部俸禄用以养家待客。任满离开四川时,他只购买了一匹蜀绢,请人画成“七贤图”六幅。这成为他三年蜀地任官的唯一纪念物。

欧阳修出生那年,父亲欧阳观五十六岁,母亲郑氏夫人二十七岁。郑氏夫人是欧阳观的继室。欧阳观原有一位妻子,不知什么原因,后来被休弃。前妻生了个儿子,叫欧阳昞,夫妻离异后跟随母亲长大。就因为欧阳观与前妻的恶劣关系,导致他对前妻所生儿子的态度冷漠。相传欧阳观进士及第后,已经长大成人的欧阳昞千里寻父,登门拜见,虽说被父亲勉强相认,却遭受极大的冷遇。欧阳观始终视前妻之子为衙门吏役与家庭奴仆,从来没有对他和颜悦色地说过一句话。没能想到的是,看似不近人情的欧阳观,与后妻却是非常恩爱。续娶的郑氏夫人,出生于江南名门大族,知书达礼,待人宽厚仁慈,持家勤俭节约。大约在欧阳修出生后一两年,家里增添了一个女婴。全家四口,生活无忧无虑,大小和睦相处,共享天伦乐趣。

大中祥符三年(1010),欧阳观调任泰州(今属江苏)军事判官。泰州是淮南东路十州之一,物产富庶。判官虽然也是幕职官,职责也是佐助州府长官处理行政、司法、财政、监察等事务,但地位在其他幕职官之上,可以代理正副长官主持签厅日常事务。对于年老失志、家籍江南的欧阳观来说,这次调任或许是心灵上的一种抚慰。然而,莅职不久,他就不幸身染重病,最终不治而死,时年五十九岁。丢下的郑氏夫人三十岁,欧阳修四岁,下面还有一个妹妹。孤苦无告的母子三人,突然失去家庭支柱,家中又毫无积蓄,顿时陷入困窘之中。欧阳修的少年时代,也就如其《奉答原甫见过宠示之作》诗中所说的"吾生少贱足忧患"。

欧阳修家门,自祖父欧阳偃以来,两世在外游宦,庐陵故里除了祖坟以外,一无所有。就如郑氏夫人日后对欧阳修所说的:"你父亲去世的时候,没有留下一间房屋和一块土地,用以维持你们的生计。"支撑这位年轻母亲决意守护幼儿稚女的唯一精神支柱,就是她一生所坚信的:丈夫是这样一位忠孝慈悲的仁者,老天爷一定会让他后继有人。

大中祥符四年(1011),郑氏夫人携儿带女,加上丈夫前妻之子欧阳晒,共同扶护欧阳观灵榇返归故里。在守护故里宗祠祖墓的大叔欧阳旦以及二叔欧阳晔的襄助下,郑氏夫人将丈夫安葬在吉州吉水县(四十四年后分置永丰县)沙溪镇。墓圹选择在镇西南四里外的凤凰山下蟠龙形,坐西向东,左右泷冈拱峙,香水环流,境域清幽秀美。

料理丈夫丧事后,无可奈何的郑氏夫人,携带幼儿稚女,跟随小叔子欧阳晔,来到远离故乡的随州(今属湖北)。随州,当时属京西南路,位居路域南端,与荆湖北路的安州毗邻。下辖随县、唐城、枣阳三县。其中随县比较富庶,州治设于此县。州境以山地为主,地介黄河、长江之间,毕竟接近江南,气候比较温和,北上的欧阳修一家尚未觉得水土不服。

欧阳晔,字日华,比欧阳观小七岁。咸平三年(1000)考中进士甲科,曾经担任南雄州(今属广东)判官,后来调任随州推官。欧阳修长大成人后,母亲对他说过:"你想认识你父亲吗?看看你二叔就可以了。他的音容笑貌、言谈举止,活像你父亲。"在寄居随州的岁月里,欧阳晔接济了远道来依的寡嫂孤侄。后来,欧阳晔调迁阆州(今四川阆中)推官、江陵府(今属湖北)掌书记,他的家眷依然留居随州,与欧阳修一家相依为命。

欧阳晔的处世为人,给少年欧阳修留下了深刻印象。欧阳晔廉洁正直,处事果敢,有高超的行政决狱能力。担任随州推官时,遇上灾荒饥馑,大洪山奇峰寺几百个僧人,却聚积大量粮食。京西路转运使怀疑他们囤积居奇,要欧阳晔前去抄没充公。僧人闻讯后,惊恐万状,给欧阳晔送来千两白银,请求手下留情。欧阳晔笑着拒收贿赂,说道:"哪里用得着这样。你们能听从我的劝告吗?只要把积聚的六七万石粮食卖给官府,用来赈救灾民,就没有你们的事了。"僧人高兴地答应下来,饥民们依靠这批粮食免于饿死。

在知桂阳监(今湖南桂阳)任上,一伙平民百姓为了争夺船只,相互斗殴,在混乱中致人死命。官府拘押大批嫌疑犯审讯,凶手却始终查不出,案狱经久难断。欧阳晔接手后,详细调查了案情,将全体嫌疑犯放出牢房,卸除枷锁,让他们在厅堂上吃饭。饭后,一一予以安抚,让他们返回牢狱,只单独留下一人。这个人顿时脸色惨白,手脚慌乱。欧阳晔厉声喝道:"你就是杀人凶手!"此人开始还想狡辩,欧阳晔指出:"我观察刚才吃饭的人,别人都用右手拿筷子,只有你使用左手。死者的致命伤在右胸,伤口形状说明凶手是个左撇子。杀人凶手就是你!"这个人哑口无言,只得哭泣认罪:"是我杀的。我再也不敢连累别人了!"

随着岁月流逝,欧阳修渐渐出落成一个风华少年,但是,身体瘦弱,其貌不扬。有个和尚替他相面时,端详了半晌,说道:"你的耳朵反比脸庞白皙,将来一定名闻天下;你的嘴唇并不贴附牙齿,将来一定会无端受人诽谤。"就欧阳修后来的身世而言,真算得上是不幸言中了。

到了进学的年龄,由于家计窘迫,无力聘请塾师,郑氏亲自担任儿子的启蒙教师。这些年来,丈夫撒手而去,郑氏矢志守节,一方面克勤克俭,自食其力;一方面谆谆教诲,课子读书。她不仅教儿子读书写字,而且不断地灌以丈夫生前居官至"廉"、奉亲至"孝"、为政至"仁"的典型事例，教会儿子处世为人、修齐治平的道理。郑氏把家庭复兴的满腔希望，全都寄托在儿子身上。二叔欧阳晔开始也辅导欧阳修的功课，后来游宦远方，就无暇顾及了。

随州城南的涢水两岸，长着大片大片的荻草。这是一种多年生草本植物，与芦苇同类，有着坚韧的茎干。因为家贫没钱购买纸墨笔砚，郑氏就地取材，用荻枝作笔，以沙盘当纸，教儿子认字写字。这就是后世广为流传的"欧母画荻"的故事。郑氏又找来欧阳询的碑帖，指导儿子在沙盘上临摹，练习书法。后来又在孔庙碑刻上发现了唐代书法家虞世南的手迹，郑氏便常常领着儿子盘桓在石碑前，揣摩观赏，心识默记。欧阳修日后的书法艺术及金石研究成果，备受世人赞赏，与母亲的自幼钧陶熏染分不开。

郑氏辅导欧阳修学习童蒙教材以后，进而诵习《毛诗》《春秋左氏传》，背诵李白、杜甫的诗歌。当时，社会上流行晚唐诗人周朴、郑谷等人的作品，宋初以潘阆、杜逋、九僧等隐士高僧为代表的"晚唐体"诗歌也名噪一时，欧阳修难免受到濡染。晚年，他写作《诗话》时，这些诗人的集子已经不见流传，欧阳修依然能够背诵出其中的一些名句，如周朴的"风暖鸟声碎，日高花影重""晓来山鸟闹，雨过杏花稀"，诗僧惠崇的"马放降来地，雕盘战后云""春生桂岭外，人在海门西"等，并且高度肯定这些诗句精湛的艺术表现力，指出它们构思精巧，语言清丽易晓，适合儿童诵习。

随州虽然早在春秋时代就被誉为"汉东大国"，但是，一直到北宋中期，还只是一个偏僻州郡，山林水泽没有什么好出产，进贡朝廷也找不出什么好物品，只有一些绫绢、葛麻、覆盆子之类土货。宋朝开国近百年，这里还没有产生过一个文人学士。在欧阳修的左邻右舍当中，只有城南李氏一门，属于当地世居大族，家里藏书颇丰富，督训子孙读书也很严格。

八岁的欧阳修，与城南李氏的几个孩子年龄相仿，常在一块嬉戏玩耍。当时，李家正在修建东园，他与李家孩子一起栽花种草,植树造林,几乎天天都到东园转转。十九年后,李氏长子彦辅继承了家业,在东园增建亭台楼阁。欧阳修受命撰写《李秀才东园记》,深情地回忆起这一段难忘的童年生活:

> 城南李氏为著姓,家多藏书,训子孙以学。予为童子,与李氏诸儿戏其家,见李氏方治东园,往求美草,一一手植,周视封树,日日去来园间甚勤。

这位李氏长子彦辅,又名尧辅,字公佐,后来成了宰相宋庠的连襟,与欧阳修保持终生友谊。嘉祐四年(1059),李氏出任襄阳县令,欧阳修为赋《送襄陵令李君》诗:"绿发襄陵新长官,面颜虽老渥如丹。折腰聊为五斗屈,把酒犹能一笑欢。红枣林繁欣岁熟,紫檀皮软御春寒。民淳政简居多乐,无苦思归欲挂冠。"诗歌描写李尧辅的老当益壮而仕途蹇滞,却遇上岁丰治邑,民淳政简,多有游赏之乐,奉劝他不必思归退隐,朋友间的关爱之情溢于言表。

十岁的时候,欧阳修家境更加窘迫,无力购买书籍,常常向李家借书抄诵。他聪明颖慧,好些书本,还没等抄完,就能够背诵如流。正是在博览群书的过程中,欧阳修发现了知识的广阔天地,享受到读书的无穷乐趣。他拼命地埋头读书,废寝忘食,丝毫不觉得劳苦。有道是"读书破万卷,下笔如有神",博闻强识之后,欧阳修文笔大有长进,诗赋文章,圆熟老练,有如成年人的作品。有一次,欧阳晔读到这些习作,大喜过望,安慰郑氏夫人说:"嫂子不必担心家贫子幼,这孩子是个奇才。他将来不仅会光耀咱们门庭,而且一定会名扬天下。"郑氏听了,脸上露出了欣慰的笑容。

有一次,欧阳修在李彦辅家中嬉戏玩耍时,从墙角的壁柜里发现一个沉甸甸的破筐子,打开一看,里面装满了破旧不堪的书籍。其中有一部残缺不全的《昌黎先生文集》,只保存了六卷,而且书页脱落,前后颠倒。对于韩愈这位"道济天下之溺,文起八代之衰"的大文豪,欧阳修早已听到名声,但是一直拜读不到韩愈的作品。他当即向李家讨要这部残书,李家主人也慷慨地送给了他。

回到家里，欧阳修立即贪婪地读了起来。韩愈文章汹涌澎湃的气势，深深地吸引并感染了欧阳修。他觉得韩愈文章内容精深博大，气魄沉雄豪壮，虽然还不能详尽地探究它们的含义，但是韩愈那汪洋恣肆、挥洒自如的风格，欧阳修还是能感悟得出的。少年欧阳修，从此倾心于韩愈古文。

在宋初文坛上，古文衰落，骈俪盛行，以徐铉、李昉、陈彭年等为代表的一批宿学硕儒，承继五代余风，诗文艳冶华丽，论卑而气弱。一代有识之士，如柳开、王禹偁、穆修等人，崇尚淳古，思欲革新，不满晚唐五代以来文统与道统并衰的局面，他们前仆后继，高举唐人古文运动的旗帜，提倡恢复儒家道统，推尊韩柳古文。但是，由于过分强调"古道"，轻忽文辞，创作的作品大都词涩言苦，成就不高，影响不大。面对强大的文坛守旧势力，革新派显得势单力薄，力不从心。到了真宗、仁宗时代，文坛出现以杨亿、刘筠、钱惟演为代表的西昆体，为文宗法李商隐，讲究声韵、对偶，追求辞藻、典故。一时间，五代卑弱文风，扫荡殆尽，骈词丽句，风行天下。时兴的骈文，号称"时文"，擅长此文者，就能登科第，擅名声，夸耀于世。因此，当时社会上很少有人知道韩愈其人和韩愈其文。

少年欧阳修这次偶然的发现，使他有幸见识韩愈古文，并为将来的北宋诗文革新埋下种子。这真是中国文学史上的一桩幸事！欧阳修一生都珍藏这部韩文旧本，并广为搜寻天下善本，不断参校修订，使它成为欧阳家门的传家旧物。宋英宗治平年间，欧阳修年过花甲，特地撰写《记旧本韩文后》一文，深情地追怀自己与韩愈古文的这场最初机缘。文章的开头与结尾写道：

予少家汉东。汉东僻陋，无学者；吾家又贫，无藏书。州南有大姓李氏者，其子尧辅颇好学，予为儿童时多游其家。见有弊筐贮书在壁间，发而视之，得唐《昌黎先生文集》六卷，脱落颠倒无次序。因乞李氏以归，读之，见其言浑厚而雄博。然予犹少，未能悉究其义，徒见其浩然无涯若可爱。……予家藏书万卷，独《昌黎先生集》为旧物也。呜呼！韩氏之文之道，万世所共尊，天下所共传而有也。予于此本，特以其旧物而尤惜之。

欧阳修写作这篇题跋时，距离偶得"旧本韩文"，已有五十年之久。此时，经由几代人的辛勤探索，诗文革新已经取得决定性胜利，世人文道并重，文士关心百事，文风平易流畅。在历经数十年文坛风云之后，欧阳修睹物怀旧，浮思联翩。他深情地追忆当年初识韩文的往事，看似平易疏畅的叙旧，却隐含着万千感慨。

二 三举而得第

在崇儒佑文的宋代，公平竞争的科举考试是社会下层文士改变自身命运的唯一途径。宋代科举制度继承唐制，选举科目有进士与诸科，还有武举。诸科包括九经、五经、开元礼、三史、三礼、三传、学究、明经、明法等科目。常选之外，又有制科，但是朝廷最重视、世人最关注、得人最广泛的还是进士科。《宋史》卷一五五《选举上》说："凡进士，试诗、赋、论各一首，策五道，帖《论语》十帖，对《春秋》或《礼记》墨义十条。凡《九经》，帖书一百二十帖，对墨义六十条。"其中的"帖"，即"帖经"，又称"填帖"，相当于今天的默写填句。考卷上掩盖举人所习经书的前后两头，仅仅露出中间一行，又裁纸贴去其中若干字，要求举人默填。所谓的"墨义"，指经义考试，要求考生记住儒家经典的前人训诂，特别是汉人郑玄的"注"、唐人孔颖达的"疏"。考式方法为简单的书面问答。除了死记硬背的"帖""墨义"之外，真正能够测试出举子才华的，主要是"诗、赋、论各一首"，然而这些都与重典故、尚骈偶的"时文"相关联。

年轻的欧阳修，虽然倾心于韩愈古文，但是，面对着四壁萧然的家境，为了赡养母亲，为了摆脱家庭贫困，他得学习时文，得参加科举考试。后来，他在《与荆南乐秀才书》当中，直言不讳地说道："姑随世俗作所谓时文者"，原因就在于"仆少孤贫，贪禄仕以养亲"。在科举应试的道路上，欧阳修连续三届应试才考上进士，也算得是饱经风霜，历尽艰难与坎坷，就如他在《与荆南乐秀才书》中所说的："仆少从进士举于有司，学为诗赋，以备程试，凡三举而得第。"

天圣元年（1023）秋天，欧阳修十七岁，首次参加随州州试。州试，又称"乡试"，是科举时代地方举行的初试。宋代州试进士科，通常由本州府通判主考，考试内容有诗赋、经义和策论等。按照当时的规定，参加州试前，要先下"桑梓状"，以证明自己的籍贯，然后换上统一的正式服装；应进士科的士子考前还必须投纳"公卷"，内容包括诗、赋、文、论等，旨在考察士子平时的学业。正式开考一般在八月。这一年随州州试，"论"试考题叫《左氏失之诬论》，要求考生论述左丘明《春秋左氏传》纪事的荒诞不实。欧阳修自幼诵读《左传》，又素来对"左氏好奇"很不满意，题目得心应手，文章一挥而就。其中有两句这样写道：

石言于晋，神降于莘。外蛇斗而内蛇伤，新鬼大而故鬼小。

这里列举了《左传》当中种种鬼怪神异说法。例如鲁昭公八年春天，晋国有块石头开口说话；鲁庄公三十二年秋七月，神灵在莘地降临；庄公十四年夏天，郑厉公复辟回国，国都城门内外两蛇相斗，外蛇咬死内蛇；鲁文公二年秋八月，太庙祭祀时，新近死去的鲁僖公和早已过世的鲁闵公两个鬼魂，一大一小地同时出现在世人面前等等。欧阳修引述这些材料，目的在于批判左丘明的好奇和《左传》某些内容的虚妄。文章一出，四方传诵。数十年以后，魏泰撰写《东轩笔录》的时候，还能清晰地追忆起当年听见连庠背诵这篇作品的情形。然而，欧阳修这次应试还是落了榜，原因是他在赋试的时候，一时疏忽大意，韵脚字超出了规定的官韵，因而遭到试官黜落。

落第回家以后，欧阳修取出十袭珍藏的《昌黎先生文集》，诵读再三，悠然神往，不由得喟然长叹："学习写文章，只有达到这种境界才能止步啊！"他责怪当今时代为什么没有人称道韩愈文章，自己目前忙于科举，自然无暇顾及，但是，一旦通过了进士考试，猎取到功名利禄以后，一定全力以赴学习并倡导韩愈古文。

三年以后，即天圣四年（1026）秋天，二十岁的欧阳修第二次参加随州州试，顺利过了关，取得了赴京师参加礼部试的资格。宋代的州试，按照"解额"即规定的指标录取合格士人。这些合格士人，称为"举子""贡生"，分为甲、乙等第，发送到尚书省礼部，称"发解"。同年八月起，全国各地举子将依其路程远近，陆续上路，赶到京城礼部报到。第二年春天，参加礼部考试。欧阳修当年初冬出发，出发前随州知州照例要有一个仪式，为举子们饯行，称"鹿鸣宴"，也叫"乡饮酒"。按照当时的规定，百川、岭南、荆湖等路所发送的举子，可由官府发放往来"公券"，也称"驿券"，相当于一路上免费食宿的凭证。来自京西南路随州的欧阳修，当然享受不到这种优惠。此行北上，取道湖阳（今河南唐河县湖阳镇）、邓州南阳（今属河南），从陆路行抵汴京。《集古录跋尾》中的《后汉樊常侍碑》说道："余少家汉东，天圣四年举进士，赴尚书礼部，道出湖阳，见此碑立道左，下马读之，徘徊碑下者久之。"在南阳的一座古墓前，他又看到石兽臂上有汉代留存的"天禄""避邪"四字，赞赏其古朴完整。而三十余年后，谢景初为他拓摹此四字，已出现字画讹缺，令他深感遗憾。

抵达汴京的时间大约是十一月底，接下去是一些例行的活动。首先是赴礼部贡院报到，同时向贡院申送随州解试的试卷、家状、保状以及省试用以答卷的试纸，宋初参加省试的举子甚至还需要预先送纳考试用的桌子。举子要在家状及试卷的卷首注明应试年月、应举的次数、场地以及自己的籍贯，不得增删涂改。参加省试的举人还要结保，五人以上为一保，考试前知举官要核对举人的身份是否属实，同时兼带政治审查，应试举子的五服内亲属中不得犯有危害君父、宗庙、宫阙等罪行的"大逆"者，不得有不孝不悌者等等。一般情况下，省试开考前一天，举人还会去礼部贡院查看自己的座位号，以便次日入场就座。

天圣五年（1027）春，礼部贡举的主考官，是枢密直学士、礼部侍郎、著名的西昆派领袖人物刘筠。按常规首日考诗赋，次日考论，第三日考策，主考官评卷分等后，定出省试合格名单，由贡院张榜公示，并奏名朝廷准予殿试。欧阳修此榜礼部试未能通过,再次遭到黜落。考场上再次名落孙山,给欧阳修的心头蒙上一层浓重阴影。

聊以自慰的是,几个月的京师生活,欧阳修结交不少新朋好友。在京期间,欧阳修结识了谢绛、黄鉴、王举正等史馆编修官,又与众多的场屋文友,如这一榜的状元王尧臣,省元吴育,及第进士韩琦、赵槩、文彦博、包拯、李淑、王素、李清臣、章岷、彭思永等,彼此之间建立了友谊。

春试失败后,下一场应试要在三年之后,欧阳修尽兴地游览了京城。北宋首都汴京是我国古代著名的都市,相传夏朝七世帝杼,就曾迁都今开封附近的老丘;春秋时期,郑庄公在朱仙镇附近构筑城邑、取名启封,后因避汉文帝刘启讳,改称开封。以上是所谓的"开封故城"。开封新城有史可考的首次建都,是战国魏惠王六年(前364)由安邑迁都于此,后来相继有后梁、后晋、后汉、后周建都于此。北宋时期,开封城郭宏伟,交通发达,人口繁多,商业兴隆,是全国的政治、经济、文化中心,也是当时世界上少有的大都市之一。这次京城应考,欧阳修耳濡目染,感觉到一股浓郁的仙道气息。早些年的景德、祥符间,王钦若、丁渭等迎合宋真宗的求仙学道,伪造天书,争献符瑞,皇帝东封泰山,西祀汾阳,进谒亳州太清宫,崇奉老子,全国上下纷纷扰扰,就像发了神经病似的。仁宗继位后,真宗刘太后垂帘主政,前两年还在宫城西北角兴建长宁宫,后改名广圣宫,内有太清、玉清、冲和、集福、会祥五殿,前殿供奉道家天神之像,后起观阁供奉真宗神像。从真宗至刘太后的崇仙佞道,引发正直士大夫的不满,《西昆酬唱集》中杨亿、刘筠、钱惟演、刁衍、任随、刘隲、李宗谔等人的《汉武》诗,讽仙非道,诗旨祖法李商隐《汉宫》,讥嘲热衷求仙问道的汉武帝君臣。唐李商隐的《汉宫》诗,其主题就如罗大经《鹤林玉露》甲编卷二所揭示的:

唐李商隐《汉宫》诗云:"青雀西飞竟未回,君王犹在集灵台。侍臣最有相如渴,不赐金茎露一杯。"讥武帝求仙也。言青雀杳然不回,神仙无可致之理必矣,而君王未悟,犹徘徊台上,庶几见之,且胡不以一物验其真妄乎?金盘盛露,和以玉屑,服之可以长生,此方士之说也。今侍臣相如,正苦消渴,何不以一杯赐之? 若服之而愈,则方士之说,犹可信也,不然,则其妄明矣。二十八字之间,委蛇曲折,含不尽之意。

欧阳修师法"西昆体"诗人,也受李商隐《汉宫》诗影响,赋同题《汉宫》诗:

桂馆神君去,甘泉辇道平。翠华飞盖下,豹尾属车迎。晓露寒浮掌,光风细转旌。廊回偏费步,佩远尚闻声。玉树人间老,珊瑚海底生。金波夜夜意,偏照影娥清。

诗歌描摹富丽堂皇的汉宫,讥讽热衷于求仙问道的汉武帝君臣。武帝忙于在长安桂馆、甘泉辇道之间迎候神仙,又饮用建章宫前金铜仙人承盘中的露水以祈求益寿延年。汉宫到处是美女步履的佩玉声响,到处是珊瑚玉树的珠光宝气,可在晚上冰凉的月光下,未央宫池苑一派清冷死寂。诗人指桑骂槐,借古讽今,委婉讥刺宋真宗、刘太后的崇仙佞道。诗语藻饰,典实繁富,意蕴深婉。从诗题、诗旨到诗法,都显示"西昆体"对欧阳修诗歌创作的深刻影响。

此次离京返随,走的是水路,沿汴河南下,朋友们为他送行,双方依依话别。在南下途中,欧阳修赋写《舟中望京邑》诗:

东北归川决决流,泛舻青渚暂夷犹。遥登灞岸空回首,不见长安但举头。挥手嵇琴空堕睫,开尊鲁酒不忘忧。青门柳色春应遍,犹自流连杜若洲。

诗人舣舟靠岸,登高眺远,遥望京师,心头涌上万千感慨。他借用王粲《七哀诗》其一"南登霸陵岸,回首望长安"句意,又化用《世说新语·夙惠》晋明帝答辞"举目见日,不见长安"、庾信《哀江南赋》序言"楚歌非取乐之方,鲁酒无忘忧之用"语意,抒写心头的复杂情感。其中有对京城的留恋,也有科场失意的沮丧。诗思清雅感怆,多用典实,意蕴婉转深长。

南行途中,欧阳修又赋《南征道寄相送者》诗,咏道:

楚天风雪犯征裘,误拂京尘事远游。谢墅人归应作咏,灞陵岸远尚回头。云合江树看迷所,目逐归鸿送不休。欲借高楼望西北,亦应西北有高楼。

诗人感叹去年冬天冒寒北征,今年春季败衄南归,心中充满徒然劳碌一场的空虚之感。他留恋繁华的京师,惦念京师的朋友,借用谢灵运退隐所作《山居赋》、王粲离京所赋《七哀诗》的典故,抒情写意,流露科举不第的黯然伤感与离群之悲。

舟行运河,沿途多名胜古迹,欧阳修一路游览,赋诗作咏,有《题金山寺》《甘露寺》等诗作。船泊江州(今江西九江)时,他登岸游览琵琶亭,感念今昔,赋《琵琶亭上作》:

九江烟水一登临,风月清含古恨深。湿尽青衫司马泪,琵琶还似雍门琴。

当年战国齐人雍门周游说孟尝君,鼓琴而歌,悲调凄凄,孟尝君感动得涕泗滂沱。唐代诗人白居易贬官江州,送客湓浦口,倾听船中商妇演奏琵琶和自述身世,不由得潸然泪下,湿尽青衫。在落第归家的途中登临琵琶亭,触景生情,欧阳修想起雍门周和白居易的故事,借以抒写自己的孤寂心境与悲愤情怀。

船行黄州(今湖北黄冈)时,适逢叔父欧阳晔卸任黄州知州,以都官司员外郎移知永州。永州属荆湖南路,治所在今湖南零陵。欧阳修顺便为叔父赴任永州送行,赋有《奉送叔父都官知永州》诗:

虎头盘绶贵垂绅,青组名郎领郡频。画鹢千艘随下濑,听鸡五鼓送行人。楚波漾楫萍如日,淮月开舲蚌有津。千里壶浆民咏溢,墙乌旗隼下汀苹。

诗人惋惜叔父的仕途不偶,频繁以郎官出守外郡;赞誉叔父的为政以德,想象其赴任途中深受百姓拥戴的热烈场面。严整的诗律,繁富的辞藻典故,透见浓重的西昆体色彩。

考场的一再失利,使欧阳修认识到自己在"时文"方面的差距;京师的短暂生活,又使欧阳修体会到随州的交通闭塞与文化落后,敦促他外出游学,寻求良师指导。他最终选择了汉阳军(今湖北汉阳)知军胥偃。胥偃,字安道,潭州长沙(今属湖南)人,少年苦学成才,写得一手好文章。当年,著名文学家柳开读到胥偃的文章,连声赞叹,说:"这个人不久就会名扬天下。"果然,胥偃很快考中进士甲科,历官大理评事、通判湖、舒二州,直集贤院、同判吏部南曹、知太常礼院等,时以太常丞知汉阳军。军是宋代行政区域名称,路之下设州、府、军、监。汉阳军处于水陆交通要冲,历来为兵家必争之地,在北宋是重要的驻兵之地,设知军总理军政。

天圣六年(1028)夏秋间,欧阳修从随州乘船,沿涢江南下,经安陆、云梦、汉川,入汉水,抵达汉阳。欧阳修此行携带自己的三部诗文稿,并且精心写作了《上胥学士启》,前往汉阳拜谒胥偃。书启开头几句写道:

某闻在昔筑黄金之馆,首北路以争趋;附青云之名,使西山而起价。诚以求千里之迹者,先其市骨;得一字之宠者,荣于衮章。

他开章明义,引用春秋时代燕昭王修筑"黄金台"招揽贤良,伯夷、叔齐依仗"青云之士"名播后世,以及古人为了寻求千里马而"千金买骨"等典故,继而倾诉自己的出身孤寒,家庭贫困,处境僻陋,落第痛苦等,态度恭谦,文笔柔美,委婉表达自己迫切希望获得知遇和提携的衷曲。

胥偃读到欧阳修的书启和文稿,既深受感动,又击节称赏,当即援笔撰写回信,信中高度评价欧阳修诗赋文章,洋溢着对后学奖掖爱重的满腔热忱。欧阳修登门谒见那天,胥偃倒屣相迎,连声夸奖:"你一定会名扬天下!"出于对人才的爱赏,胥偃设宴款待欧阳修,并将其留置门下,启迪诱导,指点"时文"写作诀窍,一直到欧阳修摸到门径以后才放手。

慧眼识人的胥偃,早已看到欧阳修的光明前程,有意将他选为自己的东床快婿,因为家中有十二岁的女儿尚未许配人家。正是出于这种考虑,同年冬天,胥偃由汉阳军调回京师,担任判三司度支勾院,兼修起居注。他决定携带欧阳修一起回汴京,打算荐举欧阳修投考国子监,准备后年参加礼部大选。

他们由水路赴汴京,泛舟长江,顺流东下,抵达扬州瓜洲镇后,转行运河北上。途经历史文化名城扬州时,维舟城下,众人一起登岸游览市容。当时的扬州知州是杜衍。杜衍,字世昌,越州山阴(今浙江绍兴)人。大中祥符元年进士及第。补扬州观察推官，改秘书省著作佐郎、知平遥县，历知乾州（今陕西乾县）、凤翔府（今陕西凤翔），提点河东路、京西路刑狱。所到之处，仁政爱民，深受民众爱戴，调离乾州、凤翔府的时候，两地老百姓痛哭流涕，呼喊着："为什么夺走我们的好太守！"这次游览扬州，欧阳修与市民们攀谈，听到老百姓一片称颂声，都说知州仁慈，爱民如子。这给青年欧阳修留下特别深刻的印象。二十年后，即庆历八年（1048），欧阳修致信杜衍，追述自己当年的见闻感慨。其中说道：

> 忆为进士时，从故胥公自南还，舟次郡下，游里市中，但见郡人称颂太守之政，爱之如父母。某时尚未登公之门，然始闻公之盛德矣。因窃叹慕不已，以为君子为政使人爱之如此，足矣！然不知公以何道而能使人如此，又不知使己他日为之，亦能使人如此否。是时，天圣六年冬也。

他感叹君子为政，能使老百姓爱戴到这种程度，真是够知足了，不知道自己将来能不能也这样做到。后来，欧阳修在政治上主张"人情说""宽简说"和"爱民说"，反对乖违情理，反对苛刻与烦琐，反对残害百姓。这种理论与实践，正是从杜衍的爱民政治当中受到最初启迪。

到了汴京，胥偃领着欧阳修访师问友，结交社会名流，出席文人聚会，在学者师友中间广为延誉，使欧阳修在京师声名鹊起。

天圣七年（1029）春天，由胥偃保举，欧阳修投牒就试国子监。国子监是当时朝廷最高学府，下设广文、太学、律学三馆，专门招收七品以上官僚的子弟入学，一般限额两百人。每当出现空缺名额的时候，寓居京师的外地官子弟，凡有文学才华的，可由地方官员推荐担保，参加国子监入学考试，如果成绩合格，就可以补充为国子监生。国子监生，又称"生徒"，他们在监内考试合格以后，可以荐名参加礼部考试。国子监的"生徒"和州试合格选送的"贡生"，是宋代科举考生的两大主要来源。

这一年国子监的入学考试，赋诗题目为《玉不琢不成器赋》。试官规定的题韵字是"良玉非琢，安得成器"。考生必须按照这八个字依次用韵,并将题韵字均匀地镶嵌在文章韵脚上。欧阳修的赋试文四百一十六字,通篇四六对仗,偶尔变用四七句法,内容切题,形式严整,风格庄重典雅,俨然是当时赋试文的典范作品。这次入监考试,欧阳修没有辜负胥偃的精心指教,一举夺魁,获得第一名,被补为广文馆生。

广文馆是国子监下属学校之一,设有博士和助教,专为应试或落第举人讲习进士课程。同年秋天,欧阳修参加国子监解试,考试题有《人主之尊如堂赋》《诏重修太学诗》等。欧阳修的国学解试赋四百一十五字,按规定的"堂陛隆峻,人主尊矣"顺次押韵,题韵字井然有序地嵌入。通篇对仗整齐,句式以四六为主,杂用七言、九言句。文章切题而作,首尾呼应,气势连贯。在这次考试中,欧阳修再次获得第一名,成为此届国子监试的解元,取得了参加次年春季礼部试的资格。

按照当时的礼制规定,欧阳修撰有《谢国学解元启》。书启赞美国学教化的悠久而神圣,歌颂科举取士的公平与正义;继而谦虚地自述家门寒微,力学苦读,历经科第失败,侥幸解试夺魁;最后表达对考官的感激之情:

伏遇某官,表烛群伦,丹青上化。雌黄在口,捉麈尾而不休;剪拂长鸣,托骓端而可逝。因兴民于三物,务推毂于诸生;致此妄庸,及于甄采。敢不仰衔提奖,益励进修,磨铅钝以为铦,策蹇步而希骥。哆分箕舌,已簸糠秕而在前;沛乎鸿毛,使培风而直上。

欧阳修恭谦地说道:考官们衡文评判,选擢人才,荐举我为国学解试第一,自己决心不避愚钝,在学业上奋力进取,快马加鞭,不辜负考官们的知遇之恩。

天圣八年(1030)正月,欧阳修参加礼部试。礼部试由尚书省礼部掌管,又称"省试";考试在春天举行,又称"春闱""春试";因唐代的尚书省在大明宫南,称南省,故也沿称"南省试"。考试分三天进行,第一天考诗赋,第二天考论,第三天考策。礼部试的主考官一般在侍从近臣、门下尚书两省及台谏长官当中遴选。本届知举官是著名文学家晏殊。晏殊,字同叔,抚州临川(今属江西)人,时年四十左右。晏殊幼年很有文名,十一二岁就以"神童"召试学士院,赐同进士出身,真宗朝官至翰林学士。仁宗初年,迁枢密副使,后因论事逆忤刘太后,被罢知外郡,时已还朝任御史中丞。《宋史》本传称他"文章赡丽,应用不穷,尤工诗,闲雅有情思。"当时的欧阳修在胥偃调教下,诗文清丽雅致,正与晏氏风格相合。

省试之前,沿袭唐代旧制,有全体举子集体"入对"皇帝的"群见"礼。三千人的举子队伍,许多都来自社会基层和偏远州郡,压根不知道朝廷仪规,拜见皇帝时,相互簇聚拥挤,队列难得整齐,拜起不按礼仪,甚至有相互轮番抱起来观瞻龙颜的,这场面有司无法控制,可还得坚持举行,因为它显示皇帝对举子们的恩宠。宝元元年(1038)后,终因"入对"人数多,殿堂秩序乱,改全体举子"入对"为只是各州军的解头"入对"。"群见"礼后还要赴国子监拜谒孔子,称"谒先师"。接下来就是礼部试。当时,礼部还没有建造贡院,常常以尚书省代用,有时借用太常寺、国子监或武成庙作为考场。

举子们进入考场的时候,手里提携着饮料、食品、餐具等生活用品,经由胥吏一一唱名,依次搜检衣物。试场四周张挂着帷幕,正前方摆设着一张香案,案台上灯烛通明,香烟缭绕,场内排列着一行行几席,上面标记着考生姓名。举子对号入座后,还要与主考官行对拜之礼。对拜后,垂下帘幕,在厅堂上头出示试题,举子们坐在几席上答题。

这年的赋试题目,叫《司空掌舆地图赋》。依照试场规则,如果举子对考题有疑义,可以请教主考官。先后有一些举子上前请示题意,但所提的问题,都不得要领,晏殊不太满意。最后,欧阳修单独来到晏殊座前,问道:"从赋题看来,出自《周礼》郑玄注。根据郑玄的说法,汉代司空掌管舆地图,但是,周朝的司空不只是掌管舆地图。请问,是写周代司空还是写汉代司空呢?"晏殊凝视着眼前这位身材瘦弱,眼睛迷朦的青年举子,不住地颔首微笑,轻声说道:"今天这一场考生当中,只有你真正认清了题目。考题所指的正是汉代司空。"

欧阳修的《省试司空掌舆地图赋》,四百零六字,按照题韵字"平土之职,图掌舆地"依次用韵。文章开宗明义,紧扣题目,论述朝廷三公之一"司空"专意掌握疆土地图的重要性,通篇引经据典,以古喻今,语意疏畅。句式以四六为主,两两对仗,有单句为对,也有隔句为对,显得平稳而工整。待到尚书省放榜,欧阳修又一次夺得第一名,荣中这一榜的"省元"。

三月十一日,仁宗亲临崇政殿,主持礼部奏名进士"殿试"。殿试又称"御试""廷试""亲试",名义上由皇帝主考,最后的分甲排名由皇帝亲定。自从开宝六年(973),宋太祖在讲武殿主持进士复试以来,殿试成为宋代科举考试的最高级考试。举子们经过省试中式,必须再经殿试合格,才算是真正登科。殿试在一天之内完成诗、赋、论考试。这一年殿试的考题是《藏珠于渊赋》《博爱无私诗》和《儒者可与守成论》等。欧阳修殿试的诗、论都已佚失,保存至今的《殿试藏珠于渊赋》,四百四十一字,按规定的"君子非贵,难得之物"依次押韵,八个题韵字井然嵌入。全文阐述珠玉虽然难得,节俭尤为可贵的道理,全篇四六对仗,偶尔杂用五七字句,文意疏畅而变化有致。

难能可贵的是,欧阳修殿试赋超越了一般御试卷体制。一般的殿试律赋,只是追求形式合格,内容切题,立意于歌颂天子圣哲。欧阳修的殿试赋却是发表时论,寄托深义,揭露时弊,抨击朝政。其中有几句是这样说的:

故我斥乃珍奇之用,绝乎侈靡之端。将令物遂乎生,老蚌蔑剖胎之患;民知非尚,骊龙无探颔之难。……上苟贱于所好,下岂求于难得?

文章揭露统治者喜爱奇珍异宝,正是奢侈靡费的肇始。无论什么样的珍宝,只要统治者不推崇,老百姓就不会千方百计地搜求,孕生珍宝的动物也不致遭受杀身之祸。文章疏放,议论畅达,字里行间透露出犀利剀切的锋芒。欧阳修后来立朝谔谔,王直敢言的刚烈性格与凛然风骨,在这篇殿试文中已经初露端倪。

或许正是这种原因,欧阳修在殿试中没能继续夺魁,而是通过自我越队声明,才争取到甲科第十四名。三月十四日,殿试放榜那天,仁宗亲自主持唱名仪式。知举官晏殊呼唤殿试合格者的姓名,军头司站在殿陛下,依次传呼。这种仪式,称"传胪"。殿士合格录取进士,分成三甲,一甲第一名叫状元,第二名叫榜眼,第三名叫探花。按照"传胪"惯例,省试第一名的考生,在殿试唱名超过三人以后,如果没有传呼到自己,就随时可以站出来大声自报姓名,即使考试排队靠后,也可以升高等级,提前唱名。欧阳修就是这样做的,结果录取为甲科第十四名。四十多年后,韩琦替欧阳修撰写墓志铭时,仍在为朋友当年殿试未能夺魁而深表遗憾。

这一榜的状元是王拱辰,字君贶,开封咸平(今河南通许)人,后来成了欧阳修的连襟,两人先后都娶了薛简肃公的女儿。第一甲前三名还有刘沆和孙抃。同榜及第的,有王素、蔡襄、石介、孙甫、尹源、张谷、张先、田况、刁约、元绛、谢伯初、黄注、王畴、唐介、刘焕等人。其中不少人后来成为欧阳修仕途上的同僚,政治改革与诗文革新的战友,终生保持友好往来。

基于"兴文教,抑武事"的需要,仁宗对于新选拔的进士,照例要给他们一系列的"恩例"。自太宗朝以来,皇帝的"恩例"特别优渥。如皇帝给新科进士们赐诗、笺,赐钱,赐绿袍、靴、笏,以示恩宠。还有由朝廷补贴资助,新进士自己操办的宴会、典礼及庆祝活动,包括由"团司"(进士团组织)操办的刊刻新进士《小录》,举行新进士刻石题名,集体列班向皇帝"朝谢",还有拜黄甲、叙同年、谒谢先圣先师等,以及在朝做官的老乡们为同籍新进士举办的庆贺活动,称"乡会"。最后的一项活动是仁宗为新科进士举办的大宴会,叫"闻喜宴",通常在开封新郑门外琼林苑举行,由侍从以上官员和馆职、知举官一同押宴作陪。"闻喜宴"后,接着就是骑从游街。游街的队伍从崇政殿出发,浩浩荡荡的人马出东华门,走上繁华街市。前面有仪仗队引路,后面有侍从官呼拥,沿途骑哄警众,好不气派。大街小巷,人山人海。市民们为了一睹新科状元的风采,甚至爬上屋顶,居高临下地观瞻。当年,尹洙目睹这种盛况以后,十分感慨地说道:"状元登第的气派,简直比统兵数十万,收复幽燕十六州,凯旋归京祭告祖庙的场面还要荣耀,还要壮观!"

欧阳修两年当中三占荐魁，又高中甲科进士，总归说来，还算是春风得意。然而，他没有忘怀落第的朋友。自己两度落选的痛苦经历，使他对科举考试失利的才学之士充满同情。他有一个朋友叫方希则，才德兼备，性格耿直而胸襟豁达，是一位具有"达人之节"的"大方之家"。曾三次参加进士考试失败，最近由地方官吏推荐，被尚书省召试，又因直言谠论遭到黜落，旁人纷纷为之鸣不平，他本人却淡然处之，携装备舟，离京东归。欧阳修撰写《送方希则序》，安慰他说："良工晚成者器之大，后发先至者骥之良。"祝愿朋友大器晚成，后来居上。还有一位早年在随州结识的朋友李天锡，去年州试又遭失败，至今仍是一名秀才。欧阳修撰有《答李秀才启》，勉励朋友说："愿养高而全道，密中藏而竢时，掩乎十仞以韬光，去则万里而不息。"规劝朋友遁世修德，韬光养晦，厚积而薄发，实现自己的宏伟理想。

在京师应试当中，欧阳修有幸结识了活跃在汴京城里的一伙不同流俗、勇于创新的才学之士。他们以苏舜元、苏舜钦、穆修、石延年为代表。苏舜元，字才翁；苏舜钦，字子美，祖籍绵州盐泉（今四川绵阳东南）。他们是太宗朝参知政事苏易简的孙子，兄弟俩都长得身材魁伟，相貌堂堂，而且都豪爽开朗，慷慨有大志，工于书法，擅长诗文。当时的文坛一味追求声律对偶，割裂经传，摘引典故，拼凑成所谓的"时文"，并以此互相标榜夸耀。苏氏兄弟与穆修等人提倡并创作古体诗歌和杂文，招致社会上一些人的嘲笑与非议，他们置之不理，特立独行，坚守自己的志向。

通过苏氏兄弟介绍，欧阳修又认识了穆修。穆修，字伯长，郓州汶阳（今山东汶上）人。大中祥符二年（1009）进士及第。初任泰州司理参军，因为性格刚介，恃才傲物，受到同僚诬陷，一度丢弃了官位，寓居汴京。他对"西昆体"时文十分不满，大声疾呼，提倡恢复韩愈、柳宗元古文传统。他住在汴京南河一带，衣食不能自给，却不顾贫困，向人借贷，雕印了几百部《柳宗元集》，并亲自在相国寺摆摊叫卖。有一天，几个读书人来到摊前，径自取书翻阅。穆修一把夺过书本，瞪着双眼，怒斥道："你们这种人,能读懂书中一篇文章,我就送你一部!"他的脾气是这样的急躁和古怪,因此,一年到头卖不出一部书。穆修一生贫穷潦倒,明道元年(1032),在回乡途中郁郁死去。但是,当时的文人士大夫,提起文章作家,没有不称道这位"穆参军"的。

石延年,字曼卿,宋州宋城(今河南商丘)人。他年长欧阳修十四岁,以三举进士推恩补官。身材魁伟,性格豪放,《宋史》本传称其"为人跌宕任气节,读书通大略,为文劲健,于诗最工而善书"。他与山东人范讽、刘潜交谊深厚,三人均喜豪饮,不拘礼法,时人称为"东州逸党"。天圣七年前后,石氏在京师任馆阁校勘,欧阳修曾登门拜访,双方相见甚欢。石延年的读书不治章句,追慕古人奇节伟行,文风雄劲,诗格奇峭,在文坛刮起一股清新之风。欧阳修日后为他撰写的《哭曼卿》诗、《石曼卿墓表》《祭石曼卿文》等文章,对其为人为文予以高度肯定和热情赞扬。

北宋的古文复兴,先驱人物就是柳开、王禹偁、穆修、石介等人。他们竭力倡导中唐韩愈、柳宗元的散文,在文学创作中,思想内容上追求务实载道,言之有物,语言形式上讲究平易自然,言之有序,反对专力崇尚骈俪、辞藻和声律。欧阳修早年接触韩愈古文,内心钦慕不已,只是因为科举大业而无暇顾及。如今情况不同了,依靠四六文已经实现了自己的进士理想,现在是精心习作古文的时候了。他对不顾流俗、甘守贫穷,大力提倡韩柳古文的穆修、苏舜钦、石延年等人,表示由衷敬佩。在日后撰写的《苏氏文集序》当中,他写道:

> 天圣之间,予举进士于有司,见时学者务以言语声律相摘裂,号为时文,以相夸尚。而子美独与其兄才翁及穆参军伯长,作为古歌诗杂文,时人颇共非笑之,而子美不顾也。……独子美为于举世不为之时,其始终自守,不牵世俗趋舍,可谓特立之士也。

对于苏舜钦兄弟、穆修等人不随世俗,独立不移地创作古诗古文,欧阳修给予了高度评价。而对于他自己,四六体时文只是一块求仕的"敲门砖",如今仕宦的门户已经敲开,官位俸禄即将到手，可以实现自己写作古文的夙愿了，这就如他后来在《答陕西安抚使范龙图辞辟命书》中所说的：

今世人所谓四六者，非修所好。少为进士时，不免作之。自及第，遂弃不复作。在西京佐三相（钱惟演、王曙、王曾）幕府，于职当作，亦不为作。

从此以后，欧阳修的文学创作摆脱了骈体桎梏，进入一个崭新的发展阶段。

皇帝对于新科及第进士的"恩例"，还包括"闻喜宴"后的新进士衣锦还乡，以及乡籍所在地方政府的招待与庆贺活动。欧阳修是以国子监的"解额"发送礼部，所占用的是京师国子监的发解指标。他是否"归里"，回到籍贯地庐陵吉水沙溪，不得而知。但可以肯定地说，他决不会在寄居地随州举办什么"归里"活动，因为他不可能将随州认同为自己的籍里。随州是欧阳修青少年时期的寄居地，也是其二叔欧阳晔的徙居地。而随州人没有忘怀欧阳修，同治《随州志》卷十四记载，自明中叶以来，雒州有"白云楼""白云书院"等建筑，祭祀欧阳修。也有人抱怨欧阳修负情于随州。清初山东进士相有度《随阳读史篇序》说："嗟乎！欧阳公寓随读书凡十七年，曾无片语益随。"抱怨欧阳修生前没有替随州说过半句好话。实际上，欧阳修《李秀才东园记》虽然议论过随州的偏僻落后，但对于长育之乡的随州，他终归还是有感情的，曾说道："随虽陋，非予乡，然予之长也，岂能忘情于随哉！"

五月，欧阳修被赐官授职，授将仕郎、试秘书省校书郎，充西京留守推官。三个官衔当中，前两项是定禄秩的官阶，用以表示官员等级而无实际职掌，朝廷差遣他的实际职务是西京留守推官，但必须等待现任西京留守推官仲简明年二月任期满了以后，才能前往赴任替补。

利用进士及第后的"归里"机会，欧阳修到随州将母亲和妹妹接来京师，以便在京师完成与胥氏夫人的婚礼。三年前，胥偃看中欧阳修的才华，将他留置门下，携带他赴京师，就曾将女儿许配。如今，欧阳修有了禄俸官位，可以养家赡口，因此许他完婚。从议婚到成婚的"六礼"，当要在母亲的主持下完成。包括男方向女方求亲送礼的"纳采"，向女方询问女子名字、生辰的"问名"，择日后到女方报喜、定婚的"纳吉"，向女方送聘礼的"纳证"，最后是欧阳修亲自赴岳父家"亲迎"。胥夫人年方十五，离开父母来到欧家，不嫌丈夫家门清贫，脱离家仆照料，亲自侍奉婆婆，不厌做媳妇的劳苦。同时出身名门闺秀的胥夫人，知书识礼，温柔贤惠。这些对于自幼饱经忧患，又历经科举坎坷的欧阳修来说，真是一种莫大慰藉。新婚燕尔，两情缱绻。欧阳修的《南歌子》词，描绘了夫妻恩爱生活的一个片段：

凤髻金泥带，龙纹玉掌梳。走来窗下笑相扶。爱道："画眉深浅入时无？"

弄笔偎人久，描花试手初。等闲妨了绣工夫。笑问："双鸳鸯字怎生书？"

妻子梳妆打扮以后，婷婷袅袅地走到丈夫窗前，丈夫赶紧出来扶持，妻子笑问装扮是否时髦得体。书房初试绣描之后，却又依偎问字，百般撒娇，憨态可掬，却又情意绵邈。词作绘声绘色地展示了沉醉在新婚燕尔之中的少年伉俪生活。

三 初官伊洛

天圣九年（1031）三月，趁着明媚的春光，欧阳修来到洛阳，补为西京留守推官。洛阳，位于河南西部，黄河中游南岸。四周山环水绕，地势险要，自古为中原逐鹿之地。自公元前770年"平王东迁"以来，先后有东周、东汉、三国魏、西晋、北魏、隋、武周、后梁、后唐等封建王朝在这里建都，因而有"九朝故都"的称呼。北宋立都开封，称"东京"，以洛阳为陪都，称"西京"。作为一个仅次于汴京的政治、经济、文化中心，此地钟灵毓秀，物产丰饶，人文荟萃，长年聚集并活动着一群才华横溢的文人雅士。

年初，"西昆派"领袖人物、著名诗人钱惟演以使相的名义出判河南府,兼西京留守,是欧阳修的顶头上司。钱惟演,字希圣,钱塘(今浙江杭州)人。他是吴越国王钱俶的儿子,归顺宋朝以后,出将入相,地位显赫,只是始终没有做到实际宰相,心中对此深感遗憾。平日经常叹息:"要是能够在黄纸上签押自己的名字,我的一生也就满足了。"在朝廷的一场权力斗争中,他受到排挤,出守西京。在洛阳城里,他官高职闲,过着逍遥自在的生活。

钱惟演博学能文,辞藻清丽,又礼贤爱才,热心奖掖后学。来到洛阳以后,他多方招徕文人墨客,西京幕府人才济济,除欧阳修、梅尧臣、尹洙外,还有谢绛、富弼、苏舜元、苏舜钦、尹源等人。就如欧阳修《书怀感事寄梅圣俞》诗中所咏诵的"幕府足文士,相公方好贤",又如其《送徐生之渑池》诗中所吟唱的"我昔初官便伊洛,当时意气尤骄矜。主人乐士喜文学,幕府最盛多交朋"。

在洛阳城南十八里,有一条清澈的水流,由南向北奔驰而来,这就是伊川。香山、龙门山临流对峙,形成一座天然门阙,自古称为伊阙、龙门。这里山河壮丽,风景优美,古往今来是帝王游幸、文人流连的山水胜地。

上巳节那天,赴任伊始的欧阳修,身着崭新官服,按常规前往留守府拜谒上司钱惟演。经行伊水河畔午桥庄时,巧遇同僚梅尧臣。梅尧臣,字圣俞,宣州宣城(今属安徽)人,前不久调任河南县(今河南洛阳西)主簿。他比欧阳修大五岁,身材高大,秀眉大耳。两人就从眼前的唐代宰相裴度午桥别墅"绿野堂"说起,谈到时下流行的典雅雕琢的西昆诗风,话相投机,英雄所见略同,真有一见如故、相见恨晚的感觉。在梅尧臣提议下,欧阳修竟然不顾礼节,两人立即结伴游览香山去了。四年后,欧阳修在一首题为《书怀感书寄梅圣俞》的诗中,回忆起这难忘的首次会晤:

三月入洛阳,春深花未残。龙门翠郁郁,伊水清潺潺。逢君伊水畔,一见已开颜。不暇谒大尹,相携步香山。

当时,梅尧臣的仆人,在伊川石濑上抓到两条鳜鱼,大家兴高采烈地回到家里,做成羹汤,一块儿吟诗联句。十九年后,梅尧臣在一首题为《涡口得双鳜鱼怀永叔》的诗中,也深情地回忆起这件往事:

> 春风午桥上,始迎欧阳公。我仆跪双鳜,言得石濑中。持归奉慈媪,欣咏殊未工。是时四三友,推尚以为雄。于兹十九载,存没复西东。

这是中国文学史上的一段佳话。北宋诗文革新运动的一位领袖和一位主将,在龙门伊川相识,从此结为至交,开始了他们崭新的文学创作生涯,也开始了北宋诗文革新的始航。

钱惟演喜文爱才,对僚属不仅关照生活,而且尽量减轻公务,让他们有更多的时间和精力切磋诗文。欧阳修所担任的推官,是西京留守的幕职官,主管司法事务,负责掌管簿籍,提供参谋意见,职务颇清闲。公事之余,他交朋结友,恣情地游山玩水,饮酒赋诗。他的组诗《七交七首》,分别咏诵初官伊洛时期的几位知己,其中包括张汝士(尧夫)推官,尹洙(师鲁)书记,杨子聪户曹,梅尧臣(圣俞)主簿,张太素判官,王复(几道)秀才等。最后那首《自叙诗》,自咏个人生活情趣:

> 余本漫浪者,兹亦漫为官。胡然类鸱夷,托载随车辕?时士不俯眉,默默谁与言。赖有洛中俊,日许相跻攀。饮德醉醇酎,袭馨佩春兰。平时罢军檄,文酒聊相欢。

他声称自己本是一个散漫人,为官落拓不羁。社会名流不肯屈己下交,幸有洛阳才子们不相嫌弃,才使自己受到良好熏陶。这里的"洛中俊",除上述人物以外,还包括先后就任河南府通判的孙祖德(延仲)、孙长卿(次公)和谢绛(希深),法曹参军张先(子野),判官王顾(公慥),以及河阳知县尹源(子渐)、主簿张谷(应之)、签判富弼(彦国)等人。

河南府新来的通判谢绛,字希深,杭州富阳(今属浙江)人。他是梅尧臣的内兄,大中祥符八年(1015)进士及第,做过县令、秘阁校理、国史编修等官。他擅长文学,知名一时,诗文深受西昆派领袖杨亿器重。来到洛阳后,很快就成了洛阳青年文人的首领。欧阳修、梅尧臣和尹洙等人,都是在"西昆派"旗帜下,接受钱惟演、谢绛等西昆文人的影响，迈开文学创作的第一步。

特别值得一提的，是欧阳修与尹洙的相交。尹洙，字师鲁，河南府（今河南洛阳）人，时年三十一岁。天圣二年（1024）进士及第。他是一位古文爱好者，博学强记，通古知今，性格强悍直傲，文章简约有法，脱尽宋初卑弱、华靡风气。欧阳修与尹洙常在一起议论时政，并迭相师友，学习并倡导古文创作。

初夏时节，钱惟演在洛阳建筑一座大型驿舍，题名"临辕馆"，嘱咐谢绛、尹洙、欧阳修各撰一篇落成记。文章写成后，谢绛的五百字，欧阳修的五百多字，而尹洙的只有三百八十余字，却可以称得上简洁古朴，典重有法，令欧阳修心悦诚服。他拉住尹洙，讨教文章作法。尹洙说出自己的经验之谈："大抵文章最忌讳的，就在于气格弱小和语言烦琐，写文章一定要注意气格高强与语言简洁。"性格要强的欧阳修，自然不甘落后。他独自一人带着酒肴前往临辕馆，一面酌饮，一面观察，仔细琢磨，反复揣敲，克服格弱字冗的毛病，重新写成一记，比尹洙的文章还减少二十个字，显得完粹有法。尹洙读过这篇文章后，对欧阳修古文的长足进步大表惊诧，说："欧九真是一日千里啊！"当时宋人喜以行第相称，士大夫犹以被人按行第称呼为荣。欧阳修在家族排行第九，以行第相称的，除"欧九"外，还有"欧阳九""九公""九丈"等。

欧阳修日常办公和读书的地方，位于河南府官署的西边。这是一座厅堂，坐南向北，四周翠竹丛生。欧阳修将其命名为"非非堂"，并写作《非非堂记》。文章开头使用秤、水、耳目三重比喻，揭示静中见真、静能生慧的生活哲理，说明立身处世只有"心静"而"不为外物眩晃"，摒绝一切私欲杂念，才能心明眼亮，洞察是非。继而推出文章主旨：

夫是是近于谄，非非近于讪，不幸而过，宁讪无谄。是者，君子之常，是之何加？一以观之，未若非非之为正也。

所谓"是是""非非"，指的是肯定正确，批判错误；歌颂光明，揭露黑暗。倘若二者必择其一，作者以为宁可没有前者，不能没有后者，因为正确与光明本是君子的固有品质，而批评与揭露可以鞭策人们向上向善。结尾过渡到洛阳新建西堂,揭示命名"非非"的缘由,就在于倡导践行"非非之为正"的处世原则。作为初入仕途的早期之作,此文议论有的放矢,针砭朝堂内外文恬武嬉,社会上下歌功颂德的时弊,自表处世人格。欧阳修这种"非非之为正"的人格力量,受到苏轼《刘壮舆长官是是堂》诗的赞许,也招致明人杨慎《欧阳公非非堂记》的非议。然而,欧氏一生坚持"非非之为正"的处世原则,刚正果敢,至晚而不衰,这对于净化宋初污浊的社会风气,培育宋人砥砺名节的士林新风起了促进作用。

盛夏的一天,一阵暴雨过后,暑气蒸腾,酷热难忍,欧阳修与谢绛、尹洙、梅尧臣、王复、张太素等,相约来到普明寺后园。这里原是中唐大诗人白居易的故居,又称"大字院"。当年,年过七十的白居易退居此园,整日与朋友吟风弄月,歌咏山水,过着闲适自娱的生活。两百年后,园里依旧翠竹亭亭,水流涓涓,清凉可爱。大伙儿酌酒品茶之后,分散在水边林下,有的赏竹,有的戏水,有的清谈,有的对弈,尽得娴雅自适之乐。此景此情,大家忽然觉得"非有清吟啸歌,不足以开欢情",于是相约分题赋诗,各赋五律一首。张太素饮酒最少,首先写成诗歌,梅尧臣、王复等欣然相继,先后成篇。欧阳修《普明院避暑》诗咏道:

选胜避炎郁,林泉清可嘉。拂琴惊水鸟,代塵折山花。就简刻筠粉,浮瓯烹露芽。归鞍微带雨,不惜角巾斜。

诗歌以林泉、水鸟、山花等景物,拂琴、赋诗、烹茶等活动,表现文人聚会的高情雅趣。诗成之后,各自挥毫泼墨,将诗歌题写在院壁上,当场没能写成诗歌的,也纷纷在院壁上题名,留作日后纪念。这种团体性的同题分咏,文人相互间竞技斗胜,共同促进诗歌题材发展与艺术进步,这是洛邑幕府文人高品位的文学活动,也是以欧梅联盟为标志的北宋诗文革新的发轫。

欧阳修、尹洙等人相与提倡古文,标志北宋文学创作进入一个新的发展时期。北宋立国初期,文风艳冶浮靡,论卑气弱,世人称为"五代体"。到了真宗景德、大中祥符年间,杨亿、刘筠、钱惟演等人同在秘阁编修《册府元龟》,他们迭相唱和,并将这些诗歌汇编成《西昆酬唱集》。秘阁是皇帝藏书的地方,在中国古代神话中,西北昆仑的玉山策府是古帝王藏书之府,因此,人们常以"西昆"代指秘阁。杨、刘、钱秘阁编修官的华丽诗风,一时盛行朝野,人称"西昆体"。它渐次取代"五代体",形成四六切对工整、风格雍容典雅的"时文"。

石介等人大声疾呼,抨击西昆体,却因持论偏激,内容迂阔,文辞怪僻,没有能够扭转文风,促进古文发展。到了天圣七年(1029),形势有所改观,仁宗颁发《贡举诏》,决心整饬文风,革除文弊,反对"浮夸靡蔓"的时文,提倡"理实"的古文。正是在这种背景下,韩柳古文开始受人重视。欧阳修出示珍藏多年的《昌黎先生文集》,补缀校定,传播人间,沉寂了两百年的韩愈文章逐渐风行于世。

受时代风气濡染,年轻的欧阳修风流佻侂,一度沉溺宴饮游乐,而且亲近歌伎,追求声色之乐。北宋非官方正式礼仪的饮宴,往往少不了歌伎,吟诗填词大都与品曲赏舞相结合,氛围轻松浪漫。官府宴席上的官伎,大都是罪犯妻女,或是家贫卖身者,教其习艺,专在地方侍候长官,按规定官伎献艺不献身。但是,年轻官员与官伎之间两情相悦、日久生情的风流韵事,也不乏其例。有一次,钱惟演在官署后院设宴,款待僚属谢绛、梅尧臣、尹洙、欧阳修等人。宾客都到齐了,就差欧阳修和一位歌伎。差不多过了一个时辰,他们才姗姗来迟。在众目睽睽之下,钱惟演责问那位歌伎:"为什么这个时辰才到?"

"暑天太热,在凉堂上睡着了,醒过来发现丢失了金钗,现在还没找着哩。"歌伎回答。

钱惟演趁机给欧阳修出了个难题,他对歌伎说:"如果你能让欧阳推官就这件事赋一首词,我就赔偿你那丢失了的金钗。"

在歌伎的催促下,欧阳修即席赋《临江仙》词:

柳外轻雷池上雨,雨声滴碎荷声。小楼西角断虹明。栏干倚处,待得月华生。

燕子飞来窥画栋,玉钩垂下帘旌。凉波不动簟纹平。水精双枕,旁有堕钗横。

词的上阕描写夏日阵雨初霁时分,美女倚栏,待月怀人的情景;下阕则是一幅生动的美人慵眠图。词境优美,情韵绵邈,清空恬美的意境之中蕴涵无穷情趣,当即博得满座宾客喝彩。钱惟演命令歌伎斟满一杯酒赏赐欧阳修,又叫人从官库取来一副金钗,偿还给歌伎。与此同时,他严肃地告诫欧阳修,今后在私生活方面应当有所收敛。

谢绛调任河南府通判以后,按照当时的官场制度,梅尧臣作为他的妹婿,应当回避。秋季,梅尧臣改任河阳县(今河南孟县南)主簿。好在洛阳与河阳相距不远,梅尧臣时常往来两地,与洛阳旧友依然交游频繁。

在往来洛阳的过程中,梅尧臣想起白居易的一桩逸事。白居易晚年致仕后,与胡杲、吉皎、刘真、郑据、卢贞、张浑、李元爽及僧如满退居洛阳,结为"九老会",常在一起饮酒赋诗,九个人都遐龄高寿。时人誉为"香山九老",至今仍有"香山九老图"传世。眼前众多的酒友诗侣,为什么不各自奉送一个雅号?有一天,他与尹洙、杨子聪、王顾、王复、张汝士、张先等议及此事,大家一致叫好,同时觉得钱惟演、谢绛,是河南府长官,尊卑有别,不便列名其中。于是剩下在场的七人,加上不在场的欧阳修,共有"八老"。大伙儿七嘴八舌,依据各人的性格与特长,相互馈赠雅号。尹洙雄辞善辩,获称"辩老",杨子聪高名俊士,称"俊老",王顾聪慧明哲,称"慧老",王复循规蹈矩,称"循老",张汝士韬晦内向,称"晦老",张先沉默寡言,称"默老",梅尧臣美德懿士,称"懿老",在大家心目中,欧阳修疏旷放逸,因此被赐号"逸老"。

欧阳修对自己的这个雅号却不满意,三番五次地致信梅尧臣,肯定"八老"的命名,是一桩美事,也承认自己平时言行缺乏检点,不拘小节,配得上"逸老"的称号。但是这个雅号过分突出了自己散漫放浪的个性,他表示不肯接受。他自荐并表示乐于接受"达老"的名号。在《书怀感事寄梅圣俞》诗中,他自称"唯予号达老,醉必如张颠"。其实,在青年欧阳修身上,倜傥放逸正是他的鲜明特点。他极力辞避这个称号,说明他已意识到这是自己的性格弱点。

明道元年(1032)初春,秀才陈经自冯翊(今陕西大荔)外出游学,途经洛阳,与欧阳修相聚。两年前,他们在管城(今河南郑州)结识,意气相投,立即成为好朋友。这一次,欧阳修、杨子聪、张谷陪同他游览龙门。洛阳与龙门相距十余里,一个时辰就能够抵达,本来可以朝游暮归。为了尽兴,他们相约夜宿广化寺,从容作两日游。头一天,他们登临上方阁,游览菩提寺,在山林里信步,兴尽而归。归途中明月皎洁,松林清幽静谧。欧阳修口占一绝,题为《自菩提步月归广化寺》:

> 春岩瀑泉响,夜久山已寂。明月净松林,千峰同一色。

归途中的景致,山林空寂,月光明净,与禅寺的氛围、佛境的韵致,可谓妙然相通。广化寺是龙门八寺之一,始建于北魏,佛教密宗始祖无畏禅师葬于此,因其地势较高,素有"足踏广化望嵩山"之说,他们选择在这里住宿,以便次日清晨居高眺远望嵩岳。第二天,他们还出游香山石楼,卧听八节滩流水,在当年白居易开辟的历史胜迹面前,徘徊吟咏,流连忘返。傍晚,泛舟伊川,顺流而下。一路上赋诗饮酒,夜幕低垂时分,才回到洛阳城里。

三天后,陈经秀才告别欧阳修,继续往西游学。虽然只是两年的新交,欧阳修却越来越喜欢上这位比自己年轻而又才华横溢的朋友。分手时,欧阳修特地撰写了《送陈经秀才序》。文章名为赠序,实是一篇优美游记,在记游状物当中,叙写了刚劲畅达的人生感慨,折射出双方之间新朋胜旧交的关系。文章最后写道:

> 修为从事,子聪参军,应之主县簿,秀才陈生旅游,皆卑且闲者,因相与期于兹。夜宿西峰,步月松林间,登山上方,路穷而返。明日,上香山石楼,听八节滩,晚泛舟,傍山足夷犹而下,赋诗饮酒,暮已归。后三日,陈生告予且西。予方得生,喜与之游也,又遽去,因书其所以游以赠其行。

这位陈经秀才本姓陆,字子履。原籍越州(今浙江韶兴),生父弃世后,母亲再嫁河南人陈见素,才跟随后父改姓。景祐元年(1034)进士及第,次年二月,继父陈见素病逝,解除丧服后的陈经恢复陆姓。康定、庆历年间,欧、陆共同参与编纂《崇文总目》,同在馆阁供职。庆历三年(1043)正月,陆经降职为汝州(今河南临汝)监酒税,不久又恢复馆职。庆历四年(1044)十一月苏舜钦以进奏院祀神宴会被削职为民,陆经也是宴会参与者之一,次年受到并罪追究,责授袁州(今江西宜春)别驾,历经十年坎坷,至和元年(1054)末遇大赦返归京师,才恢复原官。治平初出知苏州(今属江苏)、颍州(今安徽阜阳),熙宁末官终集贤殿修撰、河中知府。他终生与欧阳修保持纯真的友谊,诗文酬唱,往来不休。

二月,梅尧臣因公事来到洛阳。正值阳光灿烂,春花似锦。欧阳修陪伴他遍游各处名胜。春末,他们又携上杨子聪前往游览嵩山。嵩山,属于伏牛山脉,主体在河南省登封县境内,距离洛阳东南百余里。它与泰山、华山、恒山、衡山合称五岳。在五岳当中号称"中岳"。它由东、西二山组成,东名太室,西名少室。两山相隔十余里,崔嵬相对。太室山中峰叫峻极峰,即嵩顶,周围群峰环拥,自古有"嵩高峻极""峻极于天"的说法。登临峻极峰的道路曲折盘旋,一路上名胜古迹,星罗棋布。三人攀跻嵩顶时,一边游览,一边吟诗,共同拟定十二个题目,相互唱和。欧阳修《嵩山十二题·二室道》咏道:

二室对岧峣,群峰耸崷直。云随高下起,路转参差碧。春晚桂丛深,日下山烟白。芝英已可茹,悠然想泉石。

目睹峰峦奇峭,云霭缭绕,欧阳修仿佛步入仙境,超尘出世的思想油然而生,流连山水、文友相乐的情怀溢于言表。此类记游诗,联章合咏,一景一诗,小巧玲珑,文笔秀丽,诗风清新,富于情韵,又具纪事性,有似韦应物诗作,是对西昆派的雕琢之弊的矫正。这类团体性的同题分咏,后来渐成时尚,对宋诗的发展贡献不菲。

九月初,朝廷使者传来皇帝诏书及御祝封香,命河南府代朝廷祭祀嵩岳山神。封建时代,为了祈求风调雨顺,岁熟年丰,除了皇帝亲自祭祀天地社稷以外,还要委派大臣祭奠五岳四海。

宋朝更是一个多神崇拜的时代,祭祀对象包括昊天上帝、皇地祇、天皇大帝、五方帝、神州地祇等,还有太社、太稷,以及五岳、五镇、四海、四渎的祭祀。这次祭祀中岳嵩山,河南府委派通判谢绛担任主祭,欧阳修、杨子聪分别以"读祝""捧币"的身份随同前往,前者在祭祀仪式上诵读祝词,后者奉持祭祀礼品。祭祀队伍加上刚从外地归来的尹洙、王复,连同随从人员,一行十余人。

十二日早晨,他们从洛阳东门出发,一路上兴致勃勃,诗兴大发,目睹郊野秋色,一派安宁丰乐景象,欧阳修吟咏《秋郊晓行》诗:

寒郊桑柘稀,秋色晓依依。野烧侵河断,山鸦向日飞。行歌采樵去,荷锸刈田归。秫酒家家熟,相邀白竹扉。

诗歌描写洛阳郊区的秋景,稀稀疏疏的桑柘树外,一片野烧留下的痕迹,山鸦飞向东方,樵夫唱歌进山,农民收获归来,丰收后的农家忙于酿酒请客。诗人钦慕乡曲园林的安闲,赞赏农家民俗的淳朴。次日过缑氏县(今河南偃师东南),又有《缑氏县作》《又行次作》诗。他们观赏"游嵩诗碑",游览子晋祠,抵达登封县。

十四日,完成祭嵩使命后,大家改换便服,留下车马,徒步轻装,登陟太室山。时值秋清日阴,气候宜人。晚花幽草,烂漫满目。大家一路游赏玉女窗、捣衣石、八仙坛、三醉石,沿途休憩,酌酒品茶,午后,方抵达峻极山上院。尹洙体格强健,最先到达,欧阳修年龄最小,却最为疲惫。午饭后,攀跻封禅坛,观看武后封祀碑。从这里俯瞰群峰,真所谓"一览众山小"。在谢绛的提议下,大家不顾欧阳修的反对意见,拉上他一同去拜见一位居石室诵读《法华经》的汪姓苦行僧。大家沿着险峻的山路向下走了三四里,才来到那个石洞。只见此人形如槁木,其貌不扬,像猿猴山鸟一样饮山泉食野果,但是谈禅论道,神清气和,应对自如,体悟佛法精深,时而妙语连珠,如"古之人念念在定,慧何由杂? 今之人念念在散,乱何由定?"大家都被其哲理性言谈深深吸引,就连一贯尊儒辟佛的欧阳修、尹洙,也禁不住心醉神送,感叹不已。可以看出,欧阳修、尹洙等人痛斥佛法僧徒,乃是出于捍卫儒家伦理,并不曾深究佛理。在思辨性极强的佛理面前,容易成为佛学俘虏。后来尹洙接受佛学熏陶,融入三教合流的社会思潮,欧阳修晚年自号"六一居士",当与这次聆听汪僧说道、接受佛学洗礼有关系。

当晚,大家投宿山顶寺庙。皓月当空,天无纤翳,万里在目,有飘然入仙境的感觉。然夜半寒露,冷透肌骨,众人方回到客房,环坐在一起饮酒品肴,赋诗论道,间杂戏谑笑谈,忘却了形骸劳累。夜半之后,方就枕休息。

十五日寻路下山,取道颍阳县(今河南登封西南),游观少室山。大伙攀缘而上,寻访石堂山紫云洞,即唐代著名道士邢和璞修道与著书的地方。只见悬岩峭壁上,苔藓成文,依稀可见"神清之洞"四个大字。夜行二十五里,在吕氏店铺住宿。在困顿劳苦当中,尹洙讲说神鬼故事,欧阳修、杨子聪演唱俚歌小调,王复吹奏洞箫,一路上欢歌笑语,倒也忘却了疲倦,不觉得寂寞。十七日,抵彭婆镇,于是沿伊川北下,游览香山龙门,最终完成四百里行程,回到洛阳南郊。

明道二年(1033)正月,欧阳修告别即将临盆的妻子,赶赴汴京办理一桩公事,嗣后顺便前往随州探望叔父欧阳晔。欧阳晔时年七十五岁,致仕家居,身体不适。这是叔侄间的最后一次见面。四年后,欧阳晔病逝时,欧阳修贬官夷陵,正告假在许昌续娶薛夫人,没能及时奔丧。又七年后,即庆历四年(1044),欧阳晔正式落葬时,欧阳修在朝廷担任谏官,正忙于"庆历新政",虽然为叔父撰写了祭文和墓志铭,却无暇亲临凭吊。他在《祭叔父文》中痛苦地说道:

昔官夷陵,有罪之罚;今位于朝,而参谏列。荣辱虽异,实皆羁绁,使修哭不及丧而葬不临穴。孩童孤艰,哺养提挈,昊天之报,于义何阙。唯其报者,庶几大节。

他沉痛地抒发了悲思哀悼和负疚自责的心情。追怀叔父养育教诲的恩惠,欧阳修决心以处世为人的崇高节操来报答叔父的大恩大德。

三月，欧阳修返回洛阳，一场巨灾横祸突然降临家门。在他离家以后，胥夫人生了个可爱的男婴，可还没等满月，产后感染的疾病，夺走她年轻的生命。似有歧义欧阳修遭罹这场灾祸，悲不欲生。他长歌当哭，写下了悼亡作《述梦赋》：

夫君去我而何之兮？时节逝兮如波。昔共处兮堂上，今独弃兮山阿。……绿发兮思君而白，丰肌兮以君而瘠，君之意兮不可忘，何憔悴而云惜。愿日之疾兮，愿月之迟；夜长于昼兮，无有四时。虽音容之远矣，于恍惚以求之。

这是一曲哀怨动情的挽歌。爱妻忽然弃世，欧阳修心中无限哀恸，黑发为之转白，丰肌因此变瘠。从此以后，人与鬼天各一方，无缘见面。他一天天盼望白日快快逝去，黑夜徐徐延续，在恍惚迷离的梦境中，求得与亡妻相逢。全文倾吐丧妻之恸，如泣如诉，感人肺腑。

四月的一天，竹阴清凉，鸟语花香。欧阳修独坐绿竹堂，面对着美酒佳肴，脑海却萦回着胥夫人的情影，难以下箸，凄然而赋《绿竹堂独饮》诗。其中咏道：

忆予驱马别家去，去时柳陌东风高。楚乡留滞一千里，归来落尽李与桃。残花不共一日看，东风送哭声嗷嗷。洛池不见青春色，白杨但有风萧萧。姚黄魏紫开次第，不觉成恨俱零凋。榴花最晚今又拆，红绿点缀如裙腰。年芳转新物转好，逝者日与生期遥。

离家暂别的时候，杨柳依依，春风含笑；回到家来，已是桃李花残，牡丹凋零。虽然还有晚开的石榴花竞相吐艳，但是，胥夫人猝然逝去，使得一切美景胜事，都蒙上了一层悲凉色彩。痛定思痛，欧阳修肝肠寸断。五年后，胥夫人所生的孩子也不幸夭亡。然而，欧阳修终生铭记胥夫人的伉俪深情。二十年后，他扶护亡母郑氏灵柩，归葬故乡吉州吉水沙溪镇，特意将胥夫人千里移骨，祔葬在父母坟茔旁边。

同月，陈州通判范仲淹被召回汴京，提拔为右司谏。范仲淹，字希文，苏州吴县（今江苏苏州）人。幼年丧父，家贫力学，大中祥符八年（1015）进士及第。为人外和内刚，崇尚气节，慨然有志于天下，常说"士大夫理当先天下之忧而忧，后天下之乐而乐"。天圣七年（1029）担任秘阁校理，以正直敢言著称于朝。五年前，仁宗已经长大成人，垂帘主政的刘太后恋权，范仲淹上书请刘太后还政，没有结果后，自请出判外郡。今年二月，垂帘听政十二年的刘太后病故。在大臣拥戴下，二十四岁的仁宗亲政，并开始酝酿政治改革，范仲淹等人得以加官回朝。

右司谏，又名"右补谏"，属于谏院。谏院又称"谏垣"，其中的左、右谏议大夫简称"大谏"，左、右司谏别称"中谏长"，左、右正言别称"小谏"。在宋代，谏官的官阶虽然不高，但是掌管规谏讽谕大权，可以直接向皇帝进言。凡是朝政阙失，大臣以至百官任用不当，三省乃至一切官署处事有误，都可以谏正。由于谏官职责是挑剔朝政缺失，指摘君臣过错，常常遭人忌恨和疏远，因此，许多人都不愿担任这个职务。然而，欧阳修却十分看重谏职，认为谏官担当天下兴亡的责任，肩负朝政改革的希望。范仲淹进京履职一个多月，还不见他净谏一事，欧阳修写了一封《上范司谏书》，对他予以热情鼓励和严词切责。其中说道：

> 司谏，七品官尔，于执事得之，不为喜，而独区区欲一贺者，诚以谏官者，天下之得失，一时之公议系焉。……故士学古怀道者仕于时，不得为宰相，必为谏官。谏官虽卑，与宰相等。天子曰不可，宰相曰可；天子曰然，宰相曰不然；坐乎庙堂之上与天子相可否者，宰相也。天子曰是，谏官曰非；天子曰必行，谏官曰必不可行：立殿陛之前与天子争是非者，谏官也。

欧氏高度肯定谏官的作用，将谏官与宰相相提并论，表达对范仲淹所寄托的殷切期望。书信继而指出称职的谏官"系天下之事，亦任天下之责"，失职的谏官会"取讥于君子""著之简册而昭明，垂之百世而不泯"，因而谏官责任的重大，"非材且贤者，不能为也"。接下去，他又援引唐代韩愈作《争臣论》批评阳城的史例，批评谏官"待机进谏"的传统论调。据说唐德宗时期的谏议大夫阳城，任职七年之中，没有净谏一事，韩愈激于义愤，撰《争臣论》讥刺他尸位素餐。后来，唐德宗宠信奸臣裴延龄，贬黜正直大臣陆贽。朝堂之上无人敢说，只有阳城站出来当庭直论。唐德宗想任用裴延龄做宰相，又是阳城站出来坚决反对。阳城因此被改任国子司业，后来又贬为道州刺史，后世誉其为直言敢谏之士。也有人借此说事，说阳城任职七年不谏一事，是因为"有所待"，而韩愈不识其意，不应该妄加讥议。欧阳修并不这样认为，他指出唐德宗时期，本属多事之秋，朝政极其腐败，哪会没有一件事值得规谏，一定要等待七年呢？阳城幸运地做了谏官七年，碰上了裴延龄与陆贽的事，终以七年一谏尽了谏官之职。如果只任职五六年就改任别职，那就是五六年无所事事的谏官，有什么值得肯定呢！最后，欧阳修单刀直入，对范仲淹就职一个月来未对朝政发表意见提出责难：

> 今之居官者，率三岁而一迁，或一二岁，甚者半岁而迁也，此又非更可以待乎七年也。今天子躬亲庶政，化理清明，虽为无事，然自千里诏执事而拜是官者，岂不欲闻正议而乐说言乎？然今未闻有所言说，使天下知朝廷有正士，而彰吾君有纳谏之明也。夫布衣韦带之士，穷居草茅，坐诵书史，常恨不见用。及用也，又曰彼非我职，不敢言；或曰我位犹卑，不得言；得言矣，又曰我有待，是终无一人言也，可不惜哉！

欧阳修敦促范仲淹千万不要以"朝政清明""天下无事"为借口，更不能以"有所待"为托词，推脱自己的谏官职责。书简之末，更对范氏提出切责，热切期望他能"思天子所以见用之意，惧君子百世之讥，一陈昌言，以塞重望，且解洛之士大夫之惑"。要求范氏尽快拿出实际行动来，以直言进谏证明自己是合格的谏官。欧阳修小范仲淹十八岁，当是天圣七年就读国子监时相识，但此前不见双方密切往来。正是这封信，激励范仲淹在本年十二月的"废后风波"中直言谏劝，触怒仁宗和权相吕夷简而出知外郡；也是这封信，使欧阳修更加贴近范仲淹。从此以后，他追随范仲淹，积极投身朝政改革事业。

九月四日，西京留守钱惟演受到御史中丞范讽弹劾，罢去平章事头衔，以崇德节度使移知随州，钱惟演在仁宗即位初年，曾经出任枢密使，却一直觊觎宰相职位。早在真宗在位的时候，刘皇后权势显赫，他把妹妹嫁给刘皇后的哥哥刘美。仁宗即位以后，郭氏立为皇后，他把郭皇后的妹妹娶为儿媳妇。最近，仁宗生母李宸妃追谥为章懿太后，他又张罗与李太后家结亲联姻，并上疏请求将章献刘后、章懿李后一同祔葬真宗庙寝。因此，范讽劾章说钱氏一再和皇室攀亲，谋求进身台阶，应该降黜，以儆效尤。于是钱惟演贬官回本镇，几个儿子也同时受到贬谪。其实，类似钱惟演这种攀龙附凤的行为，在封建社会里本是司空见惯、不足为奇的。问题的要害在于，钱惟演原本属于"后党"，而今刘太后去世，仁宗亲政，"帝党"反攻倒算，他是在劫难逃。钱惟演不过是宫廷权力斗争的失败者，获胜的一方不过借这个名目将他贬黜罢了。

作为一位封建政客，钱惟演除了擅长钻营的一面之外，也确有不少处世为人的美德，比如生长在富贵家门，却生活俭朴，不重钱财；平生酷爱读书，早晚手不释卷，博学多才，颇具文人气质与高雅情怀；礼贤下士，爱惜人才，乐于奖掖后进等等。在西京任上，正值宋初文学因革嬗变之时，他为洛邑幕僚文人提供了宽松闲适的生活环境，营造了自由和谐的文化氛围，使其文学创作首开时代风气，让北宋诗文革新的种子得以下土萌芽。

欧阳修素来敬佩钱惟演的文才，更感激他对自己的倚重与厚爱。十二月中旬，当钱惟演启程赴随州任的时候，欧阳修、梅尧臣等人为他送行，过了龙门，一直送到离城几十里地的彭婆镇，双方才依依告别。欧阳修的《留守相公移镇汉东》诗咏道：

周郊彻楚坰，旧相拥新旌。路识青山在，人今白首行。问农穿稻野，候节见梅英。腰组人稀识，偏应邸吏惊。

诗歌夸耀钱惟演出行的仪仗和官品的高贵，看来是在抚慰钱氏那颗受伤的心。不久，欧阳修又有《上随州钱相公启》，也是对钱氏进行安慰，希望他"俟闻来复，以庆终亨"。然而，垂暮之年的致命打击，贬官僻郡的凄苦心境，使得钱惟演这次抱病离开洛阳后，次年七月就在贬所随州与世长辞了。

继任西京留守的是王曙。王曙，字晦叔，世居河汾（山西西南部），后为河南人。为人正直，端庄谨严，又极度地重贤爱才。他上任伊始，整饬政风，严肃纪律，对欧阳修等人毫无节制地饮酒游乐,很不满意。有一次,他疾言厉色地训斥:"你们这样纵酒享乐,难道不知道寇准晚年的祸害吗?"一代名相寇准,是王曙的岳父,晚年曾经以"使相"身份出判河南府,因为生活奢华,纵酒豪饮,最终遭受丁谓等人潜害,贬官流落而死。王曙训诫的时候,众人唯唯,没有谁敢吭声。只见欧阳修站起来,争辩说:"我听说,寇准的罪过不在于生活奢华,在于年老而不愿退步抽身。"王曙时年七十一岁,正以高龄在位,听后默默不语。

在一次讼案当中,王曙才发现欧阳修办事的精明干练。有一个士兵从服役地逃回洛阳,被人扭送到推官厅发落。按当时法令,逃兵当处以死刑,欧阳修遵循父训,谨慎其事,在审讯中觉得有些案情尚须进一步调查,因而暂时未作最后判决。几天后,王曙问欧阳修:"那个士兵怎么还没有判罪?"

"应该送回他原属部门复审后再作处置。"欧阳修回答。

王曙却不以为然:"像这类案子,我做官以来处理过多起。你刚刚做官,不要缩手缩脚吧!"

"如果案子由相公直接判决,就是立即斩首,我也没有异议。要是由我处置,就得按法规办理。相公所言,不敢从命。"

几天以后,王曙从士兵原属部门了解到案由详情,原来事出有因,此人罪不当死,是自己错了。他连夜召见欧阳修,问道:"那个士兵判罪了没有?"听说还没有判决,他才松了口气,说:"差点误了大事!"第二天,他命令将这个士兵押送原属部门处理,并表彰欧阳修处事有方。

十月二十六日,王曙被召回朝廷,担任枢密使,次月由王曾出判河南府。不到两个月的相互接触,王曙深知欧阳修为人刚直敢言,稳重宽厚,而且学识渊博,才华出众,有意于提携。返回汴京前夕,他郑重地对欧阳修说:"如今朝廷有了规定,大臣可以推荐人选应试馆职。我回朝以后一定推荐你参加考试。"

本月初,章献刘后和仁宗生母章懿李后一同祔葬真宗永定陵,欧阳修受命前往巩县陪祭。使他激动不已的是,在巩县第一次见到黄河时的情形。巩县境内,山峦起伏,刚刚冲决三门峡束缚的黄河水,忽然又被两岸群山夹峙,汹涌的河水在山岭中间狼奔豕突,翻腾咆哮,一泻千里。目睹这种壮观气象,欧阳修情不自禁吟诵一首长达四百九十字的《巩县初见黄河》诗。诗作首先描绘黄河水的湍急凶猛,展示其雄伟气势,写道:"我生居南不识河,但见禹贡书之记。其言河状巨且猛,验河质书信皆是。"继而追述鲧禹治水功绩,叙写历代黄河水患及治水情况。结句咏道:"嗟河改凶作民福,呜呼明堂圣天子。"颂扬当今天子治河之功,歌咏世道太平。诗歌表现欧阳修的淑世情怀,讽谏朝廷要为民造福。全诗想象奇特,杂用散文句法,仿效韩愈笔力,纵横捭阖,气势磅礴,开宋人以文为诗、宋诗以气格为主的创作先河。

十二月二十三日,朝廷又发生一件大事,仁宗废除郭皇后。朝廷对外解说的理由,是皇后立了九年,没有子嗣,她甘愿入道,别居长宁宫。实际上,仁宗从来就不喜欢郭皇后。郭氏过去得立皇后,全由刘太后做主,仁宗被迫曲从。郭皇后昔日倚仗太后势力,骄纵放肆,常与别的宫妃争风吃醋。刘太后作古以后,郭皇后顿时失去靠山,后宫尚美人、杨美人跟皇帝打得火热。尚美人当着仁宗的面讥讽皇后,郭皇后气得跳起来批打尚氏耳光,仁宗上前庇护尚氏,巴掌不幸误落在仁宗脖子上。一怒之下,仁宗决意废黜皇后。宰相吕夷简、御史中丞范讽极力怂恿,终于颁布了废后诏令。右司谏范仲淹、新任御史中丞孔道辅率全体谏官极力反对,并与宰相吕夷简争议,驳得宰相哑口无言。他们又准备廷争力谏,但是没等他们上朝,仁宗下令范仲淹出知睦州(今浙江建德东)、孔道辅出知秦州(今甘肃天水)。废后风波虽然暂时平息,但朝野舆论大都偏于皇后。一年后郭皇后郁郁死去,仁宗可能是出于良心发现,决定追复郭氏为皇后,以隆重的礼仪安葬。正是这场废后风波,酝酿了三年后朝廷政治的更大斗争,形成了以范仲淹、吕夷简为代表的两股政治势力。青年欧阳修坚定地站在范仲淹一边,深深地卷入了这场政治斗争的漩涡。

四　景祐党争

景祐元年(1034)正月,翰林学士章得象权知贡举,知制诰郑向、胥偃、李淑与直史馆、同修起居注宋郊同知贡举。二月省试放榜,苏舜钦、赵抃、丁宝臣、朱处仁、王复、王尚恭、王尚喆等都榜上有名,大家相识的并公认才学在梅尧臣之下的任适、吕澄等人,也都通过了考试,而出类拔萃且诗名卓著的梅尧臣却落选了。欧阳修获知这一消息,既震惊,又难过,更愤慨,心情久久难以平静。他知道这次失败,对于梅尧臣可能是致命的打击,三十二岁的梅尧臣,多次参加进士考试,屡屡遭受失败,早已是身心疲惫,可能从此再也无意于科举了。欧阳修实在想不通,满腹真才实学的梅尧臣,为什么在科考中总是名落孙山。他的书简《与谢舍人绛》说道:

> 省榜至,独遗圣俞,岂胜嗟惋。任适、吕澄,可过人邪? 堪怪。圣俞失此虚名,虽不害为才士,奈何平昔并游之间有以处下者,今反得之,睹此何由不痛恨? 欲作一书与胥亲及李舍人、宋学士论理之,又恐自有失误,不欲轻发。不尔,何故见遗? 可骇可骇。由是而较,科场果得士乎? 登进士第者果可贵乎? 日日与师鲁相对,惊叹不已。

这次的主考官当中,有欧阳修的岳父胥偃,还有他所熟识的李淑与宋郊,他很想写封信与他们理论理论,却又担心或许是梅尧臣在考试中"自有失误",不敢轻易执笔。总而言之,梅尧臣的又一次落榜,使欧阳修开始质疑科举考试的人才选拔制度,重新审视科考选拔人才的合理性与可靠性。与此同时,他赠诗梅尧臣,劝勉并安慰这位总不走运的老朋友。《赠梅圣俞》诗咏道:

> 黄鹄刷金衣,自言能远飞。择侣异栖息,终年修羽仪。朝下玉池饮,暮宿霜桐枝。徘徊且垂翼,会有秋风时。

诗歌将梅尧臣比喻为志存高远而暂遇挫折的黄鹄,它不断地用嘴巴打磨金黄色的羽毛，自信将来能够一飞千里，目前的垂着双翼，只是在等待秋风中的振翅高飞。欧阳修坚信德才兼备的梅尧臣，虽然一再遭受挫折，但一定会有宏图大展的一天！而现实中的梅尧臣，早已通过叔父梅询的恩荫入仕，这次考试失败并没有失去官职，只是后来再也没有参加科考，直到五十岁那年，由欧阳修等人荐举，才通过"制科"诏试，由仁宗赐进士出身。即使是这样，因为没有正规的进士出身，梅尧臣的一生最终难免穷困潦倒、沉沦下僚的命运。

三月，欧阳修西京留守推官任满，决定暂归襄城（今属河南），寄居妹夫张龟正家中，等候着召试学士院。宋代官员接受新的差遣时，沿袭唐朝官制，有一定的假期休息，然后赶赴新任。离开洛阳的时候，正是牡丹花开的季节。隋唐以来，就有"洛阳牡丹甲天下"的说法。三月的洛阳，牡丹盛开，花团锦簇，人们争先恐后地外出看花。在同僚送行的宴席上，欧阳修赋写了许多首《玉楼春》词，也常常提到牡丹。其中一首咏道：

樽前拟把归期说，未语春容先惨咽。人生自是有情痴，此恨不关风和月。

离歌且莫翻新阕，一曲能教肠寸结。直须看尽洛阳花，始与春风容易别。

词中的"洛阳花"，就是牡丹的别称。在牡丹花开的日子里，拜辞亲朋好友，告别歌伎舞女，难免柔肠百转。但是，欧阳修毕竟是一条刚强的男子汉，"此恨不关风与月""直须看尽洛阳花"，词作一扫忧伤缠绵的情调，显示出男子汉大丈夫豪爽开朗的性格特征。

欧阳修西京任满离开洛阳时，专门撰写了《洛阳牡丹记》一文，这是我国现存最早的关于牡丹的专著。全文分《花品序》《花释名》《风俗记》三大部分，其中《花品序》详细记载当时二十五种牡丹的各自特色；《花释名》解释牡丹主要品种的得名由来；《风俗记》叙述洛阳赏花风习，介绍牡丹栽培技术。文章融科学性、文学性、实用性于一体，内容翔实而丰富。从此以后，洛阳牡丹成了欧阳修生活中的亲密朋友和美好记忆，"洛阳花"成了欧阳修诗文创作中反复出现的生动意象。

襄城的张龟正,祖籍郓州阳谷县(今属山东)。前几年,续娶欧阳修妹妹为妻室。他的父亲张九思,进士出身,做过几任知州,晚年加官为检校司农少卿。张九思于天圣年间去世,埋葬在河南襄城县,由欧阳修撰写墓志铭。或许因为父亲墓葬的原因,张氏兄弟居住在襄城。张龟正是家中长子,做过郓州支使、崇阳(今属湖北)知县,这时候因为健康原因,正在家里闲居养病。他热情地接待了远道而来的内兄欧阳修。

四月,欧阳修从襄城启程赶赴汴京,途经许昌时,稍住了一些时日。五月间,经行郑州(今属河南)荥阳,县城东南有一座樊侯庙,祭祀西汉开国大将军樊哙,只见庙前一大群人在窃窃私议。原来前些日子,有个盗贼潜入樊侯庙,掏取樊哙神像的内脏。没过几天,狂风大作,冰雹凌厉,郑州附近田野里的麦苗都被砸死。人们惊慌失措,竞相传告:"樊侯发怒造成了这场灾害!"

欧阳修素来不信鬼神说法,为了安定民心,驳斥愚民妄说,他撰写了《樊侯庙灾记》。文章风趣地写道:

方侯之参乘沛公,事危鸿门,振目一顾,使羽失气,其勇力足有过人者,故后世言雄武称樊将军,宜其聪明正直,有遗灵矣。然当盗之傅刃腹中,独不能保其心腹肾肠哉?而反贻怒于无罪之民,以骋其恣睢,何哉?岂生能万人敌,而死不能庇一躬邪!岂其灵不神于御盗,而反神于平民以骇其耳目邪!

樊将军威武正直,如果死后有灵,当强盗用尖刀插入他的腹部时,他为什么不发作?连自己的心肝肾肠都保不住,却把满腔怒气发泄到无辜的老百姓身上,这到底是为什么?又算什么"神灵"?欧阳修接着运用古代朴素唯物主义的"阴阳说",解释雹灾只是一种自然现象,不是神鬼报复行为。文章传播之后,荒诞的迷信说法,顿时失去了立脚之地。

闰六月二十六日,欧阳修经由王曙推荐,参加学士院考试合格,授宣德德郎、试大理评事,兼监察御史,充镇南军节度掌书记、馆阁校勘,参与编纂《崇文总目》。与他同时入馆的,还有老朋友尹洙。北宋的馆阁，指"三馆"（昭文馆、史馆、集贤院）和秘阁。名义上它是"图书之府，校雠之司"，是朝廷掌管图书、编修国史的官署，掌古今经籍图书、国史、实录、天文、历数等事宜，主持图书的搜求、典藏、校勘、编目等工作。然而朝廷对入馆任职官员或以他官兼馆职者的选拔非常严格，入选馆职者，必须经过严格考试。馆阁中上层官员又无具体执掌，终日优游册府，议论典制，以备顾问，校书反在其次。故馆阁又是国家储备官吏的场所，文人一旦担任此职，便会成为社会名流。其中地位高的，是集贤殿修撰、史馆修撰，直龙图阁，直昭文馆、史馆、集贤院、秘阁；次一点的是集贤、秘阁校理。官职最低的，是馆阁校勘，史馆检讨，但都统称馆职。欧阳修《又论馆阁取士札子》指出：

馆阁之职，号为育材之地。今两府阙人，则必取于两制；两制阙人，则必取于馆阁。然则馆阁，辅相养材之地也。

中书省与枢密院合称"两府"，翰林学士兼知制诰谓之"内制"，他官兼知制诰及元丰改制后的中书舍人谓之"外制"，通称"两制"。"两府"人选来自于"两制"，"两制"人选来自"馆阁"，"馆阁"自是培养宰辅的地方。自太祖至仁宗四朝，"两府"主要官员十三人，其中八人出自"馆阁"。由此可见，欧阳修此时虽然只是担任一个正七品的馆职，却是地位清贵而前程远大。

《崇文总目》是我国古代目录学的一部重要著作，它著录北宋宫廷藏书的书目，所著录的每一种书都撰有提要。北宋的宫廷藏书，承袭唐制，有史馆、昭文馆、集贤院。太平兴国二年（977），再修建崇文院，分藏"三馆"书籍，称"三馆新修书院"。后来因为藏书日益增多，又在崇文院中堂修建秘阁，仍与"三馆"合称崇文院。多年来，崇文院藏书谬滥不全。为了甄别、整理这些藏书，仁宗在当年六月下令仿照唐朝《开元四部录》体制，分类编纂书目。整个工程历时八年，先后有众多的知名学者参与这项工作，欧阳修就是其中主要编撰者之一。

景祐二年（1035）五月，欧阳修来京师已有一年，去年秋天，他从襄城将母亲和家中奴婢接到身边，在母亲的主持下，续娶了杨氏夫人。杨夫人品行贤良，富有教养，甘守贫穷，孝顺婆婆，尽心照顾胥氏遗留的小儿，与丈夫恩恩爱爱。一家人和睦相处，其乐融融。然而，欧阳修虽是身居清贵的馆职，俸禄却很微薄，在物价高昂的京师，一家人生活非常清苦。在致朋友梅尧臣的信简中，他倾吐了家庭经济窘迫的情状：

仆来京师，已及岁矣。……京师侍亲，窘衣食，欲饮酒，钱不可得。闷甚，时与师鲁一高论尔。子渐在此，每相见，欲酤酒饮，亦不可得。

馆阁校勘这份微薄薪俸，奉亲养家都嫌不够，吃饭穿衣尚觉窘迫，更不要说喝酒了。与朋友在一起高谈阔论之后，常常苦于没钱买酒，既尴尬又无奈。

更让欧阳修痛心的是，是年自己家门连续遭受不幸。七月，妹夫张龟正在襄城病逝，欧阳修告假前往吊丧，欧阳修的同母之亲，只有这个妹妹，前几年出嫁张龟正为继室，还没有生育，就遭夫丧。张龟正弃世时，没有儿子，只有前妻留下的一个女儿，刚刚七岁。欧阳修妹妹怜悯这个孤女无家可归，携带她一块回到娘家居住。

九月，欧阳修继室杨氏夫人又忽然患病身亡，年仅十八岁。欧阳修家门不幸，祸不单行，连丧两妻，心中哀恸不已。欧阳修将杨氏骨殖临时停放在汴京荐严院，当时有《题荐严院》诗云：

那堪多难百忧攻，三十衰容一病翁。却把西都看花眼，断肠来此哭东风。

荐严院，即荐严佛寺。据欧阳修《皇从侄筠州团练使安陆侯墓志铭》、王珪《安陆侯妻贾氏墓志铭》等文章，可知京师"荐严佛寺"为死者殡厝之所。此诗悼念亡妻杨氏，三十盛年的欧阳修，如此一副衰容，可见爱妻夭亡以及家门一连串不幸事件，对欧阳修的沉重打击。字字泣血，情态毕露，忧伤低回之中，显现真情挚爱。十九年后，杨氏遗骸随同胥夫人骸骨，同时祔葬在故乡沙溪泷冈父母坟茔畔。

一连串的家门不幸，使欧阳修患上忧郁症，心情悲伤而空虚，厌食失眠，干什么都打不起精神。百无聊赖之中，他以家藏的晋永和年间所书石本《黄庭经》为标准，删正当下流行的各种新本,并对其中深奥难懂的语句略作注释。这是一本魏晋间道士养生的书。欧阳修自号"无仙子",不信神仙道术,但从中学到一些养生保健的方法。加之朋友孙道滋教会他《小流水曲》等几支琴曲,抚琴弄丝之中,怡养中和之性,久治不愈的病体逐渐好了起来。

秋季的一天,欧阳修在朋友王拱辰家里,见到了石介的手书,还有石介书写的《二像记》石刻拓本。他想起前年在洛阳获读石介书信时的第一印象,又联想起在京师拜读石介文章时的最初感受,觉得作为崇儒学、辟佛老、倡导古文、反对西昆同一战壕里的战友,有必要彼此开诚布公地交换意见。

石介,字守道,兖州奉符(今山东泰安)人。年轻时曾在范仲淹主持的应天府学攻读,天圣八年(1030)与欧阳修同一榜进士及第,如今在应天府(今河南商丘)担任南京留守推官。石介的手书刁钻古怪,乍一看,根本不知道是什么字,只有仔细辨认,才能分清笔画,勉强识读。欧阳修拿着石介的书简,觉得简直是满纸涂鸦,询问熟悉石介的人:"这个人是不是不懂书法,是不是字写得不好?"

了解石介的人回答:"不是的。"

"书法上是不是有这么一种字体?"

"也不是。"

"古人有这种写法吗?"

"没有。"

"现代还有谁这样写吗?"

"也没有。"

"那么,他为什么要这样写呢?"

"他这是故意标新立异,以显示与众不同。"

欧阳修对石介的这种做法十分反感。他认为君子的为人为学,应该实事求是,不要刻意翻新,成心求异。石介推崇儒学,倡导韩柳古文,反对"西昆体"华美文风。前些日子,他拜读过石介《怪说》《中国论》等文章。他的文章表现卫道、反佛的思想内容,显示博辩雄伟、忧思深远的风格特点,受到欧阳修赞许。但是,欧阳修认为隐藏在偏激文辞背后的狂妄自大、自以为是的人生态度,是不可取的;对西昆流弊矫枉过正,走向另外一个极端,导致文章重道轻文、流于怪僻的倾向,也是不可取的。

为此,欧阳修连续给石介写过两封信,进行直言规劝。他的《与石推官第一书》批评石介文章"自许太高,诋时太过",又指责他的书法"好异以取高""昂然自异,以惊世人"。性格刚烈、桀骜不驯的石介,接受不了欧阳修的这种尖锐批评。他在《答欧阳永叔书》中自我辩解说:"永叔谓我'特异于人以取高尔',似不知我也。""永叔但责我不能书,我敢辞乎?责我以此,恐非我所急急然者。""永叔待我浅,不知我深,故略辩之云。"欧阳修接读来信,觉得石介并没有理解自己写信的意图,他的《与石推官第二书》,坚持并重申自己的观点,同时循循劝导,谆谆教诲,表现出朋友之间的相互切磋。其中说道:

书虽末事,而当从常法,不可以为怪,亦犹是矣。然足下了不省仆之意,凡仆之所陈者,非论书之善不善,但患乎近怪自异以惑后生也。若果不能,又何必学,仆岂区区劝足下以学书者乎。

书简指出怪异书法的背后,隐藏一种有害的思想倾向。这种片面追求创新而走向怪异的偏激做法,这种过分强调破旧而全盘否定传统的偏颇行为,对目前正在兴起的思想、文化与文学革新十分有害。可惜的是,如此苦口婆心的劝说,却未能被石介理解。不久以后,石介终于尝到了自身性格弱点所带来的苦果,这才对欧阳修的批评意见有所领悟。

初冬时节,由御史中丞杜衍推荐,御史台征召石介为主簿。十一月间,仁宗郊祀圜丘,下诏大赦,并下令录用五代十国的后裔做官。还没有到御史台就职的石介,赶忙上书反对,结果触怒了仁宗,于是罢而不召。实际上,北宋朝廷一再下降诏书,张扬着要录用唐室、五代十国的后嗣,这只是一种故作姿态,以此笼络人心,安稳社会。臣僚们表示反对,恰恰表现出他们对宋廷的耿耿忠心。石介被罢召,原因不在于反对录用五代十国的后裔做官,而在于欧阳修信中所揭示的:石介论事偏激,措辞尖刻的文章风格,"自许太高,诋时太过""好异以取高"等处事态度,仁宗接受不了。

面对石介因为切直论事而被罢官,身为御史台长官的杜衍默不作声。欧阳修则挺身而出,为石介打抱不平。他的《上杜中丞论举官书》,肯定石介为人刚毅果断,有气节,上书内容没有过错:

> 介为人,刚果有气节,力学,喜辩是非,真好义之士也。……传者皆云介之所论,谓朱梁、刘汉不当求其后裔尔。若止此一事,则介不为过也。

他指出:石介上书所讲的,是不应当优待后梁朱温、后汉刘知远的子孙,假如仅仅这样一件事,那么,石介算不上有过错。接着,他以御史台的职责立论,批评杜衍观察皇帝脸色行事,不敢坚持原则,有愧于御史中丞的使命:

> 且中丞为天子司直之臣,上虽好之,其人不肖,则当弹而去之;上虽恶之,其人贤,则当举而申之。非谓随时好恶而高下者也。今备位之臣百十,邪者正者,其纠举一信于台臣。而执事始举介曰能,朝廷信而将用之;及以为不能,则亦曰不能,是执事自信犹不果。若遂言它事,何敢望天子之取信于执事哉?故曰主簿虽卑,介虽贱士,其可惜者,中丞之举动也。

他揭示御史台职责,在于明辨是非,正直进谏,不能徇从皇帝喜怒。杜衍作为石介的荐举人,在朝廷出尔反尔的情况下,轻易改变自己的主张,更是令人惋惜的。

景祐三年(1036)二月二十四日,新科进士王圣纪将要出任扶风县(今属陕西)主簿,特来向欧阳修辞行,欧阳修为他撰写了赠序。前年夏秋之交,京城近郊的州县水旱频仍,州县官吏为保官、贪恋禄位,隐情不报,依然强行征收田赋,甚至连朝廷派去调查情况的官吏,也有十之七八隐瞒灾情。欧阳修在《送王圣纪赴扶风主簿序》中慨叹:"皇帝有恻隐之心,不能达于老百姓;老百姓有思告之苦,不能通于皇帝,就是官吏们从中阻塞啊!"他勉励王圣纪首次出任基层官职,千万注意体恤民情,使上下通达,政治清明。

春末夏初，一场酝酿多年的"景祐党争"终于爆发了。斗争的一方是以范仲淹为代表的进士出身的年轻官吏，他们血气方刚，以天下为己任，志在解决吏治腐败，挽救积贫积弱的国运。另一方则以老官僚吕夷简为代表，他们老成持重，在社会改革的热切呼声中，守护个人及集团的既得利益，在维护社会稳定的幌子下，千方百计地阻碍朝政改革的进程。吕夷简自仁宗即位、刘太后摄政以来，长期担任宰相，社会上的名利之徒奔走门下，钻营贿赂，买官鬻爵。素来注重名节的范仲淹，早已看不顺眼。去年，范仲淹被召还京师判国子监，年底权知开封府，成了朝政改革的领头人。

　　在封建社会里，大凡帝王都有一套驾驭群臣的权术。他决不会让朝廷的某一政治派别独揽朝权，造成架空帝王的危险，因此总是对臣僚们实行分而治之，利用矛盾，使之互相牵制，彼此制约，以利于巩固自己的独裁统治。范仲淹的重新起用，除了宋夏边患的原因外，这恐怕也是一个重要因素。范仲淹向仁宗建议：任用官吏时，不能全由宰相做主，关于官吏升迁，应该制定规章制度，特别是近臣的进退升降，必须要由皇帝亲自掌握。

　　范仲淹还向仁宗呈奏一张"百官图"，详列朝廷各职能部门的主要升官名单。他指着"百官图"向仁宗一一指点评说，哪些人是循序升迁，哪些人是越级提拔，哪些人是公正进用，哪些人是宰相徇私提升。吕夷简得知消息后，大为恼火。他在仁宗面前自我辩解，并诋毁范仲淹言辞迂阔，有名无实。范仲淹又连上《帝王好尚》《选贤任能》《近名》《推诿》四篇奏章，指责当时的朝政弊端。他以前代朝廷的兴衰历史，揭示帝王亲信奸佞大臣，大小朝政由其定夺所导致的严重后果。如汉成帝永始、元廷年间，成帝舅家王氏专政，宰相张禹阿附王氏，最后招致王莽篡位。范仲淹说道："臣恐今日朝廷亦有张禹坏陛下家法，以大为小，以易为难，以未成为已成，以急务为闲务者，不可不早辨也。"这些话传到吕夷简耳中，他怒不可遏，一方面在皇帝面前加以辩驳，一方面指责范仲淹越职言事，荐引朋党，离间君臣关系。结果，范仲淹在五月九日被撤销天章阁待制、权知开封府，出知饶州(今江西鄱阳)。朝廷还特地在朝堂正殿上张榜公告,告诫文武百官不准结为朋党,不准越职言事。

秘书丞、集贤校理余靖上书替范仲淹辩护,指出仁宗亲政以来,三年多时间里,三次贬逐台谏官,这不是国家的好事,建议朝廷追回成命。十五日,余靖被贬为筠州(今江西高安)监酒税。

太子中允、馆阁校勘尹洙索性上书自我投诉。他说自己与范仲淹"义兼师友",关系非同一般。余靖与范仲淹交情疏远,还因为朋党关系受罪,自己不可幸免,特请求朝廷降职处分。十七日,尹洙也被贬往郢州(今湖北钟祥)监酒税。

这时候,能够挺身而出替范仲淹等人讲话的,只有谏官了。然而,谏官、御史们缄口不言。更有甚者,右司谏高若讷,不但不替范仲淹辩白,反而随声附和,诋毁范仲淹为人,认为范仲淹急于进用,论事狂直,应当贬黜。欧阳修听到这个消息后,义愤填膺,挥笔写下著名的《与高司谏书》。

书信舒缓迂回,起笔于遥遥十四年前,从闻名到见面,徐徐回顾对高若讷思想品质的认识过程。十四年间,三"疑"一"决",最终结论是:"足下非君子也。"接着,又是一番纡曲设辞,看起来似乎在替高若讷开脱,实际上以退为进,层层剥落高氏伪装,暴露他依阿执政,俯仰默默的卑劣品质:

夫人之性,刚强懦软,禀之于天,不可勉强,虽圣人亦不以不能责人之必能。今足下家有老母,身惜官位,惧饥寒而顾利禄,不敢一忤宰相以近刑祸,此乃庸人之常情,不过作一不才谏官尔;虽朝廷君子,亦将闵足下之不能,而不责以必能也。今乃不能,反昂然自得,了无愧畏,便毁其贤以为当黜,庶乎饰己不言之过。夫力所不敢为,乃愚者之不逮;以智文其过,此君子之贼也。

看上去,文章设身处地,对高若讷充满"怜悯"之心。实际上,作者将高氏贬到连"庸人""愚者"都不如的卑下地位,揭露高氏用小聪明文饰自己的大过失,属于君子中的败类。当然,高若讷面对这种辩驳,还可以用"范氏不贤"来自我解说。于是欧阳修再退一步,假设范仲淹真个"不贤",然后运用一个漂亮的二难推理,将高氏置于无可辩解的境地:范仲淹真个不贤,三四年来皇帝一再提拔他,高若讷作为谏官,有责任早该说话;如果范仲淹真个贤,今天的紧要关头,高氏更应该替他说话。无论范仲淹贤与不贤,高若讷都难免受到指责,原因是作为谏官没有履行自己言事的职责。文章最后急转直下,发出义正词严的斥责:

> 昨日安道(余靖)贬官、师鲁(尹洙)待罪,足下犹能以面目见士大夫,出入朝中称谏官,是足下不复知人间有羞耻事尔! 所可惜者,圣朝有事,谏官不言,而使他人言之。书在史册,他日为朝廷羞者,足下也。

高若讷读信后恼怒难堪。他将书信交给了仁宗,并且进言:"朝廷内外的人读到这封信,恐怕会说皇上因为意见不同而驱逐贤臣,这对朝廷的损害委实不小。"二十一日,欧阳修被贬为峡州夷陵(今湖北宜昌)县令。

获悉欧阳修贬官夷陵,梅尧臣、苏舜钦、石介等人纷纷寄赠诗歌,安慰并勉励正直敢言的老朋友。馆阁校勘蔡襄为了伸张正义,创作了《四贤一不肖诗》,歌颂四位贤臣:范仲淹、余靖、尹洙和欧阳修,批评不肖之徒高若讷。诗歌写成后,京城人士争相传诵。书商转手倒卖,可以谋取暴利。契丹使者将它购买回国,连同欧阳修的《与高司谏书》,一起张贴在幽州(今北京)接待宋使的宾馆里。

欧阳修离开朝廷去夷陵上任前夕,撰写了政论文《原弊》。所谓"原弊",指推究宋朝弊政的根源,分析宋王朝积贫积弱的成因。文章以农本思想立论,揭露国家所面临的三大弊端:有"诱民之弊",指朝廷的政策性倾斜,诱使百姓成为不事产业的僧侣和士兵;有"兼并之弊",指土地兼并与高利贷盘剥,导致民生疾苦;有"力役之弊",指繁重的劳役造成民力困乏。国家挽救弊政的关键措施,在于仁政重农,"节用而爱民"。欧阳修所揭示的,虽然不是宋朝弊政的全部,却也切中了时弊的要害。这些议论,是欧阳修日后积极参与"庆历新政"的思想基础,也是欧阳修为正在酝酿的社会改革运动摇旗呐喊,大造舆论。

离开繁华的京师,贬赴偏僻落后的夷陵,最使欧阳修放心不下的,是年过"天命"之年的母亲。谁知深明大义的老母亲,非常理解并积极支持儿子的处世态度与为人原则,她早已有了过患难日子的思想准备。平日里治家,她勤俭节约,即使后来家境条件有了改善,仍然克勤克俭。她说:"我儿子性格刚直,不能苟合世俗,说不定哪一天就会患难临头。我俭约持家,就是准备将来和他一起共患难,过苦日子。"这一次听到儿子贬官夷陵的消息,她淡然处之,谈笑自若,反倒安慰起儿子来:"你欧阳家门本来就是贫穷,我早已习惯了这种艰苦生活。放心吧,只要你能受得了,我一定也能受得了。"

五 贬官夷陵

从汴京赴夷陵,有水陆两种路途。陆路比较近便,走襄阳(今属湖北),经荆门(今属湖北),共计二十八驿站,按宋人高承《事物纪原》卷七《驿》所说的"六十里有驿"推算,约一千六百八十里。欧阳修原计划走陆路,但是,由于时令正值酷暑,又缺少马匹车辆,只得改行水路。水路得沿汴河,渡淮水,入运河,溯长江而上,全程五千五百九十里,大约需要航行一百二十天。

欧阳修携带着老母寡妹,简直是被驱逐出京城的。御史台的官吏天天登门催逼上路,凶神恶煞,蛮不讲理。五月二十四日,欧阳修全家不遑收拾,匆忙搬入船舱,第二天驶出东水门,停船靠岸的时候,因汴河水流湍急,船体横置在河面上,险些颠覆落水。一家人惊慌失措,弃船登岸避难。随后两天,王拱辰、薛仲孺、孙道滋、蔡襄、刁约、胡宿、王洙、郑戬、叶清臣、王质等亲朋好友陆续前来话别送行。二十八日清晨,船只正式启程。

三十日,船抵南京(今河南商丘)。南京留守推官石介、应天府推官谢绛等人早已迎候在岸边。他们在河亭上摆设了酒宴,为欧阳修一家接风洗尘。欧阳修身体不适,不敢过量饮酒,其余宾客都醉饮而散。

六月三日,船过宿州(今属安徽)。五日,到达泗州(今江苏盱眙东北）。欧阳修在这里休憩了三天,应知州张夏的请命,撰写了《泗州先春亭记》,详叙其修河堤、建宾馆之功,表彰张氏的爱民政治。嗣后,船只转行淮河。

十二日,抵达楚州(今江苏淮安)。幸遇贬往筠州的余靖,双方酒饮之中,欧阳修想起梅尧臣寄来的《闻欧阳永叔谪夷陵》诗,其中有句:"谪向蛮荆去,得当雾雨繁。黄牛三峡近,切莫听愁猿。"梅氏对自己的刚正直言,早在意料之中,所担心的是刚者易折,怕自己经受不住逆境的考验,因而劝勉朋友到了贬谪地,千万不要陷入穷愁潦倒之中。在与余靖的交谈中,欧阳修还感慨前贤韩愈在潮州贬所撰写的穷愁文字,勉戒余靖在逆境中千万不要一副可怜相,不要啼饥号寒、哭穷叫苦。他的《与尹师鲁书》写道:

安道与予在楚州,谈祸福事甚详,安道亦以为然。俟到夷陵写去,然后得知修所以处之之心也。又常与安道言,每见前世有名人,当论事时,感激不避诛死,真若知义者,及到贬所,则戚戚怨嗟,有不堪之穷愁形于文字,其心欢戚无异庸人,虽韩文公不免此累,用此戒安道慎勿作戚戚之文。

作为一位正直的士大夫,欧阳修觉得以言被黜,心甘情愿,没有必要自诉穷苦以求人垂怜。他又转述与余靖交流的话语,与同在患难之中的尹洙相互共勉。

十六日以后,连日暴风骤雨,兼下冰雹,欧阳修一行被迫滞留十余日。幸有楚州判官田况、宿州通判杨察、同年朱公绰、老友杨子聪等人相陪伴。大家常常聚在一起,饮酒下棋,赏花吟诗,倒也不觉得寂寞。二十一日那天,大伙还在船上为欧阳修举办了生日宴席,庆贺他三十初度。二十八日,船行运河,抵达宝应(今属江苏)。

七月四日,船至扬州(今属江苏),留宿五六天。欧阳修先后与廖倚、王琪、许元、苏绅等好友聚会,彼此在观风亭、澜渚亭饮酒话旧。十日,到达真州(今江苏仪征),因为天气炎热,运河枯水,难以行船,逗留了十余天。在这些日子里,有湘潭县民李迁之经商经过此地,一同羁留待水,与欧阳修逐渐熟识。李氏钦慕欧阳修的名声,特约欧阳修搭乘自己的商船一道西进。欧阳修一家愉快地接受邀请,借住在李氏商船上。

二十四日傍晚,船只驶出真州,抵达江口,开始航行在浩瀚的长江江面上。欧阳修有诗纪事,即景抒怀,题为《初出真州泛大江作》:

孤舟日日去无穷,行色苍茫香霭中。山浦转帆迷向背,夜江看斗辨西东。澎田渐下云间雁,霜日初丹水上枫。莼菜鲈鱼方有味,远来犹喜及秋风。

暮色苍茫,江面夜景如画,旅途羁留的苦闷被一扫而光。在秋风萧瑟中,故乡情思,翩然涌起。欧阳修想起晋人张翰思念家乡莼羹鲈脍而弃官回乡的故事,吟诗自遣情怀。

又是一个傍晚,欧阳修伫立船头,目睹南飞的鸿雁,栖息在江边沙洲上,四周埋伏着猎人的"矰缴"弋射,处境岌岌可危。他触景生情,吟诵《江行赠雁》诗:

云间征雁水间栖,矰缴方多羽翼微。岁晚江湖同是客,莫辞伴我更南飞。

欧阳修借物抒怀,将处境孤危的江雁引为知己。瞻望自己的前程,客行千里,谪居无期,吉凶难卜,与猎人"矰缴"下的江雁又有什么区别?因此,他向大雁发出痴情的呼唤:你就别辞辛苦,伴随着同病相怜的我,飞向夷陵贬所吧!

八月十一日,船至江州(今江西九江)。欧阳修本已预约他人次日同游庐山,不料偶染风寒,未能成行。他扶病登临琵琶亭,故地重游,当年落第返乡,今日贬官谪远,心绪大同小异,凄然而赋《琵琶亭》诗:

乐天曾谪此江边,已叹天涯涕泫然。今日始知予罪大,夷陵此去更三千。

欧阳修将自己与"天涯沦落人"白居易相比较,自认为罪恶浩大,这显然是反话。欧阳修不是悔罪知过,而是发泄郁积在内心深处的怨愤与不满。

二十五日,船停鄂州(今湖北武汉)。欧阳修在此滞留五天,与居住在黄陂(今属湖北)的同父异母兄长欧阳晒相聚,共叙家常。

九月二日,船只行进在嘉鱼(今属湖北)县境,晚泊昭化港,狂风大作,船体难以靠岸。惊慌之余,只得向江神祷祝,祈求平安无事。次日,船停穿石矶,又是一夜狂风暴雨,船只摇摇晃晃。舱内的人提心吊胆,难以枕卧成眠。几天来的风雨波涛,使欧阳修一家备尝漂泊生涯的艰辛苦涩。

四日,船只停靠岳州(今湖南岳阳)城下,夷陵县衙已派遣官船前来迎接。当晚,风平浪静,欧阳修赋《晚泊岳阳》诗:

> 卧闻岳阳城里钟,系舟岳阳城下树。正见空江明月来,云水苍茫失江路。夜深江月弄清辉,水上人歌月下归。一阕声长听不尽,轻舟短楫去如飞。

月下停船,卧听城内钟鸣,欧阳修辗转难眠。起视湖面夜景,只见江月空明,云水迷茫,又有渔歌唱夜,轻舟飞驶。这是一幅明静而优美的洞庭月夜图,欧阳修羁旅他乡的怅惘情感自在不言之中。

六日,欧阳修一家登上官船。他们与李迁之在岳阳分手。李迁之行船途中,在九江购买了一块碑石,斫削磨平,准备为自己新建的湘潭县药师院佛殿刻石树碑,特地请求欧阳修作记。欧阳修爽快地答应了,并在本月十六日兑现自己的诺言,撰写了《湘潭县修药师院佛殿记》。

> 夫琢磨煎炼,调筋柔革,此工之尽力也;斤劚锄夷,畎亩树艺,此农之尽力也,然其所食皆不过其劳。今我则不然,徒幸物之废兴而上下其价,权时轻重而操其奇赢。游嬉以浮于江湖,用力至逸以安,而得则过之,我有惭于彼焉。凡诚我契而不我欺,平我斗斛权衡而不我逾,出入关市而不我虞,我何能焉,是皆在上而为政者有以庇我也。何以报焉?闻浮屠之为善,其法曰:"有能舍己之有以崇饰尊严,我则能阴相之,凡有所欲,皆如志。"乃曰:盍用我之有所得,于此施以报焉,且为善也。于是得此寺废殿而新之,又如其法,作释迦佛、十八罗汉塑像皆备。凡用钱二十万,自景祐二年十二月癸酉讫三年二月甲寅以成。

文章记述了李迁之的为人处事,对比务工务农的劳苦艰辛,作为商人的李迁之深感经商致富的轻松，为了答谢世人，反馈社会，他花费重金修建湘潭县药师院佛殿。话语之间，展示重农抑商的封建制度下，一位安分守己、积善求福的正直商贩的内心世界。

十七日，船至公安渡（今湖北公安）。几天后，抵达江陵府（今湖北江陵）。这里距夷陵尚有七八百里路程，欧阳修在此逗留了十多天，等候参拜荆湖北路转运使。自太宗朝以来，转运使逐渐成为各路行政长官，是各州县官员的顶头上司。他们掌管一路或几路的财赋，监察州县官吏，并按时将官吏违法、民生疾苦等情况奏报朝廷。在参拜转运使的时候，欧阳修施行公堂谒见礼。只有这个时候，他才深刻地意识到，自己已经沦为一个七品芝麻官了。

逗留江陵期间，欧阳修游览名胜古迹，展读随身携带的书籍，其中有一套《李翱文集》。李翱是中唐的重要作家，又是韩愈古文的传人之一。欧阳修早就已读过李翱的文章，然而印象不深，只有几篇名作留下些许记忆。如系统研究人性问题的《复性书》，宣扬"性善情恶"，认为人的本性都很善良，只是善良的本性容易受到世俗之情的惑乱，因而主张去情复性，以达到圣人的境界。这些观点并无新意，只是引申和发挥前人的《中庸》注释而已。又如《答韩侍郎荐贤书》，文章声情并茂，但缺乏一种崇高为思想境界和坦荡的人生襟怀，它给人的感觉是，李翱之所以愤世嫉俗，就因为个人生活窘迫而无人引荐，如果有人引荐他，这篇文章就不会作了。总而言之，欧阳修过去对于李翱其人其文，印象平平。然而，这一次诵读李翱的《幽怀赋》，对以下几句不由得拍案叫绝：

众嚣嚣而杂处兮，咸叹老而嗟卑；视予心之不然兮，虑行道之犹非。

李翱感慨地说道："众人聚集在一起吵吵嚷嚷，感叹的都是年岁老大和官职卑小；自己的思想不是这样，担忧的是得志后却不能使政治清明和国家富强。"欧阳修反复咏诵这几句，不停地击节叹赏。生活在盛极而衰、矛盾凸显的社会转型时期，李翱关注的不是个人的得失与悲欢,而是忧虑国家的前途与命运。这种深刻的时代忧患意识,与欧阳修的思想完全吻合。他把李翱视为千年知己,遗憾自己没能和李翱生活在同一时代,无法交游和商榷。

欧阳修即兴撰写《读李翱文》,高度赞赏李翱以天下为己任的崇高精神及其居安思危的忧患意识。接下去,他由古及今,大兴感慨:

然翱幸不生今时,见今之事,则其忧又甚矣。奈何今之人不忧也! 余行天下,见人多矣,脱有一人能如翱忧者,又皆贱远,与翱无异。其余光荣而饱者,一闻忧世之言,不以为狂人,则以为病痴子,不怒则笑之矣。呜呼,在位而不肯自忧,又禁他人使皆不得忧,可叹也夫!

他感叹当今世上,像李翱那样忧虑国事的人太少了。即使有一两个,也都像当年李翱那样,地位微贱,远离朝廷。朝堂上那些富贵荣耀、饱食终日的人,自己不肯为国分忧,还禁止别人忧虑国事,实在可悲可叹啊! 欧阳修显然在借题发挥,抒发自己忧国忧民而蒙受不公平待遇的愤懑情绪。

船只行驶在夷陵境内,只见两岸山谷中,甚至在悬崖绝壁上,都生长着一种黄杨树。它郁郁葱葱,点缀在险峻的出崖间,煞是可爱! 可惜它生长在穷乡僻壤,不能接受正人君子的培植和观赏,樵夫野老是不懂得欣赏的。睹物思己,同病相怜,欧阳修援笔写下《黄杨树子赋》。其中咏道:

落落非松,亭亭似柏,上临千仞之盘薄,下有惊湍之溃激。涧断无路,林高暝色,偏依最险之处,独立无人之迹。江已转而犹见,峰渐回而稍隔。嗟乎! 日薄云昏,烟霏露滴,负劲节以谁赏,抱孤心而谁识? 徒以窦穴风吹,阴崖雪积,啭山鸟之咽嘶,袅惊猿之寂历。无游女兮长攀,有行人兮暂息。节既晚而愈茂,岁已寒而不易。

欧阳修在赋文当中赞颂黄杨树挺立千仞绝壁,下临惊湍江水,岁晚枝叶犹茂,天寒面不变色,又感叹它独自坚守在无人迹的最险要处,空有坚贞的节操与孤高的胸怀,却无人赏识。作显然是以物自况,借景抒怀,一吐胸臆的抑郁不平。从体制上说,这是一篇典型的骈赋,它因袭六朝抒情小赋形式,却寄寓着宋文清畅隽永的情韵。

十月二十六日,欧阳修一家抵达夷陵。夷陵在春秋时期,是楚国先王的墓名,秦楚之战时,陵墓毁于秦国大将白起的火攻,而夷陵的名称却一直沿袭下来。三国时期吴蜀之间著名的彝陵之战,即陆逊火烧连营七百里,就发生在这里。宋代夷陵是荆湖北路峡州的首县,县城西北有夷山,相传县名以此而得。还有一种说法,夷者,平也。夷陵地处长江西陵峡口,从西而来的险峻山势到这里变得平夷无险,湍急的长江波浪在这里也开始漫为平夷水流,所以取名"夷陵"。夷陵县城倚山濒水,又是峡州的州治。自古以来,峡州是小州,夷陵为下县,地方偏僻而贫穷,民俗俭朴而卑陋,州县官吏也多是降级贬职的戴罪之人。

值得庆幸的是,峡州知州朱庆基是欧阳修的旧交。为了欢迎这位因正直言事而遭受挫折的老朋友,朱庆基在夷陵县衙大堂东侧,兴建一座供欧阳修居住的房舍,取名"至喜堂",意思是勉慰欧阳修既来之,则安之、喜之。欧阳修上任伊始,朱知州为新县令接风,天天酒宴不断。欧阳修在这里倒也自得其乐,他的《夷陵至喜堂记》有抑有扬,笔下挟情,真实抒写自己初至夷陵时的复杂心态。文章开头写道:

夷陵为下县,而峡为小州。州居无郭郭,通衢不能容车马,市无百货之列,而鲍鱼之肆不可入,虽邦君之过市,必常下乘,掩鼻以疾趋。而民之列处,灶、廪、匽、井无异位,一室之间上父子而下畜豕。其覆皆用茅竹,故岁常火灾,而俗信鬼神,其相传曰作瓦屋者不利。夷陵者,楚之西境,昔《春秋》书荆以狄之,而诗人亦曰蛮荆,岂其陋俗自古然欤?

作者叙述夷陵县治作为州城,没有内外城墙,狭窄的街道臭气熏天。老百姓家居的屋顶,用茅草和竹子覆盖,家中的灶台、仓库、厕所、水井混在一起,卧室下面关着猪牛牲畜。粗陋的民俗,文明程度远远落后于中原地区。文章的结尾处笔锋一转,情调变得昂扬,心绪变得舒畅起来:

夷陵风俗朴野,少盗争,而(县)令之日食有稻有鱼,又有橘、柚、茶、笋四时之味,江山美秀,而邑居缮完,无不可爱。是非唯有罪者之可以忘其忧,而凡为吏者,莫不始来而不乐,既至而后喜也。

夷陵淳厚的风俗、丰饶的物产、秀美的山川,以及经由朱庆基治理峡州后整治的市容,这一切无不可爱,不仅使有罪之人可以忘却忧愁,而且凡是来这里做官的人,无不是刚来时不快乐,不久后便喜爱上它。

峡州军事判官丁宝臣也是欧阳修的旧交。丁宝臣,字元珍,晋陵(今江苏常州)人。年轻时,与其兄丁宗臣都以文名著称乡里,号为"二丁"。景祐元年(1034),兄弟俩双双进士及第,并与在京师的欧阳修相识。丁宝臣当年离京赴任时,欧阳修有《送丁元珍峡州判官》诗。这次贬官夷陵途中,船至建宁(今属湖北)时,欧阳修收阅丁宝臣慰问信,有《回丁判官书》,其中写道:

修之是行也,以谓夷陵之官相与语于府,吏相与语于家,民相与语于道,皆曰"罪人来矣"。……及舟次江陵之建宁,县人来自夷陵,首蒙示书一通,言文意勤,不徒不恶之,而又加以厚礼,出其意料之外,不胜甚喜,而且有不自遂之心焉。

朋友的热情礼遇,出乎意料,使欧阳修感激不已。丁宝臣又介绍与自己同年及第的峡州推官朱处仁(表臣)和欧阳修结识。朋友们的眷注关怀,抚慰并温暖着远道而来的欧阳修的孤危之心。

夷陵的古迹和民俗,也使欧阳修饶有兴趣。县舍西头,住着一位名叫何参的处士,这是一个好学博识的老人,懂得许多荆楚及三国的故事。欧阳修公务之暇,常登门与他闲聊。聊天的话题,除了形胜古迹之外,还有峡州的风土人情和乡礼民俗。欧阳修《夷陵岁暮感事呈元珍表臣》诗咏道:

萧条鸡犬乱山中,时节峥嵘忽已穷。游女髻鬟风俗古,野巫歌舞岁年丰。平时都邑今为陋,敌国江山昔最雄。荆楚先贤多胜迹,不辞携酒问邻翁。

诗歌描写物候变化中的夷陵风景与江山胜迹,展示山城岁暮的世风民俗。前四句描绘年底乡民们的歌舞鼓乐,娱神祭鬼,以祈祷来年风调雨顺,五谷丰登。巫祭期间,姑娘们穿戴着古朴的服饰,跟随载歌载舞的队伍游街走巷,青年男女可以不拘礼法,自由结合,尽情地饮酒作乐。后四句咏诵夷陵形胜古迹。末句的"邻翁",据诗句下附注,指的就是西邻处士何参。

夷陵的秀美江山,更给欧阳修增添了无穷的生活情趣。早在赴任途中,欧阳修就已领略到这里的山水奇观。县城东南三十里处,长江北岸的虎牙滩,与东南岸的荆门山夹江对峙,这里江流汹涌,水势峻急。欧阳修当时所赋的《初至虎牙滩见江山类龙门》诗,咏道:

晓鼓潭潭客梦惊,虎牙滩上作船行。山形酷似龙门秀,江色不如伊水清。平日两京人少壮,今年三峡岁峥嵘。卧闻乳石淙流响,疑是香林八节声。

清晨船行在虎牙滩上,疑似鼓点的激流声将诗人从睡梦中惊醒。察看此地的江山形胜,极像是秀丽的洛阳龙门,但江水不及伊水那样清澈;静卧在船头上,细听那钟乳石间的流水声响,酷似香山八节滩的激流声声。诗人通过联想,将此地山水与洛阳作比较,从彼此相似之中寻求慰藉,实际是在抒发思洛之情,透露贬官夷陵难以平静的心绪。

政事之余,欧阳修与丁宝臣判官、朱处仁推官等四出游玩,探三游洞,下牢溪、龙溪、黄溪,访蛤蟆背,谒黄牛峡祠,游甘泉寺等。每到一处,低回流连,饮酒赋诗。著名的《夷陵九咏》,就是这个时期的作品。作于次年初春的《黄牛峡祠》就是其中之一。全诗如下:

大川虽有神,淫祀亦其俗。石马系祠门,山鸦噪丛木。潭潭村鼓隔溪闻,楚巫歌舞送迎神。画船百丈山前路,上滩下峡长来去。江水东流不暂停,黄牛千古长如故。峡山侵天起青嶂,崖崩路绝无由上。黄牛不下江头饮,行人唯向舟中望。朝朝暮暮见黄牛,徒使行人过此愁。山高更远望犹见,不是黄牛滞客舟。

诗歌描写黄牛峡的奇特景观,展现夷陵的独特风情,诗人笔下的楚巫神灵,黄牛难行,似乎隐含作者困滞贬所的深沉感慨。

黄牛峡在西陵峡中段，距离县城八九十里，因大江南岸的黄牛岩而得名。黄牛岩是矗立于群峰之巅的一块巨大石壁。黄白相间的石壁上，鬼斧神工地形成一幅彩画：一个背负大刀的粗黑汉子，手牵大黄牯牛，昂首向前。岩下江流湍急，水下暗礁丛生，上行船只往往拉纤数日，仍能见到这凌空高耸的石壁。因此古代歌谣就唱道："朝见黄牛，暮见黄牛，三朝三暮，黄牛如故。"

　　黄牛山下有一座古庙，人称黄牛峡祠，相传是为祭祀襄助大禹开峡治水的神牛而建造的。欧阳修与丁宝臣、朱处仁走进庙门时，只听见丁宝臣"啊"的一声惊叫，把欧、朱吓了一跳。据丁宝臣说，景祐元年（1034）他刚刚考上进士时，曾经做过一个怪梦，梦见自己与就职馆阁的欧阳修一同来到一座庙中，参拜庙神时，欧阳修自居于下位。丁宝臣再三推辞礼让，但欧氏执意不从。二人正行跪拜之礼，神像忽然起身，向堂下鞠躬，特邀欧阳修上堂，两人长时间窃窃耳语。丁宝臣心里犯嘀咕，神灵原来也如此不能免俗，对馆阁之臣格外礼遇。走出庙门时，又看见一匹只有一只耳朵的马。梦醒之后，他觉得非常怪异，当时曾经和欧阳修说过此事，还一起反复详梦，推求是什么寓意，最后无果而终。今天走进黄牛峡祠，看见庙中的陈设，一切都跟梦中所见一模一样，不免惊诧万分。此时的欧阳修身为县令，正好位居丁宝臣之下。而黄牛庙门外立着一匹石马，正好也缺一只耳朵。昔日梦境与今天现实，如合符契，素来不谈怪力乱神的欧阳修，与丁宝臣相顾愕然，心中不免暗暗称奇。

　　景祐四年（1037）二月，田画秀才从湖北江陵出发，前往四川万县探亲，途经夷陵时，登岸拜谒欧阳修。田画，字文初，祖父是宋代开国时卓有战功的将领。身为将门之子，田画弃武从文，参加进士考试。欧阳修与田画素昧平生，这次萍水相逢，一见如故。他陪同田画登高望远，游东山寺，探绿萝溪，畅游多日后，双方才依依不舍地分手。临别之际，欧阳修撰写了赠序、赠诗，抒写双方真挚深厚的友谊，表达对田画来访的感激心情。

　　同月，目睹残雪在枝，山花寂寥，却有红橘挂树，春笋抽芽，大自然在恶劣环境中仍然显示顽强生命力。欧阳修触景生情，写下脍炙人口的《戏答元珍》诗：

> 春风疑不到天涯，二月山城未见花。残雪压枝犹有橘，冻雷惊笋欲抽芽。夜闻归雁生乡思，病入新年感物华。曾是洛阳花下客，野芳虽晚不须嗟。

诗歌描写夷陵早春风光，诗句虽然略有伤感情绪，但是全诗有牢骚而不颓唐，有痛苦而显达观。诗人笔下的大自然充满勃勃生机，象征着诗人在彷徨和惆怅当中振作奋起，也表现作者的倔强个性。尤其是尾联的爽朗洒脱，显露诗人的坚强自信：山花迟早总会绽开，我决不会被长期压抑在荒凉的穷乡僻壤！这是诗人政治上第一次遭受重大挫折后的心理观照。

甘泉寺，在夷陵临江的西山上。当地人传说东汉时期的四川孝子姜诗曾流寓此地，后来下山挑水落溪身亡，因称此山为"孝子岩"，山上清泉称"姜诗泉"，山下小溪为"姜诗溪"，并在山上建"姜孝子祠"，又名"甘泉寺"。欧阳修《和丁宝臣游甘泉寺》诗的开章咏道：

> 江上孤峰蔽绿萝，县楼终日对嵯峨。丛林已废姜祠在，事迹难寻楚语讹。

相传姜诗母亲喜爱吃鱼脍，姜诗夫妇尽力满足母亲爱好，而母亲不愿意单独享用，夫妇俩又请来邻居家的老妈一块吃。有一天，家门边忽然冒出一眼清泉，从此每天早上都有一对鲤鱼从泉中跳出，供两位老人食用。这个故事记载在《后汉书·姜诗传》当中，真正的"姜诗泉"应该在四川广德（今四川梓潼）县，夷陵的"姜诗泉"当出于附会或讹传，但彰显的是中华民族传统的孝道美德，故事的真假就大可不究了。

清代诗人袁枚贬官江南时，许多名流为他写诗送行。有一位朋友援引欧阳修贬官夷陵的事迹，劝慰他说："庐陵事业起夷陵，眼界原从阅历增。"事实的确如此！欧阳修贬官夷陵以后，开始广泛接触下层人民生活，深入了解社会弊端，开拓眼界，坚定志向，改变了过去的浪漫生活态度，从而为他后来的政治活动和文学创作奠定了坚实的思想基础。

早在赴任途中滞留江陵的时候，欧阳修给尹洙写过一封信，

自叙怀抱,对宋初以来因循苟且的社会风气、明哲保身的处世哲学提出批评。他在《与尹师鲁书》中说道:

> 五六十年来,天生此辈,沉默畏慎,布在世间,相师成风。忽见吾辈作此事,下至灶门老婢,亦相惊怪,交口议之。不知此事古人日日有也,但问所言当否而已。……每见前世有名人,当议事时,感激不避诛死。真若知义者,及到贬所,则戚戚怨嗟,有不堪之穷愁形于文字,其心欢戚无异庸人,虽韩文公不免此累。

在这里,他对自己素来敬重的韩愈颇吐微词,惋叹韩愈在朝廷议论政事,感慨奋发,不怕杀头,真可以称得上知义之士。然而一旦到了贬谪地,就难耐穷困,写文章抒发忧愁和牢骚。去年六月,在贬官夷陵的途中,欧阳修曾经用这一席话警戒朋友余靖,嘱咐余靖到了贬官地,切莫撰写自悲自怨的文章。在信中,欧阳修还回忆起京城分手时尹洙对自己的告诫:"小心谨慎地做好本职工作,不要喝酒。"他表示到夷陵县后,一定勤于政事,戒改在洛阳任上耽于游饮、生活懒散的不良习惯。

在夷陵的日子里,欧阳修最受刺激、印象最深的,是发现基层吏治的黑暗腐败。呆在偏僻闭塞的夷陵城里,没有什么书可读,他想找一套《史记》《汉书》消遣,却找不到。为了打发日子,欧阳修取出已经审处结案的官司档案反复阅读,发现其中蒙冤受屈的不可胜数。有的无中生有,有的颠倒黑白,有的徇私舞弊,有的违情害义,千奇百怪,无所不有。他嗟叹不已,夷陵这么个偏远小县,就有这么多案件沉冤莫白,全国各地的政治黑暗可想而知。他仰首问天,心中暗暗发誓:"从今以后处理政事,一定要小心谨慎,千万不可疏忽大意。"

刚上任时,欧阳修狠下了一番工夫,整顿县衙吏治,健全规章制度。他的为政经验是:新到任所,立即颁发条令,建立威信。一切就绪,步入正轨以后,只要是年丰民乐,一定实施宽简政治。他在景祐四年(1037)春天的《与尹师鲁书》中说道:夷陵虽然是个小县,但是讼狱不少,田契不清。县吏朴实耿直,大都不识文字,各种规章条例,都需亲自制订。到写这封信的时候,已经诸事部署就绪,职闲心静,于是商议与尹洙一道撰写《五代史记》。

早在洛阳推官任上,他们就议论到旧《五代史》一书繁猥失实,计划合作撰写新《五代史》。这次致信尹洙,商议具体分工方案,并自述撰著史书的目的:"吾等弃于时,聊欲因此粗伸其心,少希后世之名。"想通过史书著述,表述自己的心志,追求后世之名声。但出于种种原因,尹洙最终没有应约合作,欧阳修只得独力撰著。

阳春三月,欧阳修向朝廷告假,前往许昌(今属河南)迎娶已故资政殿学士薛奎的第四女为续室。薛奎,字宿艺,绛州正平(今山西新绛)人。进士出身,天圣七年(1029)官至参知政事。景祐元年(1034)因病辞官,当时见欧阳修已丧胥氏夫人,有心将女儿许配。一方面因为欧阳修以并非门当户对相推辞,另一方面因为薛奎同年溘然去世,所以这场婚事当时没有成功。三年后的今日,薛奎丧期已满,遗孀金城夫人赵氏见欧阳修再丧杨氏夫人,于是遵照丈夫遗愿,通过侄儿也是欧阳修好友的薛仲孺重提此事。欧母郑氏夫人闻讯后非常高兴,当即敦促儿子回信议婚,同时要他向朝廷告假,尽快赶赴许昌迎娶。

赴许昌的途中,欧阳修等以舟行下江陵,然后陆路北上,经行荆门(今湖北荆门)、叶县(今属河南)。在荆门军,听说知军彭乘新近疏理惠泉,修亭整碑,胜景可观,于是乘兴前往游览。惠泉,位于荆门市西门外蒙山之麓,苏洵《荆门惠泉》诗有"涓涓自倾泻,奕奕见清澈,石泓净无尘,中有三尺雪"等句,尽述景物之妙。欧阳修久闻盛名,今偿其愿,为赋《惠泉亭》诗:

> 翠壁刻屏颜,烟霞跬步间。使君能爱客,朝夕弄山泉。春岩雨过春流长,置酒来听山溜响。鉴中楼阁俯清池,雪里峰峦开晓幌。须知清兴无时已,酒美宾嘉自相对。席间谁伴谢公吟,日暮多逢山简醉。淹留桂树几经春,野鸟岩花识使君。使君今是尊前客,谁与山泉作主人?

诗歌描写惠泉周围的山水形胜,赞美荆门知军彭乘的幽情雅趣。在惠泉亭畔,欧阳修还意外地目睹了沈传师、李德裕唱和的《唐玉蕊诗》,惊叹其华丽辞章与秀美书法,在石刻前徘徊久之,抄录后方才离去。

抵达许昌后,许州法曹谢伯初前来拜访。谢伯初,字景山,进士甲科出身,天圣、景祐年间以诗知名。天圣七年(1029),欧阳修在京师就学国子监时,结识谢氏。谢伯初曾经赠送欧阳修一方古瓦砚。古瓦砚以东汉曹操所建铜雀台的残瓦制成,相传贮水数日不渗,俗称铜雀砚,极为名贵。贬官夷陵之初,谢伯初有《寄欧阳永叔谪夷陵》诗,安慰并勉励失意的朋友。此次启程来许昌之前,谢伯初又寄来书简,并寄赠《古瓦砚》诗及近著诗文。欧阳修的《答谢景山遗古瓦砚歌》,首先叙说古瓦砚的神奇由来,感慨历史沧桑变化,嗣后咏道:

景山笔力若牛弩,句遒语老能挥毫。嗟予夺得何所用,簿领朱墨徒纷淆。走官南北未尝舍,缇袭三四勤缄包。有时属思欲飞洒,意绪轧轧难抽缲。舟行屡备水神夺,往往冥晦遭风涛。质顽物久有精怪,常恐变化成灵妖。名都所至必传玩,爱之不挨鲁宝刀。长歌送我怪且伟,欲报惭愧无琼瑶。

诗人称道只有笔力遒劲的谢伯初,才配用这珍贵的古瓦砚;自谦本人的官场簿记,哪里派得上用场。然而,对谢伯初馈赠的古瓦砚,他素来小心翼翼,十袭珍藏,平日行船居家,常备不测,每到都会城市,都拿出来供朋友传玩欣赏。诗人申表内心谢忱,对谢伯初寄赠《古瓦砚歌》,愧叹没有美文相回赠。诗歌借物生议,思接千载,构思奇特,依稀可见韩、孟奇险诗风的影子。

八月一日,谢伯初拿出最近整理好的《女郎谢希孟集》,请欧阳修作序。谢希孟,字母仪,是谢伯初的妹妹,嫁进士陈安国,年三十三而卒。希孟集诗歌一百余篇,数量与质量,甚为可观。欧阳修《谢氏诗序》说:

希孟之言尤隐约深厚,守礼而不自放,有古幽闲淑女之风,非特妇人之能言者也。然景山尝从今世贤豪者游,故得闻于当时;而希孟不幸为女子,莫自章显于世。昔卫庄姜、许穆夫人,录于仲尼而列之《国风》。今有杰然巨人能轻重时人而取信后世者,一为希孟重之,其不泯没矣。予固力不足者,复何为哉,复何为哉!

文章赞颂谢氏通经守礼,诗作隐约深厚,有古代淑女幽闲之风雅,决非一般女子所能吟咏的,应该引入古代著名女诗人卫庄姜、许穆夫人之行列。作者自愧人微言轻,难以轩轾时人,希望有名家为之作序,大力推介,使谢希孟诗歌流传后世。

八月份,欧阳修与薛氏在许昌举行婚礼。按朝廷规定,官员自身结婚只有九天假。欧阳修此行向上司告假,估计借用了别的公私假期。终因假期有限,婚后没几天,他便带着妻子匆匆踏上归程。返途取道唐州(今河南唐河)、枝江。其《自枝江山行至平陆驿五言二十四韵》诗写道:

枝江望平陆,百里千余岭。萧条断烟火,莽苍无人境。峰峦互前后,南北失壬丙。天秋云愈高,木落岁方冷。水涉愁蜮射,林行忧虎猛。万仞悬岩崖,一徇履枯梗。……登临虽云劳,巨细得周省。晨装趁徒旅,夕宿访闾井。村暗水茫茫,鸡鸣星耿耿。登高近佳节,归思时引领。溪菊荐山尊,田驾佑烹鼎。家近梦先归,夜寒衾屡整。崎岖念行役,昔宿已为永。岂如江上舟,棹歌方酩酊。

从枝江到平陆驿,百里山地之间,荒无人烟,欧阳修一行历经各种艰难险阻。翻山越岭,淌水穿林,方向分辨不清,既担忧悬崖朽桥,又害怕虎豹水怪。尤其是欧阳修本人,一路早行晚宿,劳累不堪,事无巨细还要周全考虑。时近重阳,又格外地思家念亲。他感慨此番山路陆行,哪像当初的荆江泛舟,可以在船歌声中酩酊大醉。

经过长途跋涉,终于到达夷陵境内的望州坡。站在坡头,眺望夷陵城,欧阳修有一种苦尽甘来的感觉。其《望州坡》诗咏道:

闻说夷陵人为愁,共言迁客不堪游。崎岖几日山行倦,却喜坡头见峡州。

人们一说起夷陵,总会犯愁,都说贬谪者在那里受不了。可多日的崎岖山行之后,目睹返程终点的夷陵,心里就像回到家似的欢喜。

九月,欧阳修一行返抵夷陵。从此,在欧阳修的身后,有了一位贤惠能干的内助。时年二十岁的薛夫人,通诗书,知礼仪,也懂音乐,善弹琴,为人精明清正,深明大义,处事机智敏捷,有乃父遗风。她从富贵繁华的都市,来到这穷乡僻壤,由一位名门的大家闺秀,来为这普通官宦门户当家理事。她任劳任怨,克勤克俭,既要安排一家人的饮食起居,又要照顾好年迈体弱的婆婆。

回夷陵不久,欧阳修寄书给内弟薛仲孺,报告婚后家庭生活,称述家人和睦安好,妻室同甘共苦,自庆家门有幸。书简《与薛少卿公期》写道:

> 昨至许州,蒙讯问,备审官下为况甚佳。迩来谅惟自公之余,与阃内贵属各保清休。某居此,为况皆如常。亲老,幸甚安。室中骤过僻陋,便能同休戚,甘淡薄,此吾徒之所难,亦鄙夫之幸也。多荷多荷。

此后数十年间,薛夫人跟随欧阳修走南闯北,随遇而安,从没有牢骚怨言。她帮助欧阳修料理家务,使欧阳修无后顾之忧,得以尽心国事,是欧阳修名副其实的贤内助。

有了薛夫人,欧阳修的私生活也严肃多了。若干年后,欧阳修为王旦撰写神道碑铭,孝子王素赠送金制酒盘酒杯十副、酒壶两把作为润笔费。欧阳修推辞不受,开玩笑说:"我家里缺乏捧端这么贵重酒具的美人。"王素信以为真,立即派人在京师用重金买来两位侍女,一同献给欧阳修。欧阳修最后只是接受了器皿,辞退了美女,说:"我当初只是开个玩笑罢了。"王素后来打听到,薛夫人治家谨严,欧阳修不敢那样做。

作于本年岁暮的《黄溪夜泊》诗,为欧氏七律佳作。诗境苍凉清切,韵味深沉隽永,既显现委曲婉转的特色,也标志宋诗理性思辨的萌芽。诗歌咏道:

> 楚人自古登临恨,暂到愁肠已九回。万树苍烟三峡暗,满川明月一猿哀。非乡况复惊残岁,慰客偏宜把酒杯。行见江山且吟咏,不因迁谪岂能来!

黄溪是夷陵境内的一条溪水,在黄牛峡附近,与长江相通。诗人月夜泊舟,临风把酒,三峡苍烟迷茫,几声猿啼悲哀。这种岁暮月夜的凄清景色,难免使谪宦他乡的游子萌生羁旅愁思。

诗歌最终的自我解嘲,不是因为贬官来到这里,哪能见上这一路吟咏的美好山水? 表达作者在官场失意之中的豁达胸怀和超脱精神。苏轼人生逆境中所赋《惠州一绝》中的"日啖荔枝三百颗,不妨长作岭南人";《过海》诗中的"九死蛮荒吾不恨,兹游奇绝冠平生"等诗句,其旷达襟怀正是接受这类诗作的影响。

在夷陵任上,欧阳修撰写了《易或问》三首,对汉唐以来关于孔子作《系辞》解释《易经》的传统说法,大胆地提出挑战。后来,到了庆历年间,他的疑《易》思想更加系统化,写作了《易童子问》,以童子问学的形式,提出三十七个问题,逐一作出解答,提出《易经》中的《系辞》《文言》《说卦》等都不是孔子所作,开创了宋人疑经惑传的时代风气。

欧阳修质疑《易经》、排斥《系辞》的说法,震惊了当时整个学术界。自从司马迁论定"孔子晚而喜《易》,序《彖》《系》《象》《说卦》《文言》"以后,在东汉时期,"孔子作《十翼》"已成定说。人们一直都将"十翼",即附在《易经》当中用以解释《易经》的十篇作品,如《系辞》《文言》《说卦》等,当做《易经》的一部分加以尊崇,从来没有人提出过怀疑。欧阳修否定这样一个千年定案,其震动之大,是可想而知的。就连他最亲密的朋友韩琦,最得意的弟子曾巩、苏轼都不敢支持他。韩琦反对欧阳修的《易经》观,但也深知欧阳修的禀性,不愿意跟他辩论,因此,韩琦在欧阳修面前从来不谈论《易经》。苏轼、曾巩不赞成欧阳修指斥《河图》《洛书》为怪妄,认为《易经》《论语》中都有这种记载,不可妄议。南宋朱熹作《周易本义》时,也不敢采用欧阳修"排《系辞》"的说法。可贵的是,欧阳修面对着世人不信己说、徒然自守己见的形势,毫不气馁。他坚信自己的观点经得起时间的考验,历史将证明自己的看法正确,因而对眼前的孤立毫不在意。到他晚年的时候,稍稍有人相信他的观点。他逝世以后,相信他的说法的人逐渐增加。南宋叶适《习学记言》已经采用欧阳修"排《系辞》"的观点,南宋赵汝谈《南塘易说》、清人姚际恒《易传通论》,都曾论辩《十翼》非孔子之作。欧阳修的《易经》研究距今尚未千年,他的疑《易》观点早已成为新的定论。

六 从乾德到滑州

景祐四年(1037)岁暮,欧阳修量移到乾德县(今湖北老河口)做县令。乾德,位于京西南路中部、汉水中游东岸,是光化军治所在地。光化军是军事要地,有驻军大粮仓,又处在京西南路、荆湖北路通往京师的必经之地,距离南阳、邓州、襄州等名城都不太远,无论是地理位置、自然环境还是生活条件,都比夷陵县优越许多。

这次调动的原因之一,是因为自夏季以来,严重的自然灾害接踵而至。六月,杭州(今属浙江)突降飓风,江潮汹涌,毁坏堤坝千余丈;八月,越州(今浙江韶兴)洪水泛滥,漂溺民房,百姓流离失所;十二月,忻州、代州、并州(今山西忻县、代县、太原)连续发生强烈地震,地裂泉涌,喷火如黑沙,死亡两万余人。直史馆叶清臣趁机上书言事,指出这是苍天对国君的警诫,要仁宗"深自咎责",宽恕"忠直敢言之士"。几天后,仁宗授意宰相王随、王尧佐,将范仲淹、欧阳修、余靖、尹洙等人调近一点。去年五月因朋党风波遭受贬谪的人员,都调迁到条件较好的郡县。

宝元元年(1038)三月,欧阳修从夷陵出发,由水路赴乾德。官船沿长江顺流东下,然后溯汉水北上,一路上细雨淅沥,春寒料峭,两岸边微风凄凄,野花飘零。离开生活了一年半的夷陵,告别朝夕相处的上司和同僚,难免产生留恋和眷念。在舟行途中,欧阳修吟诵了《离峡州后回寄元珍、表臣》诗:

经年迁谪厌荆蛮,唯有江山兴未阑。醉里人归青草渡,梦中船下武牙滩。野花零落风前乱,飞雨萧条江上寒。荻笋时鱼方有味,恨无佳客共杯盘。

官船行驶在长江激流当中,欧阳修想起了峡州判官丁宝臣、推官朱处仁,想起了夷陵的江山形胜,想起了县治东南三十里的虎牙滩。虎牙滩作为夷陵县境名胜之一,《水经注》称之为"楚之西塞"。前年赴任途中,欧阳修曾在那里赋过诗,这次却在睡梦中经行,不辞而别。面对眼前的美酒佳肴,欧阳修索然寡味,一种孤独感油然而生。

四月二日,船至江陵,在颠簸行进的船舱里,欧阳修为家兄欧阳晒撰写了《游鲦亭记》。欧阳晒,字晦叔,大欧阳修二十余岁,此时年已半百,长期在荆州(今湖北江陵)担任地位卑下的小官,没有机会施展个人才华,最终老大无成。他新近改官移居江陵,住宅临近长江,却舍弃大江汪洋浩瀚的壮丽景观,在方圆不过数丈的池塘边建筑游鲦亭。每日临池观鱼,自得其乐。

欧阳修受命作记,不由得想起《庄子·秋水篇》那个深邃而风趣的故事:一天,庄子与惠施在濠水的一座桥上散步,清澈的濠水里,银白色的小鱼游来游去。生机盎然的自然景观,使庄子感受到心灵的宽阔与自由,一种审美的移情使他发出感慨:"你看,鱼儿在水里自由自在地游荡,是多么地快乐啊!"惠施却从理性思辨的角度反问道:"你又不是这些鱼,你怎么知道鱼儿的快乐呢?"庄子反唇相讥:"是啊,你又不是我,你怎么能知道我不知道鱼儿的快乐呢?"惠施仍然不服气,说:"对,我不是你,当然我不能知道你知不知道鱼儿的快乐。同样的道理,你也不是鱼,所以你也不能知道鱼儿的快乐与不快乐。这不就正好说明问题了吗?"庄子最终巧妙地运用语义的模糊性进行诡辩,说:"让我们回到问题的起点吧。你问我'你怎么知道鱼的快乐',这句话已经肯定了鱼儿的快乐,只是问我怎么知道,从哪里知道。那么我告诉你,我是在濠水的桥梁上知道的。"这就是历史上著名的"濠上之辩"。后世因以游鲦代指逍遥闲游的生活,以濠上比喻别有会心、自得其乐的地方。欧阳修的《游鲦亭记》立意于这个故事,称颂家兄"为人慷慨,喜义勇,而有大志,能读前史,识其盛衰之通,听其言,豁如也"。赞赏兄长随缘自适,知足常乐的自由心灵境界与超脱的人生态度。实际上,家兄欧阳晒"不以汪洋为大,不以方丈为局""视富贵而不动,处卑困而浩然其心"的豁达人生观,与欧阳修贬谪期间超然物外、随遇而安的心境相互贯通,彼此吻合。此时此刻的兄弟俩,在共同的仕途失意当中，表现出共同的生活态度。

在乾德任上，欧阳修对古代碑刻产生了浓厚兴趣，开始热心研究金石学。秋季的一天，他在城郊的大坟冢当中，发现一块汉碑，题额上有一个似"翟"而非"翟"的怪字。乾德虽比夷陵开化，但是，比起京师来，仍然显得偏僻孤陋。这里学者寥寥，没人认识此字。欧阳修想起了朋友王洙，写信向他请教。王洙，字源叔，应天府宋城（今河南商丘）人。天圣年间进士及第，为人博览强记，精通百家，是当时的著名学者。这时候，王洙正在京城编纂《崇文总目》。欧阳修《与王源叔问古碑字书》写道：

> 汉之金石之文，存于今者益寡，惜其将遂磨灭，而图记所载，讹谬若斯。遂使汉道草莽之贤，湮没而不见。源叔好古博学，知名今世，必识此字，或能究见其人本末事迹，悉以条示，幸甚幸甚！

由这席话可见，欧阳修治学实事求是，具有虚心求教、不耻下问的优良学风。

宝元二年（1039）初，孙侔的一封来信，对欧阳修提出了中肯批评。孙侔，字正之，吴兴（今浙江湖州）人，后来成了扬州一位享有盛名的隐士。他早年丧父，家境贫寒，为了获取官禄侍养母亲，曾经多次参加进士考试，都遭到失败。母亲病逝后，他发誓终生不仕。孙侔文章奇古，品行孤峻，不轻易结交朋友，江淮间的士大夫对他十分敬畏。两年前，他通过丁宝臣致书欧阳修，并投赠杂文两篇，获得欧阳修赞赏。这次来信，他直言欧阳修过失。欧阳修对这位诤友十分敬重，热情地写了《答孙正之第二书》，称颂对方作为畏友的真诚友谊：

> 仆与吾子生而未相识面，徒以一言相往来，而吾子遽有爱我之意，欲戒其过，使不陷于小人。此非唯朋友之义，乃吾父兄训我者，不过如此也。

在回信当中，欧阳修还直言不讳地承认：我在人生道路上，很晚才懂得"道"。三十年前，我喜欢华丽的文章，嗜爱歌舞宴饮，只知道尽情享乐，却不懂得有些事情不应该做。后来，稍微懂得一些"圣人之道"，悔恨过去的错误，但是，事情传播出去了,已经追悔莫及。

　　五月,欧阳修请假前往清风镇会晤谢绛和梅尧臣。今年二月,谢绛以兵部员外郎、知制诰的官衔出知邓州(今河南邓县)。梅尧臣也将出知襄城县(今属河南),郎舅二人同行,先赴邓州。邓州距离乾德一百余里。四月七日,谢、梅抵达邓州后,立即向欧阳修发出邀请,约定在乾德与邓州之间的清风镇见面。谢绛的长子谢景初与胥偃的女儿婚配以后,欧阳修与谢绛在师友情谊之外,又添了一重亲戚关系。自从景祐元年(1034)梅尧臣出知建德县(今安徽东至北)以后,欧、梅之间虽然常有书信来往和诗文酬唱,却有五六年没有见面。欧阳修当即欣然应约。他在《与梅圣俞》书简中说道:"为别五六岁,贬徙三年,水陆走一万二千里,乃于此处得见故人,所以不避百余里,劳君子而坐邀也。"

　　在风景秀美的清风镇,三位故友聚会十余天。他们在清风馆观光,在竹林纳凉,在湖面泛舟,共叙衷肠。事后,梅尧臣作《代书寄欧阳永叔四十韵》诗,详细记叙会面时的情形。在会晤时,欧阳修曾向梅尧臣出示过经学研究新著:

　　尝亲马南郡,果谒谢临川。遂得窥颜色,重忻论简编,聊咨别后著,大出箧中篇。问传轻何学,言诗诋郑笺,飘流信穷厄,探讨愈精专。

　　梅尧臣诗歌中的"问传轻何学",指的是欧阳修《春秋论》《春秋或问》等专论。欧阳修的《春秋》研究,不曲从公羊、穀梁、左氏三家传注,直接从经文出发,探求经典本文。《春秋或问》甚至尖锐地指出:"经不待传而通者十七八,因传而惑者十五六。"认为百分之七八十的经典不需要解释可以读懂,有了解释之后倒有百分之五六十叫人糊涂了。而"言诗诋郑笺",显然指欧氏专著《诗本义》。《诗本义》,又名《毛诗本义》,是欧阳修的《诗经》研究专著。欧阳修《诗本义》大胆地撰篇立论,除破汉唐注疏,辨析毛《传》、郑《笺》得失,从《诗经》原文出发,遵循人情事理,探求《诗经》本义。欧阳修《诗经》研究的卓越见识和超人胆略,不仅表现在大胆"訾议毛、郑",而且表现在怀疑《诗序》,

不守《诗序》，大胆批评"二《南》其序多失"。由于欧阳修摆脱了前人的种种成见偏见，大胆质疑问难，扫除谶纬之说，因而较多地看到了《诗经》作品的真面目。这部具有划时代意义的《诗经》研究专著，在乾德任上已经有了初稿。此后数十年，欧阳修不断对书稿进行补充修正，直到逝世前夕才最后定稿。此书的问世，开创了有宋一代疑经惑传的时代风气，成为宋代学术思想大解放的滥觞之作。

欧阳修本已邀请梅尧臣同返乾德，后来，因故没有成行。在欧阳修返程时，梅尧臣有《送永叔归乾德》诗：

渊明节本高，曾不为吏屈。斗酒从故人，篮舆傲华绂。悠然日远空，旷尔遗群物。饮罢即言归，胸中宁郁郁？

梅诗勉励朋友要像陶渊明那样，坚守气节，不为五斗米折腰，身处逆境要志存高远，心胸旷达，千万不要郁郁寡欢，自己跟自己过不去，自我戕害身体。

六月二十五日，欧阳修起复旧官，以镇南军节度掌书记的官衔权武成军节度判官厅公事。武成军，在京西北路的滑州（今河南滑县）。不久，他陪同母亲，携带家眷借居南阳，等待现任节度判官赵咸宁明年二月任满以后前往接替。有邓州知州谢绛帮助，欧阳修一家，在南阳生活十分便利。住地位于邓州城东南隅，附近有百花洲，清溪松林，荷叶莲花，幽静而甜美，惹人诗兴大发，遗憾的是梅尧臣已赴襄城任所，不在身边，有时难免感到寂寞。他在当时致梅尧臣的信中写道："南阳之居，依贤主人，实佳事，但恨圣俞不在尔。"

八月，胥偃在京师病逝。欧阳修是从谢绛那里得知这个噩耗。胥偃自从天圣六年（1028）返京以后，先后担任尚书刑部员外郎、知制诰、工部郎中、翰林学士、权知开封府等职务。景祐三年（1036），胥偃出任纠察刑狱。当时，开封知府范仲淹上任伊始。为了整肃京师治安，范仲淹不拘成规，大刀阔斧地开展工作，京城顿时肃然称治。但是，胥偃几次上书，控告范仲淹判案断狱不能严守法度，随心所欲，擅自改判，又爱标新立异，哗众取宠。欧阳修作为范仲淹的支持者，十分不满胥偃的做法，翁婿之间开始话不投机，并由此有了嫌隙，矛盾日益加深，彼此日渐疏远。

欧阳修对此十分难过，却又无可奈何。他终生不忘胥偃对自己的提携之恩，然而，他的处世人格又要求他不能委曲求全，只能以德报恩，不能损公徇私，只能在政治上坚守原则。获悉岳父讣闻后，他给胥偃内兄刁约写过一封信，倾吐自己的衷曲。在这封《与刁景纯学士书》当中，欧阳修说道：

近自罢乾德，遂居南阳，始见谢舍人。知丈丈内翰凶讣，闻问惊怛，不能已已。……某自束发为学，初未有一人知者。及首登门，便被怜奖，开端诱道，勤勤不已，至其粗若有成而后止。虽其后游于诸公而获齿多士，虽有知者，皆莫之先也。然亦自念不欲效世俗子，一遭人之顾己，不以至公相期，反趋走门下，胁肩谄笑，甚者献谀谀而备使令，以卑昵自亲，名曰报德，非唯自私，直亦待所知以不厚。是故惧此，唯欲少励名节，庶不泯然无闻，用以不负所知尔。某之愚诚，所守如此，然虽胥公，亦未必谅某此心也。

岳丈胥偃大半生坎坷蹇滞，近几年才仕途亨通。如今距离朝廷要津，只是咫尺之近，却不幸染病弃世，欧阳修对此深感痛惜。在岳父生前，欧阳修不愿像凡夫俗子那样，徇情报恩，一心向往着砥砺名节，建功立业，报答胥公知遇之德。令人悲叹的是，就连胥翁恐怕也未必能够体谅自己的一番曲衷啊！

十一月二十二日，谢绛在邓州病故，年仅四十五岁。欧阳修五天前还看望过患病的谢绛，见他气色还好，讣告传来，异常震惊。自从初官伊洛以来，欧阳修和谢绛师友相兼，情同手足。谢绛为人深厚，喜怒不形于色，然而临事敢言，柔中有刚。制诰文章，宗法西汉，世人认为可以与元稹、白居易相匹敌。为政以宽静为本，所到之处革弊兴利，深得民心。平生喜欢招待宾客，病逝以后，甚至连一件入棺的新衣服也没有。欧阳修素来敬重这位良师益友，并对他寄托着厚望。谢绛正当盛年，以尚书兵部员外郎、知制诰出知邓州，前途不可估量，谁知身罹暴病，英年早逝。欧阳修为此嗟叹不已。

谢绛生前慷慨大方，乐善好施，远房亲戚中的孤贫子弟都予以收养，以自己个人的俸禄，支撑一个四十余口的大家庭，欧阳修为他撰写的墓志铭，称他身后"廪无余粟，家无余资"。这些日子里，欧阳修为死者张罗丧礼，筹集赙金，寻找墓地，忙得不可开交。谢绛祖辈世居江南，父亲以上三代墓茔都在杭州富阳，按照当时的礼俗，本应扶柩南归故里，但是财力不济，只得就近在邓州西南山上谋得一块墓地，家属也在旁边买一处庄子安顿下来。次年，欧阳修在赴滑州任前夕，又临丧祭奠，撰写祭文和挽词，表达自己深沉的哀思。后来，谢绛灵柩落葬时，欧阳修又为作《尚书兵部员外郎知制诰谢公墓志铭》，叙述良师益友的为人、为政、为文，颂扬其终生大节，表达自己的敬意。

十二月，欧阳修从邓州出发，取道南阳，来到襄城。梅尧臣出郊迎接，赋诗一首，题目为《永叔自南阳至，余郊迓焉，首话谢公，奄然相与流涕，作是诗以写怀》，其中咏道：

及郊逢故友，出涕各沾襦，神物丧头角，空存尾与躯，沟木失匠斫，谁施蓝与朱？并辔不能语，斯文其已夫。

近日谢绛的溘然弃世，使欧、梅失去了头领，失去了导师，给双方心头蒙上一层浓重的阴影，他们为此而黯然神伤。

这一年，欧阳修的内兄，薛奎的唯一嗣哲薛直孺，也不幸病逝，年仅二十四岁。薛直孺，字质夫，以恩荫补官，任大理寺丞。他纯朴好学，事亲至孝，奈何从小体弱多病，先后两次娶妻，都没有生育子女。薛奎门庭，只得立侄儿薛仲孺为后嗣。对于内兄的贤良而无后，欧阳修不胜哀切。他的《薛质夫墓志铭》，甚至一改传统墓志文的文体特点，并不以叙述死者生平事迹为主，而是大发议论，非议圣贤之说，主张对孟子的言论一分为二：

呜呼！简肃公之世，于是而绝。孟子曰："不孝有三，无后为大。"此为舜娶妻而言耳，非万世之通论也。不娶而无后，罪之大者，可也；娶而无子，与夫不幸短命未及有子而死以正者，其人可以哀，不可以为罪也。故曰：孟子之言非通论，为舜而言可也。

他认为孟子"不孝有三，无后为大"的观念，是就某一具体事情而说的,并非颠扑不破的万世通论。像薛直孺这样娶而无子,又不幸短命的人,其命运十分可悲,不应承担"不孝"的罪名。这一通离经叛道的议论,一方面出自对内兄不幸命运的哀伤与同情,另一方面,源于欧阳修一贯的疑古惑经思想。

康定元年(1040)正月,西部边境告急。西夏主元昊率领数万大军围攻延州(今陕西延安)。宋廷与西夏之间的战争,在久经酝酿之后,终于爆发了。

西夏是党项族拓跋氏建立的国家,初期的疆域是:东临黄河,西界玉门(今属甘肃),南极萧关(今宁夏同心南),北抵大漠。北宋建国以后,西夏主李继捧向宋廷称臣,但是,他的族弟李继迁却称臣于契丹。契丹册封李继迁为夏国王。真宗咸平年间,李继迁攻占灵州(今宁夏银川市南),定为都城,后来迁都兴州(今宁夏银川)。景德二年(1005),李继迁死,儿子李德明继位,宋廷与德明媾和,封李德明为西平王,每年供给黄金帛缯钱和茶叶。李德明在仁宗明道元年(1032)死去,儿子元昊继位。次年五月,元昊改兴州为兴庆府,并设立官制,强化军队,积极准备称帝建国。宝元元年(1038)十月,元昊正式即皇帝位,国号改大夏,改元"天授礼法延祚",正式摆脱对宋廷的臣属地位。次年春正月,派遣使者,将称帝一事告于宋廷。宋仁宗下令削去原先册封元昊的爵号,并招募壮士擒捕元昊,宋与西夏的战争由此揭开序幕。

元昊在对宋廷西北边境多次试探性进攻以后,选择延州(今陕西延安)发动了侵宋战争的第一次大战役。延州知州兼鄜延环庆安抚使范雍,是一个懦弱无能、不懂军事的书生。州城驻兵很少,几乎没有守备。延州外围的金明寨守将李士彬,贪暴轻敌,积怨部属,结果一战即溃。李士彬被西夏兵擒获,部属数万名党项族兵士尽降元昊。从庆州(今甘肃庆阳)驰援延州的大将刘平,从延州出援保安、金明寨的大将石元孙,以及宋将黄德和、万俟政、郭遵等,同在三川口(今陕西延安西北)西面,陷入西夏兵的埋伏圈。一场恶战之后,刘平、石元孙被擒,郭遵战死。宋军一万多步骑兵死伤大半。自此以后,西夏边境的横山以南至延州一带,都被元昊控制,宋西北边防失去屏障。

三川口惨败,充分暴露了北宋军事、政治制度的腐败,仁宗为之惊惧,朝野为之震动。有识之士逐渐认识到:外患渊源于内忧。北宋开国以来,坚持实施佑文偃武、守内虚外、强化中央集权的"祖宗家法",积久致弊,形成冗兵、冗官、冗费的局面,国家长期陷于积贫积弱的境地。也正是这种内忧外患的朝政危机,点燃了社会改革的希望之火。仁宗迫于形势,走上改革求存的道路,开始酝酿朝政革新。

二月,欧阳修还在为谢绛的丧事忙碌,滑州就已派人前来迎候他赴任。欧阳修等不及谢绛落葬,只得在灵前祭奠后,领着家人前往滑州接任武成军节度判官。欧阳修后来庆历二年(1042)九月再来滑州担任通判,虽然两次任职时间都不长,但平生还算是与滑州有缘分。

四月二十五日,黄梦升在南阳(今属河南)病死,年仅四十二岁。黄梦升,名注,洪州分宁(今江西修水)人,是北宋文学家黄庭坚的九叔祖。他与欧阳修交往很深,早在欧阳修八九岁时,黄梦升跟随哥哥黄茂宗寓居随州,当时十七八岁,眉清目秀,气宇轩昂。善于饮酒谈笑,深受欧阳修钦敬。后来,黄梦升和欧阳修同年考中进士,担任江陵府公安县(今属湖北)主簿。欧阳修贬官夷陵途中,在江陵见过面,见他脸色憔悴,郁郁不得志,只有在酒醉以后的狂舞高歌当中,才感觉到他还有青年时期的豪爽气魄。再往后,欧阳修调任乾德县令,黄梦升出任南阳主簿,两人在邓州(今河南邓县)相会。这时的黄梦升更加消沉,但是,他酒后出示自己的文章,依然是那么内容广博,风格雄伟,气势奔放,可见他的志向虽然消磨,文章却没有颓衰。黄梦升恃才自负,落落寡合,一生屈居下位,穷困潦倒,最终被封建社会的庸官俗吏所扼杀。欧阳修对此感叹不已。数年后,欧阳修应其弟黄渭请求,撰写《黄梦升墓志铭》,倾吐心中的悲愤,表达对朋友英年早逝的同情和哀悼。

这个时候,宋廷朝政出现了一些新的征候。二月,在富弼的建议下,仁宗解除了多年来"戒越职言事"的禁令,允许臣僚直言进谏,指陈时弊。三月,更新枢密院班子,晏殊、宋绶并知枢密院。五月,范仲淹、韩琦同被任命为陕西经略安抚副使,同管勾都部署司事,尹洙也被调任泾原秦凤经略安抚司判官。

七月十九日,范仲淹从华州(今陕西华县)致信滑州武成军节度判官欧阳修,荐举他担任陕西经略安抚司掌书记。掌书记为经略安抚司"书记厅"长官,职掌军书奏记等文字工作。范仲淹《举欧阳修任经略安抚司掌书记状》说道:我询问过士大夫,他们都认为欧阳修的文学才识被大家信服,这职务非欧阳修担任不可。

然而,欧阳修婉言谢绝了。他说:"我当年支持范仲淹同吕夷简作斗争,难道是为了谋取私利吗?同范仲淹一块受贬斥而不同范氏一起被提拔进用,这才对了。"当然,欧阳修谢绝就职的原因不只是这一点,还有母亲年老不便远行之类,而更关键的在于不愿干这种撰写四六文的差事。他在《答陕西安抚使范龙图辞辟命书》当中,直言不讳地写道:

> 若夫参决军谋、经画财利、料敌制胜,在于幕府苟不乏人,则军书奏记,一末事耳,有不待修而堪者矣。由此,始敢以亲为辞。况今世人所谓四六者,非修所好,少为进士时,不免作之。自及第,遂弃不复作。在西京佐三相幕府,于职当作,亦不为作,此师鲁所见。今废已久,惧无好辞以辱嘉命。

由此看来,不屑于"军书奏记"的"末事",才是欧阳修辞命的主要原因,如果范仲淹推荐的是参赞军机,经画财务之类的差使,说不定他会应命就职。同年,他在书简《与梅圣俞》当中,也直截了当地说道:

> 安抚见辟不行,非唯奉亲避嫌而已。从军常事,何害奉亲?朋党,盖当世俗见指,吾徒宁有党耶?直以见召掌笺奏,遂不去矣。

他自供不愿就职的原因,并不在于要奉养母亲,也不在于避免朋党嫌疑,而在于只是召他去掌管军事奏告之类的文字工作。

除此以外,恐怕还有一个重要原因,欧阳修很想把这个位置留给好友梅尧臣。梅尧臣自景祐元年(1034)省试失败后,再也没有参加科举考试,而是先后出知建德县(今安徽东至北)、襄城县(今属河南),此时正在待命改任湖州酒税。当年三月,长水知县尹洙从葛怀敏征聘,权签书泾原、秦凤经略安抚司判官事。目睹边患频仍,国家危难,梅尧臣很想像尹洙那样投笔从戎,到西北前线建功立业,为此他还特地研究过《孙子兵法》,著成的《孙子注》一书,曾于宝元二年(1039)进呈御览,因此他特别希望得到范氏汲引。欧阳修《答陕西安抚使范龙图辞辟命书》有一段耐人寻味的文字:

今奇怪豪隽之士,往往蒙见收择,顾用之如何尔?然尚虑山川草莽有挺特知义,慷慨自重之士,未得出于门下也,宜少思焉!

显然,这里隐约所指的就是梅尧臣这样的人才,欧阳修希望范仲淹能够辟用梅氏。遗憾的是,或许范仲淹认为梅氏不适合干这种差事,因而没有任何回示。正是范氏的这种不理不睬,惹怒了自恃才高的梅尧臣,于是有了宋代以来史界议论不休的"梅范交恶"事件。梅、范二人早在天圣九年(1031)就已通过谢绛而相识,前者是谢氏的妻弟,后者是同年同科进士。在景祐三年(1036)的"朋党风波"中,梅尧臣坚定地站在范仲淹一方,创作了《猛虎行》等诗歌,直斥吕夷简"当途食人肉"。这次一旦失去范仲淹的荐举,梅氏就只能去南方屈志就任监税官。他以为范仲淹被贬时,自己竭力支持;今日范氏显用,却不愿援引自己,这是一个恩将仇报的小人,甚或将自己长期郁郁不得志的全部原因都归咎于范仲淹。随着时间推移,岁月遭递,梅、范之间的误会与嫌隙,逐步升级为牢骚怨愤、公开的人身攻击,最后发展为无所不用其极的诬陷,乃至范氏谢世之后,梅氏依然耿耿于怀,愤愤不平。范氏生前,梅氏先后以《桓妬妻》《醉中留别永叔子履》等诗歌发泄不满。范仲淹逝后,梅氏挽词《述哀感旧》颇吐微词,还撰有笔记《碧云瑕》,不遗余力地向已逝世的故人泼污水。幸好范仲淹以大家风范与不凡器宇,对梅尧臣的一再攻讦保持沉默,不予答辩,也未向欧阳修及尹洙等朋友作任何解释,才避免生前的冲突升级。"梅范交恶"折射的是范仲淹不徇私情、立党为公的高风亮节,反倒彰显出梅尧臣的个性缺陷。

七　复职返京

康定元年(1040)六月二十八日,欧阳修被召还京师,恢复馆阁校勘职务,仍然参与修纂《崇文总目》。八月一日,他携带家眷,平安返抵汴京。

在襄城的梅尧臣获悉欧阳修复职返京,十分高兴,当即寄来贺诗,题为《闻永叔复官因以寄贺》。诗歌开头咏道:

东方有铩禽,已喜羽翰插。重来金马门,莫忘黄牛峡。

他将朋友恢复馆职,重返皇城宫阙,比喻为受伤的飞鸟,重新插上奋飞的翅膀。勉励欧阳修官复原职以后,不要忘记夷陵贬谪生活,继续关心民生疾苦。

欧阳修却没有久留京师的想法,打算过些时候,请求一个外任差遣,方便养家糊口。他在致梅尧臣的书简中写道:

自八月一日至京师,及今已两辱书……某于此,幸老幼无恙。但尤贫,不可住京师,非久,亦却求外补。

欧阳修今年添增了一个儿子,取名叫欧阳发。京都生活费用昂贵,家门有老有小,全靠自己的微薄俸禄,入不敷出,家道艰难,自然想到外出就职。到了今年十月,欧阳修官转太子中允,同修礼书;次年末,《崇文总目》书成奏报,又改官集贤校理。随着政治地位上升,个人收入稍有提高,但是,要在京师安家落户,经济仍然难免拮据。

这个时期,由于柳开、穆修、石介、欧阳修等人前仆后继,倡导诗文革新运动,文坛风气的改革,已经取得较大进展。欧阳修文名蜚声海内,影响日益扩大,不时有文人学士前来请益。自幼孤贫力学的欧阳修,深知为学之难,对于好学的晚辈无不热心帮助。他总是认真地阅读他们的习作,给予恳切的鼓励或中肯的批评,他相信在与后学的讨论中,自己也会有所进益。

有一个年轻人,叫吴充,字冲卿,建州浦城(今属福建)人。

他向欧阳修投赠书信及三篇文章,请求提供指导。欧阳修打开文章一读,觉得文辞丰茂,风格雄健,有如江河奔驰,势不可挡,当即濡墨挥毫撰写回书。针对来信谈到的文章习作过程中的一种苦恼,即上了一个台阶后难以再上一个台阶的问题,欧阳修《答吴充秀才书》指出:

> 盖文之为言,难工而可喜,易悦而自足。世之学者往往溺之,一有工焉,则曰:"吾学足矣!"甚者至弃百事不关于心,曰:"吾文士也,职于文而已。"此其所以至之鲜也。……后之惑者,徒见前世之文传,以为学者文而已,故愈力愈勤而愈不至。此足下所谓终日不出于轩序,不能纵横高下皆如意者,道未足也。若道之充焉,虽行乎天地,入于渊泉,无不之也。

欧氏认为晚唐五代以来的文坛弊端,就在于视文章为顺时取誉、猎取功名的工具,因而作文只追求辞章华美,而忽略其健康充实的思想内容。欧阳修在这里赋予"道"一种平易而务实的解释,那就是关注并反映社会现实。又列举孔子、孟子、荀子的不朽著作,揭示其秘诀在于"道胜者文不难而自至",今世学者只惊羡前人留传的文章著述,不理解文章只是道的载体。学习作文如果只追摹文辞雕琢,其结果只能是适得其反,"愈力愈勤而愈不至"。

还有一个年轻人叫祖无择,字择之,蔡州上蔡人(今属河南)人,也派人投递书信,并献上两册诗赋杂文,向欧阳修求教。祖择之的个性不同于谦和的吴充,他的言语文辞之间透露出傲视世俗、睥睨天下的不凡气概。欧阳修既肯定诗文的语言精妙、旨趣高远,也指出其"所守未一,而议论未精"的毛病,即思想庞杂,内容不够深刻。进而指出其根源在于"学不师"和"议论不博",即没有师从对象,缺乏朋友间的广泛讨论。欧阳修立志振兴文化传统,拯救世道人心,最忌恨五代以来的师法败坏,文人随时俯仰,缺乏道德操守。他大声倡导师道尊严,强调尊师重道、身体力行、学以致用。《答祖择之书》指出:

> 某闻古之学者必严其师,师严然后道尊,道尊然后笃敬,笃敬然后能自守,能自守然后果于用,果于用然后不畏而不迁。三

代之衰,学校废。至两汉,师道尚存,故其学者各守其经以自用。是以汉之政理文章与其当时之事,后世莫及者,其所从来深矣。……夫世无师矣,学者当师经,师经必先求其意。意得则心定,心定则道纯,道纯则充于中者实,中充实则发为文者辉光,施于世者果致。

他肯定古人的学习态度,为学必须尊师重道,笃信自守,不畏不迁。并以历史事实为依据,说明两汉文章所以"后世莫及",是因为"师道尚存,故其学者各守其经以自用"。面对当时社会上没有名师,若要学有所成,作者认为可以儒家经典为师。然而,学习六经一定要掌握其精神实质,切不可像汉唐儒者那样拘泥于名物章句训诂。只要这样做,前贤的书本知识就会转化为当今的人生智慧,人们的思想就会踏实坚定,学到的道理就会精粹专一,写出的文章自然熠熠生辉,运用于社会也能达到预期效果。

八月返京以后,欧阳修还撰写了一系列重要的政论文,阐述自己的政治见解,为朝政改革大造舆论。

《纵囚论》就是一篇取材唐史而针砭时事的政论文。《旧唐书·太宗纪》记载:贞观六年(632)十二月二十二日,唐太宗亲自审查囚犯,将已经判处死刑的二百九十人,释放回家去,约定他们明年秋末返来接受死刑。到时候,囚犯全部回来,没有一个迟到的。太宗赞赏他们的"诚信",下令全部赦免。

四百多年来,史学家众口一词,誉称这是一桩"施恩德""知信义"的仁政美谈。欧阳修发表异议,他以普通人情立论,运用归谬法,揭示这一历史事件的不情不实,释放死囚规定时间要他们自动回来受刑,这是君子都难以做到的,却要求小人一定做到;死囚最终全部如期返回就刑,这是君子也难于做到的,小人却轻易做到了,这难道近于人情吗?欧阳修为政讲究人情常理,认为"圣人之道"与"人之常情"应该统一。就如文章结尾所阐述的:

尧、舜、三王之治,必本于人情,不立异以为高,不逆情以干誉。

他以为唐尧、虞舜、夏禹、商汤、周文王治理天下,一定依据人情,不会刻意标新立异以显示自己高明,也不会违背人之常情去邀求个人名誉。

十二月二十四日,欧阳修有《通进司上书》,向朝廷提进经济改革的三大纲领,"通漕运""尽地利"和"权商贾"。所谓"漕运",指利用水路将朝廷征收的粮食、钱帛之类物资,运输到京师或其他指定地点,以保证皇室、官府、军队的供给。"通漕运",就是疏通水道,保证漕运畅通。欧阳修建议整修汴渠,开辟黄河西段运路,使漕运从汴京直通关西边塞;又建议开辟南阳附近的汉水漕运和南阳直达关西的陆运,切实保障西部边防前线军需物资供给。所谓"尽地利",指开发土地资源,发展农业生产。欧阳修建议奖励农耕,实施屯田制,减轻农民负担。所谓"权商贾",指利用商人,放宽商禁,促进市场经济发展,增加朝廷财政收入。在欧阳修看来,"三术并施,则才用足而西人纾,国力宽而兵可久"。对国家经济、军事大有裨益。

这一年,欧阳修收到外地一位名叫李诩的年轻人的来信,投递所撰著的三篇《性诠》以请求指导。此人颇有才华,但年轻气盛,持论狂妄,声称即使孔子、孟子、荀子、扬雄、韩愈复生,也不能改变他的观点。欧阳修很不满意这种自以为是的态度,认为人的求学道路上,不可自我封闭,需要朋友之间的切磋讨论。其《答李诩第一书》对所请教的问题不置可否,首先摧抑其少年盛气,说:

今吾子自谓"夫子与孟、荀、扬、韩复生,不能夺吾言",其可谓自信不疑者矣。而返以质于修。使修有过于夫子者,乃可为吾子辩,况修未及孟、荀、扬、韩之一二也。修非知道者,好学而未至者也。……既吾子之自信如是,虽夫子不能夺,使修何所说焉?

对于李诩热衷探讨的人性问题,因为欧阳修为人为学,素来立足现实人生,坚守儒家伦理,所以对此空谈性理之说没有多少兴趣。他的《答李诩第二书》说道:

修患世之学者多言性,故常为说曰"夫性,非学者之所急,而圣人之所罕言也。"……为君子者,修身治人而已,性之善恶不必究也。使性果善邪,身不可以不修,人不可以不治;使性果恶邪,身不可以不修,人不可以不治。不修其身,虽君子而为小人……能修其身,虽小人而为君子。

欧氏称性理之说为无用之空言,学者不应该深究性理问题,如此直截了当地阐述对性理之说的见解,表现出一位长者对青年后学的谆谆教诲和循循诱导。然而,宋儒在孟子"性善论"基础上探寻心性义理,最终以"性即理"修正孟子的"人性论",继而糅合佛、道二家哲学,立足天人合一观念,建构起以天理为准则的道德本体论,以及正诚格物致知的道德知行论。性理之学是宋代儒学的与时共进,是对传统儒学的改造和发展。欧阳修此书对性理之说的尖锐批评,遭到后世理学家的群起而攻。

庆历元年(1041)二月四日,秘阁校理石延年在京师病逝,享年四十八岁。石延年,字曼卿,宋州宋城(今河南商丘)人。他身材魁梧,性格豪爽,能诗善文,擅长书法,文风刚劲雄健,有"天下奇才"的美称。然而,年轻时多次参加进士考试,都遭到黜落,后来虽然以恩荫得官,却长期沉沦下僚,郁郁不得志。他不愿屈己就人,追慕古人奇节伟行,纵酒剧饮,结交天下奇士,与欧阳修交谊深厚。噩耗传来,欧阳修有《哭曼卿》诗,其中咏道:

嗟我识君晚,君时犹壮夫。信哉天下奇,落落不可拘。……作诗几百篇,锦组联琼瑶,时时出险语,意外研精粗。穷奇变云烟,搜怪蟠蛟鱼。诗成多自写,笔法颜与虞。旋弃不复惜,所存今几余,往往落人间,藏之比明珠。

欧阳修高度赞扬石延年的诗歌成就和书法艺术,哀悼他的盛年凋谢。同年,欧阳修撰作《石曼卿墓表》。其中说道:

曼卿少亦以气自豪,读书不治章句,独慕古人奇节伟行非常之功,视世俗屑屑,无足动其意者。自顾不合于世,乃一混以酒,然好剧饮,大醉,颓然自放,由是益与时不合。而人之从其游者,皆知爱曼卿落落可奇,而不知其才之有以用也。……呜呼曼卿!宁自混以为高,不少屈以合世,可谓自重之士矣。士之所负者愈大,则其自顾也愈重;自顾愈重,则其合愈难。然欲与共大事,立奇功，非得难合自重之士不可为也。古之魁雄之人，未始不负高世之志，故宁或毁身污迹，卒困于无闻，或老且死而幸一遇，犹克少施于世。若曼卿者，非徒与世难合，而不克所施，亦其不幸不得至乎中寿，其命也夫！其可哀也夫！

墓表感慨亡友奇崛而坎坷的际遇，表达自己的追思与惋惜，同时对冷遇、压抑有为之士的不合理现实充满愤懑之情。二十多年后，在亳州任上，还深情地撰写了《祭石曼卿文》，派人专程赴石延年墓前致祭。逝世前夕，欧阳修又为石延年遗墨题写跋语，誉为"三绝帖"，十袭珍藏，视为传家瑰宝。

就在石延年病逝后不久，石介的一位高足弟子杜默，来到京师拜谒欧阳修，并出示一百余篇诗歌，请求指教。宝元元年（1038）十月以来，石介一直在故乡山东泰安居丧守制，母服未除，又守父丧。这些岁月里，他在乡间开馆授徒，教习门人。杜默，字师雄，历阳（今安徽和县）人，时年二十二岁，是石介最得意的门人之一。学成辞归时，石介赠诗送行，题为《三豪诗送杜默师雄》。序言写道：

本朝八十年，文人为多。若老师宿儒，不敢论数。近世作者，石曼卿之诗，欧阳永叔之文辞，杜师雄之歌篇，豪于一代矣。

石介将石延年诗、欧阳修文和杜默的歌，并称为当代"三豪"。

然而，欧阳修读了杜默的诗歌，不以为然。他不赞成杜默"能吟凤凰声"的歌功颂德作品，奉劝杜默用诗歌反映民瘼、为民请命。欧阳修《赠杜默诗》咏道：

京东聚群盗，河北点新兵，饥荒与愁苦，道路日以盈。子盍引其吭，发声通下情，上闻天子聪，次使宰相听，何必九包禽，始能瑞尧庭。

国家内忧外患，社会动乱不安，灾荒频仍，民不聊生。欧阳修规诫杜默，吟诗歌咏，应该多多反映民生疾苦。

欧阳修不满意杜默的诗风，也不满意他的人品。杜默为人为诗，追求狂怪险奇。言事多不合情理，虚妄无稽，今人称呼那种说话无根据，凭空捏造的行为叫"杜撰"，正是典出这位杜默。

他赋诗多乖格律,且荒诞不经,如"学海波中老龙,夫子门前大虫,推倒杨朱、墨翟,扶起仲尼、周公"之类。欧阳修深知杜默好名争胜,又顾及石介的面子,没有让他难堪。后来,杜默久试不第,落魄狼狈,不顾名节,一再私谒欧阳修,欧阳修才冷落他。谁知杜默满腹牢骚,大泄私愤,作《桃花诗》讥讽欧阳修,士大夫都鄙视其人其文。

秋冬之间,曾巩来到汴京,进入国子监广文馆学习。曾巩,字子固,建昌军南丰(今属江西)人,时年二十三岁。五年前,参加科举考试失败。这一次,他投书拜谒欧阳修,表述自己的由衷钦佩之情。并呈献两册杂文时务策,虚心求教。欧阳修读了曾巩的文章,叹为观止,将他视为诗文革新事业志同道合的战友。欧阳修后来对人说道:"上我家拜访的人成百上千,我最赏识的就是曾巩。"在答赠时人的诗歌中,欧阳修对这位新结识的晚辈赞不绝口。《送杨辟秀才》诗说:"吾奇曾生者,始得之太学。初谓独轩然,百鸟而一鹗。"欧阳修同时也看到了曾巩文章的不足之处,悉心指点,认真疏导,曾巩如坐春风,文章写作从此步入一个新阶段。欧阳修对此也深感欣慰,在多年后写作的《送吴生南归》诗中,深情地回忆说:

区区彼江西,其产多材贤。……我始见曾子,文章初亦然,昆仑倾黄河,渺漫盈百川,决疏以导之,渐敛收横澜,东溟知所归,识路到不难。

他为发现一位江西人才而感到自豪,并将曾巩天才自放的才情比喻为遍地漫衍的黄河水,而自己的成功指导就如大禹治水一样,利用疏通河床的办法,收拾泛滥的洪水,引导入海。话语之间,不乏怡然自得之情。

曾巩次年在京城应礼部试,再次落榜,欧阳修为他深感惋惜与不平,并为自己无力援引而愧疚。在曾巩南归家乡时,欧阳修特地写了一篇《送曾巩秀才序》,指斥主考官拘于成法,不敢取录有用人才,批判科举取士的不合理,批判不合理的考试方法与录取标准:

有司敛群材,操尺度,概以一法。考其不中者而弃之;虽有魁垒拔出之材，其一累黍不中尺度，则弃不敢取。……不幸有司尺度一失手，则往往失多而得少。呜呼，有司所操果良法耶！何其久而不思革也？

这一番感慨喟叹，种下了欧阳修日后知贡举时，力排众议，痛革积弊，澄清场屋风气的远因。

十二月十四日，翰林学士王尧臣等人进奏《崇文总目》六十六卷。全书分四部四十五类，著录图书三万六百六十九卷，类目下面有叙释，书名下面有解说。《崇文总目》远绍刘向《别录》，书目下面略作解说，开启晁公武《郡斋读书志》、陈振孙《直斋书录解题》等目录学著作的体例。这是我国古代目录学的一部重要著作，也是我国现存最早的一部国家总书目。在唐代《开元四部录》至清朝《四库全书总目》之间的一千多年里，《崇文总目》是一部无与伦比的目录学巨著。

《崇文总目》编纂工作，始于景祐元年（1034）闰六月，至完成已有八年了，先后有王尧臣、王洙、吕公绰、刁约、杨仪，陆经等人参与修纂。欧阳修在景祐元年（1034）和康定元年（1040）两次参加编撰工作，历时三年多。刚参加编纂时，年方二十八岁，入仕不久，地位不高，所以署名居后。实际上，《崇文总目》四十六类叙释文字，三十类出自欧阳修手笔。这类题解性文字，涉及各类学科的渊源、发展及其流派，涉及该类学术的社会意义及其评价，如果不是深明学科精微，洞察群书得失，就难以下笔成文。由此可知，青年欧阳修是《崇文总目》的主要编纂者之一。随着欧阳修晚年政治地位上升，《宋史·艺文志》将《崇文总目》一书，署于王尧臣、欧阳修名下。

岁暮的一天，大雪纷飞，天寒地冻。欧阳修、陆经等人，受晏殊邀请，前往晏府饮酒赏雪。去年九月，晏殊出任枢密使，掌管全国军事，颇为志得意满。一年来，他大规模营建私人住宅，沉溺于宴饮歌舞。这次，他在西园大设酒宴，请来亲朋好友，共同赏雪赋诗。欧阳修即席赋《晏太尉西园贺雪歌》，结尾几句咏道：

主人与国共休戚，不唯喜悦将丰登，须怜铁甲冷彻骨，四十余万屯边兵。

康定二年(1041)二月间,元昊亲自率领十万西夏大军侵扰渭州(今甘肃平凉)。陕西经略安抚副使韩琦命令部将任福、桑怿等贸然出击,结果中了西夏军队诱敌深入的计谋,在好水川(今宁夏隆德西)惨遭失败,主副将领几乎全部战死,损兵数万。入秋以后,西夏兵进攻麟州(今陕西神木县北)、府州(今陕西府谷),宋、夏军队在边境地区展开拉锯战,各有胜负,相互僵持。契丹国主也下达"伐宋诏",聚兵南京(今北京市),打算侵夺瓦桥关(今河北雄县)以南十县的土地。欧阳修将眼前的酒宴,与严峻的边防形势联系在一起,显然寓含讥讽。晏殊很不满意,事后生气地对人说:"从前,韩愈也是一个能诗善文的人才,他出席裴度宴会,只写道'园林穷胜事,钟鼓乐清时',不像欧阳修那样胡闹。"

庆历二年(1042)正月十八日,欧阳修受命与知谏院张方平一同考试别头举人。"别头试",又称"别试",这是宋代科举考试方式的一种。凡是贡举考试的考官以及有关官员的子弟、亲戚和门客,应试时必须回避,另外委派主考官,格外开设考场,叫做"别头试",目的在于防范知举官徇私舞弊。

在这场别头试中,王珪中式登第。王珪,字禹玉,成都华阳(今属四川)人,擅长文翰,晚年官至宰相。十五年后,他与欧阳修同在翰林院,并且同知贡举。因此,王珪嘉祐二年(1057)礼部唱和诗中,有"十五年前门下客,最荣今日预东堂"的句子。当年的考官与考生,后来共为同科知贡官,这在宋代科举史上传为佳话。

三月十三日,仁宗殿试进士,赋诗题目是《应天以实不以文》。欧阳修进献一篇拟作赋。他的《进拟御试应天以实不以文赋引状》说道:

自来科场,只是考试进士文辞,但取空言,无益时事,未有人君能上思天戒,广求规谏,以为试题者。此乃自有殿试以来,数百年间最美之事,独见于陛下。……臣忝列书林,粗知文字,学浅文陋,不自揆度,谨拟御题,撰成赋一首。不敢广列前事,但直言当今要务,皆陛下所欲闻者。

欧阳修的拟作赋,按规定的题韵字押韵,但是,它打破了宋代律赋依次用韵、平仄相间的程式。在句法上,并不是拘守四六对偶,而是在四六句式基础上,杂用五、七、八言,自由抒写,颇显活泼。在内容上,则指陈时弊,裨益政教。它以清丽爽朗的风格,一扫从前律赋的华丽晦涩,可以称得上是一篇律赋改进的示范作。仁宗读过以后,特地赐书奖谕欧阳修。

这一榜的状元叫杨寊,合肥(今属安徽)人,是欧阳修朋友杨察的弟弟,从小颇有才名。可惜两年后英年早逝,未能有所成就。欧阳修后来与另一位怀才不遇的杨寊结交。杨寊南下剑浦(今福建南平)做县尉,欧阳修作"琴说"为他送行,那是名同实异的另外一个人。同榜中第的,还有王珪、韩绛、王安石、吕公著、王陶、连庠、吕夏卿等人。在日后的北宋政坛文苑,他们大都成为风云人物。其中的吕夏卿,字缙叔,泉州晋江(今福建泉州)人,是后来欧阳修主修《新唐书》的得力助手。吕夏卿及第后授官端州高要(今广东肇庆)县尉,欧阳修赋《送吕夏卿》诗。开头咏道:

> 始吾尚幼学弄笔,群儿争诵公初文。嗟我今年已白发,公初相见犹埃尘。传家尚喜有二子,始知灵珠出淮滨。

吕夏卿的父亲吕造,字公初,是宋初著名进士,可惜仕途蹇滞,老来无成。欧阳修幼学时期,曾经诵读过吕造的文章。诗人在自我嗟老之余,为吕造的怀才不遇而感伤,也为吕夏卿兄弟的少年有为而欣慰。

目睹大量英才入选,又见一些才学之士落第,欧阳修对此感慨联翩。自己"三举而得第"的坎坷经历,使他对下第归乡的举子充满同情。他除了给曾巩撰写赠序外,还给黎生、杨辟、孔生等落第举子写过赠诗,鼓励他们败而不馁,继续进取。《送黎生下第还蜀》咏道:"黎生西南秀,挟策来东游,有司不见采,春霜滑归辀。……一败不足衄,后功掩前羞。"《送杨辟秀才》则在称赞杨辟才华之后,指斥考官选拔人才的弊端:"有司选群材,绳墨困量度,胡为谨毫分,而使遗磊落。"这与《送曾巩秀才序》的思想内容是一致的。

三月二十六日，契丹使者萧英、刘六符来到汴京递交国书，向宋廷索取晋阳（今山西太原）与瓦桥关（今河北雄县）以南十县土地。这十县土地是当年周世宗北伐时从契丹手上收复的，如今是宋朝北境边防重地。契丹主耶律宗真见宋军在三川口、好水川一再败北，趁机聚兵幽、蓟二州，实施军事讹诈。宋廷决定认真选择使者出使契丹。大臣们心里都明白，这是一项危险的差事，前途叵测，没人自告奋勇。恰逢富弼因事得罪宰相吕夷简，吕夷简向仁宗推荐富弼。欧阳修闻讯上书，援引颜真卿出使李希烈的故事，指出此行凶多吉少，请求留下富弼。但是，仁宗没有采纳。后来，富弼出使契丹，义正词严，不辱使命，拒绝了契丹国关于割地联姻的要求，同时秉承仁宗旨意，屈己增币，保全国土。经过一番艰苦的讨价还价，宋廷虽然保住了晋阳和关南十县地盘，但是，在"澶渊之盟"基础上，增加到每年向契丹贵族奉赠白银二十万两，绢三十万匹。在灾难深重的北宋老百姓身上，又增添了一项沉重负担。

四月三日，欧阳修被任命为权同知太常礼院。去年五月，朝廷曾经授予他这个官职。当时，欧阳修正忙于编纂《崇文总目》，因此辞让了。这次，只得受命。

五月十二日，仁宗下令三馆臣僚上书讨论朝政，并随时听候召对。这位三十出头的帝王，目睹朝廷的内忧外患，危机四伏，意识到澶渊和议奠定的苟安局面，已经难以为继，欲要救亡图存，非改革朝政不可。正是这种内外交困的形势，迫使仁宗开放官路，寻求扶危济困的良药。

欧阳修迅速上奏《准诏言事上书》。这是他继景祐三年（1036）《原弊》以后，系统阐述朝政改革思想的又一篇宏文。欧阳修在上书中指出：当今朝廷所面临的形势是"天文变于上，地理逆于下，人心怨于内，四夷攻于外"，国势岌岌可危，改革势在必行。如何改革呢？根据自己的政治理想，他揭示宋王朝"三弊五事"：所谓"三弊"，指的是"不慎号令""不明赏罚""不责功实"，这是宋王朝积贫积弱的症结所在。所谓"五事"，指的是兵、将、财用、御戎之策、可任之臣。"三弊五事"一一击中当时腐朽政治的要害。这篇上书与后来范仲淹呈奏的《答手诏条陈十事》,精神实质一致。它们共同奠定了明年"庆历新政"的基本内容。

接着,欧阳修又上奏《本论》三篇,论述治理国家的根本大计。针对宋王朝百年积弊,依据儒家"饰礼乐、兴仁义"的主张,他提出补偏救弊的具体措施。上篇侧重于政治上补偏救弊。它分析了宋王朝政治、经济、军事、教育等方面的种种积弊,比较夏、商、周"三代之治",又对照梁唐晋汉周"五代之乱",指出国家谋求大治,当务之急有五件事情:"均财而节兵,立法以制之,任贤以守法,尊名以厉贤。""均财""节兵""立法""任贤""尊名",五者相互为用。其中至关重要的是"任贤",因为"均财""节兵""立法"都必须任用贤人执行,而"任贤"的办法就是"尊名"。所谓"尊名",指尊重名位以勉励贤才,指的是制礼乐、兴仁义,提倡道德、兴办教育等儒家仁政措施。欧阳修认为,儒家传统思想是国家救弊治本的方针。可惜的是,欧阳修晚年自编《居士集》,删除了这一篇,仅在《本论》题目下面,保留了中下篇,这是欧阳修晚年政治思想变化的轨迹,是欧阳修由激进改革派转变为稳健改革派的标志之一。

《本论》中、下两篇着重在思想上补偏救弊,即反对佛教,弘扬儒学,维护封建正统思想统治。欧阳修继承并发展了韩愈的辟佛主张,捍卫儒家正统学说。早在景祐年间,他写作的《删正黄庭经序》,假借"无仙子"的口吻,指斥道家宣扬的神仙学说。《本论》中下篇的主旨,则在于论述仁、义、礼、乐是"胜佛之本"。欧阳修的辟佛手段,比韩愈高明。韩愈主张简单化的"人其人,火其书,庐其居",即勒令佛教徒返俗,焚烧佛教经典,强行将寺庙改建成民房庐舍,其结果就像欧阳修所说的"攻之暂破而愈坚,扑之未灭而愈炽"。欧阳修则主张纯洁儒学,讲究礼义,完善各种制度,实施封建教化。修其根本,使人人心中有所守,佛、道邪说无从而入。当然,宗教问题及其解决办法,并不真像欧阳修所说的那么简单,但是,他所提出的弘扬儒学,"修其本而胜之"的辟佛方法,主张从思想教育入手解决思想问题,不失为正确明智的见解。

这年夏天,苏舜钦率领族人离开京师,前往山阳(今江苏淮安)守母丧。苏母王氏去年五月在会稽(今浙江绍兴)逝世,苏舜钦曾经南下奔丧,嗣后与兄长苏舜元共同扶柩北上,于年底返抵汴京,殡而待葬。这次离开汴京,苏舜钦赋诗赠别韩琮、欧阳修和杜䜣。欧阳修《答苏子美离京见寄》诗咏道:

> 众奇子美貌,堂堂千人英。我独疑其胸,浩浩包沧溟。沧溟产龙蜃,百怪不可名,是以子美辞,吐出人辄惊。……语言既可骇,笔墨尤其精,少虽尝力学,老乃若天成。

他高度肯定苏舜钦的文学才华和书法造诣,并且盛赞其政治才略:"使之束带立,可以重朝廷。况令参国议,高论吐峥嵘。"字里行间,对朋友的怀才不遇充满同情之心。

立秋时节,西风萧飒,树木凋零,环顾四周,一派肃杀凄清的景象。欧阳修想起了远在千里之外的苏舜钦,也想起了日趋恶化的西部边境形势。他的《立秋有感寄苏子美》咏道:

> 故人在千里,岁月令我悲。所嗟事业晚,岂惜颜色衰。庙谋今谓何,胡马日以肥。

欧阳修对国事的忧虑,终于演变成严酷的现实。闰九月,元昊率领西夏兵再次大规模出击,宋将葛怀敏屯驻定川寨(今宁夏固原西北),西夏兵在夜间围城放火,葛怀敏等十四名将官英勇战死,近万名宋军官兵以及大批军需品被西夏兵俘获。西夏军乘胜长驱直入,攻打渭州(今甘肃平凉),在方圆六七百里土地上,焚烧房屋,杀掠百姓,然后扬长而去。

也是在闰九月,欧阳修被任命为滑州(今河南滑县)通判。自从今年三月以来,他屡次上书,议论朝政大事,却一直不见朝廷答复。再加上京城生活费用昂贵,偌大一个家室,全靠自己的这份薄俸赡养,实在难以维持。因此,他在八月份自请调任外职。

十月,欧阳修抵达滑州出任通判。通判,俗称"倅",是朝廷直接派遣到州府的副长官。实际上,它既不是知州或知府的副职，又不是知州或知府的属官。它有权与知州或知府共同处理州府事务，凡民政、财政、户口、赋役、司法等事务文书，必须知州或知府与通判联合签名押字，才能生效。而且，它还拥有监察所在州府官员的权力，可以直接向朝廷报告情况，因此，通判又称"监州"。欧阳修通判滑州，是仁宗对他信任的表示，就个人仕途说，也算是向前迈进了一步。

上任伊始，欧阳修在滑州官署东侧，建造了一所供休憩用的住房，宽一间，长九间，呈长方形，房间门户相通。根据这座房屋的形状、结构以及周围环境的特征，欧阳修起名为"画舫斋"，并请朋友蔡襄题写了匾额。

十二月十二日，欧阳修自撰《画舫斋记》，刻石镶嵌在斋内墙壁上。文章从"画舫斋"的命名由来说起，转到议论舟行生活，实质是借题发挥，表达宦途坎坷的人生感慨，阐述居安思危的忧患意识。欧阳修追记自己的生平，联想古代的江湖隐士，抒写自己的生活理想，明确表示不愿意消极遁世，希望有所作为。

庆历三年（1043）正月，欧阳修路过"铁枪寺"，瞻仰到三彦章画像。所谓"铁枪寺"，是百年前五代后梁名将王彦章的祀庙。王彦章，字子明，后梁郓州寿昌（今山东梁山西北）人，从小追随梁太祖朱温，骁勇善战，善于使用一杆长枪，在战场上驰突如飞，所向披靡，军中号称"王铁枪"。王彦章曾因战功升任宣义军（治所在滑州）节度使，在梁晋战役中，兵败被俘，拒绝投降，以身殉国。滑州民众建"铁枪寺"，供奉王彦章画像，香火祭祀不断。

王彦章生活的唐末五代，社会长期动乱，封建伦理纲常受到大冲击、大破坏。在这兵荒马乱、礼崩乐坏的年代里，臣弑其君、子弑其父者有之；朝秦暮楚、叛附无常者有之；历事数朝、寡廉鲜耻者有之；里通外敌、卖主求荣者有之。就如欧阳修《新五代史·一行传序》所说的："五代之乱，君不君，臣不臣，父不父，子不子，至于兄弟、夫妇人伦之际，无不大坏，而天理几乎其灭矣。"像王彦章这样侍奉一君、死于国难的忠义之士寥寥无几，值得推崇和表彰。尤为可怕的是，这种卑鄙自私的堕落士风，流毒至今,严重威胁朝廷的政治安全与国家的长治久安。赵宋王朝对此深怀忧惧,既忧虑伦理纲常大崩溃,封建秩序难以维系,又惧怕臣僚部属犯上作乱,王朝传祚不永。《宋史·仁宗纪》记载,天圣九年(1031)"冬十月丙戌,诏公卿大夫励名节"。朝廷提倡忠义廉耻,鼓励文士风节自持。

三年前,欧阳修以节度判官来守滑州,从王彦章裔孙王睿家里获读《王氏家传》,发现所载事迹多于旧史,就曾感怀旧《五代史》本传记事简略,未能详述王彦章生平事迹。如今见到王彦章画像,目睹一代名将的风采,非常高兴。鉴于画像年久磨灭,模糊不清,欧阳修延请画工修复,以求画像长留人间,又作《王彦章画像记》记其事。在概述王彦章的忠勇事迹后,作者大兴感慨,说道:

> 悲夫!五代终始才五十年,而更十有三君,五易国而八姓,士之不幸而出乎其时,能不污其身得全其节者鲜矣。公本武人,不知书,其语质,平生尝谓人曰:"豹死留皮,人死留名。"盖其义勇忠信,出于天性而然。……公善用枪,当时号王铁枪,公死已百年,至今俗犹以名其寺,童儿牧竖皆知王铁枪之为良将也。一枪之勇,同时岂无?而公独不朽者,岂其忠义之节使然欤?

可见作者修复王彦章画像,旨在以其人其事振作士气,扭转士风。后来,他编纂新《五代史》时,又选列王彦章等三人载入《死节传》予以表彰,其良苦用心,也在于激励宋朝将士效忠朝廷,为国献身,在于褒奖忠节,整饬人伦道德,建树起重人格、厚人品的新一代士林风气。

欧阳修虽然两度在滑州莅职,但时间都很短。此次出任滑州通判,所建画舫斋,后世却屡有修复,并在明清时期扩充成"欧阳文忠公书院"。《重修滑县志》(民国十九年刻本)卷四《古迹画舫斋》按语:"画舫斋,旧在城内东南隅欧阳书院内。"卷十《书院》又说:

> 欧阳文忠公书院,在儒学前街东南隅。明万历三十一年知县王廷谏建。大厅三楹,额曰"画舫",踵其旧也;高楼三楹,额曰"秋声",因其赋也。爽垲宏敞,为一时巨观。

在画舫斋后,有所谓"秋声楼"。滑县旧志(丁卯志)称欧阳修《秋声赋》作于此楼。明代万历年间建"欧阳文忠公书院",还在此地树碑,刻题:"宋欧阳子方夜读书处。"其实,欧阳修《秋声赋》写于嘉祐四年(1059),写作地点应是京师。滑县人如此附会,只不过借此表示甘棠遗爱的心意罢了。

八　庆历谏官

庆历三年(1043)三月二十一日,先后担任过二十年宰相的吕夷简因年老多病,自请而被罢职,晏殊出任宰相兼枢密使。

这时候,宋廷与西夏正在酝酿议和。目睹宋军在西部前线屡屡败绩,契丹不愿意看到西夏势力过分膨胀,派遣使者劝谕西夏对宋停战。西夏因为连年用兵,国力贫乏,民心思定,又惧怕遭受契丹、宋军两面夹攻,也表示愿意与宋廷议和。宋王朝屡战屡败,军疲财竭,各地农民起义,士兵哗变,彼伏此起,正盼望有个喘息机会,整顿并更新朝政,以巩固自己的统治。宋廷、西夏和契丹各怀隐衷,共同促使宋夏战争结束,恢复宋廷与西夏和好。

宋夏战争,充分暴露了宋廷政治、经济、军事制度的腐败。北宋立国以后,太祖、太宗两朝,为了防范藩镇割据势力重起,制定"祖宗家法",强化君主专制主义的中央集权。在一定时期内,皇权得到强化,社会秩序稳定,生产迅速恢复并发展。但是,随着时间推移,这些集权措施的消极因素日益滋长,后继的真宗、刘太后一味因循,墨守成规,使得宋王朝出现了严重的"冗兵""冗官""冗费"局面,形成日趋恶化的积贫积弱态势。

冗兵,指军队兵员冗滥,战斗力衰弱。宋廷实施"募兵制",荒年招兵,养兵防乱,结果积兵成冗,而且军营老弱掺杂,训练废弛,对外战争屡战屡败。冗官,指官吏冗滥,官府行政效率低劣。朝廷滥施"恩荫制",且大规模扩充科举取士名额,使得官府臃肿,人浮于事,吏治弛废腐败。冗费,指费用冗杂,国家财政困乏。宋王朝巨额的兵饷和官俸,沉重的对外贡纳,加上皇帝对大臣的频繁恩赏,导致国家财力枯竭,财政严重危机。

严重的"三冗"现象,从政治、经济、军事上极大地动摇了宋王朝的统治基础,使国家陷入内外危机当中。面对朝廷日趋颓败的态势,面对朝野上下一片改革求治的呼声,仁宗被迫走上朝政改革的道路。正是出于革救时弊、更新朝政的需要,仁宗决定开放言路,增加谏员编制,遴选正直敢言的士大夫担任谏官。当时,朝廷宰辅大臣可以推荐台谏官。宰相晏殊首先推荐的谏官人选,就是欧阳修。

三月二十六日,欧阳修被任命为太常丞、知谏院。同时被任命为谏官的,还有王素和余靖。

欧阳修四月初到京师莅职。第一次上朝议事,就上奏《论按察官吏札子》。当时,朝廷缺乏考察官吏的具体措施,致使年老多病、懦弱无能、贪婪残暴的官吏布满各州县,朝廷无法罢黜。全国百分之八九十的州县治理混乱,老百姓嗷嗷叫苦。欧阳修认为解救民生疾苦,首要工作是选好官吏。他请求建立按察法,选择精明廉洁的官员出任各路按察使,专门行使考察地方官吏的职能。

仁宗起初并没有完全采用欧阳修的建议,只是下令各都转运使兼任按察使。实际上,这种兼职,按察使形同虚设,毫无实效。后来,欧阳修又有《论按察官吏第二状》《再论按察官吏状》,这才引起仁宗高度重视。次年初,中书省、枢密院官员聚议多日,打破常规,不拘资历,遴选各路按察使。选中的人精明能干,大都长期怀才不用,这次忽蒙擢拔,秉公执法,奋力报效朝廷。各地贪官污吏闻风丧胆,老病昏庸的纷纷自请退职,州县吏治一时有所澄清。

四月七日,众望所归的韩琦、范仲淹,同时被任命为枢密副使。自康定元年以来,韩、范二人同在西北整军屯田,加强边防、招抚边地少数民族,为防止西夏侵扰、安定人民生活立下了汗马功劳,朝廷甚为倚重,时人并称"韩范"。

八日，由于御史中丞王拱辰，御史席平、沈邈，谏官欧阳修、余靖等人的十八道奏谏，仁宗撤销了关于夏竦出任枢密使的任命状，枢密使改由杜衍担任。夏竦，字子乔，江州德安（今属江西）人。为人明敏好学，才智过人，然生性贪婪，喜欢玩弄权术，又反复无常，被世人视为奸邪小人。吕夷简执政时，害怕与他共事，始终不肯起用，临近退位时，特地推荐他，以消除宿怨。夏竦官拜枢密使是在三月二十一日，这时前来就职，人已到达京城门外。御史、谏官连章论谏，终于阻止他进城，让他改官徙知亳州（今安徽亳县）。改任枢密使的是杜衍，字世昌，越州山阴（今浙江绍兴）人。他自幼苦志笃学，为人劲正清约，敢于荐贤良、抑侥幸，凛然有大臣之风，由枢密副使顺理成章地晋升，是深孚众望的枢密使人选。

十三日，著作佐郎、馆阁校勘蔡襄以秘书丞知谏院。上月，欧阳修、余靖、王素出任谏官时，蔡襄赋诗祝贺，题为《喜欧阳永叔、余安道、王仲仪除谏官》：

御笔新添三谏官，喧然朝野竞相欢。当年流落丹心在，自古忠良得路难。必有谟猷裨帝力，直须风采动朝端。世间万事俱尘土，留取功名久远看。

诗人热情歌颂仁宗大胆擢用俊贤，祝贺忠良得路，朝政改革事业大有希望。欧阳修等人将这首贺诗奏呈仁宗。不久，就有了蔡襄的谏官任命。

欧阳修、余靖、王素、蔡襄同在谏院，都年轻气盛，正直敢言，政治热情高，忧患意识强，被时人誉为"四谏"。其中王素是前朝宰相王旦的儿子，欧阳修等人对他开玩笑说："你是宰相的儿子，家庭生活富裕，即使朝廷怪罪你，也不至于贬官岭外；即使贬谪荒远，也无后顾之忧，可以放心成行。我们三人家境贫寒，比不得你。以后议论朝政阙失，就由你领头。"王素笑着点头。因此当时有人送王素一个绰号"独打鹘"，谑称欧阳修等四人是"一棚鹘"。鹘，也称隼，是一种性格凶猛的鸟，略小于鹰，是唐代皇帝饲养专供打猎用的。人们用它来比喻忠心耿耿、敢作敢为的朝廷官员。事实确乎如此，当时的欧阳修等谏官在庆历新政中踔厉风发,奋不顾身,为朝政改革冲锋陷阵,因此被守旧派视为眼中钉、肉中刺。欧阳修对此毫不在意,心中只想着恪尽谏官职守。他的《答徐无党第二书》写道:"修今岁还京师,职在言责,值天下多事,常日夕汲汲,为明天子求人间利病。"欧阳修的忠诚刚正,论事切直,受到仁宗皇帝的赏识,他曾深怀感慨地对身边侍臣说:"如欧阳修者,何处得来!"

朝廷的一系列人事变动,改革派明显占上风,昭示着仁宗革故鼎新的愿望、奋然求治的决心,也鼓舞了朝野上下一大批关心国运、富有政治热情的士大夫。正在国子监担任直讲的石介,更是抑制不住内心的激动,他说:"这是千载难逢的盛事啊!我的职责就是歌颂圣明,怎么可以不赋诗呢?"于是,他仿效韩愈《元和圣德颂》,写下一首长达一百九十句的四言古诗《庆历圣德颂》。诗歌热情讴歌范仲淹、富弼、杜衍、韩琦、欧阳修、余靖、王素、蔡襄为辅佐圣君的贤良。他借仁宗之口,将范仲淹、富弼比拟为"一夔一契",又称赞欧阳修等人"立朝谳谳""刚守粹悫",并直接指斥夏竦,措辞十分激烈,斥责为朝廷"大奸":

皇帝明圣,忠邪辨别。举擢俊良,扫除妖魅。众贤之进,如茅斯拔。大奸之去,如距斯脱。

正是这种无情鞭挞,种下了日后夏竦挟私报复的根苗。夏竦对石介恨之入骨,年年斋请僧道,向神灵诅咒,斋坛上放置一个牌位,上面题写:"夙世冤家石介。"《庆历圣德颂》一脱稿,孙复就对石介说道:"你的灾祸从这首诗就开始了。"范仲淹当时也向韩琦表示过对石介这种做法的不满:"我们的大事将坏在这个怪人手上!"后来,范仲淹做了参知政事,欧阳修等人向宰相晏殊推荐石介出任谏官,范仲淹不同意,说:"石介为人刚正,然而喜欢追求怪异,如果让他做了谏官,一定会强制皇帝去做那些实在办不到的事情。稍微违迕了他的意愿,就会不顾一切地死谏,叩头流血,无所不为。皇帝年岁不小,没有大过错,朝廷政事得体,哪里用得着这种谏官。"欧阳修等人无言以对,只得作罢。

二十三日,上任伊始的淮南转运使吕绍宁,向朝廷进献十万贯"羡余钱"。所谓"羡余钱",名义上是地方官吏将赋税盈余部分进贡给皇帝,实际情况并非如此。地方官吏为了博取皇帝欢心,往往使用加重赋税,倒卖物品等非法手段聚敛钱财,一部分中饱私囊,另一部分以"羡余"的名义向皇室进贡,邀功请赏。欧阳修闻讯后,当即上奏《论乞不受吕绍宁进羡余钱札子》,质问说:宋夏开战以来,天下困乏,民生凋敝,南方府库哪来的剩钱?吕绍宁刚到淮南上任,究竟用什么办法,从什么地方弄来这么多钱进贡?为了防止贪官污吏刻剥百姓,欺罔朝廷,欧阳修建议仁宗拒绝接受这笔"羡余钱",并派人查明钱财来由,予以严肃处置。

五月三日,在欧阳修、王素奏请下,朝廷罢免凌景阳馆职,取消魏廷坚、夏有章召试学士院的资格。当初,这三个人分别由晏殊、吕夷简、夏竦荐举,其中凌景阳已经召试合格,另外两人也已下令召试,欧阳修、王素同时上书谏阻。欧阳修《论凌景阳三人不宜与馆职奏状》指出:

国家自祖宗以来,崇建馆阁,本以优待贤材,至于侍从之臣、宰辅之器,皆从此出,其选非轻。如凌景阳者,粗亲文学,本实凡庸。近又闻与在京酒店户孙氏结婚,推此一节,其他可知,物论喧然,共以为丑。此岂足以当国家优待贤材之选?又闻夏有章、魏廷坚等亦皆得旨,将试馆职。此二人者,皆有赃污,著在刑书,此尤不可玷辱朝化。

开国以来,三馆、秘阁专门用于优待天下贤才。皇帝侍从大臣,朝廷宰辅之器,大都出自馆阁。因此,馆职选人,非同小可。凌景阳才能平庸,夏有章、魏廷坚都曾因为贪赃枉法受过刑罚,这种人进用馆阁,不利于改革"士无廉耻之节,官多冒滥之称"的世风和士气。结果,仁宗批准了欧阳修的奏请,凌景阳改知外郡,夏、魏罢试学士院。

六月初,京师街头巷尾沸沸扬扬,广泛流传一首无名诗。有人暗中编派谣诼,诋毁中伤三司使王尧臣。王尧臣,字伯庸,应天虞城(今属河南)人。天圣五年(1027)进士第一。宋夏开战以来,一直在西部边郡任职。今年四月二十二日回京出任三司使，主持朝廷财政。战后的宋王朝，"三司蠹弊已深，四方匮乏已极"。为了匡救时弊，王尧臣不避嫌怨，不徇私情，勇于以身当事。在不到一个月的时间里，罢免了副使、判官以下不能胜任职责的官吏十五人，重新制定财政纲目，使三司工作焕然一新。但是，这却引起了小人们忌恨不满，于是制作无名诗，蛊惑人心。欧阳修《论禁止无名子伤毁近臣状》请求仁宗特降诏书，禁止臣僚妄造阴私语言。凡有转相传播的一律追究来源，严加惩处，以保全好人。仁宗批准了欧阳修的奏章，张榜悬赏，追查无名诗由来，流言飞语顿时销声匿迹。

七月十二日，枢密副使范仲淹改任参知政事，富弼继范仲淹任枢密副使。范、富一再推辞不肯就职。直到八月十三日，两人方才受命。范仲淹说："执政的地位难道可以由谏官的话而获得吗？"这里所说的谏官，指的是欧阳修等人。欧阳修《论王举正、范仲淹等札子》，指摘参知政事王举正柔懦无能，缄默不晓事，应该罢职让贤，并且指出枢密副使范仲淹具有宰辅之才。枢密只掌兵戎、中书总理朝政，才是天下根本，建议仁宗调范仲淹到中书省，顶替王举正，使他参与大政决策。余靖、蔡襄也有同类奏章。因此才有了王举正罢知外郡和范仲淹入侍中书。

二十日，西夏大臣如定聿舍、张延寿来到汴京，与宋廷协商议和条件，引起了朝臣之间一场激烈争论。欧阳修来京就任谏官时，正好遇上宋廷与西夏初议和好。在契丹使者的撮合下，西夏派遣使者贺从勖来宋廷上书通和。四月六日，宋朝派遣邵良佐出使西夏。邵良佐回朝时，西夏大臣如定聿舍、张延寿随同出使宋廷。他们代表西夏向宋廷提出大大小小十一项无理要求，如增加"岁赐"银绢茶、割让土地、西夏对宋不称臣、自立年号等。欧阳修认为西夏根本没有和谈诚意，他上奏《论乞廷议元昊通和事状》，请求仁宗召集文武百官慎重讨论，要深思远虑，不要落入敌人奸谋。《论西贼议和利害状》，更是旗帜鲜明，明确表态反对屈志辱国和急于求和。欧阳修指出，目前急于求和的人有五种：不忠于皇帝的人，无见识的人，奸邪小人，疲兵懦将和陕西的老百姓。其中前四种人的话都不值得听用，唯有陕西老百姓久战困乏,盼望媾和,值得朝廷注意,要适当采取宽抚措施,安定边境民心,但不可因此而屈志求和。

西夏使臣如定聿舍抵达汴京前夕,朝廷有关官员准备隆重接待。欧阳修认为过分礼遇,只会助长西夏使臣的傲慢无礼,损害宋廷国威。他上书请求朝廷对西夏使臣不赐御筵,不派官吏陪伴,将使者安置在驿馆,不急于理会。用这种故意冷落的方法,挫败对方的傲气,显示我朝廷并非软弱可欺,这才有利于和谈进行。

欧阳修特别感到义愤的是,西夏使臣在上呈仁宗的文书中,要求将元昊的名号"兀卒"改译成"吾祖"。"兀卒",是党项语的音译,意思是"青天子"。欧阳修《论元昊不可称吾祖札子》指出:西夏撰译这种名号,是不可容忍的侮慢言辞。普通老百姓都不肯随便称呼别人为父翁,如果朝廷答应元昊的要求,那么今后诏书都得这么书写,要堂堂宋廷称西夏为父翁,不仅有损大国尊严,而且简直是对我国格和人格的莫大侮辱。

由于韩琦、欧阳修、余靖、蔡襄等人纷纷上书反对急于求和,宋夏这次和谈没有达成协议。八月下旬,如定聿舍回国报命,宋廷决定派大理寺丞张子奭等人出使西夏。欧阳修上书提出不同看法,他认为和议没有成功,双方各执一词,互争名分,我方只需加强边防,严阵以待,不可屈节出使,自亏事体。然而,仁宗没有准奏,张子奭一行还是出发了。

张子奭在西夏滞留数月,十一月底才回到宋廷,虽然带回了元昊愿意称臣、接受宋廷册封的消息,但是附加了三项令人难以接受的苛刻条件:宋廷每年输送西夏银、绢、茶二十万;开放宋夏贸易,沿边贸易可以直达京师开封;宋廷放弃对夏盐禁。欧阳修坚决反对这种丧权辱国的议和条件。他在《论西贼议和请以五问诘大臣状》中指出:"凡此三事,皆难允许。"并沉痛地感叹:一个国家就怕统治者没有远见,"苟一时之暂安,召无涯之后患"。这种自己削弱自己,屈志买和,助成敌人奸谋,就是《左传》当中所讲的"痛心疾首",贾谊当年"太息恸哭"的事情啊!

宋与西夏旷日持久的和谈交涉,经过反复讨价还价,终于在第二年十月达成协议。当时，契丹已对西夏宣战，西夏陷入内外交困的窘境，元昊急于结束宋夏战争，却又在和谈中捞到许多实惠。名义上西夏对宋称臣，接受宋仁宗的册封"夏国王"，却每年接受由宋廷"赐"银、绢、茶二十五万，赢得了差不多等同契丹在"澶渊之盟"当中捞取的胜利成果。

欧阳修远见卓识，早已洞察到这种草率议和的弊端和后果。他大声疾呼，虽然没能阻拦住朝廷急于求和的进程，但是，随着时局发展，人们逐渐认识到欧阳修当初力排众议，反对屈志急和的重要意义。次年二月七日，欧阳修《论乞与元昊约不攻唃厮啰札子》说道：

> 臣自去年春，始蒙圣恩擢在谏列，便值朝廷与西贼初议和好。臣当时首建不可通和之议，前后具奏状、札子十余次论列，皆言不和则害少，和则害多，利害甚详，恳切亦至。然天下之士，无一人助臣言；朝廷之臣，无一人采臣说。今和议垂就，祸胎已成，而韩琦自西来，方言和有不便之状；余靖自北至，始知虏利急和之谋。见事何迟，虽悔无及。当臣建议之际，众人方欲急和，以臣一人，诚难力夺众议。今韩琦、余靖亲见二虏事宜，中外之人，亦渐知通和为患，臣之前说，稍似可采。

欧阳修政治上的见微知著、远见卓识，由这封奏札中可见一斑。

九月三日，天高气爽，仁宗开天章阁，召见宰执大臣，询问天下兴废因革大事。天子赐座，给纸笔，要他们就朝政改革直抒己见。上月中旬，范仲淹、韩琦受命二府不久，欧阳修就曾上奏《论韩琦、范仲淹乞赐召对札子》，指出韩、范二人才识非凡，又久在边塞，谙晓军事，请求仁宗抽空出御便殿，召见二人，从容咨询，共商朝政大事。天章阁召对正是欧阳修奏疏促成的。

上月，韩琦受命宣抚陕西，离开了京师。这次天章阁赐座召对，只有范仲淹、富弼等人。天章阁，是真宗皇帝在位时建造的，收藏着真宗御制文集和手书，还供奉着太祖、太宗画像。仁宗在这里几次召见范、富，询问朝政利弊得失。范仲淹深深感受到皇帝对自己的信任和期待，经过深思熟虑以后，撰写了有名的《答手诏条陈十事》。他引述《易经》当中的变通理论"穷则变,变则通,通则久",提出十大改革措施。其中包括"明黜陟",严格官吏升降制度;"抑侥幸",限制官僚子弟恩荫滥进;"精贡举",完善科举考试制度;"择官长",加强对地方官吏的选拔;"均公田",调整官吏职田不均现象;"厚农桑",重视农业生产发展;"修武备",招募京畿卫兵,加强军事防卫;"减徭役",减轻农户徭役负担;"覃恩信",兑现朝廷宣布过的赋税赦免;"重命令"慎重制定法令条文等。而在此前后,富弼也上当世之务十余条及《安边十三策》,内容大体以进贤退不肖、止侥幸、除积弊为本。韩琦则先上《论备御七事奏》,认为当务之急为清政本、念边计、擢材贤、备河北、固河东、收民心、营洛邑等,继而又陈救弊八事,即选将帅、明按察、丰财利、遏侥幸、进能吏、退不才、谨入官、去冗食等。这些都是对范仲淹十大新政主张的补充与完善。

庆历新政的核心内容是整顿吏治,选贤任能,就制度层面而言,就是要限制和修正朝廷恩养士大夫的祖制,如裁汰不称职的官员,官吏的削薪减俸,限制恩荫指标,裁减科考录取的名额等,改革将要触动的是整个"士大夫"官僚层,是北宋统治的社会基础,其阻力之大,可想而知。然而,此时的仁宗慷慨激昂,励精图治,迫切希望解除内忧外患,实现长治久安,专意信任范仲淹等改革派大臣,这些建议除了个别的,如韩琦"修武备"一项,辅臣以为不妥当而没有采纳,其余的奏议,自庆历三年十月开始,陆续以诏令形式统一颁行全国,付诸实施。北宋历史上著名的"庆历新政",由此正式拉开帷幕!

四日,仁宗赐欧阳修五品官的服饰。宋初的品官章服,袭用唐制。五品京官穿戴浅绯色朝服,金带十铸,两梁冠,银制鱼形佩饰,象牙笏。对正七品的谏官,赏赐五品官服,这是提高谏官地位,使他们免受百官非议。在一般情况下,皇帝赏赐章服,都出自臣僚们自请。这次却是出于仁宗本意。仁宗对同时接受赏赐的欧阳修、王素、余靖等人说道:"你们是我亲自选择的,屡次论事,无所回避,所以才有这种赏赐。"为了革弊鼎新,仁宗听从知制诰田况的奏议,大力提高谏官地位,鼓励百官言事。上月以来,谏官每天都赴内朝,旁听宰相奏事,如果朝廷决策有缺陷过失,可以当场指正。谏官的地位,提升到了宋朝开国以来前所未有的高度。

这些日子,欧阳修还受命参加多项文化建设。上月三日,他参与编纂景祐二年(1035)以来的诏旨,担任详定官,后来成书为《庆历编敕》;本月五日,受命与天章阁侍讲、史馆检讨王洙共同详定本朝勋臣名次;二十三日,受命与王洙、余靖、孙甫,共同编修《三朝典故》。此书又名《三朝圣政录》《祖宗故事》。它将太祖、太宗、真宗朝的典章制度,分成九十六门类,编纂成册;次月十四日,欧阳修被提拔为同修起居注,参与编撰《仁宗起居注》,记载仁宗言行和朝廷大事。

前宰相吕夷简久病风瘫,在九月四日以太尉名义致仕。吕夷简先后在朝担任宰相二十四年,享尽人间富贵荣华,却使朝廷纪纲隳坏,忠奸贤愚颠倒,导致外敌入侵,百姓困苦。欧阳修《论吕夷简札子》,提醒朝廷在吕夷简引退的时候,不要对他的子弟滥施恩典。他又奏《论吕夷简仆人受官札子》,反对起用吕夷简仆人袁宗等二人为奉职,指出去年十月,仁宗批准臣僚建议,今后不得奏荐大臣家仆为官。吕夷简身为大臣,却私宠奴仆,带头破坏朝典,请求仁宗追回敕命,严肃朝纲法规。听说吕夷简致仕以后暗中常有文书奏入宫廷,欧阳修上疏请求仁宗予以制止。《论止绝吕夷简暗入文字札子》指出:吕夷简罢相以后,朝廷起用贤人,时政焕然一新,岂可容许政敌暗入文字,眩惑视听。他奉劝仁宗"任贤勿贰,去邪勿疑",不可信从守旧派的邪说,动摇革新朝政的决心。

十二日,开封知府李淑晋升为翰林学士。李淑,字献臣,徐州丰县(今属江苏)人,是本朝大臣李若谷之子,博学多才,为人却阴险奸诈。欧阳修早年曾登门问学,后来又多次投书咨询,结交日久,相知甚深。欧阳修在延和殿奏事时,当面谏阻,请求罢免。退朝以后,又连上两疏。《论李淑奸邪札子》称李淑为人阴险奸邪,多年来朋附吕夷简,在开封任上过失极多。翰林学士是宫中亲近职务,像李淑这种奸邪小人,一旦进入侍从行列,一定会残害忠良,沮坏政事,殃及天下老百姓。仁宗一度想将李淑出知寿州,中书省却要等待李淑自己上书改官,方敢差遣,所以终于有了晋升任命。同月二十八日,权知开封府吴育劾奏前任知府李淑的罪过,仁宗才罢黜李淑的翰林学士,让他出知郑州(今属河南)。

十月三日,朝廷自河东调李昭亮出任真定府、定州路都部署。李昭亮是宋太宗李皇后的侄儿,宋初名将李继隆的儿子。欧阳修上疏反对。他的《论李昭亮不可将兵札子》,指斥李昭亮治军无才,不能担当将帅,不可委以兵权。并指出天下如此广大,不是没有人才,而是朝廷无法获得人才。朝廷做事,常患因循守旧。用人弊端,在于论资排辈,不敢越级提拔,总觉得无人可用,不得已而用其次。为此,欧阳修重申练兵选将的主张。

前些日子,欧阳修上奏《论军中选将札子》,提出练兵选将的具体办法:先在军营挑选年轻士兵,不拘军阶等级,按军事技能每百人编成一队,经过教习和较量,百里挑一,选出技艺最精、胆量最大的,提拔为队将。这个人的技艺和勇气,是可以使百人信服的。然后用同样的办法,组织十员队将,进行教习和较量,十里挑一,选为禅将。这个人的技艺和勇气,足以信服千人。最后,集训十员禅将,从中选出一名有见识、懂谋略、善变通的,用为大将。这个人的技艺和勇气,是万里挑一的,又粗知变通,只要配备智谋之士做辅佐,就可以统领千军万马。至于那些技艺、勇气不够,而才识谋略出类拔萃的将才,可以用另外的办法选求。遗憾的是,欧阳修虽然屡次进言,倡议军中选将,却一直没有能够付诸实施。

十日,欧阳修见范仲淹、富弼召对天章阁,条陈十事以后,时已愈月,仍然不见朝廷动静,他有点焦急,上奏《论乞主张范仲淹、富弼等行事札子》,敦促仁宗信任范、富,迅速推行新政措施。他指出范仲淹等人要匡救百年积弊,必然招致怨怒,难免浮议纷纭,皇帝应该力拒谗言,锐志革新。改革朝政,是民心所向,众望所归,天下老百姓都在翘首以待。他说:

近日特开天章,从容访问,亲写手诏,督责叮咛。……天下之人,延首拭目,以看陛下欲作何事,此二人(范仲淹、富弼)所报陛下果有何能,是陛下得失,在此一举;生民休戚,系此一时。以此而言,则仲淹等不可不尽心展效,陛下不宜不力主而行。

在欧阳修催促下,三四天后,范仲淹十大改革主张中的"择官长"首先得到实施。张昷之、王素、沈邈分别被任命为河北、淮南、京东转运按察使。这些精明能干的官员分派各地考察,秉公持正,不徇私情,罢黜了一批贪赃枉法、老朽无能的官吏,引起了朝野震动。

十四日,欧阳修升为"同修起居注",专门负责记录皇帝言行。我国早在西周时期,朝廷就已设立左、右史官,就有"左史记言,右史记行"的说法。在北宋前期,门下省设起居郎,称"左史",中书省设起居舍人,称"右史",此"二起居"仅用以寄禄,不典实职,另外委派领事官员,称"修起居注",简称"修注官"。为了不影响史官们秉笔直书,避免当事人的介入而导致记录失实,我国传统的做法是,历代帝王都不阅读当代国史。欧阳修出任"修起居注",发现本朝的做法有违古制,每当撰述完成,一定要誊录副本进呈御览,以至于史官心存疑虑,即使想记载也不敢下笔。于是欧阳修上奏仁宗,主张从今以后"起居注"不需进本。又提议记注官在朝堂的位置,由原先的站在皇帝座位之后,改为站在皇帝座位之前,以便观察皇帝的说话神态而准确记事。仁宗同意了欧阳修的建议。

三十日,欧阳修上书援救滕宗谅等边将。滕宗谅,字子京,河南(今河南洛阳)人。西夏攻宋时期,调知泾州(今甘肃泾川),因为部署防务有方,受到范仲淹重用,徙知边防重镇庆州(今甘肃庆阳)。上月下旬,陕西经略安抚招讨使郑戬揭发他在泾州任上滥用公使钱,监察御史梁坚接着对他弹劾,朝廷委派太常博士燕度前往调查处理。燕度在调查审讯当中,株连牵累,严刑拷打,监狱人满为患,除了庆州知州滕宗谅以外,受审查的还有渭州知州张亢、延州西路都巡检使葛宗古,以及泾原路经略招讨副使、原州知州狄青和环州知州种世衡等人。这些都是当时有名的边将。一时间,戍边将领人人自危,边境军民人心骚动。

所谓公使钱,是当时特有的一种官费,各路州军都有配给,用作官场宴请、馈赠官员赴任、罢官及入京往来费用,数目随官品高低,家属多寡而定。边境州郡也可以使用这些钱经营贸易,获取利润,用来补充军费。滕宗谅当年利用公使钱做买卖,已经如数还本,并没有欺诈隐瞒行为。他的最大过错,就是在馈劳羌族首领时,一次花费三千贯,超过了规定标准。张亢用公使钱做买卖,所得利息用于购买军马,也没有什么大过错。

在处理滕宗谅案情上,枢密使杜衍和参知政事范仲淹意见不一。杜衍主张重法严惩,范仲淹则主张宽大处理。欧阳修开始时听信台谏官劾奏,上《论葛宗古等不当减法札子》,主张严加惩处,以儆效尤。后来,了解到详情,他改变了态度,连上两道奏章:《论燕度勘滕宗谅事张皇太过札子》和《再论燕度鞫狱枝蔓札子》,反对燕度的牵累勾连,请求仁宗告谕边臣,防止扩大化。建议今后的公使钱,只要不入私人腰包,允许守边将官便宜从事,以利于边将放心大胆工作,为国效命。欧阳修还特别奏呈《论乞不勘狄青侵公用钱札子》,指出宋夏用兵以来,五六年间,难得的边将,只有狄青和种世衡两个。对这种忠勇材武的杰出将才,千万不可牵连治罪。本案的结果是,滕宗谅先是徙知凤翔府(今陕西凤翔),接着降知虢州(今河南灵宝),又徙守岳州(今湖南岳阳),最后五十多岁逝于苏州任所。张亢也一度徙官剥职,但不久官复原职。狄青、种世衡等边将则赖以保全,安然无恙。

十月底,在范仲淹提议下,仁宗命令中书省、枢密院修订磨勘法。所谓“磨勘”,是宋代官吏考核迁转制度。官吏任期内劳绩过失的考核,往往流于形式,有名无实,而结果是,文官三年一升,武将五年一迁。这种依年资进官的办法,使得那些得过且过、尸位素餐的人照例升官进秩,而兴利除弊的人,往往被看成“生事”,稍有差错,便被挤陷,反倒得不到正常晋升。新定磨勘法,对旧制度中只重年资,不问功过的弊端有所限制或纠正。

十一月初,欧阳修连上两道《论台官不当限资考札子》,请求改革御史台补员办法。按照当时惯例,御史台缺编,由两制和御史中丞轮流推荐。因为两制当中难免混杂奸邪小人，欧阳修主张"举官当先择举主"，推荐台官，应当首先选择好推荐人，要重新厘定举官法，凡是推荐任用不称职的，要连同推荐人一并治罪。此外，按惯例推荐台官，必须三丞以上成资通判，取人的路子太窄，推荐难免滥竽充数。欧阳修建议不限资考，唯才是举，凡京官以上，不问差遣次第，都可举荐，资历浅的做"里行"，资历深的进"三院"（台院、殿院、察院）。他希望通过改革荐人制度，振兴御台纲纪。

十九日，在欧阳修奏请下，朝廷颁布条例，限制权贵子弟滥入馆阁。对于馆阁选人，欧阳修素来十分关注。宋代的昭文馆、史馆、集贤院"三馆"和秘阁，是朝廷掌管图书、编纂国史的官署，又是朝廷储备官吏的场所。三馆当中有直馆、直院、修撰、检讨、校勘等官，秘阁有直阁、校理等官，连同集贤殿修撰、直龙图阁等官职，通称馆职，亦称三馆学士。这是文臣清贵职位，素为世人看重。然而，到了仁宗朝，馆职冗滥，积弊已深。凡是外任调回京城的转运使、知州等，统统依例补入馆阁，还有大量权贵子弟依靠恩荫，滥居馆职。欧阳修在诏令颁布后，上奏《论举馆阁之职札子》，补充建议严格馆职推荐制度，馆阁缺员，朝廷应当首先认真选择推荐人，并要规定馆阁编制，防止超员。膏粱子弟不得依靠恩荫进入馆阁，已经担任馆职的，文才不称职的，不得凭借年资升迁，一定要保持侍从清班的纯洁性。

二十三日，朝廷对荫补法作了修改。荫补，又称"任子""世赏"，指官员子孙以恩荫得官。这种制度自古已有，北宋时发展到了巅峰。台省官六品以上，其他官五品以上，每逢三年一次的南郊大礼，都有一次荫补的机会，依官员品阶高低，其子孙、本宗亲戚或异姓亲属、门客都可以补官，少的荫补子或孙一人，多的可荫补六人。此外，有圣节荫补，每年逢皇帝诞辰时举行，臣僚告老退休时，有"致仕荫补"；逝世上奏遗表时，有"遗表荫补"。它是世人除科举以外的重要入仕途径，也是北宋中期"官冗"渊源之一。新的荫补法，限制了任子之恩，抑制了膏粱子弟的侥幸入仕。

十二月六日，仁宗下令欧阳修参加知制诰选拔考试，欧阳修两次上表辞让。八日，仁宗下旨不召试，直接授欧阳修右正言知制诰，仍然担任谏职。知制诰负责起草皇帝诏令，相当于皇帝的机要秘书，有权参与国家的重大决策，历届宰相不少都是从这一职位上擢升的。按照旧例，授知制诰官职的人，必须经由中书省召试。考试时，写作制诰三篇，其中两篇二百字，一篇百字。不经召试，直接授知制诰的，在欧阳修以前，只有周翰、薛映、梁鼎、杨亿、陈尧佐等少数几个人。

本月，澧州（今湖南澧县）知州冯载向朝廷进献柿木，说柿木上面天然长成"太平之道"四个字。在封建社会里，受"天人感应"学说影响，帝王往往迷信"奇祥异瑞"。官吏常常弄虚作假，进献所谓象征天下太平的"祥瑞"。欧阳修上奏《论澧州瑞木乞不宣示外廷札子》，指出如今朝廷内忧外患，天下一片混乱，根本看不到什么太平景象。他又列举今年以来种种不祥的天象，说明柿木"太平之道"的成文不足为信。即使是天然生成的，也不是"祥瑞"，而是误国坏事的"妖木"。为了制止地方官吏竞相仿造怪异荒诞的芝草瑞木，欧阳修请求仁宗不要将澧州进献的瑞木给臣僚们传观，并请下令各州军，从今以后，所有的奇禽异兽怪木，一律不准进献。朝廷因此颁布了"诸祥瑞不许进献"的有关诏令。

庆历四年（1044）正月十二日，荆王赵元俨病故，享年六十。赵元俨是宋太宗第八子，真宗的五弟，为人严正刚毅，喜爱藏书，擅长文章，工于书法，名闻朝廷内外。仁宗对这位五叔素来极其尊重。这时，宋夏战争尚未最后结束，朝廷财政困难，有人提议将荆王的灵柩暂厝，等待来年丰熟再行厚葬。欧阳修《论葬荆王札子》提出异议，认为"俭葬，古人之美节；侈葬，古人之恶名"，请求荆王丧事从简，及时减费薄葬。他认为留待丰年侈葬，不仅败坏皇帝名声，而且贻笑周围邻国，耻笑中国死了皇叔却无钱下葬。范仲淹等人也有同样奏请。结果，仁宗下旨在四月十二日减费安葬荆王。

二月二日，中书差遣张子奭权知汝州（今河南临汝），奖赏他出使西夏的功劳。几年来，朝廷对张子奭频繁恩赏，朝野物议沸腾，欧阳修上《论张子奭恩赏太频札子》，指出张子奭由选人改京官，不到两年，改秘书丞，说是"赏劳"，赐章服，不久又转官，本应得太常博士，却越级提拔为员外郎，又说"赏劳"；后来行祠部为名曹，本该做知县，却做签判，一任未满，本还有一任知县，又越级提拔为通判，都说"赏劳"。这次汝州知州暂缺，本应由副职代理，或由地方转运使委派，朝廷乘机提拔张子奭，又说是"赏劳"。就算张氏出使西夏，劳苦功高，享受了如此频繁的"赏劳"，难怪世人指斥他是侥幸之人。欧阳修请求撤销有关任命。

九日，朝廷处罚了残暴酷虐、激起士兵哗变的光化知军韩纲，将他除名，编管英州（今广东英德）。欧阳修乘机上书，弹劾京西转运使兼按察使陈洎、张昪。《论京西官吏非人乞黜按察使陈洎等札子》指出：去年五月朝廷诏书强调，各路按察使因循苟且，不称按察职责，当从重处罚。陈洎、张昪自从兼任按察使以来，半年内没有按察一人。境内知州王茂先、县令李正己支持张海农民起义军，他公然包庇；光化军韩纲在任残暴，激起兵变，也没有早行觉察。欧阳修请示黜降陈、张，以儆效尤。不久，陈洎自河东转运使降知怀州（今河南泌阳），张昪改知邓州（今河南邓县）。

三月十二日，欧阳修起草上奏《详定贡举条状》，揭开了"庆历新政"关于科举改革的帷幕。前些日子，仁宗下令宋祁、王拱辰、张方平、欧阳修、梅挚、曾公亮、王洙、孙甫、刘湜等九人讨论科举改革方案，实施范仲淹所陈十事当中的"精贡举"主张。

宋初以来的科举制度，基本沿袭隋唐旧制。虽然在方法上稍有更改，但在内容上基本没有变化。进士科考试以诗赋为主，而且试诗有定式，要求很严格，规定五言六韵，文辞华而不实。欧阳修对这种方法一直不很满意。他认为要真正选拔有用人才，就得改革考试内容。他的《论更改贡举事件札子》指出：当今科举制度的过失，在于重视诗赋，而轻视策论。这就使得读书人不求精通儒家经术和义理，只要背诵诗赋，抄录《六贴》《初学记》之类,剽窃前人的骈词俪句,就可以应试取胜。有的年轻人才疏学浅,依靠死记硬背,往往侥幸考中,就因为考试内容方面有弊病。针对这种弊端,由欧阳修执笔,九人合奏的《详定贡举条状》,提出了相应的救弊措施:

今先策论,则文辞者留心于治乱矣;简其程式,则闳博者得以驰骋矣;问以大义,则执经者不专于记诵矣。故为先策论过落、简诗赋考式、问诸科大义之法,此数者其大要也。其诗赋之未能自肆者,杂用今体,经术之未能丞通者,尚依旧科,则中常之人皆可勉及矣,此所谓尽人之材者也。

次日,朝廷颁布了由欧阳修起草的《颁贡举条制敕》,并颁行政令,规定进士考试分三场:首先考试"策",接着考试"论",最后考试"诗赋",通过逐场淘汰,保障取仕质量。

欧阳修认为,人才的建设,仅仅改革科举考试方法远远不够,还必须复古劝学。他在《详定贡举条状》和同年冬天为故乡吉州州学撰写的《吉州学记》当中,阐述了"学制合保荐送之法"。主张让读书人在本乡本土就学,由州县地方官员考察他的道德品行,选择品学兼优的人推荐应试,这样,读书人就会注重道德品质,整饬行为举止。一方面改革科举,以尽学者之材;另一方面复古兴学,以尊士子之行。两者同时并举,促进人才建设和士风转变。后来的实践证明,欧阳修的建议行之有效。

今春江淮大旱,有的地方井泉枯竭,牛畜瘟死,鸡犬不留,农民叫苦连天,朝廷却没有救济的动静。欧阳修上奏《论救赈江淮饥民札子》,声称"下民疾苦,臣职当言"。江淮自去年秋天以来,连续干旱,春种无望。近年来,朝廷在江南重敛诛求,转运使多方盘剥,贡献"羡余",致使江淮百姓痛苦不堪。倘若不加赈济,饥民揭竿而起,后果比王伦、张海造反还要严重。欧阳修请求朝廷积极筹划,救济江淮贫民,避免无穷后患。

春末夏初,仁宗目睹庆历新政措施颁布半年有余,效果不佳,有的压着没有施行,有的推行并不彻底,有的执行而没有明显成效。他急于求治,出示手诏,条列六事,赐给中书和枢密大臣。欧阳修《论内出手诏六条札子》,指出天下纪纲隳坏,出于上下因循苟且。劝说仁宗不要屡次发出手诏,其结果大臣们互相推诿,终究不能解决问题。不如抽空召开两府大臣会议,提出几个切实问题,例如:如何对付西夏、契丹的侵边掠地? 陕西、河东、河北三路防御措施,哪一种易行而速效? 百姓困乏,国用不足,应该怎么解决? 诸如此类,让大臣们各抒己见。集思广益以后,斟酌定夺,并且委托专人,责成其事。

这些日子,朝廷内外,关于"朋党"的议论甚嚣尘上。开春以来,改革志士云集京师,欧阳修、余靖、王素、蔡襄进用谏院,杜衍、富弼、韩琦、范仲淹受命入主两府。虽然韩、范等人一再上书辞让,仁宗却亲自敦促他们上任。这一切,引起吕夷简、夏竦等守旧派的强烈不满。自从景祐三年(1036),范仲淹、欧阳修等人因为议论朝政贬官以来,"朋党"的说法一直喧闹不息。按照封建传统观念,"君子群而不党",小人结党营私,而且,臣僚们朋比为奸,历来是最高统治者的大讳,是对国君、皇权的严重威胁。"朋党"之说,从来就是守旧派攻击、压制和排斥改革派的惯用口实。

为了回击守旧派的攻势,解除仁宗心头的疑虑和隐忧,稳住他的改革决心,欧阳修撰写了《朋党论》,指出"朋党"是"自然之理",自古以来就存在着,只有"君子之朋"和"小人之朋"的区别:"君子与君子以同道为朋,小人与小人以同利为朋。"进而,他又深刻地指出:"小人无朋,唯君子则有之。"因为小人贪图的是利禄财货,为着求利暂相勾结,见利时你争我夺,利尽后交情疏远,因此,小人之朋是虚假的;君子之朋建立在志同道合的基础上,始终如一。欧阳修提醒仁宗:要想得行天下大治,就要"退小人之伪朋,用君子之真朋",他还列举历史事实论证自己的观点。

仁宗读了这篇文章,思想有所触动。有一次,他与执政大臣谈到朋党时,问道:"自古以来,小人多结朋党,君子也有朋党吗?"范仲淹回答说:"我在西部前线时,看到作战勇敢的战士自成一伙,胆小怕死的也自成一伙,朝廷里的忠正、邪恶势力也会是这样,希望圣上明察。如果结成朋党干好事,对国家有什么坏处呢?"仁宗在一定程度上接受了欧阳修的观点,这为他大胆进用改革志士,推行庆历新政奠定了基础。

《朋党论》上奏,引起了夏竦等守旧派的刻骨仇恨。他们罗织罪名,指使宦官蓝元震上书,诬告范仲淹、欧阳修等人拉帮结派,危害朝廷。劾奏状写道:

范仲淹、欧阳修、尹洙、余靖,前日蔡襄谓之"四贤"。斥去未几,复还京师。"四贤"得时,遂引蔡襄以为同列。以国家爵禄为私惠,胶固朋党,苟以报谢当时歌咏之德。今一人私党,上作十数,合五六人,门下党与己无虑五六十人。使此五六十人递相提挈,不过三二年,布满要路,则误朝迷国,谁敢有言?挟恨报仇,何施不可?九重至深,万机至重,何由察知?

守旧派抓住蔡襄赋诗赞颂"四贤","四贤"推举荐用蔡襄的事实,攻击改革派植党营私,后患无穷。然而,它没有动摇仁宗的改革决心,没有影响仁宗对改革派的信任和支持。

四月,欧阳修连上两疏,论水洛筑城事宜,请求保全边将刘沪。自从范仲淹、韩琦入调二府以后,陕西四路都部署由郑戬担任。郑戬在去年十月奏请朝廷,赞同静边寨主刘沪修筑水洛城的计划,获得仁宗同意。水洛城(今甘肃庄浪)在秦州(今甘肃天水)和渭州(今甘肃平凉)之间,方圆数百里田地肥沃,物产富饶,是少数民族的聚居地。在这里筑城屯兵,有利于沟通秦州、渭州救援兵。韩琦宣抚陕西的时候,水洛城已动工修建。十二月回朝后,韩琦认为修水洛城利少弊多,工程量大,边地军民差役劳苦,筑城后驻军不下五千人,耗资巨大,请求罢修,也获得仁宗同意。知秦州文彦博、知谓州兼泾原路经略使尹洙,泾原路副都部署狄青都不赞成再筑新城,认为宋军过去屡次被西夏打败,就在于城寨太多,兵力分散。但是,郑戬坚持己见,并派遣部将董士廉领兵前往协助筑城。今年二月,郑戬罢去陕西四路都部署,改知永兴军(今陕西西安),仍然上书支持刘沪、董士廉筑城。尹洙命令刘沪停工,刘沪拒不听从,反而在地方少数民族支持下加紧施工。尹洙派遣张忠前往接替刘沪,刘沪也不接受,反而骂尹洙是"乳臭未干",狄青是"一介武夫"。尹洙盛怒之下,命令狄青将刘沪和董士廉逮捕,关押在顺德军监狱,准备以违抗军令罪问斩,土著少数族民支持刘沪,骚扰地方,边境秩序出现混乱。

在欧阳修看来,水洛筑城并不是不好,而是筑城太困难,既然工程已经过半,就应该责其成功。刘沪是边塞有名将领,狄青更是难得的将才,边将不和,是用兵的大患,朝廷需要保全双方,既不损伤狄青的威信,又要保障刘沪筑城成功。为此,他建议在万不得已的情况下,调动尹洙。次月,朝廷采纳了欧阳修、孙甫、鱼周询、程戡等人的建议,释放刘沪和董士廉,命令继续修筑水洛城。三个月后,修城完工,刘、董二人因违抗帅命,各有降黜。尹洙被调离渭州,改知庆州(今甘肃庆阳),次月移知晋州(今山西临汾)。狄青暂时徙为权并、代部署,两三个月后,恢复泾原路都部署职务。

九　奉使河东与河北

庆历四年(1044)四月八日,仁宗在朝廷上询问宰相大臣:"有人一再上书,请求废除麟州建置,说是粮草运送困难,你们的看法如何?"宰相章得象说:"西夏兵抢掠了麟州周围的居民,州城四面空空如也,一路上粮草运输确实困难,不如将麟州城堡改作兵寨,把麟州州治迁移到府州附近,减轻边境老百姓的徭役负担。"与此同时,知并州(今山西太原)杨偕提议将麟州(今陕西神木北)州治迁徙到岚州(今山西岚县)的合河津,就是岢岚水与黄河汇合的地方,放弃麟州而退守黄河。还有人提议废除麟州与府州(今陕西府谷)之间的五个兵寨,即镇川寨、建宁寨、中堠寨、百胜寨、清塞堡等军事要塞。为了便于最后决策,仁宗决定派遣欧阳修赴河东路巡视考察,调查麟州移徙废存的利弊,并与河东路转运使张奎一块统筹西部前线粮草,顺便考核河东官吏,了解民间私铸铁钱、官府自炼熟矾的得失利弊。

出巡河东前夕,欧阳修向仁宗上奏《画一起请札子》,请求朝廷办理几件事:第一,向河东路颁发诏令,此次巡视,沿途官吏不准出城迎送,不准宴乐招待;第二,允许沿途采访、召见有关官吏,授权选用临时办事人员;第三,有权查询各州、军的文字档案;第四,敦请中书、枢密两府,搜集夏宋开战以来朝臣关于河东事宜的奏章,凡是没有来得及施行的,提供这次考察作参考。

欧阳修又上书请求征召郭固随行。郭固精明强干,有真才实学。宋夏交兵时,自请报效朝廷,跟随韩琦出使陕西,谙知沿边军机民情。前些日子,刚由试助教改授宁州(今甘肃宁县)军事推官,还没有赴任。欧阳修请求让他随同出使河东,回朝后再赴本任。

途经洛阳的时候,正值春末夏初。百花繁盛,万物欣荣。欧阳修一行驻马休憩。光阴荏苒,洛阳一别,已是整整十载。眼前江山依旧,回首人事全非。欧阳修伫立在当年谢绛题诗的石壁前,缅怀已经作古的友人,不由得临风洒泪。他的《再至西都》诗咏道:

伊川不到十年间,鱼鸟今应怪我还。浪得浮名销壮节,羞将白发见青山。野花向客开如笑,芳草留人意自闲。却到谢公题壁处,向风清泪独潸潸。

阔别十年,旧地重游,想起物故已久的朋友,欧阳修禁不住洒泪慨叹。他又来到城南白莲庄,这是当年钱惟演留守西京时的故居。想当年,庄主喜文爱才,贤人名士云集幕府,常在这里吟诗饮酒。如今主人凋谢,文士飘零,白莲庄野水清寒,晚花寂寥,一派冷落荒凉的景象。欧阳修心中一片凄苦,怅然而赋《过钱文僖公白莲庄》诗:

城南车马地,行客过徘徊。野水寒犹入,余花晚自开。命宾曾授简,开府最多才。今日西州路,何人更独来?

就在这些年里,关于钱惟演的"名节"问题,人言啧啧,攻击得很厉害。欧阳修不为所动,他感怀主人对自己的恩德,在钱氏故居前徘徊流连,抒写自己深沉的哀思。

欧阳修进入河东路,顺次考察绛州、晋州、慈州、隰州(今山西新绛、临汾、吉县、隰县）。老百姓纷纷前来投诉：往年乡村按户配卖的"蚕盐"，都是就近从解池（今山西运城南）领取，最近官府下令，改由三门（今河南三门峡东）盐仓发放。因为路程遥远，又是麦蚕农忙时节，有的老百姓情愿交纳盐钱，放弃官盐，官府竟然不答应，强迫人们前往三门领取。欧阳修上奏《免绛等州人户远请蚕盐牒》，请求朝廷允许老百姓交纳盐款后，放弃远程领取配盐。

在考察潞州（今山西长治）八县时，欧阳修发现屯留、黎城、壶关（今属山西）三县地，土地偏僻，人丁凋零，讼狱官司稀少。由威胜军（今山西沁县）前往辽州（今山西左权），又见榆社、辽山、和顺（今属山西）、平城（今山西和顺西北）四县，也是人户稀少，虚有县名，枉占官吏。因此，欧阳修二上奏疏，建议撤销这些县的建制，分割合并到邻近县地，裁减官员，减轻百姓负担。这些建议，当时没有准奏。然而，有的在后世得到实施。如神宗熙宁七年（1074）废除平城县，明代初年废除辽山县。由此可见欧阳修当年的远见卓识。

五月，正是青黄不接、粮谷踊贵时节。忻州、代州（今山西忻县，代县）去年冬天博籴九万多石粮食，本当今年春天缴纳。数月以来，官府枷棒催逼，至今才缴纳四万余石，还有半数没有收集。所谓博籴，指官府支付钱以外的货物，如绢帛等，籴卖农家粮食。由于官府拖延到五月才将绢帛发放完毕，已是麦熟夏税的时候，民间哪有白米缴纳？欧阳修上奏《倚阁忻代州和籴奏状》，请求朝廷允许老百姓将拖欠的粮食推迟到秋后缴纳，以缓解百姓燃眉之急。

在岢岚军（今山西岢岚）考察时，欧阳修发现岢岚军使米光浚是一位难得的武将。他四十多岁，世居代州，熟悉边事，出身将门，谙知弓马，懂兵法，有胆魄。去年，契丹兵马骚扰边境，米光浚沉着应付，辖境安然无恙。前不久，米光浚捕获禁军三个逃兵，就地斩首。按照当时的刑法，逃兵只能重杖打死，不能处斩。而且朝廷有规定，春夏季节不得施以斩刑。河东路转运司正在追究米光浚的责任。欧阳修上奏《米光浚斩决逃罪乞免勘状》，请求朝廷特降圣旨,免于处罚。当时,朝廷已经下令,由李伟替代米光浚职务,而本地军民上书请求旧官留任,欧阳修上奏《举米光浚状》,保举他留任岢岚军使。欧阳修返回朝廷后,有人传闻米光浚体弱多病,朝廷对继续留用有所疑虑。欧阳修上奏《再举米光浚状》,力保他再任岢岚军使。

五月中旬,欧阳修视察麟州。他亲临黄河之边,考察地形地貌,询问边将戍卒,权衡利害得失,上奏《论麟州事宜札子》。他认为麟州"城壁坚完,地形高峻,乃是天设之险,可守而不可攻",距离黄河与府州,分别不过百余里,若要迁移,"不过移得五七十里之近",却放弃了易守难攻的天险之地。更何况麟州及其下辖的五个兵寨与府州遥相呼应,构成了西部边境的一道屏障,一旦移废麟州,则五寨难保,府州成为孤堡,西夏军队可以占据我城堡,耕牧我土地,与我隔河对峙,那时候,沿河各州郡,永无宁日。他建议保留麟州建制,减少五寨的常驻士兵,改屯在人烟稠密的保德军附近,既可免去供给运输之麻烦,若有敌情,又可随时增援。同时选用材勇兼备的当地士人为麟州知州,招募地方兵勇,届时朝廷只需派兵两千,就足以自守麟州。后来,朝廷采纳欧阳修的建议,麟州得以保存,宋廷西部边防有了坚实保障。

七月初,欧阳修离开汾州(今山西汾阳),再次来到绛州,碰上秋雨绵绵,滞留了好几天。他游览了绛守居园池,登临富弼当年建造的嵩巫亭。绛守居园池,位于州治古衙后部,是隋朝开皇年间创建的一所古老园林。一泓鼓堆泉水蜿蜒而来,在园中蓄成一汪池沼。碧波漪澜当中,耸立一座泂涟亭。四岸翠竹环绕,花柳掩映,显得风景秀美,雅静宜人。唐穆宗长庆三年(823),绛州刺史樊宗师,作《绛守居园池记》,园林从此闻名遐迩。樊宗师,字绍述,唐南阳(今属河南)人,与韩愈是文字之友,深受韩愈推重。他的文章刻意求新,尚奇好险,古今难于索解。欧阳修后来编纂《集古录》,收录了《绛守居园池记》刻石,并为它题写了跋语。题跋写道:"呜呼!元和之际,文章之盛极矣,其怪奇至于如此!"

这次欧阳修登览怀古，作《绛守居园池》诗，开章说道：

尝闻绍述绛守居，偶来登览周四隅。异哉樊子怪可吁，心欲独出无古初。穷荒搜幽入有无，一语诘曲百盘纡，孰云己出不剽袭，句断欲学《盘庚》书。

欧阳修力倡平易文风，他感叹樊宗师文章奇涩险怪，苦心孤诣，追求高古，其实不过是仿效《尚书·盘庚》的佶屈聱牙罢了，又怎么称得上"词必己出""为文不剽袭"呢？

在绛州的日子里，令欧阳修大喜过望的，是发现了郑玄《诗谱》的一个残本。景祐年间以来，欧阳修一直在探索《诗经》本义。他认为汉唐以来，众家说《诗》，竞相附会妄说，《诗经》本义早已泯灭。《诗经》本义丧失的原因之一是"时世之失"，他主张《诗经》研究应该"明时世"，即明确《诗经》作品的创作年代。早已听说郑玄根据《史记》年表和《春秋》有关史实，将《诗经》作品分别排列，撰成《诗谱》一书，标明《诗经》作品与时事政治的关系。欧阳修一直在搜寻这本书，却始终没有发现，就连崇文院、秘阁等皇家藏书馆，也不见此书踪影。这次偶然发现，虽然只是一个残本，首尾缺页，前后错乱，有注释却不知注家姓名，但是，欧阳修如获至宝，欣喜若狂。他一直珍藏这个残本，并坚持考证《诗经》作品，增补郑氏《诗谱》亡佚部分，作为《诗本义》著述内容的一部分。

欧阳修的归程，取道河中府，循黄河东下。一天凌晨，早起赶路，经过水谷口。水谷口在今山西芮城县西北的中条山，有神龙潭、谷口泉等景观，周围的历山、舜井、首阳山、普救寺等，更是文人墨客喜闻乐道的名胜地。当时只见明月西沉，银河横空，又觉晨风习习，晓气清爽，欧阳修骑在马背上，想起了正在京城等候自己归来的苏舜钦和梅尧臣。今年三月，苏舜钦由范仲淹推荐，授集贤校理，监进奏院，正在京师供职。梅尧臣刚刚卸除湖州监税，在京师听候调任。秋高气爽的季节，正是与朋友们对酒吃新蟹的时候。欧阳修思念着两位诗友，仔细琢磨他们不同的诗歌风格，以诗论诗，写下了著名的《水谷夜行寄子美圣俞》诗，其中咏道：

缅怀京师友，文酒邀高会。其间苏与梅，二子可畏爱。篇章富纵横，声价相磨盖。子美气尤雄，万窍号一噫。有时肆颠狂，醉墨酒滂沛。譬如千里马，已发不可杀。盈前尽珠玑，一一难柬汰。梅翁事清切，石齿漱寒濑。作诗三十年，视我犹后辈。文词愈清新，心意虽老大。譬如妖韶女，老自有余态。近诗尤古硬，咀嚼苦难嘬。初如食橄榄，真味久愈在。苏豪以气轹，举世徒惊骇。梅穷独我知，古货今难卖。

苏舜钦、梅尧臣号称欧阳修的"左右骖"，在诗坛上并驾齐驱，合称"苏梅"。人们往往将"苏梅"诗歌视为一体，作为知心朋友的欧阳修，却仔细地品味出两者相去甚远的艺术风格：苏诗笔力豪健，气势雄浑；梅诗清新老成，韵味隽远。然而，两者风格虽然各异，却难以轩轾优劣。欧阳修把这种艺术感受，化作形象的比喻，写进了诗歌当中。苏舜钦的诗风豪雄，诗人称其将天地间的各种声音都聚集在一声感叹之中，有时醉酒挥毫，那气势就像大雨从天而降，那精美的语言，就像大小珍珠摆满面前，很难挑出坏的来。梅尧臣的诗风清新，就像美女半老，风韵犹存，近年的诗歌更具古人风骨，欣赏起来就像食用橄榄，细细品嚼才得真味。此诗生动描述并准确评价"苏梅"各自的创作成就，表明诗人对当代诗坛的理性思考，极具诗论价值。

七月底，欧阳修返抵汴京。他连续上奏一系列奏疏，汇报河东之行的考察结果。

他的《论矾务利害状》与晋州通判荣湮原先的考察结果意见相左。河东路晋、慈、汾、隰等州盛产矾矿，景祐末年以来，干采的生矾都由杜升、李应等六家专业户承购，并由他们在京城炼成熟矾出卖，朝廷每年坐收钱茶十五万数。庆历以后，河东都转运司改变旧法，官府插手煎炼熟矾，结果造成六家承包户熟矾积压，赋税减免，官府经营生熟矾买卖的实际收入出现亏损。欧阳修建议罢免官府自炼熟矾，依旧由民户承包，朝廷坐收税收。

欧阳修《请耕禁地札子》，旨在解决河东路的军需民食问题。河东路与契丹交界的代州（今山西代县）、岢岚军（今山西岢岚）、宁化军（今山西宁武县西南）等地区，居民内迁，田地禁耕。又因为那里地形险要，交通不便，从内地运粮十分困难。为了解决军粮困乏，戍兵只得私籴契丹粮食，作为边防储积。西北前线饥饱，受制于契丹。一旦形势突变，情况十分危险。欧阳修建议招募民工耕种禁地，丰熟年成可收三五百万石，就地解决军民粮草。当时，由于并州（今山西太原）知州明镐反对，请耕措施未能实施。直到至和二年（1055），韩琦、富弼等人再次进言，才实施欧阳修这个建议。禁令解除，边荒开垦，对于巩固西北边防，改善边境军民生活大有裨益。

欧阳修还上奏了一系列关于河东路官吏考察、人才荐举的奏章，如荐举乐平知县孙直方出任代州通判，保举泽州进士刘羲叟召试朝廷以备顾问，推举河东提点刑狱张旨担任麟府路勾当军马司，推荐进士陆询武，请求朝廷录用为奉职或县尉。他的《条列文武官材能札子》列举二十五人，介绍各人长处和可以胜任的差使，提供朝廷选择录用。又奏《论不才官吏状》，检举泽州度支郎中鲍亚之等人，有的年老昏昧，不治职事；有的放纵子弟，残害百姓；有的目不识丁，滥竽充数。他请求朝廷对这些人或撤换调离，或强制退休，不使贻误职事。

欧阳修回抵汴京的时候，京师形势已经发生了微妙变化。入夏以来，朝廷守旧派发起种种攻势，煽动仁宗的疑忌情绪，向新政派反攻倒算。六月下旬以来，契丹国主耶律宗真亲自率领十万大军，驻扎在云州（今山西大同）、朔州（今山西朔县）一带，扬言进兵西夏，仁宗怀疑契丹另有阴谋。范仲淹趁机自请离开朝廷，出为陕西、河东路宣慰使。八月，关于石介替富弼起草废立诏书的谣言，流布朝廷内外，富弼也不安心在朝供职，自请宣抚河北路。庆历新政的失败，这时已经初露端倪。

八月十四日，欧阳修被任命为龙图阁直学士、河北都转运按察使。龙图阁直学士简称“龙学”“直学”，别称“大龙”，这是相对龙图阁学士称“老龙”、龙图阁待制称“小龙”、直龙图阁称“假龙”而说的。都转运按察使兼管数路财赋，监察各州官吏，向朝廷上奏疏检举官员过失。本月初，河北路保州（今河北保定）驻军不堪官员的虐待，发动兵变，杀州官，占城堡，朝廷正组织兵马进剿。加上契丹大军集结北部边境，仁宗有意选派大臣，充实河北路守备。宰相晏殊推荐欧阳修出使河北路。

在庆历新政生死攸关的紧要关头，台谏官都反对欧阳修离开朝廷。蔡襄、孙甫等人一再上书，请求留任欧阳修。蔡襄《乞留欧阳修札子》说道：

事有轻重，度才而处；才有长短，适用为宜。朝廷安危之论系于天下则为重，河北金谷之司系于一方则为轻。修之资性，善于议论，乃其所长，至于金谷出入之计，勤干之吏，则能为之，仁修于河北，而去朝廷，于修之长，则失其所长，于朝廷之体，则轻其所重。

他认为朝廷的谏官和知制诰，重于执掌一路财赋和监察权的转运按察使，而且，欧阳修长于议论，适合留朝顾问。让欧阳修去经度财赋和考察官吏，是弃重就轻，舍长用短，极不妥当。

然而，晏殊坚持要欧阳修离开朝廷。他当初推荐欧阳修做谏官，却没想到欧阳修如此狷介刚烈，如此论事切直。他担心欧阳修一旦获罪，会连累到自己头上。特别是欧阳修西园赏雪赋诗以后，晏殊对欧阳修更加不满。在一次会见宾客时，他指着韩愈画像对客人说道："这个人的相貌有点像欧阳修，或许欧阳修是韩愈转世吧。我只看重欧阳修的文章，并不看重他的为人。"因此，晏殊没有同意台谏官的请求。

仁宗对欧阳修还是信任的。有一次群臣奏事，谈到当今人才，仁宗脱口而出："像欧阳修这样的人才，到哪里去寻找啊。"这次出使河北，欧阳修陛辞那天，仁宗说道："用不了多长时间，你就可以回朝任职，不会让你长期呆在河北。有什么要说的话，只管奏告，不必受朝廷内外的限制。"

欧阳修说："我在朝廷担任谏职，凡有奏疏，尚且担心内容失实，更何况身居外任，我担心传闻有误，奏事多失。"

仁宗劝勉说："有想说的话，只管奏来，实施不实施，由我们这里裁决。"

二十六日，欧阳修出使河北前夕，还上了一道《论台官上言按察使状》。今年初，二府官员经过反复协商，遴选各路安察使。选中的人都正直能干，又都长期怀才不遇，这次忽蒙擢拔，分赴各路，秉公执法，奋力报效朝廷。各地贪官污吏心惊胆战，老病昏庸的纷纷自求退职。但是，越衙上告的也大有人在，他们诬告按察使"挟具私怒，枉奏平人"。三人言，可信市中有虎。仁宗终于轻信谣言，下诏书指责各路按察使。欧阳修在奏疏中请求仁宗收回这道诏命，不要让天下人看到朝廷自己毁坏按察使的权威，叫那些贪赃枉法的人拍手称快。

欧阳修又上了《乞许同商量保州事札子》，请求仁宗下达诏书，允许自己在日后处理军事问题，牵涉到保州事宜时，可以与成德军知军田况、真定路都总管李昭亮等共同商议，然后施行。

九月三日，保州兵变被平息。在真定府，定州路马步军都总管李昭亮招抚下，起事士兵打开城门投降。李昭亮代表朝廷表态，宽赦全体闹事士兵。但在入城后，真定府、定州路安抚使田况违背诺言，活埋了策划并积极参与兵变的四百二十九人，其余投诚的两千余人，分派河北各州军管辖。李昭亮将参与兵变者的妻女，分配给各州军的官员，自己也从中挑选了几位带回家中。通判冯博文等下级官吏纷纷仿效，在当地造成恶劣影响。欧阳修逮捕了冯博文，并上书弹奏李昭亮。李昭亮吓得赶紧打发走家中的女子。朝廷压住了欧阳修的劾章，没有追究李昭亮的罪责。

十二日，晏殊为谏官论罢，出知颍州（今安徽阜阳），杜衍出任宰相兼枢密使。这一重大人事变动，引起满朝守旧大臣的忌恨。庆历新政以来，削弱了任子荫补，严格了磨勘法，确立了按察制度。这一切，严重损害了朝廷权贵的既得利益。守旧大臣勾结在一起，正窥测机会，伺机向新政派反攻。当时出任枢密使的贾昌朝与参知政事的陈执中，都不是新政派人物。十月后，支持新政的蔡襄出知福州，孙甫出使契丹，石介通判濮州，在朝廷支撑新政大局的，主要是杜衍、韩琦等人。

守旧派终于选择到一个突破口，将苏舜钦列为向新政派反攻倒算的第一个目标。苏舜钦才思敏捷，议论风发，大胆指陈时弊，批评朝政，守旧派大臣早已将他视同仇雠，而且，他是杜衍的女婿,又是范仲淹推荐入朝做的官。今秋苏舜钦提举进奏院,十一月初,进奏院举办赛神会。赛神会是一种民俗活动,每年春秋两季,人们用仪仗、鼓乐和杂戏,将神灵请出神庙,遍游大街小巷,娱神祈福。按照常规,祠神之后全院官吏有一次聚餐,以往都是由大家凑钱置办酒食,叫来官伎歌舞助兴。这一次,苏舜钦与同监进奏院刘巽各出俸钱一万,加上卖售办公废纸的钱四五十索一并使用。参加宴会的除了本院官吏外,还有馆阁同舍等人,都是与苏舜钦意气相投并拥戴新政的才学之士。大家与歌伎混坐在一起,开怀畅饮。酒酣耳热之际,集贤校理王益柔乘兴赋诗,谑作《傲歌》,其中咏道:"醉卧北极遣帝扶,周公孔子驱为奴。"这种拿周公、孔子开玩笑的行为,在当时被认为是亵渎圣贤,罪孽深重。

这次进奏院聚会前,太子中书舍人李定也想参加,他与苏舜钦素无交往,便请梅尧臣代为致意,苏舜钦向来鄙薄李定为人,没有答应。李定心怀忌恨,于是将苏舜钦以卖废纸公钱大宴宾客、王益柔醉后作《傲歌》亵渎圣人等事情,一并告知御史中丞王拱辰。

自庆历新政以来,王拱辰与范仲淹、欧阳修等政见不同,日益走向对立,最终与夏竦、贾昌朝为首的守旧派结为同盟。听说这一情况,他如获至宝,立即指使御史鱼周询、刘元瑜上章弹劾苏舜钦,一切仇视庆历新政的守旧大臣们乘机群起而攻。仁宗听信谗言,连夜派宦官把参加宴会的人全部拘捕入狱,并将案子交由开封府处理。

就在这危急时刻,枢密副使韩琦赶忙面见仁宗,说:"听说陛下昨夜派遣宦官手持文书拘捕馆阁学士,京城上下无不惊骇。苏舜钦等只不过一醉饱之过错,交由有关部门处理即可,何劳陛下亲自过问?陛下圣德一向仁厚宽宏,怎么做出这等事情?"仁宗回想昨夜之事,也觉得有些鲁莽,小题大做,有失体面。在与宰辅大臣讨论处置办法时,贾昌朝暗中支持王拱辰的处理意见,杜衍身受牵连不便说话,另一位宰相章得象也不置可否,只有韩琦站出来说:"王益柔醉后狂语,哪里值得深究? 涉事者都是陛下近臣,按理应该和国家休戚与共。如今西部边境用兵,有多少大事需要筹划,如此大事置之不言,却联名攻讦一个位卑名微的王益柔,这些人的用心何在,难道不是很清楚吗?"如此一说,王益柔才免于一死,而予以罢黜集贤校理贬为复州监税的处理。

"进奏院事件"十一月七日结案,苏舜钦、刘巽以"监主自盗"定罪,受到革职除名、永不叙用的处分。王益柔、章岷、王洙、吕臻、刁约、宋敏求等十余人统统受到贬黜。王拱辰十分得意地对人说:"新政派给我一网打尽了!"

随后的日子里,被贬官的十余人先后黯然离京,苏舜钦也携妻带子前往苏州,开始长达四年的荒废生活。临行前他写了一封长信寄给正在河北转运使任上的欧阳修,申辩自己蒙受的冤屈,言辞极其愤激,自云:"遭此构陷,累及他人,故愤懑之气不能自平。"欧阳修读到这封信,也感愤万千,在信后连写两行批语:"子美可哀,吾恨不能为之言!"他感到离开了谏职,不便多言朝事。目睹挚友们蒙冤受屈,自己爱莫能助,只能叫苦不迭。

迫使欧阳修不能进言的,还有另一个重要原因,那就是十一月十二日,仁宗下达诏书,训斥朝臣之间朋党相讦。诏书说道:

朕闻至治之世,元、凯共朝,不为朋党,君明臣哲,垂荣无极,何其德之盛也。朕晨食厉志,庶几古治,而承平之弊,浇竞相蒙,人务交游,家为激讦,更相附离,以沽声誉,至或阴招贿赂,阳托荐贤。又按察将命者,恣为苛刻,构织罪端,奏牍纵横,以重多辟。至于属文之人,类亡体要,诋斥前圣,放肆异言,以讪上为能,以行怪为美。自今委中书、门下、御史台采察以闻。

诏书显然出自守旧派之手,庆历新政派的所作所为,被指摘为结党营私、沽名钓誉和异言怪行。矛头所指,是欧阳修去年撰写的《朋党论》。批评意见以诏书的形式出现,使欧阳修有口难辩。

幸有知潞州(今山西长治)尹洙上疏论救欧阳修。他的《论朋党疏》指出:

陛下优容谏臣,在唐文皇上。(欧阳)修等之才,虽不愧古人,然所施为,未能少及于魏玄成,则间毁之言,不必待其没而后发也。伏唯念知之之已明，任之之已果，而终之之甚难，则天下幸甚。然臣爱修等之贤，故惜其去朝廷而不尽其才，如陛下待修等未易于初，则臣有称道贤者之美，如其恩遇已移，则臣负朋党之责矣。

尹洙把欧阳修比做唐代魏征，希望宋仁宗像唐太宗那样，优容并宽待谏臣，他公然声称自己与欧阳修同是"朋党"，如果要处罚欧阳修，那么，自己甘愿共同受罚。

十月六日，仁宗下令河北缘边安抚司，押送契丹驸马都尉刘三嘏到涿州（今河北涿县），交回契丹处置。不久前，刘三嘏因夫妻不和，携带爱妾和儿女，南逃定州（今河北定县），藏匿在民间。契丹国来书索取，宋廷许多大臣建议留下刘三嘏，以便探询契丹国内秘密。欧阳修《论刘三嘏事状》，提到当年西夏亲王山遇背弃元昊，前来归顺宋廷，宋廷讲究信用，拒绝接受，将他遣送回国，结果被元昊尽族诛灭，从此断绝了西夏人归顺宋廷的门路，最终酿成了宋夏之间的连年战争。欧阳修强调五条理由，请求朝廷汲取历史教训，接纳并优待刘三嘏。

谁知宰相杜衍不赞成。仁宗向他咨询的时候，他说道："中国人一贯讲究忠信，如果背弃誓约，接纳对方叛臣，我们就亏理了。况且刘三嘏是契丹近亲，叛逃来归我朝，这种自私自利的人，还值得同他商谈国家大事吗？接纳有什么好处呢？不如归还契丹。"于是，仁宗下令将刘三嘏遣返契丹。

欧阳修在河北转运按察使任上，宽厚待人，传为佳话。当年，欧阳修以夷陵县令量移为光化军乾德县令。光化知军张询，河北人，不了解欧阳修，以常礼相待。如今，张询在河北境内任职，成了欧阳修部属。他首次在城郊迎接欧阳修时，心里担惊受怕，却还是操着响亮的北方腔，大声说道："久违了，龙图学士别后可好？日后还请多多包涵。"欧阳修知道他是一介武夫，粗野朴直，笑着予以安慰，此后也没有为难他。

庆历五年（1045）正月，真定帅田况调任秦州（今甘肃天水）知州，由欧阳修权知真定府事。在镇压保定兵变以后，两千多投降士兵分散到河北各州军，一切都已安置就绪。富弼出任河北安抚使,上任伊始,担心这些人会再次作乱,决定下令各州、军守将,在同一时刻将两千降兵秘密处死。密议已定,正要下达军令,恰逢欧阳修权知真定府事,两人在内黄(今属河南)县境相遇。夜半时分,富弼屏退左右,把这件事密告欧阳修。欧阳修大吃一惊,劝阻富弼不要这样蛮干:"天底下的祸害,没有比滥杀降兵更严重的了。上次保州兵变,朝廷许诺招抚不杀,结果活埋了四百多,积怨已是很深。更何况这两千多人,本来只是胁从者,为什么突然间又要无辜受死呢?"双方发生激烈争执。富弼坚持要下手,欧阳修说:"没有朝廷命令,你自作主张,独断专行,万一有的州军认为这是擅自杀戮,拒绝执行命令,行动不能统一,那就一定要出事。你本想除患于未然,结果促使祸乱爆发。况且,我到了镇州(真定府治),一定不会执行这项命令。"富弼无可奈何,只得取消了这次行动。

　　欧阳修这番话,不仅挽救了两千多无辜士兵,也使富弼避免了一场大祸患。同月二十八日,富弼被罢免枢密副使,改知郓州(今山东东平),回到汴京城外,不准入城。守旧派大进谗言,说他在河北任上专横跋扈,作威作福,契丹士兵只知道宋朝有富弼,不知道有仁宗皇帝。如果富弼擅自杀戮这两千多降兵,罪名和祸患将不堪设想。

　　在赴真定府途中,经过邢州(今河北邢台),欧阳修见老百姓纷纷打点行装,准备移居他乡。一问情由,原来老百姓听说郭承祐将出知邢州,纷纷外逃躲避。郭承祐,字天锡,太原(今属山西)人,是宋初名将郭从义的孙子,娶太宗孙女做妻室。这个人久在河北任职,贪赃枉法,臭名昭著。早在去年出使河北的时候,欧阳修就上呈《乞罢郭承祐知邢州》奏状。这番再次上疏,请求朝廷改变成命,顾惜名藩重地,避免生灵涂炭。殿中侍御史梅挚、右正言钱明逸同时上书劾奏郭承祐贪污纳贿。终于迫使朝廷在二月六日将郭承祐改任为河阳(今河南孟县)部署,免去了邢州人民的一场祸灾。

　　二月底,仁宗批准了奏事人的提议,撤销去年八月二日关于待制以上推荐转运副使、省府判官的敕命,恢复"庆历新政"以前施行的旧法。欧阳修敏锐地感觉到,这又是守旧派的反攻倒算。他们趁范仲淹、富弼不在朝廷,蛊惑仁宗,百端攻击"两府",旨在全面推翻新政。欧阳修挺身而出,上奏《论两制以上罢举转运副使、省府判官等状》,为捍卫新政而呐喊:

朝廷用人屡有进退,岂有一人才出,便不问是非,尽改所行之事!若大臣一度进退,政令一度改更,如此纷纭,岂有定制!伏望陛下审察爱憎之私,辩其虚实之说,凡于政令,更慎改张。

然而,仁宗并没有听从欧阳修的这番忠告。

镇阳,以池园寺庙闻名于北方城镇。其中著名的潭园,又称北潭、后潭,是一座古老的池苑。亭馆壮美,花木氛氲。三月十八日,按照本地习俗,庶民出游行乐。欧阳修也乘船来到潭上,只见百姓欢颜笑语,园林一片喧哗。他想起朝廷最近的人事变动,范仲淹、富弼、杜衍先后被罢黜,近日韩琦上书论救富弼和范仲淹,仁宗没有答复,于是自请外任,也被罢知扬州。想起这一切,欧阳修心情沉重,郁郁寡欢。僚属们不知所以,纷纷即席索诗,欧阳修赋《后潭游船见岸上看花有感》:

喧喧谁暇听歌讴,浪绕春潭逐彩舟。争得心如汝无事,明年今日更来游。

岸上游人甚多,人多声杂,对游船上的美妙歌声充耳不闻,只是随舟绕潭赶热闹而已。然而,他还是羡慕老百姓的无忧无虑,尽情游乐,自己面对新政失败局面,内心充满焦虑与不安。他甚至预感到守旧派不会放过自己,今日代知真定,明天不知流落何方。尽管如此,欧阳修决心尽忠守职,决不尸位素餐。为此,他又写下《自勉》诗:

引水浇花不厌勤,便须已有镇阳春。官居处处如邮传,谁得三年作主人?

他自我安慰,展示自己豁达恢廓的胸怀。而诗歌主题,则在于自我勉励:即使不能久守职位,也要像园丁引水浇花那样忠于职守,勤于政务,尽力为老百姓做好事。三个月后,欧阳修果然被免去真定知府的差遣。他的政绩,却永远铭记在镇阳人的心坎。

三月二十一日,欧阳修预感到轰轰烈烈的"庆历新政"即将结束,返朝任职的希望已经破灭。回顾自己两年来的生活道路:供谏职,掌诰命,参与编纂《祖宗故事》,修撰《起居注》,审定《庆历编敕》。自庆历三年(1043)十二月至今年四月出使河东前夕,秉承皇命,起草机要诏令,记载时事要闻。在新政实施过程中,常在宫殿奏事,了解朝廷大事的源流本末。如今代知真定府,政务清闲,翻阅昔日撰写的制诰底草,饶有兴致。虽然它不能反映"庆历新政"的全貌,却是难得的原始材料,足以彰示后世。于是,欧阳修认真地整理,集录一百五十余篇,编成三卷,题名叫《外制集》,也称做《庆历制草》。

为了挽救濒于危亡的庆历新政,欧阳修舍身报国,冒险上书,奏呈《论杜衍、范仲淹等罢政事状》。他情知新政难保,守旧派正在疯狂地反攻倒算,却知其不可为而为之,替范仲淹、杜衍等申辩冤屈。他指出自古以来奸邪小人谗害忠臣贤士,所使用的伎俩大抵差不多:要大规模陷害忠良,常常诬蔑为"朋党";要离间动摇执政大臣,往往诋毁为"专权"。范仲淹等人忠言谠论,纯正质直,不贪权势,勤于政务。"正士在朝,群邪所忌,谋臣不用,敌国之福。"如今,杜衍、韩琦、范仲淹、富弼都被罢黜,群邪恭贺于内,敌国庆幸于外,这是多么令人痛心疾首的事啊!这一纸犯颜直谏的奏状,所抨击的不仅是因循守旧、构陷忠良的守旧派,也包括出尔反尔、惑于流言的宋仁宗。欧阳修因此遭受守旧派的更大忌恨和陷害。

暮春时节,欧阳修从家书中获悉,母亲旧疾复发,妻子卧病在床。镇阳的明媚春光,诱发他思家忧国的缕缕愁绪。他的《班班林间鸠寄内》诗咏道:

高堂母老矣,衰发不满帻。昨日寄书言,新阳发旧疾。药食子虽勤,岂若我在膝。又云子亦病,蓬首不加髢,书来本慰我,使我烦忧郁。……近日读除书,朝廷更辅弼。君恩优大臣,进退礼有秩。小人妄希旨,议论争操笔。又闻说朋党,次第推甲乙。而我岂敢逃,不若先自劾。上赖天子圣,未必加斧锧。……安得携子去,耕桑老蓬荜。

他忧虑着老母病妻,更感伤充满希望之光的朝政改革毁于一旦。忧国念家之际,他想到与其坐待守旧派报复,不如自求退职归隐,与妻子儿女终老田园,享受天伦之乐。

四月中旬,欧阳修回京城看望母亲和妻子,旋即返抵河北。国家的利益毕竟大于一切,他没有自劾,也没有求退。闰五月二十八日,他还两次呈奏《乞预闻边事》,请求过问边防事务。转运按察使一般只管本路财赋,监察各州官吏,不参与军事活动。然而,欧阳修这次出使,朝廷有密旨,要他思虑河北路军事的利弊得失,暗中为加强北部边防作准备。此外,履行转运按察使职责,调备粮草钱财,需要了解边事的轻重缓急;考察边将才德,也需要了解边防的安排处置。因此,他请求参与处理边防事务,获得了仁宗首肯。

欧阳修在河北任上,身为封疆大臣,全力以赴地投入工作。一路山川地理、财政生产、军粮兵器、军事训练以及官吏能否胜任职务等,他了如指掌,并一一制成图表。整个河北形势,让人们一目了然。有人问他:"你是儒学大师,文章泰斗,名闻天下,却干这些俗吏们做的活吗?"欧阳修回答说:"作为一名官吏,如果不称职,就应该感到惭愧。作为一位封疆大臣,我们一身维系着千千万万老百姓的死生哀乐,怎么可以掉以轻心呢?"提问的人顿时哑口无言。

然而,正是这样一位忠于职守、直内方外的清正官吏,却卷入了一场意想不到的祸患。

欧阳修有个妹妹,嫁给襄城张龟正做继室,张龟正景祐二年(1035)病逝,没有儿子,只有前妻遗下的一个女儿,当时才七岁。寡母孤女,无家可依。欧阳修妹妹只得携带着幼女回到娘家居住。这位张氏外甥女长大后,因为与欧阳家族并无血缘关系,欧阳修做主将她嫁给堂侄欧阳晟,此后天南地北,音讯少通。今年夏秋间,欧阳晟从虔州(今江西赣州)司户卸任回乡,与男仆陈谏同行。旅途当中,张氏与年少风流的陈谏勾搭成奸。事情败露后,欧阳晟将二人交由开封府右军巡院审理。开封知府杨日严,前些年在益州任上,因为贪污渎职,曾被欧阳修弹劾过,对此,他始终耿耿于怀。这次,他指使办案人员制造口供,牵扯到张氏没有出嫁时的事情,涉及欧阳修,且污秽难听。但是,经由军巡判官孙揆查证落实以后,只以张氏与陈谏通奸定罪,没有株连枝蔓到欧氏家门。

然而,当朝宰相贾昌朝和陈执中,是欧阳修在庆历新政中一再攻击抨弹的守旧派人物,他们都想借这个机会打击欧阳修,以泄个人私愤。谏官钱明逸投其所好,上书弹劾欧阳修与甥女张氏通奸,而且霸占张氏家产。钱氏还拈出欧阳修的一首词《望江南》,作为立罪佐证,词曰:

江南柳,叶小未成荫。人为丝轻那忍折,莺嫌枝嫩不胜吟。留着待春深。

十四五,闲抱琵琶寻。阶上簸钱阶下走,恁时相见早留心。何况到如今。

词上阕以弱柳为比兴,歌咏一位天真迷人的少女,深深打动抒情主人公的心。江南初春,柳枝刚刚绽出新叶,赏春人不忍心攀折,黄莺鸟不忍心在枝上歌唱。由此引出下阕对一位憨态可掬的十四五岁少女的描写。她初学琵琶,活泼而顽皮,一会儿学琵琶,一会儿玩簸钱的游戏,一会儿又在台阶下跑来跑去,显得天真而烂漫。从文学的角度说,全词写得含蓄蕴藉,形象优美,表达了抒情主体对一位可爱少女的无限爱怜。钱明逸却穿凿附会地说道:"张氏失去父亲初到欧阳修家的时候,年方七岁,不正是学簸钱的年纪吗?"

"张甥案"一兴,朝野上下议论纷纷。仁宗闻知,大为震怒,以为身为朝廷命官,做出此等伤风败俗的乱伦丑事,一经查实,必加严惩!于是诏令太常博士、三司户部判官苏安世重审此案,又派内侍供奉官王昭明监勘。

朝廷派遣内侍供官王昭明监勘此案,正是贾昌朝等人的刻意安排,因为欧阳修不久前得罪过这位宦官。年初朝廷命欧阳修与王昭明一同出使河北,却遭到欧阳修拒绝。欧阳修羞与宦官为伍,说:"我作为侍从官出使河北,按照朝廷旧例,没有与宦者同行的道理。我感到羞耻!"朝廷随即听取欧阳修的意见,撤销了这一决定。现在由王昭明出面监勘欧阳修一案,按常情揣测,他一定会挟仇相报,落井下石。殊不料,王昭明不是一个睚眦必报的小人,虽为宦官,却见识超群,为人正直,处事公道。在整个审案过程中,他不偏不倚,始终坚持客观公正。

经过反复勘问,欧阳修与外甥女通奸的指控查无实证,难以定案。苏安世深知两位宰相的意图,如果据实结案,一定会给自身招致祸患,于是和王昭明商量说:"不如罗织一个罪名,胡乱定案得了。"

王昭明一听,大吃一惊,正色答道:"皇上令本人监勘,就是要主持公道,彰显正义,怎么能够随意罗织罪名呢?"

苏安世一时语塞。王昭明接着说道:"我王昭明侍奉皇上,三天两头听皇上念叨欧阳修乃朝廷难得的忠臣。你如今这般草率定案,不过是为了迎合宰相的意图,欲加欧阳修以大罪。如此胡为,将来有一天事实澄清,我王昭明可是吃罪不起!"苏安世听了,也害怕起来,不得不恢复孙揆当初审讯的案情。奏报朝廷时,他们只是劾奏欧阳修使用张氏遗产购买田地,却登记在欧阳氏门下,以此予以弹劾。这一结果令贾昌朝等十分恼怒,却又无可奈何,只能据此定罪。八月二十一日,欧阳修落龙图阁直学士,罢河北都转运使,以知制诰出知滁州(今安徽滁县)。

"张甥案"的真正原因,就如欧阳修在《滁州谢上表》中所说的:"自蒙睿奖,尝列谏垣,论议多及于贵权,指目不胜于怨怒。"他在担任谏官期间,锐意言事,不徇人情,为匡救时弊,不惜以身当事,获罪于人。而且,他的劾奏章也往往涉人阴私。在庆历新政失败的政治背景下,欧阳修蒙冤受屈,遭受侮辱,已是劫数难逃。

当欧阳修陷入"张甥案"危机时,挺身而出,上书论救欧阳修的只有赵槩一人。赵槩,字叔平,河南虞城(今属河南)人。天圣五年(1027)进士及第,曾经与欧阳修同在馆阁。赵槩为人忠厚郑重,性格内向寡言,被欧阳修瞧不起。赵槩召修《起居注》,是在欧阳修前头。前年冬天,仁宗打算提拔欧阳修为知制诰,碍于要超越赵槩,感到为难。赵槩知情后,主动请求出知外任,结果授天章阁待制、纠察在京刑狱,让欧阳修得以顺利晋升。一年多以后,他才授知制诰。这次,目睹欧阳修被守旧派诬蔑中伤,赵槩上书救助,奏章指出:欧阳修"以文章为近臣,不可以闺阁暧昧之事,轻加诬蔑。臣与修素疏,修待臣亦薄,所惜者朝廷大体耳。"从此以后,欧阳修十分敬重这位忠厚长者。欧、赵之间终生保持深厚友谊。

那年,欧阳修的次子欧阳奕出生了。家庭增添了一个男丁,给全家人带来了欢乐。然而,夏末秋初,八岁的长女欧阳师不幸夭折,使欧阳修陷入沉重的悲哀当中。他声泪俱下,长歌当哭,撰写了《哭女师》辞:

暮入门兮迎我笑,朝出门兮牵我衣,戏我怀兮走而驰。旦不觉夜兮,不知四时,忽然不见兮,一日千思。日难度兮何长,夜不寐兮何迟!暮入门兮何望,朝出门兮何之?……八年几日兮,百岁何期?于汝有顷刻之爱兮,使我有终身之悲。

稚女伶俐乖巧,那副小鸟依人的情状,着实令人爱煞。一旦生离死别,欧阳修朝思暮想,魂销肠断。他还有一首《白发丧女师》诗,同样抒写痛失爱女以后悲怆凄苦的心情:

吾年未四十,三断哭子肠。一割痛莫忍,屡痛谁能当?割肠痛连心,心碎骨亦伤。出我心骨血,洒为清泪行。泪多血已竭,毛肤冷无光。自然须与鬓,未老先苍苍。

欧阳修时年三十八,已有三次痛失子女的经历:六年前胥夫人遗子夭亡,接着二女儿早卒,这次又失去长女。国难家忧的煎熬,使从小体衰多病的欧阳修,方近盛年,已是两鬓斑斑,一副未老先衰的形象。

这时候,朋友梅尧臣正离京出任许昌忠武军(今河南许昌)判官,适逢汴河水枯,大船搁浅,滞留在城郊。闻讯欧阳修痛失爱女,他寄来《开封古城阻浅闻永叔丧女》诗,宽慰多灾多难的老朋友:

去年我丧子与妻,君闻我悲尝俯眉。今年我闻若丧女,野岸孤坐还增思。思君平昔怜此女,戏弄膝下无不宜。昨来稍长应慧黠,想能学母粉黛施。几多恩爱付涕泪,洒作秋雨随风吹。风

吹北来沾我袂,哀乐相悁唯己知。自古寿夭不可诘,天高杳杳谁
主之。以道为任自可遣,目前况有宁馨儿。

梅尧臣推己及人,多方开导,抚慰着欧阳修那颗受伤的心
灵。在朋友的鼓励下,欧阳修打起精神,走向那"十年困风波"
的艰难岁月。

十　再贬滁州

庆历五年(1045)深秋,欧阳修从定州望都县(今属河北)东
南的阳城淀畔出发,赶赴贬谪地滁州。船只在河南荥阳北部进
入汴河。

一天清晨,飞越船头的大雁,将欧阳修从睡梦中惊醒。他愁
卧难眠,索性披衣起床,伫立船头。在熹微的晨光中,只见两岸
柳黄霜白,高空秋雁南翔。他触景生情,吟诵了一首《自河北贬
滁州初入汴河闻雁》诗:

阳城淀里新来雁,趁伴南飞逐越船。野岸柳黄霜正白,五更
惊破客愁眠。

诗境萧索凄凉,令人怆然生悲。这正是欧阳修此刻心情的
写照。

十月二十二日,欧阳修抵达滁州。滁州,地处长江、淮河之
间,属淮南东路。境内多有山地,是东南名城扬州、江宁的北面
屏障,自古为兵家必争之地。如今天下太平,这里山高水美,物
产富饶,社会稳定,民俗敦厚。欧阳修打算在这里实施宽政,优
游山水,过上几年安静悠闲的生活。

自年初权知真定府以来,欧阳修开始集录前代金石碑刻,说
来这与幼年时代母亲的书法教习与碑刻观摩分不开。正是出于
书法欣赏的初衷,他迷恋古代的奇文异字,对金石学产生了浓厚
兴趣。州城西南郊外的琅琊山,有一处名胜古迹"庶子泉"。唐
代宗大历年间,李幼卿以右庶子出任滁州刺史,宽政治民,州境

升平，曾经在这里凿石辟泉，州人称为"庶子泉"。著名书法家李阳冰撰文并书写《庶子泉铭》，从此闻名遐迩。欧阳修当年就任馆职时，朝廷下令征集天下古碑刻，曾经目睹《庶子泉铭》拓本的风采。今天，他亲临其境，兴致勃勃，遗憾的是，昔日泉水溪流，已被琅琊寺僧人填为平地，改建成僧舍。询问山泉所在，僧人指着一口大井，说："这就是庶子泉。"欧阳修嗟叹之余，颇感欣慰的是，在寺僧惠觉指点下，发现铭石旁边另有李阳冰的十八个篆字。题写的是姓氏及时间，字形龙腾蛇舞，它比铭文更显奇特，过去一直不见传世，堪称稀世珍宝。欧阳修徘徊在石篆大字下面，久久不忍离去。他写作的《石篆诗》，末句咏道：

嗟我岂能识字法，见之但觉心眼开。辞悭语鄙不足记，封题远寄苏与梅。

他自谦拙笔不配记此石篆，特封题石篆拓本，寄赠罢居苏州的苏舜钦和正在许昌做官的梅尧臣，邀请共同题诗书碑刻石。苏舜钦本年秋天曾经出游润州（今江苏镇江），是否前来滁州，不得而知。苏、梅二人都有唱和诗，盛赞李阳冰书法，将朋友欧阳修与唐贤李幼卿、李阳冰相提并论。

这年冬天，吉州（今江西吉安）知州李宽派遣使者持信函来到滁州，请求欧阳修撰写《吉州学记》。去年，李宽将州城西北夫子庙迁徙扩建，改作吉州州学，招收学生三百余人，大兴教化。欧阳修闻讯大喜，欣然命笔撰文。他充分肯定兴教办学的重大意义，认为这是仁政德治的根本，是养育人才的基础。对故乡的前景，他寄托着美好希望：

幸予他日，因得归荣故乡而谒于学门，将见吉之士，皆道德明秀而可为公卿。问于其俗，而婚丧饮食皆中礼节；入于其里，而长幼相孝慈于其家；行于其郊，而少者扶其羸老，壮者代其负荷于道路，然后乐学之道成。而得时从先生耆老，席于众宾之后，听乡乐之歌，饮献酬之酒，以诗颂天子太平之功，而周览学舍，思咏李侯之遗爱，不亦美哉！

欧阳修按照儒家政治理想，憧憬故乡教化的光明前景，表达对乡亲父老的殷殷深情。遵照欧阳修的嘱托，文稿由江州（今江西九江)通判章岷修改以后,刻石竖立州学堂前。

琅琊山是滁州名胜。当年,西晋伐吴,琅邪王司马伷率领军队进兵涂中(今安徽、江苏境内滁水流域),曾在这里驻守,山以此得名。这里林茂树深,风光秀美,山中有琅琊寺、摩崖碑刻、醉翁亭、酿泉等胜迹,是欧阳修常来游憩的地方。

庆历六年(1046)早春时节,积雪初融,梅花盛开。欧阳修迫不及待地来到山中漫步寻春,并赋《游琅琊山》诗:

南山一尺雪,雪尽山苍然。涧谷深自暖,梅花应已繁。使君厌骑从,车马留山前。行歌招野叟,共步青林间。……爱之欲忘返,但苦世俗牵。归时始觉远,明月高峰巅。

他弃车行歌,与田夫野老为伍,兴冲冲地进山寻梅,陶醉于山林之乐,以至流连忘返,明月当空才回家。乘兴入山时,不觉路遥,归程中才发觉走得太远了。诗歌展示一幅山鸟林泉的春游图,渲染山游之乐,而诗末的即景抒怀,表达作者超越世俗的幽雅情韵、回归自然的生活愿望,以及在逆境中追怀高远的思想境界。

山中有一座王禹偁祠,祭祀宋初著名政治家、文学家王禹偁。宋太宗至道年间,王禹偁贬知滁州,仁政爱民,深孚众望。后来,州民在琅琊山建祠庙,供奉画像,香火祭祀。欧阳修十分敬慕这位刚直敢言、才华超众的先贤。站在他的画像前,欧阳修想起王禹偁《滁州谢上表》中的名句:"诸县丰登,绝少公事;一家饱暖,共荷君恩。"欧阳修吟咏再三,引为同调,即兴题写《书王元之画像侧》诗:

偶然来继前贤迹,信矣皆如昔日言。诸县丰登少公事,一家饱暖荷君恩。想公风采常如在,顾我文章不足论。名姓已光青史上,壁间容貌任尘昏。

诗人赞扬王禹偁的为人为政,面对先贤画像,表达敬重之情与效法之志,有临风向往之意。诗人感叹祠堂墙壁上的画像因为岁月久远,早已布满灰尘,但是,它丝毫无损于这位伟人的形象,伟人的高风亮节将名垂青史,光照千古。诗语平易畅达,意境简古淡雅,颇似王禹偁诗风。王禹偁刚正不阿的人格力量,简雅古淡的文章风格,对宋代士林风气的振作,对五代以来文风的革新,产生过深远影响。

初夏的一天,欧阳修与僚属在官署聚会,有人奉献新茶,供大家品尝。欧阳修吩咐衙吏前往酿泉汲水,小吏在回衙途中,一不小心,将泉水倒失。他担心迟到,灌上路边的泉水赶回府衙。欧阳修品味时,发现泉水甘醇可口,味道与酿泉迥然不同。一经追问,衙吏道出了实情。

欧阳修来到衙吏所讲的西郊丰山脚下,果然发现一泓清洌的泉水汩汩流淌。询问当地老百姓,人们称它"救命水",用手掬取尝试,味道甘甜爽口,于是溯流而上,在幽谷篁竹丛中找到了泉源。欧阳修当即给它起名"幽谷泉",并赋《幽谷泉》诗,开章咏道:

踏石弄泉流,寻源入幽谷。泉傍野人家,四面深篁竹。

这里一面是丰山耸然特立,三面是竹岭青葱苍翠,山势回抱,幽景天成。欧阳修请人凿开岩石,疏通泉流,又在泉水畔开辟一块平地,建筑一座亭子。他深深感叹滁州在五代时期是用武之地,兵连祸接,生灵涂炭。如今物阜年丰,民生安乐,全靠这百年来的世道太平,于是给亭子取名"丰乐",并撰写《丰乐亭记》。

文章开头叙述丰乐泉的发现与丰乐亭的构建,继而回顾历史,从"五代干戈之际、用武之地",写到"及宋受天命,圣人出而四海一。向之凭恃险阻,划削消磨,百年之间漠然。徒见山高而水清,欲问其事,而遗老尽矣。"实质在感慨五代战乱已经过去百年,见证苦去甘来、历史变迁的一代老人早已不在了。接下去说到如今的滁州老百姓:

今滁介于江、淮之间,舟车商贾、四方宾客之所不至,民生不见外事,而安于畎亩衣食,以乐生送死。而孰知上之功德,休养生息,涵煦百年之深也。

滁州的交通不便,滁民的偏居一隅,使他们孤陋寡闻,不知外面的世界。长期的安居乐业,他们只知道养家糊口、养老送终,哪晓得这百年的天下太平,享的是宋代皇帝的福分。百年来

民力得以休养,人丁得以繁衍,皇上的恩德就雨露阳光一样滋润着每个老百姓。文章最后写道:

> 修之来此,乐其地僻而事简,又爱其俗之安闲。既得斯泉于山谷之中,乃日与滁人仰而望山,俯而听泉。掇幽芳而荫乔木,风霜冰雪,刻露清秀,四时之景无不可爱。又幸其民乐其岁物之丰成,而喜与予游也。因为本其山川,道其风俗之美,使民知所以安此丰年之乐者,幸生无事之时也。夫宣上恩德,以与民共乐,刺史之事也。遂书以名其亭焉。

作者自叙命名原由,揭示亭名"丰乐",旨在赞美宋王朝百年以来的太平气象和丰乐世道,表达与民同乐的情怀,并且委婉地告诫滁州老百姓:要珍惜今天的和平安乐生活,居安思危,不辜负这来之不易的太平盛世。欧阳修这种虽被蒙冤贬官却不忘忠君爱国的思想境界,受到后代无数文人士大夫的嘉许,也使得《丰乐亭记》成为封建时代文道俱佳的典范之作。

欧阳修在偏僻的滁州,寄情山水,旷达自放,看起来无忧无虑,其实,内心并不平静。春末夏初,他吟诵的七古抒怀诗《啼鸟》,袒露了内心的凄然和悲愤。

> 我遭谗口身落此,每闻巧舌宜可憎。春到山城苦寂寞,把盏常恨无娉婷。花开鸟语辄自醉,醉与花鸟为交朋。花能嫣然顾我笑,鸟劝我饮非无情。身闲酒美惜光景,唯恐鸟散花飘零。可笑灵均楚泽畔,《离骚》憔悴愁独醒。

山间婉转啼鸣的百鸟,使他情不自禁地想起巧舌如簧的谗佞小人,心中充溢憎恶之情。在这最后一段里,作者沉湎于职闲酒美,鸟语花香,甚至嘲笑屈原的正道直行。《楚辞·渔父》描写屈原"举世皆浊我独清,众人皆醉我独醒",结果遭受流放,"行吟泽畔,颜色憔悴,形容枯槁"。欧阳修嘲笑屈原的愚忠正道,表面上像在宣扬及时行乐,实际上全是愤激之语。其深层意蕴,是借屈原的"信而见疑,忠而被谤",表达自己遭谗受谪以后的幽怨愤懑情绪。

《憎蚊》一诗,更是将陷害自己的谗佞小人比喻成吸血的蚊虫,看似微不足道,却令人防不胜防,其恶毒凶狠,可以置猛虎于死地。诗歌咏道：

扰扰万类殊，可憎非一族。甚哉蚊之微，岂足污简牍。……唯尔于其间，有形才一粟。虽微无奈众，唯小难防毒。尝闻高邮间，猛虎死凌辱。哀哉露筋女，万古仇不复。……我来守穷山，地气尤卑溽。官闲懒所便，唯睡宜偏足。难堪尔类多，枕席厌缘扑。……翾翾伺昏黑，稍稍出壁屋。填空来若翳，聚隙多可掬。丛身疑陷围，聒耳如遭哭。猛攘欲张拳，暗中甚飞镞。手足不自救，其能营背腹。……驺虞凤凰麟，千载不一瞩。思之不可见，恶者无由逐。

诗中对蚊子的描写淋漓尽致，入木三分，同时由蚊虫引发议论，借题发挥，托物言志。看似咏物写蚊，意在抒怀喻人，揭示小人谗害君子"无奈众""难防毒""无由逐"等切身体验，表达诗人历经宦海艰险后的困倦、失落和无奈，可谓寄慨遥深。

以私德诬陷掩盖官场倾轧的滁州之贬，对于注重名节的欧阳修来说，是一种沉重打击。他由此深深体味到政治斗争的残酷与阴暗，官场的争权夺利，朋党的相互攻讦，朝堂上下充满陷阱，内心深处充满危机。早年的满腔政治热情开始消沉，欧阳修心中萌发对污浊官场的厌恶，对清净山林的向往。或许正是为了区别于屈原的"独醒"，年方四十的他，竟然以"醉翁"自命。当时，琅琊寺僧人智仙在山间建了一座亭子，欧阳修常来这里游赏休憩。他命名为"醉翁亭"，并且赋诗作记。《题滁州醉翁亭》诗咏道：

四十未为老，醉翁偶题篇。醉中遗万物，岂复记吾年。……野鸟窥我醉，溪云留我眠。山花徒能笑，不解与我言。唯有岩风来，吹我还醒然。

显然，诗人自命"醉翁"，出于自嘲与自谑。他在后来所作的《赠沈遵》诗中也说道："我时四十犹强力，自号醉翁聊戏客。"他表面上放情山林醉乡，悠然自适，思想深处却充满仕途失意的苦闷。末句所透露的，正是这种未能忘怀世事的缕缕哀愁。

《醉翁亭记》是欧阳修散文的杰出代表作。它浓墨重彩，展示一幅风光绮丽的大自然画卷。笔力所在，不仅记"亭"，而且

写"醉翁"心态。文章开头,一步一景,逐层推出"醉翁亭",随即由景及人,引出"醉翁"其人:

> 作亭者谁?山之僧智仙也。名之者谁?太守自谓也。太守与客来饮于此,饮少则醉,而年又最高,故自号曰醉翁也。醉翁之意不在酒,在乎山水之间也。山水之乐,得之心而寓之酒也。

在描写醉翁亭周围早晚、四季不同景色以后,作者着力描绘滁人游山之乐和太守宴游之乐的热烈场面,展示一幅岁丰政宽、官民同乐的风情画卷,其中更有"醉翁"太守纵情自适、超然物外的形象:

> 苍然白发,颓然乎其间者,太守醉也。

最后,描写夕阳西下,太守与宾客兴尽而归的情景,并推出关于本文主题思想的一段议论。

> 然而禽鸟知山林之乐,而不知人之乐;人知从太守游而乐,而不知太守之乐其乐也。醉能同其乐,醒能述以文者,太守也。太守谓谁?庐陵欧阳修也。

文章描写了禽鸟的山林之乐、宾客的宴饮之乐、太守的与民同乐。而太守之乐,自有其难言的苦衷。这种"苦"中作乐,是身处逆境而不悲观厌世的一种怡然达观。

《醉翁亭记》语言造诣很高,文字极富锤炼功夫。从句法上讲,它骈散结合,长短错落。虚词的巧妙运用,使文章情韵绵邈,连用二十一个"也"字句,其间夹杂着二十四个"而"字,工整中见参差,酣畅间有婉曲,形成一种回环往复的韵律美,一曲悦耳动听的咏叹调。宋代有人买得《醉翁亭记》手稿,发现原稿开头一段,叙述滁州四面环山多达几十个字,几经改削,最后仅留下"环滁皆山也"五个字。欧阳修的文学创作,从来就是这样一丝不苟,精益求精。他不承认自己是天才,而把自己的创作成就归功于勤奋,自称:"予平生所作文章,多在三上,乃马上、枕上、厕上也。"又说:"为文有三多:看多,做多,商量多也。"宋人周辉《清波杂志》卷十一记载说,孙觉向欧阳修请教如何作文,欧阳修说:"这没有别的诀窍,只要勤奋读书,多写多练,自然文章写得好。"南宋周必大《欧阳文忠公集后序》也指出:听前辈人说,欧阳修写文章,常常将文稿挂在墙壁上,早晚出出进进,随见随改。周必大所见到的欧阳修《秋声赋》《刘原父手帖》等有多种手稿本,用字往往不同,所以欧阳修文集的别本特别多。遗憾的是,自周必大整理刊刻《欧阳文忠公集》后,欧阳修文集的别本不见传世了。否则,从欧阳修文集的多种别本中,可以窥见作者斟字酌句的踪迹,领略到文章修改的奥秘。

自古以来,《醉翁亭记》都被人们叹为"欧阳绝作",又被誉为"六一风神"的代表作。据宋人朱弁《曲洧旧闻》卷三记载,《醉翁亭记》写成后,"天下莫不传诵,家至户到,当时为之纸贵"。琅琊寺的僧人们感受最深,由于《醉翁亭记》已在亭畔刻石立碑,全国各地的人们纷纷前来观赏,谋取拓本,寺中库存的毡子全被打碑用尽,以至和尚们睡觉用的卧毡也不得不拿出来供人们拓碑使用。前来求取拓本的不仅仅是读书人,还有许多游走四方的商人。他们说,随身携带《醉翁亭记》拓本,路途遇上征税的关卡,馈赠给监守官,可以免税过关。

深秋时节,欧阳修来到州城东五里左右的菱溪游玩。岁寒霜降,水涸石出。他在这里发现两块嶙峋莹洁的怪石。小的格外奇特,被当地一户姓朱的人家收藏。大的因为难以搬迁,偃然僵卧在溪流上,当地老百姓见它形状古怪,多年来一直把它当做神物供奉着。

经过实地考察,欧阳修确认怪石原是五代十国时期吴王杨行密部将刘金宅园中的旧物,刘氏子孙如今沦为平民百姓,菱溪园圃破落不堪,怪石也就湮没无闻。欧阳修爱怜山石奇特,感叹人事废兴,觉得把这类极具观赏价值的奇石据为己有极不明智,因而搜寻朱氏家所收藏的小石,连同溪上大石用三驾牛车拉到幽谷,树立在丰乐亭南北两侧,供滁州游人们观赏。他的《菱溪大石》诗,描绘了迁徙大石的情形:

爱之远徙向幽谷,曳以三犊载两轮。行穿城中罢市看,但惊可怪谁复珍。荒烟野草埋没久,洗以石窦清冷泉。朱栏绿竹相掩映,选致佳处当南轩。

他又撰写《菱溪石记》,叙述怪石来历,菱溪沿革,并抒发人生感慨。其中写道：

嗟夫！刘金者虽不足道，然亦可谓雄勇之士，其平生志意，岂不伟哉！及其后世，荒烟零落，至于子孙泯没而无闻，况欲长有此石乎！用此可为富贵者之戒。而好奇之士闻此石者，可以一赏而足，何必取而去也哉！

他用刘氏子孙不能长保富贵的史实，劝诫富贵人家或好奇的世人，不要放任占有欲，侵夺人间"奇物"据为己有。人生就如匆匆过客，身外之物怎能永恒占有？应该将它们放置在公共场地，供滁州游客共同观赏。

有一位与欧阳修一道进士及第的同年兄弟，即将远赴阆州（今四川阆中）出任通判，特来向欧阳修告别。欧阳修设宴款待他。酒席座上，欧阳修感叹年兄仕途蹇乖，同病相怜，赋《临江仙》词为他送行：

记得金銮同唱第，春风上国繁华。如今薄宦老天涯。一年歧路，空负曲江花。

闻说阆山通阆苑，楼高不见君家。孤城寒日等闲斜。离愁难尽，红树远连霞。

回顾十年前进士放榜时，金銮唱名，曲江会宴，何等春风得意！如今秋山红叶，孤城寒日，目送同年兄千里远去，心中一片迷茫，无限惆怅。

有一位来自岳州（今湖南岳阳）的客人，捎来岳州知州滕宗谅的书信，附上一张偃虹堤的规划图纸，请求欧阳修撰写《偃虹堤记》。滕宗谅庆历三年（1043）被御史梁坚劾奏滥用公使钱，由于范仲淹、欧阳修等人上书论救，当时只降一官，徙知凤翔府（今陕西凤翔），后来改知虢州（今河南灵宝），因为御史中丞王拱辰不停地弹劾，次年再贬岳州。在岳州任上，滕宗谅发现洞庭湖上往来船只，到了岳阳城，没有停泊的码头，只能停在城南五里的南津港。本着为民兴利的政治抱负，他计划修筑偃虹堤，抵挡洞庭风波，让往来船只停靠在堤下，使船民免受翻船的危险。规划中的大堤，从岳阳西门开始，一字横贯，直达金鸡石右侧，工程雄伟宏大。这是一项造福百姓的善政。欧阳修依据滕宗谅描绘的图纸，通过与客人对答，写下这篇别开生面的碑记文。其中对滕宗谅这位具有雄才大略而蒙受不公平待遇的主人公，充满着赞誉和同情：

盖虑于民也深，则谋其始也精，故能用力少而为功多。夫以百步之堤，御天下至险不测之虞，惠其民而及于荆、潭、黔、蜀，凡往来湖中，无远迩之人皆蒙其利焉。……滕侯志大才高，名闻当世。方朝廷用兵急人之时，常显用之，而功未及就，退守一州。无所用心，略施其余，以利及物。

这里描写滕宗谅深虑精谋，为民兴利除患，抒写的也是作者自己的政治理想。滕宗谅是范仲淹和欧阳修的好友，同是庆历新政革新派人物，他的一贬再贬，是守旧派对革新派的打击报复。欧阳修对滕宗谅的高度肯定和热情歌颂，寓含着批判守旧派的深刻政治内容。

一年来，欧阳修在滁州实施宽简政治。在这岁丰民乐的年头，他为政宽厚，治事简易，同时宽而不纵，简而不略，立足于行政实效。如今初见成效，滁州境泰民安，他深感欣慰。在写给梅尧臣的书信中说道："小邦为政期年，粗有所成，固知古人不忽小官，有以也。"

这些年来，梅尧臣在诗坛上的影响越来越大，他平日并不在意自己的诗稿，倒是妻兄谢绛的儿子谢景初关心此事，担心姑父的诗作散佚，于是将其天圣九年以来的诗歌整理成十卷，请欧阳修作序。捧着这叠厚厚的诗稿，欧阳修既为老朋友高兴，又深感苦涩与心酸。朋友的诗才超群绝伦，却屡遭科考失败，长期怀才不遇，沉沦下僚，年近五十还在给人做幕僚。欧阳修回顾古代圣贤的坎坷际遇及古今文学的发展历程，不由得想起司马迁《报任安书》所说的："文王拘而演《周易》；仲尼厄而作《春秋》；屈原放逐，乃赋《离骚》；左丘失明，厥有《国语》；孙子膑脚，兵法修列；不韦迁蜀，世传《吕览》；韩非囚秦，《说难》《孤愤》。《诗》三百篇，大底贤圣发愤之所为作也。"又感慨韩愈《荆潭唱和诗序》所说的："欢愉之辞难工，而穷苦之言易好也。"结合自身的创作实践，欧阳修认识到：人的强烈创作欲望，往往产生于愁苦困窘的生活之中，而表现悲苦忧愁的作品，也格外容易打动人心。《梅圣俞诗集序》指出：

> 予闻世谓诗人少达而多穷，夫岂然哉？盖世所传诗者，多出于古穷人之辞也。凡士之蕴其所有而不得施于世者，多喜自放于山巅水涯，外见虫鱼草木风云鸟兽之状类，往往探其奇怪。内有忧思感愤之郁积，其兴于怨刺，以道羁臣、寡妇之所叹，而写人情之难言，盖愈穷则愈工。然则非诗之能穷人，殆穷者而后工也。

这是作者为困顿之友梅尧臣挥洒同情的眼泪，也是作者对朋友怀才不遇、半生蹉跎的焦灼与无奈。文章提出"诗穷而后工"的观点，对后世影响很大。清吴楚材等《古文观止》评述说："穷而后工四字，是欧公独创之言，实为千古不易之论。"欧阳修论述诗歌创作"穷而后工"，涉及中国古代文论一个重要的理论问题，即生活与创作的关系，它强调诗歌反映作者生平遭遇，表现作者真情实感，是对中国古代诗论的重要贡献。

庆历七年（1047）春天，欧阳修委托州署谢缜判官继续在幽谷栽种各式花卉。谢判官用公文请示花卉名品，欧阳修在公文纸尾赋诗一首，题为《谢判官幽谷种花》：

> 浅深红白宜相间，先后仍须次第栽。我欲四时携酒去，莫教一日不花开。

他要求各色花卉搭配着种植，不同花期的更要合理安排、保证春夏秋冬四时，幽谷花开似锦，襄助游人宴饮兴致。

暮春时节的一个傍晚，欧阳修来到丰乐亭前。夕照中的青山红树，绿草落花，使他诗兴大发。他高兴地写下《丰乐亭游春》三首，其中第三首咏道，

> 红树青山日欲斜，长郊草色绿无涯。游人不管春将老，来往亭前踏落花。

诗人欣赏着暮春美景，多情地践踏着落花，久久不肯离去，眷恋春天之情，真可谓一往情深。

观赏天空中自由飞翔，尽情歌唱的小鸟，欧阳修追怀往事，即景生情，咏诵《画眉鸟》诗：

百啭千声随意移，山花红紫树高低。始知锁向金笼听，不及林间自在啼。

离开钩心斗角的朝廷，来到地僻职闲的滁州，仿佛小鸟冲出樊笼，飞向广阔天空，欧阳修感到无比轻松，极其惬意。在日后撰写的题跋《书三绝后》当中，欧阳修将这首诗与梅尧臣《竹鸡》诗、苏舜钦《雨中闻莺》诗相提并论，以为同属于托物咏志的佳作。

四月十日，尹洙在南阳（今属河南）病逝，享年四十七。欧阳修与尹洙志同道合，肝胆相照。两人在政治改革事业中是忠实同志，在文学革新运动中是亲密战友。关于水洛城的争议，欧阳修没有支持尹洙，那是出于顾全大局，以私徇公。当时根据欧阳修的提议，朝廷调动了尹洙。尹洙先后改知庆州（今甘肃庆阳）、晋州（今山西临汾）、潞州（今山西长治），前年七月，又被守旧派当做范仲淹、韩琦"朋党"打击，说他在渭州任上滥用公使钱替部将偿债，贬为均州（今河南均县）监酒税。去年以来，尹洙病魔缠身，身边既无名医，又无良药。范仲淹出知邓州（今河南邓县），上书朝廷，请求允许尹洙来邓州治病。过了三个月，才获得朝廷批准。这时的尹洙，已是沉疴难治，终于在南阳溘然逝去。

尹洙的一生，奉公无私，死后家无余财，一片萧条，却留下一群稚儿幼女。对逝者生前死后的不幸，欧阳修深表惋惜和同情。次年，在范仲淹、韩琦和欧阳修等人的资助下，尹洙归葬河南。欧阳修《祭尹师鲁文》慨叹道：

嗟夫师鲁，世之恶子之多，未必若爱子者之众，何其穷而至此兮！得非命在乎天而不在乎人？

他感叹世人喜爱尹洙的多于憎恨尹洙的，为什么尹洙会穷困潦倒到这种地步，难道一个人的穷达富贵真的在于不可捉摸的"天命"吗？欧阳修又精心撰写《尹师鲁墓志铭》，仿效墓主的文风，突出重点，"言简意深"。关于死者的文章、议论和才华，因为众所周知，所以语焉不详。欧阳修着重称赞墓主的忠义节操，写道：

师鲁为文章，简而有法。博学强记，通知今古，长于《春秋》。其与人言，是是非非，务穷尽道理乃已，不为苟止而妄随，而人亦罕能过也。遇事无难易，而勇于敢为，其所以见称于世者，亦所以取嫉于人，故其卒穷以死。

墓志铭情词凯切，十七次反复地深情地呼唤"师鲁"，哀雍凄婉，感人肺腑。然而，尹洙家属与门生对它很不满意，并妄加非议。尹夫人张氏及尹氏门人，首先是嫌墓志过于简略，认为尹洙以古文名世，而《墓志铭》只有"简而有法"四字，评价不足；其次，他们认为尹洙破骈为散，劳苦功高，《墓志铭》没有给予充分肯定；再次，《墓志铭》没有谈到尹洙在宋代古文运动中的倡导地位。次年，新科进士孔嗣宗甚至为此专程赶往颍州，找到欧阳修质疑问难，辩驳缠磨达半个月之久。后来他们另请韩琦撰写墓表，篇幅超过欧氏文的二三倍，风波才告平息。第二年，欧阳修特地撰写《论尹师鲁墓志铭》一文，回答人们的质疑，阐述自己行文命笔的用意。首先，"简而有法"指善于取舍剪裁生活素材，恰当把握语言的轻重褒贬，准确表达思想内容，这四个字分量极重，从古至今只有孔子所作的《春秋》才担当得起，用以称尹洙文章，已是极高评价；其次，就文体而言，古文固然好，骈文未必一概都坏，破骈为散一事，没有必要特别揄扬；最后，宋初以来，倡导古文的人很多，尹洙之前已有柳开、穆修等人，说"作古文自师鲁始"并不符合史实。欧阳修此文论述的文简意深、选材精当、材料互见、不虚美、不溢恶等等，涉及墓志铭写作的一系列理论原则问题，是一篇难得的墓志文理论文献。当然，尹洙家属的不理解，并不影响欧阳修与尹洙的真挚友情。十三年后，尹洙的儿子尹构长大成人，欧阳修上书朝廷，请求推恩录用尹构为官。

六月，有关石介诈死，正在阴谋组织叛乱的谣诼重新泛起，朝廷再次下令查核石介死活实情。庆历四年（1044）三月，石介由韩琦推荐，被朝廷任命为直集贤院、兼国子监直讲。因为创作《庆历圣德颂》，得罪守旧大臣夏竦。同年十月，成为守旧派反攻倒算的众矢之的。石介不能自安，主动请求外任，出为濮州

（今河南鄄城北）通判，还没有赴任，次年七月病死在家中，年仅四十一岁。然而，夏竦之流并不放过他，更想通过诬陷他进而迫害富弼等人，推翻庆历新政。这一年十一月，徐州有个"狂人"孔直温因为图谋造反被杀，官府抄家时，从孔家查抄到石介生前与孔氏的一些往来书信，于是散布流言，说石介并没有死亡，知郓州兼京西路安抚使富弼派他潜入契丹，勾结外敌，阴谋倾覆宋廷。仁宗闻讯，大惊失色，赶紧罢去富弼安抚使，又诏令兖州开棺验尸，以确认石介生死。后来经由兖州知州杜衍保奏，仁宗方才未加追问，加之与契丹交界的北部边境安然无事，谣言不攻自破，富弼官复原职，只是改知青州，仍领京东路安抚使。这次谣言再起，就因夏竦三月出任枢密使后又进谗言，说石介上次游说契丹没有成功，又被富弼派往登州、莱州勾结金坑暴徒数万人叛乱。朝廷再次下令开棺验尸，负责监督开棺验尸的中使来到石介老家兖州奉符县，时杜衍已经退休。提点刑狱吕居简对中使说："如果我们破家发棺，发现石介确实已死，那该怎么办呢？那就是朝廷无故发人棺木，我们将如何面对千秋万代的后世子孙？"中使也感到为难，问吕氏该如何处理，吕居简答道："丧葬是人间大事，决非一家一户能够操办，必定有邻里乡亲及门生子弟出面帮忙。可以将所有参与治丧的人一一召问，如果没有不同说法，就可以联名出具保书，上报朝廷。"中使想了想觉得很有道理。最后由石氏家族、门生数百人联名具保。

与此同时，朝廷上侍御史知杂事张昇、御史何郯等也在论救此事。何郯的奏言一针见血，指出：

夏竦岂不知石介已死？然其如此者其意本不在石介。……以石介曾被仲淹等荐引，故欲深成石介之恶，以污忠义之臣。皆畴昔之憾未尝获逞，昨以方居要位，乃假朝廷之势有所报尔，其于损国家事体则皆不顾焉。

正是多方具保论救，石介才又一次免于破棺验尸。然而，石氏妻室子女却还是因此事牵连，被羁管他州。流亡数年以后，才被允许返归故里。

就在谣诼盛传的日子里，欧阳修在油灯下重新展读《徂徕石先生集》，深受石介的忠勇正气感染，他涕泗涟涟，奋然振笔，继去年写下《读徂徕集》诗后，再次赋写《重读徂徕集》诗篇。其中咏道：

我欲哭石子，夜开《徂徕》编。开编未及读，涕泗已涟涟。勉尽三四章，收泪辄欣欢。切切善恶戒，丁宁仁义言。如闻子谈论，疑子立我前。乃知长在世，谁谓已沉泉。昔也人事乖，相从常苦难。今而每思子，开卷子在颜。……谗诬不须辨，亦止百年间。百年后来者，憎爱不相缘。公议然后出，自然见媸妍。孔孟困一生，毁逐遭百端。后世苟不公，至今无圣贤。所以忠义士，恃此死不难。……已埋犹不信，仅免斫其棺。此事古未有，每思辄长叹。我欲犯众怒，为子记此冤。下纾冥冥忿，仰叫昭昭天。书于苍翠石，立彼崔嵬巅。

诗人长歌当哭，为好友一泄冤愤，同时坚信历史公正无情，一切诬蔑不实之词，都经受不住历史的考验。石介的冤屈必获昭雪，其高尚人格、伟大精神一定会重见光明。石介死后二十一年，一切诬陷诽谤消失以后，才由儿子石师讷和门人姜潜、杜默、徐循等人正式下葬。那时候，欧阳修写了一篇情辞并茂的《徂徕石先生墓志铭》。铭文写道：

徂徕之岩岩，与子之德兮，鲁人之所瞻。汶水之汤汤，与子之道兮，愈远而弥长。道之难行兮，孔孟遑遑；一世之屯兮，万世之光。曰"吾不有命兮，安在夫桓魋与臧仓。"自古圣贤皆然兮，噫，子虽毁其何伤！

他对石介的为人为学给予崇高评价。石介的道德，如司巍巍徂徕山，被鲁地人瞻仰。石介的学术，仿佛浩浩汶水，越流越宽广。欧阳修还用孔子、孟子生前的失意潦倒，抚慰死者不屈的亡灵。

八月中旬，曾巩侍奉父亲进京，途经金陵（今江苏南京）。他们从宣化镇渡过长江，取道滁州北上，顺便拜谒欧阳修。中秋节那天，曾巩应欧阳修之请，撰写了《醒心亭记》。醒心亭，位于丰乐亭东面山头，是欧阳修今年春天营建的亭子，并自命亭名，取的是韩愈《北湖》诗"应留醒心处，准拟醉时来"的句意。曾巩深知欧阳修自号为"醉翁",实际上非"醉"也非"翁"。即使有醉,也是人醉而心醒。他欣然命笔,撰写亭记,阐释欧阳修沉醉于山水之乐的真谛。文章的思想旨趣与艺术风格都深得欧文三昧。诚如清代学者张伯行《唐宋八大家文钞》卷十五评语所说的:"《丰乐亭记》,欧公之自道其乐也;《醒心亭记》,子固能道欧公之乐也。然皆所谓有'后天下之乐而乐'者。结处尤一往情深。"

　　曾巩十八岁那年赴京赶考,结识了来京游玩的王安石。两人在京城客栈邂逅,一见如故,成为莫逆之交。三年前,曾巩致书欧阳修,推荐朋友王安石,并进献王安石的一册诗文,让欧阳修鉴识。其《上欧阳舍人书》说:"巩之友王安石,文甚古,行甚称文。虽已得科名,居今知安石者尚少也。彼诚自重,不愿知于人,尝与巩言:'非先生无足知我也。'"并希望欧阳修"进之于朝廷",然而,书信抵达京师时,欧阳修已经出使河北,荐引无果。去年,曾巩《再与欧阳舍人书》推荐王回、王向兄弟,并再次荐举王安石。但不久欧阳修贬知滁州,又无缘荐引,王安石的名字却已深深地印在欧阳修脑海中。

　　这一次,曾巩在滁州盘桓二十余日,当面向欧阳修推介王安石。欧阳修通读王安石历年所作诗文后,击节称赏,赞叹不已。当时,他正将历年登门后学的投卷献文,挑选优秀可采者,辑录成册,题名为《文林》,王安石的很多篇章当即被选入。同时,欧阳修也发现王安石文章存在的一些问题,如思路不够开阔,语言不很自然,喜欢生造词语,过于模拟前人之作等,他托曾巩委婉地转达自己的意见。曾巩《与王介甫第一书》指出:

　　欧公悉见足下之文,爱叹诵写,不胜其勤。……欧公更欲足下少开廓其文,勿用造语及模拟前人,请相度示及。欧云:"孟韩文虽高,不必似之也,取其自然耳。"

　　欧阳修还发出邀请,约王安石前来滁州见面。曾巩信中转达说:"欧公甚欲一见足下,能作一来计否?胸中事万万,非面不可道。"可惜,王安石刚刚调任鄞县(今浙江宁波南)知县,正忙于建堤堰,筑陂塘,兴修水利,又忙于兴学校、立保甲等行政改革,没能前来聚会。

深秋时节,徐无党、徐无逸兄弟离开滁州,回到南方故乡去,欧阳修在怀嵩楼设宴为他们送行。怀嵩楼,唐代滁州刺史李德裕始建,楼名表示怀念嵩洛的意思,是滁州的一大名胜。前些日子,徐氏兄弟经过长途跋涉,从婺州永康(今属浙江)来到滁州,向欧阳修请教学业。徐无党从小跟着欧阳修学习古文。庆历四年(1044)欧阳修出使河东,曾在绛州嵩巫亭与徐无党兄弟相聚。三年后重逢,发现他的学业和文章大有长进,心里十分高兴。在酒宴上,欧阳修赋《怀嵩楼晚饮示徐无党无逸》诗:

> 滁山不通车,滁水不载舟。舟车路所穷,嗟谁肯来游。念非吾在此,二子来何求? 不见忽三年,见之忘百忧。……饮子今日欢,重我明日愁。来贶辱已厚,赠言愧非酬。

对徐氏兄弟千里来访,欧阳修深表谢忱。徐无党后来注解欧阳修新《五代史》,被认为出于欧阳修口授。这时候欧阳修正忙于撰写新《五代史》,徐无党的注解工作,也当开始于这个时期。

这个时期,先后来滁州向欧阳修求学的年轻人,还有章生、孙秀才等。章生是胡瑗的弟子,返回吴兴(今浙江湖州)时,欧阳修有《送章生东归》诗,咏道:"穷山荒僻人罕顾,子以一身千里来,问子之勤何所欲,自惭报子无琼瑰。"表现出虚怀若谷的学者风度。孙秀才骑着一匹瘦马,携带文稿数十篇,前来拜方欧阳修,不幸渡江时翻船落水,大部分文稿失落。欧阳修《送孙秀才》诗咏道:

> 高门煌煌赫如赭,势利声名争借假。嗟哉子独不顾之,访我千山一羸马。明珠渡水覆舟失,赠我玑贝犹满把。迟迟顾我不欲去,门我无穷惭报寡。时之所弃子独向,无乃与世异取舍。

从这些不趋时尚、不贪名利、千里迢迢来滁问学的青年人身上,欧阳修获得了精神上的莫大慰藉,也看到了诗文革新事业的希望所在。

在滁州贬官生涯中,使欧阳修精神愉快的,还有通判杜彬的琵琶声。欧阳修早就听说杜彬通晓音律,尤其擅长弹奏琵琶,又颇有些艺术家桀骜不驯、我行我素的个性。在一次酒宴上,欧阳修特地邀请他演奏。杜彬严肃地拒绝,说是不会弹琵琶。欧阳修一笑置之,没有勉强他。后来,彼此熟悉了,杜彬设宴款待欧阳修。几巡酒过后,他起身走进后房。不一会,后房传来轻微而悠扬的琵琶乐声。开始时欲隐欲现,似有似无,吸引大家屏息静听,过了一会,乐声越来越近。杜彬终于抱琴而出,满怀激情地演奏起来。这场酒宴,自午间一直持续到天黑时分,大家才尽兴而散,欧阳修更是大喜过望。从此以后,酒宴歌舞,少不了杜彬的琵琶演奏。欧阳修皇祐二年(1050)的《答李大临学士书》写道:

> 永阳穷僻而多山林之景,又尝得贤士君子居焉。修在滁之三年,得博士杜君与处,甚乐,每登览泉石之际,唯恐其去也。其后徙官广陵,忽忽不逾岁而求颍,在颍逾年,差自适,然滁之山林泉石与杜君共乐者,未尝辄一日忘于心也。

嘉祐元年(1056),欧阳修《赠沈博士歌》又回忆说:

> 我昔被谪居滁山,名虽为翁实少年。坐中醉客谁最贤,杜彬琵琶皮作弦。自从彬死世莫传,玉练锁声入黄泉。

他为好友杜彬的逝去而黯然神伤,更感叹杜彬死后,再也欣赏不到如此令人心旷神怡的琵琶声了。

欧阳修在滁州推引后学王向,当时传为佳话。王向,字子直,号公默,是王回的弟弟。祖籍福州,后来徙居颍州汝阴。为人刚直、任性,喜欢议论世事,擅长作文赋诗,曾经戏作《公默先生传》自述平生。这个时候的王向还很年轻,在滁州官署做幕僚。有一次,一位教书先生因为一个学生不送"束脩"(学费),自己上门去找这个学生问罪,学生闭门不理睬。教书先生跑到王向那里告状。王向查明案情后,在诉讼状上判道:"礼闻来学,不闻往教。先生既已自屈,弟子宁不少高? 盍二物以收威,岂两辞以造狱。"他认为先生登门去找学生,已失去了礼规,学生无礼相待,双方都是失礼,不宜立案起诉。这位先生不服王向判决,拿着判书径直去找欧阳修。欧阳修一读到判词,拍案叫好。从此,欧阳修对王向多方延誉奖进,终于使他成为一个名人。

这一年,欧阳修第三子欧阳棐出生。欧阳棐,字叔弼,从小博闻强记,精通经史百家之言,擅长文辞。后来登进士第,官至襄州知州,因为陷入党争漩涡,退居颍州。他性格刚正,体恤民情,文才卓越,为人为政为文,都有乃父遗风。

庆历八年(1048)闰正月十六日,欧阳修官转起居舍人,仍旧知制诰,徙知扬州(今属江苏)。早春的滁州,大大不同于往日的夷陵,阳光灿烂,花明柳轻。在告别滁人的酒宴上,僚属百姓酌酒为欧阳修送行。欧阳修以开朗舒畅的情怀,一扫离愁别绪,吟诵了轻松欢快的《别滁》诗:

花光浓烂柳轻明,酌酒花前送我行。我亦且如常日醉,莫教弦管作离声。

滁州人感激欧阳修在滁州的惠政。在欧阳修生前,滁人就为他建立生祠,岁时祭祀。九百多年来,欧阳修与王禹偁被滁州人合称为"二贤",建堂以志纪念。欧阳修在滁州的贬谪生活,给滁州山山水水染上了神奇的色彩,琅琊山、醉翁亭、丰乐亭,都因为欧阳修的诗文和宴游而名扬天下,成为后人景仰神往的名胜古迹。

十一　移镇扬州

庆历八年(1048)二月二十二日,欧阳修到达扬州上任。扬州属淮南东路,是唐宋以来的江淮名镇,大运河纵贯南北,并与长江在南部边境相交叉,自古以来是我国东南水陆交通枢纽,循运河北上可达京师,顺长江下行直抵通州,上溯可以入蜀地。它又是当时淮南路大都督府所在地,滁州只是它辖境中的一个州郡,二者之间的繁华富庶程度,简直不可同日而语。欧阳修经历两年多贬谪生活以后,能够迅速量移扬州,这是朝廷对他的恩遇。他的《扬州谢上表》说道:

上繫天听之聪,终辨狱辞之滥,苟此冤之获雪,虽永弃以犹甘。而况得善地以长人,享及亲之厚禄,坐安优逸,未久岁时,亟就易于方州,仍陟迁于秩序,有以见圣君之意,未尝忘言事之臣。

两年前,仁宗澄清了"张甥案"诬枉,欧阳修感铭在心。如今又蒙奖拔,他感激涕零。在欧阳修心目中,仁宗并没有忘记自己这位庆历谏臣。

欧阳修来到扬州,接替张奎的职务,继承的却是韩琦的为政举措。庆历新政失败后,韩琦以资政殿学士出知扬州,庆历七年(1047)五月徙知郓州(今山东东平),接着又改知成德军(今河北真定)。欧阳修到扬州视事后,立即给在真定的韩琦写信。其中说道:

仲春下旬,到郡领职。疏简之性,久习安闲,当此孔道,动须勉强。但日询故老去思之言,遵范遗政,谨守而已。

他效法韩琦的宽简政治,不图虚名,不求治迹,一切顺应自然而又讲究实效。两三个月后,一座喧嚣噪闹的衙署安静下来,简直像僧寺那样清静。然而,吏治有条不紊,百姓安居乐业。

欧阳修继续韩琦当年业已破土的工程,完成了无双亭、美泉亭、平山堂等名胜建筑。无双亭,又名"琼花亭",坐落在城东蕃厘观,这里原是汉代后土祠遗址。琼花,是我国古代一种稀有珍异的花木,树叶柔软而莹泽,花朵微黄而芬芳。蕃厘观内这株琼花,相传是唐代人种植,树大花繁,色奇香异,素有"琼花一枝,天下无双"的美称。韩琦知扬州时,曾有《后土祠琼花》诗,咏道:"维扬一株花,四海无同类,年年后土祠,独此琼瑶贵。"欧阳修建亭保护这株琼花,方便游人观赏,并亲自起名叫"无双亭"。

美泉亭,位于州城西北五里的大明寺旁边,亭下有"大明井",号称"天下第五泉"。泉水香甘清冽,自古享负盛誉。唐人张又新《煎茶水记》记载刘伯刍的话:"水之与共宜者凡七等……扬州大明寺水第五。"欧阳修在泉畔建筑美泉亭,供游客休憩并品尝泉茶。

平山堂名声最著,坐落在大明寺西侧。大明寺高踞在蜀冈主峰上面,是淮东著名古刹,始建于南朝刘宋大明年间,寺庙也因此而得名。唐代高僧鉴真曾在这里居住并讲经。欧阳修对佛寺了无兴趣。他喜爱这里的风光秀美，景物清华，继承前任余业，在寺畔修建平山堂。平山堂下临邗沟，左右两侧古木参天，翠竹掩映，堂前是一块平台，平台尽端有一围石栏。凭栏放目，远山近水，尽收眼底。依稀在目的江南诸山，拱揖堂前，宛若与平山堂檐楹齐肩。正是基于这种意境，欧阳修将它取名为"平山堂"。

平山堂大约在四五月间竣工落成。盛夏酷暑时节，欧阳修常常率领宾客来这里宴游。他们凌晨从州城出发，派人前往邵伯湖取来千余朵荷花，分插在一百多个花盆里。宾客坐定以后，将花盆间杂着摆放在宾客中间。行酒令时，由歌伎取一枝花传给宾客，众宾客依次摘叶，叶尽处罚宾客饮酒。大家用这种方法逗乐，常常戏耍到夜幕降临，载月而归。次年，欧阳修的《答通判吕太博》诗，深情地回忆起这种欢乐的酒宴场面：

千顷芙蕖盖水平，扬州太守旧多情。画盆围处花光合，红袖传来酒令行。舞踏落晖留醉客，歌迟檀板换新声。如今寂寞西湖上，雨后无人看落英。

这时，欧阳修已调任颍州知州。回首往事，情深意密。诗句当中，作者夹杂着多处自注，详细地记载平山堂上纳凉赏荷、饮酒传花的具体情节，可见诗人是多么缅怀这段难忘的时光。他更感伤自己离开扬州以后，瘦西湖上荷花寂寞，游人稀疏，辜负了一派美好风物。

在平山堂前，欧阳修亲自栽种的一株垂柳，长得伟岸挺拔，婀娜多姿，人们誉为"欧公柳"。八年后，欧阳修在朝廷担任判太常寺兼礼仪事。朋友刘敞出知扬州时，他赋《朝中措》词送行：

平山栏槛倚晴空，山色有无中。手种堂前垂柳，别来几度春风。

文章太守，挥毫万字，一饮千钟。行乐直须年少，樽前看取衰翁。

词中的"堂前垂柳"，就是指这棵"欧公柳"。词的上阕追忆平山堂前的迷人风光，除了晴空、山色之外，就是这棵在春风中摇曳多姿的垂柳，可见它在欧阳修的脑海里留有深刻印象。下阕描绘那位"挥毫万字，一饮千钟"的"文章太守"，既是当年词人文彩风流的传神身影，也是眼前刘敞盛年英姿的生动写照，两相对比之下，词人发出的人生慨叹，更是蕴涵对往昔岁月的深沉怀念。也是这棵"欧公柳"，在扬州留下了一段千古笑谈。相传到了北宋末年徽宗朝，有个叫薛嗣昌的人，因为欺罔诈骗，黜知扬州，也在堂前种植一棵柳树，自命为"薛公柳"，时人嗤之以鼻。薛嗣昌刚一调任，这株柳树就被人砍伐，连根也刨掉了。唯有这株"欧公柳"至今留存，表达扬州人对这位德才兼备好太守的永久怀念。

六月初，新授国子博士的梅尧臣来到扬州。他是应陈州（今河南睢阳）知州晏殊征召，前往陈州出任镇安军节度使判官。赴任途中，他领着新娶的刁氏夫人回宣城故里拜见父母，经行扬州。自庆历五年（1045）春夏间汴京分手以来，欧梅两位好友已经整整三年未曾见面，欧阳修当即吩咐部下备船，连夜沿水路前往迎接。三年不见，彼此的容颜都已变得衰老，乍见面时，双方都颇感吃惊。这天晚上，江风消暑，气候宜人，欧阳修在进道堂设宴款待老朋友，两人饮酒谈心，通宵达旦。梅尧臣《永叔进道堂夜话》诗，详细记载了当时的场景：

海风驱云来，池雨打荷急。虚堂开西窗，晚坐凉气入。与公话平生，事不一毫及。初探《易》之奥，大衍遗五十。……言史书星瑞，乱止由不戢。……陈疏见公忠，曾无与明执。文章包元气，天地得嘘吸。……夜阑索酒卮，快意频举抷。未竟天已白，左右如启蛰。

他们促膝而谈，话题由经学，史学，转入政治和文学。谈锋所及，无所不包。酒性相助，谈笑风生，竟然不知东方已经破晓。第二天清早，梅尧臣继续踏上回归宣城的行程，两人再三约定，待梅尧臣省亲回来，一定要在扬州多住几天。

八月中旬，梅尧臣的船只由宣城返回扬州。虽然他急于赶赴陈州上任，但被欧阳修强留不放行。时近中秋节，欧阳修邀请江淮两浙荆湖发运使许元、新科进士王琪，又约请歌儿舞女，准备与梅尧臣一道吟赏明月，切磋诗艺。他在《招许主客》诗中，兴致勃勃地写道：

欲将何物招嘉客，唯有新秋一味凉。更扫广庭宽百亩，少容明月放清光。楼头破鉴看将满，瓮面浮蛆拨已香。仍约多为诗准备，共防梅老敌难当。

诗人时而仰望渐渐变圆的月亮，时而开瓮察看新酿的美酒，迫不及待地盼着中秋节快快到来。诗歌结尾提醒许元千万不可轻敌大意，一定要认真作好准备，大家齐心协力抵挡梅尧臣这位诗坛老将的猛烈进攻。

谁知中秋节那天，天公不作美，忽然下起毛毛雨，乌云掩遮月亮。然而，在轻歌曼舞当中，三人的酒兴诗情丝毫不减。欧阳修《酬王君玉中秋待月值雨》诗咏道：

池上虽然无皓魄，樽前殊未减轻欢。绿醅自有寒中力，红粉尤宜烛下看。罗绮尘随歌扇动，管弦声杂雨荷干。客舟闲卧王夫子，诗阵教谁主将坛。

诗人觉得绿酒能驱寒并增强人体活力，烛下比月下更适合观赏歌儿舞女，黑夜掌烛，寒风杂雨的背景下，观赏歌舞，比试诗才，别有一番情趣。诙嘲笑谑的戏语之中，蕴涵时代文人以俗为雅的文化精神。

就在这次中秋咏诗后，欧阳修又出示家中珍藏的月石砚屏，供大家鉴赏和吟咏。月石砚屏，又称紫石屏，是一块紫色的石砚屏，体制约一尺见方，作用是为砚台障尘。据欧阳修《月石砚屏歌序》所说，当年张昷之在虢州任职时，下命修建一座石桥，施工中发现这块小版石，中间有月亮形状，石块为紫色，而月亮呈白色，月亮中还有树枝身影，纹理墨黑而枝叶老劲，即使是人间绘画大师也画不出这种情景，真称得上世间奇物。当年二月，张昷之因王则叛乱事件受到牵连，贬官监鄂州税，南行之前特将这块月石砚屏留赠给自己。梅尧臣诗集保存了《月石砚屏歌寄苏子美》《咏欧阳永叔文石砚屏二首》等诗，苏舜钦诗集也存有《永叔石月屏图》诗，可见欧阳修后来还将苏舜钦拉入题咏之列。

欧阳修的《紫石屏歌》咏道：

月从海底来，行上天东南。正当天中时，下照千丈潭。潭心无风月不动，倒影射入紫石岩。月光水洁石莹净，感此阴魄来中潜。自从月入此石中，天有两曜分为三。清光万古不磨灭，天地至宝难藏缄。天公呼雷公，夜持巨斧骧斫岩，骧此一片落千仞，皎然寒镜在玉奁。虾蟆白兔走天上，空留桂影犹毵毵。……吾奇苏子胸，罗列万象中包含。不惟胸宽胆亦大，屡出言语惊愚凡。自吾得此石，未见苏子心怀惭。不经老匠先指决，有手谁敢施镌镵。呼工画石持寄似，幸子留意其无谦。

诗歌首先描摹月亮进入石屏的奇思异想，继而探索月石砚屏的发光缘由，最后表达向苏舜钦索诗的愿望。全诗模拟韩愈诗风，搜奇抉怪，想象奇特，表现诗人穷究天下物理的探索创新精神。欧、梅、苏等多家合咏石砚屏，各自逞才使气，驰骋奇思异想，渐次使其成为宋人吟咏器物诗的一种范式。同时，依据这一组同题咏诗，可以考证出砚屏并非像南宋赵希鹄《洞天清录砚屏辨》所说的"自东坡、山谷始作"，应是欧阳修最迟在庆历八年就请人用虔州紫石（又称月石）制作而成，并且有了"砚屏"的名称。欧阳修根据自身文化生活需要创制砚屏，又用诗文的形式赋咏其精神气质，使物质文化与精神文化结合起来，对宋诗风貌的形成具有探索之功。

冬至过后，欧阳修身体不适，连续几天，上热过旺。有人告诉他说："这是因为体内阴阳失调，水火不济，应该施行内视术进行治疗。"所谓"内视"，又称"黄帝内视法"，是道教提倡的一种炼气养生之术。宋人喜爱炼气养生，炼气即今天所谓的气功，当时称"内丹"、"导引"、"吐纳"之术。练功者通过主观努力对自己身心进行意、气、体相结合的锻炼，达到健身和防病治病之目的。相传施行内视的人，清晨起床以后，正襟危坐，摒除一切杂念，用鼻孔深吸气，小口微吐，心眼随着气流吐纳，上贯头顶，下彻足心，自己的五脏六腑在意念当中清晰可见。

据苏轼《东坡志林》卷二记载，欧阳修晚年在道士徐问真指导下，用导引之术治好了医生治不了的脚病。可能是初学时动作不得要领,欧阳修遵嘱施行"内视",不到一个月,双眼疼痛如割,不仅难以执笔写字,而且不能正眼观看物体。他担心会成为瞎眼。后来,病情虽然有所好转,但眼病却成了欧阳修的终生宿疾。幸好他是一位乐天派,心胸开阔,豪爽乐观。次年,他的一首《眼有黑花戏书自遣》诗,咏道:

> 洛阳三见牡丹月,春醉往往眠人家。扬州一过芍药时,夜饮不觉生朝霞。天下名花唯有此,樽前乐事更无加。如今白首春风里,病眼何须厌黑花。

他将自己的病眼昏花,诙谐地与洛阳牡丹花、扬州的芍药花相提并论。自我解嘲之中,表现出豪爽乐观的个性。

十二月,苏舜钦在苏州病逝,享年四十一岁。苏氏是庆历新政失败当中第一个受害者。庆历四年(1044)九月,他遭受诬陷,被无端地削职为民。次年定居苏州,廉价买得一所旧池馆,临水筑亭,感念《孟子·离娄》孺子歌"沧浪之水清兮,可以濯吾缨"的诗意,取名沧浪亭。其《沧浪亭记》描述自己在逆境中安适自得的心境,写道:"予时榜小舟幅巾以往,至则洒然忘其归,箕而浩歌,踞而仰啸,野老不至,鱼鸟共乐,形骸既适则神不烦,观听无邪则道以明,返思向之汩汩荣辱之场,日与锱铢利害相磨戛,隔此真趣,不亦鄙哉!"挥洒的文笔,旷达的情怀,与欧阳修《醉翁亭记》等滁州作不谋而合。四年来,他们远隔山水,元曾谋面,却同样在生活磨难中经历了自我精神的救赎,实现了人格境界的升华。去年,欧阳修应苏舜钦请命,赋《沧浪亭》诗,其中咏道:

> 子美寄我《沧浪吟》,邀我共作沧浪篇。沧浪有景不可到,使我东望心悠然。荒湾野水气象古,高林翠阜相回环。新篁抽笋添夏影,老枿乱发争春妍。水禽闲暇事高格,山鸟日夕相啾喧。……清风明月本无价,可惜只卖四万钱。又疑此境天乞与,壮士憔悴天应怜。

欧阳修凭着想象,描绘了寄托朋友人格精神的美丽园林:青山绿水,禽鸣鸟语。春天老树发芽绽花,一片生机勃勃;夏日笋竹成荫,四面凉风习习。这里原是五代吴越国主近亲孙承右的池馆，如今早已荒废，人迹罕至。苏舜钦偶尔发现，便宜获取。诗人以为老天爷同情苏舜钦的不幸遭遇，开恩有眼，才使他仅花四万钱，买取这块风水宝地。今年，承朝廷恩赏，苏舜钦恢复官资，授湖州（今属浙江）长史，并有希望在将来返朝廷受重用。谁也没有想到，他还没有来得及赴湖州任，就在苏州郁郁逝去。

噩耗传来，欧阳修无比震惊，又无比感愤。他的《祭苏子美文》发出沉痛慨叹："哀哀子美，命止斯邪；小人之幸，君子之嗟！"四年后，他在苏舜钦岳父杜衍家里，获读苏舜钦诗文全部遗稿，于是集录、整理成文集十卷，并撰写了《苏氏文集序》，再次发出感慨：

斯文，金玉也，弃掷埋没粪土，不能销蚀。其见遗于一时，必有收而宝之于后世者。虽其埋没而未出，其精气光怪已能常自发见，而物亦不能掩也。……自古治时少而乱时多，幸时治矣，文章或不能纯粹，或迟久而不相及，何其难之若是欤？岂非难得其人欤？苟一有其人，又幸而及出于治世，世其可不为之贵重而爱惜之欤？嗟吾子美，以一酒食之过，至废为民而流落以死。此其可以叹息流涕，而为当世仁人君子之职位宜与国家乐育贤材者惜也！

他高度评价苏氏诗文，比之为金玉，无论抛弃埋没在任何地方，都不会腐烂消失，都有人珍藏传世。同时感慨自古天下多动乱，人才非常难得，应该加倍珍惜才对。痛惜像苏舜钦这样难得的人才，生于太平盛世，却被无情毁灭，指摘当世仁人君子没能为国家珍惜人才。尤其令人伤怀的是，当时与苏舜钦一块饮酒获罪的人，如王洙，王益柔、吕溱、刁约、宋敏求等，皇祐年间以后，陆续被提拔，返回朝廷担任要职，唯独其中最杰出的人物苏舜钦英年早逝。嘉祐元年（1056），苏舜钦正式落葬，欧阳修为他撰写《湖州长史苏君墓志铭》，又一次喟叹：

自君卒后，天子感悟，凡所被逐之臣复召用，今皆显列于朝。而至今无复为君言者，宜其欲求伸于地下也，宜予述其得罪以死之详，而使后世知其有以也。

欧阳修笃于友情，尤其是对苏舜钦这样志同道合、患难与共的革新派志士,始终休戚相关、生死不渝。他为苏舜钦撰写的祭文、文集序和碑志,叙手足之情,抒离合之感,往往声泪俱下,感人肺腑,都是欧阳修诗文中的上乘之作。

年底,欧阳修为许元在海陵(今江苏泰州)修建的南园作记,推崇许氏为政简要而高效能。许元,字子春,宣城(今属安徽)人,担任江淮两浙荆湖发运副使,是著名的理财大臣。庆历三年(1043),江淮漕运供不应求,京师军需严重匮乏,范仲淹推荐许元主管江淮财政。几个月后,京师供给明显好转。许元考察漕运旧制利弊,大胆革故鼎新,制定各种规章制度,实施奖优罚劣,江南数千里漕运焕然一新。六年间,许元因政绩卓著,由国子博士升迁为主客员外郎,由发运判官擢拔为发运副使。欧阳修《海陵许氏南园记》,高度评价许氏的政治措施:

夫理繁而得其要则简,简则易行而不违,惟简与易,然后其力不劳而有余。

这些议论,恐怕是敷衍人情的客套话。据《宋史》本传记载,许元为政并不宽简。相反地,他为政苛急,在江淮十三年,以聚敛苛剥而著称于世。这与欧阳修政治上的"宽简说"大相径庭。然而,他们异曲同工,高效能的结果却是一致的。

欧阳修为政,主张天下大势,因时而异。凶灾之年,天下动乱,政治难免繁苛,一旦国泰民安,年丰岁乐,则主张遵循人情事理,宽简为治。他早年在《答西京王相公书》中曾经说道:

某闻古之为政者,必视年之丰凶。年凶则节国用,赈民穷,奸盗生争讼多而其政繁;年丰民乐,然后休息而简安之,以复其常。此善为政者之术,而礼典之所载也。

南宋朱熹《考欧阳文忠公事迹》记载,欧阳修曾经总绪自己的为政经验,通俗而生动地介绍说:

治民如治病,彼富医之至人家也,仆马鲜明,进退有礼,为人诊脉,按医书述病证,口辩如倾听之可爱,然病儿服药,云:"无效",则不如贫医矣。贫医无仆马,举止生疏,为人诊脉,口讷不能应对,病儿服药,云:"疾已愈矣",则便是良医。凡治人者,不问吏才能否,施设何如,但民称便,即是良吏。

欧阳修认为治理天下老百姓,就像医生治病一样,不在乎排场,不在于自我标榜,关键在于有实效。只要行政有效,不侵扰民众,百姓觉得便利,就是一个好官吏。

有人问欧阳修:"你实施宽简政治,并没有败坏政事,这是什么原因?"

他的回答是:"如果把'宽'理解为放纵,把'简'看做是粗略,政事就会败坏,百姓就会受害。我讲的'宽',就是不为苛急,讲的'简',就是不为烦琐,所以不会坏事。"

由此可见,欧阳修的宽简政治,只是以宽避苛,宽厚而不放任自流;以简御繁,简要而不疏忽弛废。这是儒家"仁政"与黄老"无为而治"相结合的产物,是十分注重行政效益的。他在扬州为政,正是实践这一政治主张,政务宽简,吏治井然有序,百姓安居乐业,深受扬州民众欢迎。欧阳修离开扬州以后,扬州人建立生祠,缅怀并纪念他。在扬州地方史上,欧阳修以"文章太守"享誉千古,以致后来历代封建王朝,对扬州官吏的任用往往附加特殊条件,留下了"扬州太守例能文"的佳话。它与"杭州太守例能诗"一样,表达了人们对历史文化名城和对历史文化名人的双重崇敬和向往。

十二　结缘颍州

皇祐元年(1049)正月十三日,欧阳修改知颍州(今安徽阜阳)。自庆历八年的冬天,他因眼病日趋恶化,一再上表,请求移知小郡,调治颐养身体,终于获得朝廷俞允。

仲春二月,欧阳修赶赴颍州,家属随后启程。船行运河,然后溯淮而上。在涡口城(今安徽怀远),他遇上辞去陈州判官回宣城奔父丧的梅尧臣。两人在江边小楼上短暂相聚。酒酣话旧,回顾十九年前,双方在洛阳诗酒相交。斗转星移,人事沧桑,当年洛阳旧友张汝士、张先、谢绛、尹源、杨子聪、尹洙等人相继

作古,只有座上两人尚健在。感伤嗟叹之余,欧阳修赋《夜行船》词:

忆昔西都欢纵。自别后,有谁能共?伊川山水洛川花,细寻思,旧游如梦。

今日相逢情愈重。愁闻唱,画楼钟动。白发天涯逢此景,倒金樽,孰谁相送。

词人追忆往事,满怀感慨。挚友难得相逢,贪图多有一会团聚的时光,因此害怕听到报时的钟声。但是,钟声终究响了,才相逢,又告别,此景此情,令人依依不舍。

梅尧臣与欧阳修会面以后,在钓鱼老翁那里买得两尾鲫鱼。十九年前,他与欧阳修初次相识,也是同样的两条鲫鱼。梅尧臣感怀欧阳修不以贵贱改易的真挚友情,吟诵《涡口得双鲫鱼怀永叔》诗。其中咏道:

我今淮上去,沙屿逢钓翁。因之获两尾,其色与昔同。钱将青丝绳,羹笔春畦菘。公乎广陵来,值我号苍穹。……生平四海内,有始鲜有终。唯公一荣悴,不愧古人风。

最后四句,饱含着诗人在艰难竭蹶人生道路上的辛酸,赞扬朋友欧阳修笃于友谊,荣悴如一的高尚人格。

船行寿州(今安徽凤台),舣舟靠岸栖宿。天空明月皎洁,地上淮水清澈,紫金山下宽阔的江面上,栖息着一叶孤舟。欧阳修触景生情,吟诵《行次寿州寄内》诗:

紫金山下水长流,尝记当年此共游。今夜南风吹客梦,清淮明月照孤舟。

四年前,欧阳修由河北贬官滁州,从汴河、蔡河、颍水进入淮河,曾经携带家眷经行此地。如今孑然一身,形影相吊,他情不自禁地想起了妻子和儿女。

二月十三日,欧阳修抵达颍州。颍州,旧称汝阴,又称顺昌府,位于京西北路的东南部。颍水自西北而东南贯穿全境。城西北郊有一座水波荡漾的西湖,长十里,宽二里,颍水与泉河在这里汇合,形成一汪明镜,号称"十顷碧琉璃"。夏秋之交,湖面菱荷接天,四围杨柳拂岸,风光旖旎可爱,足以同杭州西湖、扬州瘦西湖相媲美。

初来乍到,欧阳修就倾心颍州西湖的秀丽风景,更喜欢这里的民风淳朴,物产富饶,水土肥美,气候温和,萌生了将来归老颍州的念头。

当年贬知滁州,途经这里时,欧阳修结识过一位聪明伶俐的歌伎。在酒宴上,那位歌伎能够记诵并演唱欧阳修的全部词作。欧阳修大喜过望,对她开玩笑说:"你等着吧!过几年以后,我一定来这里做知州。"如今,欧阳修果真徙知颍州,可是一打听,那位歌伎已经嫁人并远走他乡。欧阳修怅惘久之。第二天,欧阳修与同僚们在西湖上饮酒,种植瑞莲,栽种黄杨树,在撷芳亭里题写《初至颍州西湖》诗:

平湖十顷碧琉璃,四面清阴乍合时。柳絮已将春去远,海棠应恨我来迟。啼禽似与游人语,明月闲撑野艇随。每到最佳堪乐处,却思君共把芳卮。

诗歌以轻快的笔调,抒写初见颍州西湖的喜悦心情。湖水碧澈,花草繁茂,虽然时光已近暮春,柳絮飘飞、海棠花谢,却丝毫不给人凋残衰败的伤感。白天鸟儿在树间欢快地啼鸣,夜晚游艇在水上悠闲地飘荡,唯一的遗憾就是未能与心上人同饮共赏。四十三年后,苏轼出守颍州,见到这首诗,笑着说:"这是杜牧'绿树成荫'那样的诗句啊!"相传晚唐诗人杜牧做宣城(今属安徽)幕僚时,有一次出游湖州(今属浙江),爱上一位十余岁的少女。十四年后,他出任湖州刺史,寻访这位少女。少女早已出嫁,并已生儿育女。杜牧怅然赋诗说:"自是寻春去较迟,不须惆怅怨芳时。狂风落尽深红色,绿树成荫子满枝。"苏轼笑欧诗颔联有杜牧"绿树成荫"诗意,正是就传闻中的这桩欧阳修风流韵事而说的。

春暖花开时节,欧阳修给前任颍州知州,如今出判邻郡陈州的晏殊写了一封信,感谢他昔日对自己的奖掖提携。《与晏相公殊书》回顾晏殊当年知贡举,甄拔自己为进士,后来入主相府,又推荐自己做谏官,说"出门馆不为不旧,受恩知不谓不深"。接着,欧阳修解释这些年不通音讯,往来断绝的原因,就在于身遭贬谪，处境孤危，不愿连累他人。如今接替恩师的职位，又与恩师新守接壤相交，所以特地致信请安。晏殊在宴席上收看书信，当着宾客的面，口授几句话，叫文书代笔回信。宾客们觉得过意不去，劝道："欧阳修不是等闲人物，文名鼎盛。这样回信，似乎太草率了。"晏殊不以为然："给我知贡举时的一位门生回信，这样做已经够客气了。"

有一位夷陵任上的旧交，叫欧世英，前来颍州拜访欧阳修。时隔十年，这位不乏才学的老朋友，依然是白衣秀才，穷困潦倒。欧阳修热情地接待故友。对饮话旧的时候，他回想自己十年来两度贬黜，四面奔波，处境与这位老友相去无几。出于同病相怜，慰友宽己，欧阳修赋《圣无忧》词：

世间风波险，十年一别须史。人生聚散常如此，相见且欢娱。

好酒能消光景，春风不染髭须。为公一醉花前倒，红袖莫来扶。

他为故友劝酒，想借豪饮烂醉，消解人生忧愁。实际上，他感叹十年蹉跎，哀伤青春无成，抒写的正是愤慨不平的情绪。

欧世英告辞时，欧阳修设宴饯别，并赋诗送行。《秀才欧世英惠然见访，于其还也，聊以赠之》诗咏道：

相逢十年旧，暂喜一樽同。昔日青衫令，今为白发翁。笑时君子守，求士有司公。况子之才美，焉能久困穷？

他勉励朋友守时待命，积极进取，总有一天会摆脱困境，实现自己的宏伟理想。

初秋，颍州西湖上，莲叶凝绿，菡萏吐香。欧阳修陶醉于十里荷花芬芳。他在《西湖戏作示同游者》诗中咏道："菡萏香清画舸浮，使君宁复忆扬州？都将二十四桥月，换得西湖十顷秋。"他以为接天映日的颍州西湖荷花，比较起素负盛名的扬州"二十四桥明月夜"，毫不逊色。他和同僚们常常载酒行船，驶入荷花丛中，在濛濛烟雨中，欢歌笑语，开怀畅饮，沉醉在美丽的大自然怀抱里。就如他的《采桑子》词所描写的：

荷花开后西湖好，载酒来时，不用旌旗，前后红幢绿盖随。

画船撑入花深处，香泛金卮。烟雨微微，一片笙歌醉里归。

彩船载酒，驶入荷花丛中，前后左右的红花绿叶，就像出行的仪仗和车盖。细雨笙歌，清香扑鼻，助人开怀豪饮。欧阳修一行常常泥醉而归。

为了方便宴会赋诗，欧阳修特地在治所内建筑一处厅堂，命名为"聚星堂"。这是欧阳修为纪念晏殊等前后出知颍州的贤宦而建的楼堂，堂上横匾大书"颍滨聚星"四个字，欧阳修常在这里宴请宾客。特别是公休日，常在这里召集州治的诗友们，如部属吕公著、张器、张洞，颍州乡贤、门人魏广、王回、张秩、徐无党、徐无逸、焦千之，以及在颍守父丧的刘敞、刘攽等，大家分韵拈题赋诗。有时以堂室中的器物为题目，有时以酒席上的瓜果为题目，今存《欧阳文忠公集》中的《人日聚星堂燕集探韵得丰字》《橄榄》《鹦鹉螺》等诗，都是这一类作品。

有一次，正是聚星堂宴会，有人提议以堂上悬挂的历代圣贤画像作题目，各自拈题赋诗。欧阳修抓阄得杜甫画像。他略作沉吟，赋《中堂画像探题得杜子美》诗：

风雅久寂寞，吾思见其人。杜君诗之豪，采者孰比伦？生为一身穷，死也万世珍。言苟可垂后，士无羞贱贫。

他把杜甫奉为后世无与伦比的"诗豪"，以为具有杜甫的诗歌成就，即使终生贫贱，也毫不羞愧。后世有人根据欧阳修《笔说》中的"李白杜甫诗优劣说"，论定他不喜欢杜诗，扬李抑杜，实际上论据不足。欧阳修素来李杜并尊。在他看来，李白、杜甫各有千秋。李白"清风明月不用一钱买，玉山自倒非人推"这类诗句，笔势纵横，天才自放，杜甫写不出来。然而，杜诗沉郁深挚，精强超过李白。欧阳修的"优劣说"，只是就诗歌的一个方面对李杜作了比较，并不是全面轩轾李杜诗歌。

有一位新科进士姚辟，字子张，金坛（今属江苏）人。他在《春秋》研究上，与欧阳修引为同调，这使欧阳修深感欣慰。欧阳修高兴地写作《获麟赠姚辟先辈》诗，其中咏道：

世已无孔子，获麟意谁知？我尝为之说，闻者未免非。而子独曰然，有如塓应篲。唯麟不为瑞，其意乃可推。

《春秋》"公羊传""穀梁传"记事,止于鲁哀公十四年"西狩获麟",引起古今学者各种各样的猜测。有人说孔子见到麒麟而作《春秋》,有人说孔子撰写《春秋》因为猎获麒麟而绝笔,原因在"伤周道之不兴,感嘉瑞之无应"。欧阳修于景祐四年(1037)撰写《春秋或问》,指出麒麟不是什么瑞兽,猎获麒麟与《春秋》写作毫不相干。孔子获得的《鲁史记》,记事本来就到此结束,并没有什么特殊意义。欧阳修批评"众说之乱《春秋》",提倡舍传从经,疑经惑传,主张遵循人情事理,直接从经文出发探求经典本义。这种离经叛道式的《春秋》研究,十多年来,备受世人责难,如今却获得青年学者赞同,欧阳修感到由衷高兴。他向姚辟详细阐述自己的经学思想,勉励这位年轻人继续努力探索,并将经学更新的希望寄托在青年一代身上。

来到颍州,欧阳修一如既往地爱赏人材。通判吕公著就是他赏识的青年学者。吕公著,字晦叔,是吕夷简的儿子。吕夷简作为庆历新政反对派的首领,是欧阳修长期攻击、指斥的对象。欧阳修屡受吕夷简排斥打击。然而,他却十分器重吕公著。在欧阳修心目中,吕公著学识渊博,器量宏阔,平时沉默寡言,言必中肯,名利淡泊,守道安贫。他们常在一起讲学论道,切磋文章。至和初年,欧阳修回朝任职,朝廷谏官缺员。他上书推荐两位人选,一位是王安石,另一位就是吕公著。这两位当时官职卑微的年轻人,尽管后来政见不一,却都是北宋后期政坛上的风云人物。由此可见,当年欧阳修,慧眼识英雄。

焦千之,也是欧阳修在颍州看重的一位年轻人。焦千之,字伯强,颍州人,后来移居丹徒(今江苏镇江)。他与徐无党一道,追随欧阳修,学习古文写作。焦氏初来门下时,徐无党高兴得跳起来,说:"这真是一个难得的人才,如果失去他,到哪里去寻找啊!"欧阳修把这两个门人比做一对玉璧:"自吾得二生,灿灿获双珙。"他又把焦千之推荐给吕公著,吕公著调任京师任职,聘请焦千之同赴京师教习儿子吕希纯等。欧阳修有《送焦千之秀才》诗。其中咏道:

焦生独立士,势利不可恐。谁言一身穷,自待九鼎重。有能

揭之行,可谓仁者勇。吕侯相家子,德义胜华宠。焦生得其随,
道合若胶巩。

四年后,欧阳修在颍州守母丧,获悉焦千之乡试失利,写信
要他暂时放弃科场文字,趁自己居丧有闲,指导他专心研究经
术。后来焦千之嘉祐年间召试舍人院,赐进士出身,担任国子监
直讲,成为欧阳修学术继承人之一。

欧阳修颍州上任伊始,就曾下令属吏考核郡中户籍,决定税
收等级。当时,有个叫常秩的人,列在第七等。张榜公示后,乡
里民众联名上书,请求说:"常秀才十分清廉贫寒,希望知州能
降低他的缴税等级。"欧阳修觉得很奇怪,通常评定税收等级
时,总是没完没了的纷争,人们总是埋怨自己缴得过多,别人缴
得太少。这个常秩究竟是个怎样的人,竟然得到这么多老百姓
的爱戴?他向颍州人王回及寄居颍州守制的刘敞、刘攽兄弟打
听,获悉常秩字夷甫,早年投考进士失败后,屏居乡里,一心研究
《春秋》之学,经术研究和德行节操都很知名。又派人四处调
查,反馈的也是一片赞扬声,大家都说:"常秀才孝悌有德,确实
不是一般人可比的。"于是,欧阳修免除了常秩的税收,并邀请
他到府中相见,有时还与他一同宴集。通过欧阳修的延誉,常秩
的名声很快传播到全国各地。

这一年,欧阳修最小的儿子出生了,他就是欧阳辩,小名叫
"和尚"。看来这是薛夫人的主意,薛夫人晚年信奉佛教,焚香
诵经度日。欧阳修平生厌恶佛理,听人谈论佛经,总是严肃地板
起脸孔,瞪着眼睛。有人问起欧阳修:"你不喜欢佛学,却给自
己的儿子取名叫'和尚',这是为什么?"欧阳修机辩地回答:"这
是一种贱称。你没有看到人家的小孩,总是取名叫牛儿、驴儿
的。"提问的人哈哈大笑,佩服欧阳修机敏善辩。

皇祐二年(1050)初春的一天,大雪纷飞,寒气逼人,欧阳修
在聚星堂摆酒设宴,邀请宾客赋诗咏雪。这一次不同往昔,是一
次别出心裁的文酒诗会。不知是出于对诗坛陈词滥调的深恶痛
绝,是恶作剧式的心血来潮,还是为了增加难度,写出新意,从艰
难中凸显奇丽,欧阳修建议禁止使用自古咏雪中常见常用的字

眼,如玉、月、梨、梅、练、絮、白、舞、鹅、鹤、银等。他的《雪》诗率
先出来:

新阳力微初破萼,客阴用壮犹相薄。朝寒棱棱锋莫犯,暮雪
缕缕止还作。……美人高堂晨起惊,幽士虚窗静闻落。酒垆成
径集瓶罂,猎骑寻踪得狐貉。龙蛇扫处断复续,貔虎围成呀且
攫。共贪终岁饱麰麦,岂恤空林饥鸟雀。沙墀朝贺迷象笏,桑野
行歌没芒屩。乃知一雪万人喜,顾我不饮胡为乐。

全诗洋洋两百字,成功地避开相约禁用的"体物语",围绕
"一雪万人喜"的主题,描摹雪中、雪后天地万象的变化,以及朝
野上下各色人物的欢悦场面,表达诗人对民生的关注,对瑞雪兆
丰的期盼。此种"禁体物语"诗,一反传统咏物诗的注重巧似,
一反传统咏物诗的常见喻体,用拗句,押险韵,因难见巧,僻处见
奇,在艰难中显现诗技,极大加强了群体赋诗的竞技性,有利于
诗歌艺术的翻新出奇。聚星堂上欧阳修等人的赋诗,很快被人
编成集子,在社会上流行,以至于当时各地的诗人甚或馆阁学士
们,都以未能参加诗会而感到遗憾,颍州俨然成了当时诗人们心
仪的创作中心。

四十三年之后,苏轼出守颍州,冬旱求雨,喜获小雪,邀请宾
客在聚星堂会饮,想起了欧阳修的这种"禁体物语"的赋诗方
式,将它称为"欧阳体""白战体",感叹四十年来没有人续作。
当时,欧阳修的三子欧阳棐,四子欧阳辩也都在颍州,为继一时
之盛,三人决计效仿,于是遵依"禁体物语"诗格,各赋一篇。苏
轼所赋的《聚星堂诗》享誉一时。然而,欧阳修创制的"禁体物
语"诗,终究因为难以下笔,后人鲜有续作。

春荒的日子里,农民缺粮少食,官府却千方百计地榨取老百
姓,农民辛辛苦苦耕种出来的糯米,官府将它酿成美酒,实行专
卖,谋取暴利,又向农民销售霉烂的酒糟,还自我标榜是对农民
的"德政"。欧阳修目睹这种情形,写了《食糟民》诗。诗的后半
部分咏道:

嗟彼官吏者,其职称长民。衣食不蚕耕,所学义与仁。仁当
养人义适宜,言可闻达力可施。上不能宽国之利,下不能饱尔之

饥。我饮酒,尔食糟,尔虽不我责,我责何由逃!

诗歌谴责了官府与民争利的"榷沽"政策。作者身为父母官,不能富国裕民,发出沉痛的反省与自责,表现出封建社会正直官吏的良知与责任感。

在颍州任上,欧阳修推重僚属张洞。张洞,字仲通,开封祥符(今河南开封)人,进士出身,当时担任颍州推官。欧阳修在一次诉讼案中,发现了张洞的才干。平民刘甲强迫弟弟刘柳鞭打弟媳妇,打完以后,刘柳抱着媳妇痛哭。刘甲发怒,逼迫刘柳继续鞭打,结果媳妇被活活打死。府吏判处刘柳死刑,欧阳修表示同意。张洞反对说:"按法律条例,教唆犯刘甲才是主犯,刘柳只是从犯。打死媳妇不是刘柳的本意,他不应当判死刑。"然而,府吏不同意,要维持原判,张洞于是称病不管事。欧阳修不得已,只得送呈案卷,由朝廷审判定罪。朝廷判决结果,与张洞的看法一致。从此以后,欧阳修格外器重这位年轻人。

张洞住宅的庭院里,有一颗槐树寄生在古老的桧树上。张洞赋写一首《庭松》诗,咏诵这种奇异现象。欧阳修托物言志,酬答了《寄生槐》诗:

桧唯凌云材,槐实凡木贱。奈何柔脆质,累此孤高干。龙鳞老苍苍,鼠耳光粲粲。因缘初莫原,感咤徒自叹。偷生由附托,得势争葱蒨。……含容固有害,剿绝须明断。唯当审斤斧,去恶无伤善。

诗中的凌云桧柏,象征人间的正人君子,寄生槐比喻趋炎附势、投机取巧的无耻小人。欧阳修呼吁人们坚决剪除小人,同时提醒大家,对君子和小人要审慎辨别,在剪除小人的同时不要误伤了君子。

七月一日,欧阳修改任应天府(今河南商丘)知府,兼南京留守司事。他冒着秋暑,溯颍水,过陈州(今河南淮阳),由蔡河转汴河,前往南京赴任。在陈州,他给一位姓张的朋友写信,说道:"自过界沟,地土卑薄,桑柘萧条,始知颍真乐土,益令人眷眷尔。"他将颍、陈二州的自然环境相对比,表现出对颍州的深沉眷恋。

二十四日,欧阳修一家抵达南京。南京,又称应天府。相传商朝始祖契居住在这里,周武王灭商以后,分封商纣王的庶兄微子在此地,国号"宋",都邑名"商丘"。隋初设置宋州,后唐改称归德军。宋太祖赵匡胤起家于后周归德军节度使,商丘被视为宋朝立国的发祥地。因此,宋真宗景德三年(1006),将宋州升为应天府,太中祥符七年(1014)又升为南京,成为北宋陪都之一。随着政治地位的提高,南京迅速发展成为人口稠密、商业繁华的大都会。

这次差知应天府,留守南京,官阶正四品,显示朝廷对欧阳修的信任,仁宗将会逐步重新进用这位庆历旧臣。欧阳修对此心怀感激。他的《南京谢上表》说道:

> 伏蒙圣恩,就差臣知应天府兼南京留守司事,臣已于今月二十四日赴上讫者。守宫钥之谨严,敢忘夙夜;布政条之纤悉,上副忧勤。……苟循俗吏之所为,虽能免过;非有古人之大节,未足报君。

他决心勤于政务,坚守气节,力戒因循,报效朝廷的知遇之恩。与此同时,他又担心这次出守名藩,会招来谗言怨谤,更厌烦繁华陪都迎来送往的人事应酬。从内心深处说,欧阳修更留恋颍州的适意生活。赴任前夕,他给吕公著的书信说:

> 某十三日受命,与孙公易地。此月下旬,当行效官,不惮宣力。苟为公家,何所不可。若区区应接人事,以避往来之谤,只恐违其天性,难久处也。西湖宛然,再来之计不难图,而与贤者共乐,知其不可得也。

他的内心矛盾,忧谗畏讥的心理,以及留恋颍州,难舍颍州挚友的复杂感情,在此书简当中披露无遗。

上任才三天,有个府吏禀告说:"这里有座五郎庙,异常灵验,请大人前往祭祀,否则它会作祟。"欧阳修一笑置之,不加可否。一次,欧阳修吃饭的时候,筷子忽然不见了。第二天,人们发现筷子在五郎庙神像手上。欧阳修怀疑有人装神弄鬼,大发雷霆,命令关闭五郎神庙,贴上盖有"南京留守"官印的封条,并叮嘱僚属:"在我离开南京以前,不准启封开门。"开始时人们都为欧阳修捏一把汗,后来什么事也没有发生,大家才放下心来。

这一年杜衍七十三岁,退休居住在南京城里,欧阳修是杜府里的常客。杜衍庆历三年(1043)出任枢密使,次年拜相,成为庆历新政主持人之一。新政失败后出知兖州(今属山东)。庆历七年(1047)以太子少傅致仕,退居应天府,去年加封太子太傅。欧阳修景祐元年(1034)结识杜衍,当时杜衍担任御史中丞,欧阳修为馆阁校勘。从那以后,他一直受到杜衍赏识奖掖。这次南京上任伊始,欧阳修立即登门拜访,两人谈得十分投机。杜衍不太喝酒,两人常在一起议论朝政,酬唱诗歌。杜衍虽然退居在家,却时刻关注朝廷政治,关心天下大事,忧国忧民,言辞慷慨激昂,如同在朝做官那样。欧阳修《纪德陈情上致太傅杜相公二首》其一咏道:

俭节清名世绝伦,坐令风俗可还淳。貌先年老因忧国,事与心违始乞身。四海仪刑瞻旧德,一樽谈笑作闲人。铃斋幸得亲师席,东向时容问治民。

颔联描写杜衍因为忧虑国事而未老先衰,由于事与愿违而辞官引退,人们认为它不仅形象地描摹了杜衍的相貌,而且委曲道尽了杜衍的心志节操。杜衍对这首诗十分赞赏,常常挂在嘴上自我吟诵。

欧阳修踏上颍州土地那天,就迷恋上西湖的风景绝胜,慨然萌发退居颍州、终老西湖的念头。今年离颍时,他已决计在颍州买置田产,抵达南京后又写信赠诗梅尧臣,邀请他一同买地建房,同来颍州安度晚年。他的《寄圣俞》诗,对长期怀才不遇、沉沦下僚的梅氏的艰难生计,深表同情:

我今俸禄饱余剩,念子朝夕勤盐齑。舟行每欲载米送,汴水六月干无泥。乃知此事尚难必,何况仕路如天梯。朝廷乐善得贤众,台阁俊彦聊簪犀。朝阳鸣凤为时出,一枝岂惜容其栖。古来磊落材与知,穷达有命理莫齐。悠悠百年一瞬息,俯仰天地身醯鸡。其间得失何足校,况与凫鹜争稗稊。

他慷慨接济老友的家庭生活,抱怨朝廷未能给这位磊落高才一个合适的位置,更奉劝朋友要心胸开阔,以一种通达的历史

观看待眼前的个人得失。诗歌的最后咏道:

　　我今三载病不饮,眼眵不辨骊与骊。壮心销尽忆闲处,生计易足才蔬畦。优游琴酒逐渔钓,上下林壑相攀跻。及身强健始为乐,莫待衰病须扶携。行当买田清颍上,与子相伴把锄犁。

　　欧阳修三年前患眼疾,自感于身体衰残,相约梅尧臣来颍州买田,安排退步抽身的路子。当时,梅尧臣还在宣城守制,接着是欧阳修回颍州守母丧,重返朝廷做官。到了嘉祐四年(1059),欧阳修再次发出邀请,梅尧臣曾经表示应约,但是,次年梅在京师溘然病逝,未能践行诺言。只有欧阳修初衷不改,最终实现了自己的夙愿,归隐并老死在颍州西湖边。

　　闰十一月六日,田况由御史中丞升迁三司使,执掌朝廷财政。田况,字元均,冀州信都(今河北冀县)人,天圣年间进士及第,与欧阳修交游深厚。面对朝廷财赋入不敷出的现状,虽然田况胸怀革弊兴利的雄心壮志,欧阳修却为朋友的使命感到担忧。年底的一天,时已立春,欧阳修写作《与田元均论财计书》。其中说道:

　　建利害、更法制甚易,若欲其必行而无沮改,则实难;裁冗长、塞侥幸非难,然欲其能久而无怨谤,则不易。为大计既迟久而莫待,收细碎又无益而徒劳。

　　他认为分辨利害是非,搞改革、变法制并不难,但要不遭受守旧派的阻挠和诋毁,就不容易了;裁减冗官、杜绝恩荫滥进并不难,但要长期坚持,不招致怨愤和攻击则不容易。如果要从根本上搞改革,收效太慢,大家不胜其烦;如果光从枝节上修修补补,又是徒费精力,无补于事。面对积重难返的弊端和因循守旧的陋习,欧阳修有一种无所适从的迷茫感。他把这些想法告诉朋友,希望朋友深思熟虑,稳健行事。

　　这一年,南京留守司来了一位年轻推官,叫苏颂,字子容,泉州同安(今属福建)人。他于庆历年间进士及第。欧阳修十分赏识苏颂才干,府中公务,奏章书简,大都委托他办理,甚至家庭事务,也多咨询他的意见。欧阳修对苏颂说过:"我真诚地信赖你,所以大事小事都托付你处理,请你不要嫌麻烦。"同时交代幕僚说:"苏子容处事精明慎重,凡是经由他处置的公务,我欧阳修不必过手了。"在苏颂任满一年后的政绩考察表上,欧阳修亲笔写道:"才可适时,识能虑远。珪璋粹美,是为邦国之珍;文学纯深,当备朝廷之用。"极力推崇苏颂的道德文章。杜衍也十分器重苏颂,将平生为政经验无保留地介绍给他。在欧阳修和杜衍的栽培奖掖下,苏颂的影响日益扩大,地位不断上升,到了北宋后期,成了朝廷辅弼大臣。

皇祐三年(1051)春天,晏殊改知永兴军(今陕西西安),奏请颍州推官张洞随行主管机要文字。欧阳修闻讯后,寄赠诗歌为张洞送行。《送张洞推官赴永兴经略司》诗咏道:

自古天下事,及时难必成。为谋于未然,聪者惑莫听。患至而后图,智者有不能。未远前日悔,可为来者铭。……小利不足为,涓流助沧溟。大功难速就,仓卒始改更。徒自益纷扰,何由集功名?乃知深远画,施设在安平。今也实其时,鉴前岂非明。

这是一首议论政治的诗歌。欧阳修总结庆历初年宋夏交兵的历史教训,勉励张洞为政应该力戒因循,居安思危,以稳健求改革。这是欧阳修对庆历新政冷静反思以后,关于朝政改革思想的新表述。

八月五日,韩绛奉旨考察并安抚江南东、西路,赋诗寄赠欧阳修。欧阳修《奉答子华学士安抚江南见寄之作》,也是一首系统阐述朝政改革思想的诗歌。首先,他指出拯救民生疾苦,必须弄清病源:"百姓病已久,一言难遽陈,良医将治之,必究病所因。"接着,揭示北宋社会积贫积弱的"病因",在于"澶渊之盟"以后,君臣苟且偷安,世风因循守旧:

天下久无事,人情贵因循。优游以为高,宽纵以为仁。今日废其小,皆谓不足论。明日坏其大,又云力难振。旁窥各阴拱,当职自逡巡。岁月浸骎颏,纪纲遂纷纭。

他揭示北宋王朝内忧外患,积弊丛生,不是一般汤药所能医治得了。接着,开列了治世良方:

猛宽相济理,古语六经存。蠹弊革侥幸,滥官绝贪昏。牧羊而去狼,未为不仁人。俊义沉下位,恶去善乃伸。贤愚各得职,不治未之闻。此说乃其要,易知行每艰。迟疑与果决,利害反掌间。舍此欲有为,吾知力徒烦。

他认为治国需要宽猛相济,任贤黜不肖。为政应该果断,除恶必须严厉,切莫迟疑不决和优柔寡断。这是欧阳修总结了庆历新政的经验和教训,重申他的政治改革主张。

这个月,许元因公事赶赴京城,途经南京,描绘一幅真州东园的图画,请欧阳修撰写《真州东园记》。真州(今江苏仪征)地处东南水路交通要道,是江淮、两浙、荆湖等路发运使的官府所在地。正副发运使施昌言、许元,判官马遵公事之余,寻访从前真州监军废营的旧址,修筑了东园,与四方往来宾客共同游乐。欧阳修并没有观赏过东园,只是凭依一张图纸,借用许元的一席解说,从虚幻中生发感情,形象地描绘了东园的绮丽风光:

园之广百亩,而流水横其前,清池浸其右,高台起其北。台,吾望以拂云之亭;池,吾俯以澄虚之阁;水,吾泛以画舫之舟;敞其中以为清宴之堂,辟其后以为射宾之圃。芙蓉芰荷之的历,幽兰白芷之芬芳,与夫佳花美木列植而交阴,此前日之苍烟白露而荆棘也;高甍巨桷、水光日景,动摇而下上,其宽闲深靓,可以答远响而生清风,此前日之颓垣断堑而荒墟也,嘉时令节,州人士女啸歌而管弦,此前日之晦冥风雨、鼪鼯鸟兽之嗥音也。

他从东园总体格局着笔,描绘了园林中的香花佳木,池台亭阁。好一座富丽堂皇的园林!从前的荆棘废墟,如今花草芬芳,箫歌悠扬。文章通过今昔对照,运用铺陈排比、勾画了东园宽阔幽深、娴雅宁静的风光。最后一段又将东园建造与三位主人的政绩联系在一起,美丽的园林,成了政治宽简,民生安乐的社会象征。全文妙用虚词,仅"之"字就连用二十余个,语气纡会,神韵缥缈。难怪他的儿子欧阳发称赞本文:"创意立法,前世未有其体。"

这一年,欧阳修的同年朋友刘涣,年届五十,辞官归隐、决定回老家南康(今江西星子)居住。刘涣,字凝之,是北宋著名史学家刘恕的父亲,与欧阳修同年进士及第,时任颍上(今属安徽)县令,官太子中允,又称刘中允。他为人刚直,不事逢迎,与世人落落寡合，又遭受上司压抑，长期屈居下僚。欧阳修素来敬重他的为人大节，这次回乡途中经行南京，热情接待了他，并赋诗为他送行。欧阳修的《庐山高赠同年刘中允归南康》诗，写道：

> 庐山高哉几千仞兮，根盘几百里，巉然屹立乎长江。长江西来走其下，是为扬澜左里兮，洪涛巨浪日夕相舂撞。云消风止水镜净，泊舟登岸而远望兮，上摩青苍以晻霭，下压后土之鸿庞。……君怀磊砢有至宝，世俗不辨珉与玒。策名为吏二十载，青衫白首困一邦。宠荣声利不可以苟屈兮，自非青云白石有深趣，其气兀硉何由降？丈夫壮节似君少，嗟我欲说安得巨笔如长杠！

全诗仿效李白诗风，驰骋想象，笔调瑰丽，描摹庐山巍峨耸峙的雄姿，千变万化的景观，以此烘托朋友不同世俗的情怀，宣泄因怀才不遇而在心中郁积的不平之气。欧阳修在一次醉酒以后，对儿子们说道："我的那首《庐山高》诗，当今没有人写得出来，只有当年的李太白才写得出。"可见欧阳修对这首诗的创作成就十分自负。

《庐山高》诗迅速传播四方，蛰居宣州守母丧的梅尧臣，却一直没能读到。一天，他的朋友郭祥正来到宣州。郭祥正，字功父，太平州当涂（今属安徽）人，从小卓有诗名，平生最爱吟诵欧阳修诗歌。梅尧臣说："最近收到欧阳修来信，他有一首赠送刘同年的《庐山高》诗，自认为是最得意的作品。很遗憾，我至今没有读到这首诗。"郭祥正当即吟诵给梅尧臣听，梅尧臣一边听，一边合着拍子，赞叹不绝，说："叫我再学习三十年写诗，也写不出其中的一句。"梅尧臣设宴款待郭祥正，一再聆听郭祥正吟诵，被诗歌奇崛雄伟的意境和自由奔放的风格所陶醉。后来，梅尧臣《依韵和郭祥正秘校遇雨宿昭亭见怀》诗，称赞欧诗奇特的艺术魅力，咏道："一诵《庐山高》，万景不得藏。……设令古画师，极意未能详。"所咏诵的正是当时听吟的感受。

应天府作为北宋的陪都，又地处汴河南北交通要冲，达官贵人来来往往，络绎不绝，一旦有失迎候，或者稍有怠慢，就会惹得议论纷纷，并且迅速传闻京师。欧阳修在南京任上，对过往的大小宾客,同样以礼相待。即使是贵臣权要,也一视同仁。有人对欧阳修不满意,在京师散布流言飞语,诋毁他的为人。当时,陈升之安抚京东路,朝廷要他顺便调查有关传闻。陈升之在应天府微服私访,听得民间俚语,称赞欧阳修为人磊落,待人公平,是一柱"照天蜡烛"。回到朝廷后,他如实奏报仁宗。仁宗正要召回欧阳修返朝任职,不料碰上欧阳修丁母忧。

皇祐四年(1052)三月十七日,欧阳修母亲郑氏夫人在南京官邸病逝,享年七十二岁。近几年来,欧母一直老病恹恹。欧阳修忙于奉侍汤药,又苦于政务繁忙,一直想请调僻静的小郡,却又难以找到合适的地方,太远了迎侍母亲不方便,附近州郡又都被权贵名臣们占据。正当欧阳修彷徨为难的时候,母亲病重弃世。

按照封建礼制,父母逝世,儿子要辞官在家守制,叫做丁忧。欧阳修匆忙上书朝廷,报了丁忧,随即交接府司公事,守护着母亲灵枢,带着全家大小,赶回颍州守制。

对于母亲的丧事,欧阳修一度陷于内心矛盾当中。他本来打算今年秋季扶护母丧南下归葬,但是,忙碌一番以后,又担心赶不上已经选择好的葬期,只得暂时厝枢在颍州寺庙里,等待明年南下。第二年春天,他又遵照堪舆家的说法,在颍西四十旦选择了一块墓地,想就近安葬,便于子孙祭扫坟茔,而且,选中那块墓地土厚水深,山水向背也符合阴阳家的标准。然而,他最终还是放弃了这块墓地,决定遵依常情,将母亲归葬故乡吉州吉水沙溪,与父亲合葬在一起。这是经过一番痛苦的思索才作出的抉择。在致朋友孙沔的书信里,欧阳修自叙衷曲,说道:

范、杜二家之子,不归京西,此不足怪,人事就易尔。仕宦子孙多在北,古贤亦皆如此,不以去就为轻重也。某亦不忍以先妣有归,子孙以远,不得时省坟墓也。哀切哀切。

正当欧阳修僦居西郊,寝苦枕块,居丧尽哀的时候,南方爆发了一场久经酝酿的军事动乱。居住在广南西路崇山峻岭中的壮族人,时称南蛮,主要有侬氏、黄氏、周氏、韦氏四大姓族。其中以广南西路邕州(今广西南宁)管辖的广源州蛮最为强悍,广源州位于今越南与广西的毗连地区,首领侬智高最为桀骜不驯。自庆历初年以来,侬智高与他的母亲阿侬,拥兵自立,据州建国。今年五月,他起兵反宋,攻陷邕州。建立大南国,自称"仁惠皇帝",改年号为"启历",接着领兵沿着邕江东下,攻占横、贵、龚、浔、藤、梧、封、康、端九州,进军围攻广州(今属广东)。当时,横州(今广西横县)知州张仲回、贵州(今广西贵县)知州李琚等人望风弃城而逃。侬军声威大震,沿途掠杀一空,广南东西两路陷入一片混乱。

欧阳修的侄儿欧阳通理前几年以恩荫得官,这时正在象州(今属广西)担任司理。象州与侬兵所侵扰的贵州、浔州(今广西桂平)接壤。这些日子,欧阳修为侄儿一家担惊受怕。九月,他收阅了欧阳通理的家书,才如释重负。他给侄儿写了一封书简,勉励他国难当头,理当奋勇报效朝廷,千万不可顾惜身家性命。欧阳修《与十二侄通理》写道:

欧阳氏自江南归明,累世蒙朝廷官禄。吾今又被荣显,致汝等并列官裳,当思报效。偶此多事,如有差使,尽心向前,不得避事。至于临难死节,亦是汝荣事,但存心尽公,神明亦自祐汝,慎不可思避事也。

信中又提及侄儿来信讲到的购买朱砂一事,欧阳修以身垂训,教育侄儿义不苟取,做官应当廉正自守:

昨书中言欲买朱砂来,吾不缺此物,汝于官下宜守廉,何得买官下物?吾在官所,除饮食物外,不曾买一物,汝可观此为戒也。

这些长辈教诫儿孙话,格调不是很高,更非豪言壮语。然而,从这些由衷之言,足以窥见作者守廉守贫、律己律人的高风亮节。

五月二十日,范仲淹在徐州(今属江苏)病逝,享年六十四。庆历新政失败后,他先后出知邠州(今陕西彬县)、邓州(今河南邓县)、杭州(今属浙江)和青州(今山东益都)。前不久,他扶病上路,移知颍州,途中被徐州知州孙沔挽留就医,谁知一卧不起,竟成永诀。噩耗传来,欧阳修悲痛万分,当即撰写《祭资政范公文》，倾吐心中的满腔悲愤：

> 呜呼公乎！学古居今，持方入圆。丘轲之艰，其道则然。公曰彼恶，公为好讦；公曰彼善，公为树朋。公所勇为，公则躁进；公有退让，公为近名。谗人之言，其何可听！

范仲淹奉行古圣先贤之道，献身朝政改革事业，却遭到守旧派无孔不入的谗毁。欧阳修鲜明地对比范仲淹的磊落言行和守旧派的卑劣伎俩，揭露改革志士在守旧派迫害下动辄得咎的艰难处境，对迫害改革志士的守旧派表示愤怒声讨。祭文还写道："自公云亡，谤不待辨。愈久愈明，由今可见。始屈终伸，公其无恨。"他坚信范仲淹人格玉洁冰清，一切诬谤之词都将不攻自破。

十二月一日，范仲淹在河南伊川下葬。范氏子孙请求欧阳修撰写神道碑铭。欧阳修爽快地接受了请托，却迟迟没有下笔，说是要稳重从事，让政敌无懈可击。范纯仁兄弟一再敦促，欧阳修解释说："这篇文章不好写，应该谨慎下笔。吕夷简的门人在朝执政的不少，字字句句要与他们对垒，必须站得住脚。"在致朋友孙沔的书信中，他也说道：

> 昨日范公宅得书，以埋铭见托。哀苦中无心绪作文字，然范公之德之才，岂易称述？至于辨谗谤，判忠邪，上不损朝廷喜体，下不避怨仇侧目，如此下笔，抑又艰哉！某平生孤拙，荷范公知奖最深，适此哀迷，别无展力，将此文字，是其职业，当勉力为之。

一方面因为居丧守制，不得执笔，也没有心思撰写文章，更重要的原因是庆历新政余波还在，遣词用句需要反复斟酌，所以，欧阳修主张从长计议，严肃审慎。身受范仲淹知遇奖掖之恩的欧阳修，决心尽力写好这篇文章。面对朋友们的一再催问，他在书简《与姚编礼辟》耐心解释说：

> 希文得美谥，虽无墓志，亦可。况是富公作，必不泯昧。修亦续后为他作神道碑，中怀亦自有千万端事，待要舒写，极不惮作也。……此文出来，任他奸邪谤议近我不得也。要得挺然自立，彻头须步步作把道理事，任人道过当，方得恰好。杜公爱贤乐善，急欲范公事迹彰著耳。因侍坐，亦略道其所以，但言所以

迟作者,本要言语无屈,准备仇家争理尔。如此,须先自执道
理也。

两年后,欧阳修才交出这篇精心构制的《范公神道碑铭》。
两千余字的碑志文,也是一部精彩的人物传记。作者带着强烈
的感情,多角度、全方位地概述了范仲淹一生的志趣、际遇、才略
和成就。文稿经由韩琦审定,按照韩琦的意见作过修改。其中
关于范仲淹与吕夷简的关系,在记叙景祐年间吕夷简以"朋党"
罪名贬斥范仲淹之后,又提到吕、范二公在宋夏战事爆发时以国
家利益为重而将相和解,写道:

自公坐吕公贬,群士大夫各持二公曲直,吕公患之,凡直公
者,皆指为党,或坐窜逐。及吕公复相,公亦再起被用,于是二公
欢然相约,戮力平贼。天下之士,皆以此多二公。

对于这段纪事,富弼不赞成。他通过徐无党向欧阳修表达
自己的不满,欧阳修在《与渑池徐宰无党》中坚持自己的观点:

谕及富公言《范文正公神道碑》事,当时在颍,已共详定,如
此为允。述吕公事,于范公见德量包宇宙,忠义先国家。于吕公
事各纪实,则万世取信。非如两仇相讼,各过其实,使后世不信,
以为偏辞也。大抵某之碑,无情之语平;富之志,嫉恶之心胜。
后世得此二文虽不同,以此推之,亦不足怪也。……幸为一一白
富公,如必要换,则请他别命人作尔。

他认为碑志类文字,只有据实直书,才能取信于后世。而大
敌当前,政见不同的双方,捐弃前嫌,团结御外,彰显的正是范仲
淹以国事为重的宽阔襟怀与不凡气度。他要徐无党向富弼转告
自己的看法,并表达断然拒绝改写的坚定意念。

孝子范纯仁兄弟更是激烈反对父亲曾与吕夷简和解的说
法。范纯仁说:"没有这回事,我父亲从来没有跟吕夷简和好
过。"他请求欧阳修删改这段文字。欧阳修生气地回答:"这事
实是我亲眼看见的,你们这些后生娃娃怎么知道呢!"他拒绝作
任何修改。范纯仁最终擅自删除有关和解的二十多个字,才交
付刻石。欧阳修闻讯后,勃然大怒,说道:"这已不是我的文章
了!"嘉祐二年(1057),他在《与杜沂论祁公墓志书》当中,对这

事仍然耿耿于怀，特别声明说："范公冢神刻，为其子擅自增损，不免更作文字发明，欲后世以家集为信。"由此可见欧阳修一丝不苟的严谨写作态度。

皇祐五年（1053）七月十五日，欧阳修扶护母丧，启程南下归葬。他派遣侄儿欧阳嗣立先行，并且致信庐陵堂弟欧阳焕，请欧阳焕协助欧阳嗣立共同筹措并主持葬仪。

欧阳修一行顺水路南下，由颖水入淮，走运河，溯大江，入赣水，抵达临江军（今江西樟树）时，知军率领僚属出城迎候，并祭奠欧母。清江（今属江西）县令李观受命撰写祭文，他一挥而就，其文如下：

昔孟轲亚圣，母之教也；今有子如轲，虽死何憾？尚飨！

知军原嫌祭文过于简短，担心孝子见怪。谁知祭奠时，欧阳修见祭文言简意赅，字字珠玑，他一边听着，一边击节称赏。

八月，在吉州父老乡亲支持下，欧阳修将母柩安葬在吉水县沙溪镇南四里左右的泷冈。泷冈位于凤凰山下蟠龙形。四十二年前，欧阳修的父亲欧阳观就在这里落葬，如今郑氏夫人来此合葬，同时祔葬的还有欧阳修早年失去的胥氏、杨氏两位夫人。这些墓茔群至今保存完好。其中欧阳修父母合葬墓依然保持着清嘉庆六年（1801）十一月的维修原貌，它与西阳宫建筑群一道，成为欧阳修籍贯地最具雄辩力的历史见证。

金秋时节，天高气爽，呈现在欧阳修眼前的，是一派美丽的江南山村景致：红枫映山，稻香飘野，男子躬耕田原，女人鸣机织苧，农家古道热肠，杀鸡作黍，殷勤待客。这一切，在欧阳修脑海里留下了极其深刻的印象。七八年后，他在朝廷做官，曾经深情地回味故乡的风土人情，吟咏《寄题沙溪宝锡院》诗作：

为爱江西物物佳，作诗尝向北人夸。青林霜日换枫叶，白水秋风吹稻花。酿酒烹鸡留醉客，鸣机织苧遍山家。野僧笼得无生乐，终日焚香坐结跏。

相传郑氏夫人下葬那天，欧阳修曾指着泷冈，对身边的父老乡亲说过："这个地方，以后用来安葬老夫。"后来，欧阳修病逝于颖州，因为宋大臣墓葬一般在京师方圆五百里以内，又因为欧氏子孙聚居颍州，亲戚多在北方，所以将欧阳修安葬在河南新郑。然而，这并非欧阳修的初衷和本意。

欧阳修晚年，备位二府、参赞军机、协理朝政，按照朝廷规定，可以为父母请得坟院。因为欧阳修不信奉佛教，不愿意请得僧寺，所以迟迟没有上请。后来还是韩琦替他说话，他才上请泷冈道观"西阳观"。因为"观"字与父名异音而同文，触犯了父讳，他上书朝廷，请求将观名改为"西阳宫"。欧阳修安埋母亲以后，生前没有能够重归故里，后裔当时也没能返归故乡居住，父母坟茔全靠西阳宫道士守护。每年清明时节，道士们像祭扫祖坟一样，祭扫欧阳修父母坟墓。

自古以来，沙溪人将"西阳宫""欧阳文忠公祠""泷冈阡表碑"视为西阳宫建筑群。如今西阳宫殿堂已经无存，只剩下一座高大的牌楼，牌楼中央月形拱门上方嵌刻"西阳宫"的斗字石匾。宫右的"欧阳文忠公祠"建于南宋淳熙以前，杨万里《诚斋集》卷七十二载有《沙溪六一先生祠堂记》。它历经八百余年，屡圮屡葺，至今保存完好。祠左的"泷冈阡表碑亭"始建于宋代，也是屡经修葺。今存的碑亭建于 20 世纪 60 年代初，是一座三层楼阁式建筑，雕梁画栋，飞檐凌空，显得雄伟壮观。碑堂正厅竖立的"泷冈阡表碑"，2006 年经国务院批准为全国重点文物保护单位。碑的正面镌刻《泷冈阡表》，碑阴铭刻《欧阳氏世次表》。

正当欧阳修在吉州忙于母亲葬事时，京都相继传来岳母金城夫人病重及逝世的消息。那年春天，金城夫人患病，欧阳修及薛夫人委派儿辈进京探望，没想到这么快就传来噩耗。他赶紧撰写《祭金城夫人文》，派遣表弟郑兴宗先行北上，代为临枢祭奠。冬天，欧阳修也匆匆赶回颍州。本来，欧阳修计划在吉州多呆些日子，还准备在服阙以后出知江南州郡，完成父母墓园建造工程，如建筑房屋，刻立碑碣，种植松柏以及买田招客守护墓园之类，还包括修护吉水回陂的祖父欧阳偓墓园等。遗憾的是，这次因岳母去世提前北返，丧服解除后回朝任职，在嘉祐年间七八次请知洪州（今江西南昌），均未能如愿，计划中的事情大都没有完成。

在吉州营丧的日子里，欧阳修拿出家中旧藏的《欧阳氏族谱》，向族人们咨询，并搜集族人各自收藏的旧谱，考正同异，列出世系，撰写《欧阳氏谱图》初稿。他在石本《欧阳氏谱图序》当中写道：

当皇祐、至和之间，以其家之旧谱，问于族人，各得其所藏诸本，以考证其同异，列其世次，为《谱图》一篇。

欧阳修晚年在青州任上，重新修订《欧阳氏谱图》，镌刻在"泷冈阡表"碑石背面，竖立在父母坟茔之前。

谱图是记载父系家族世系和人物事迹的历史图籍。它由记载古代帝王、诸侯世系、事迹的历史文献逐渐演变而来。魏晋南北朝盛行的谱牒之学，历经唐末五代社会大动乱以后，已是衰微殆绝。欧阳修与苏洵同在皇祐、至和间力挽颓波，首创私家修谱风气，改革族谱体例，根据《史记》"表"、郑玄《诗谱》等模式，创制以五世为限的世系表，上自高祖起，下至玄孙止，五世以外，另辟世系，祖孙隶属关系一目了然。图表以时代为经、以人物为纬，所附人物事迹，包括官封、字讳、迁徙、婚姻、谥号、葬所等，记事繁简，以远近亲疏为别。由于它简明清晰，方便实用，一经问世，就被世人广为取法，成为宋以后新谱牒的规范作品。明清两代谱学繁荣，欧体"谱图"是主要范式之一。欧阳修为我国谱牒学的发展，作出了卓越贡献。

十三　重返朝廷

至和元年（1054）四月，欧阳修丁忧期满，朝廷立即恢复他原来的官职。他本来打算等待秋凉以后进京，由于朝廷一再敦促，只得作好赴京的准备。时颍州知州张瓌，字唐公，滁州全椒（今属安徽）人，在去思堂前设宴聚饮。酒宴上少不了分韵同题吟诗，欧阳修的《去思堂会饮得"春"字》咏道：

世事纷然百态新，西冈一醉十三春。自惭白发随年少，犹把金钟劝主人。黄鸟乱飞深夏木，红榴初发艳清晨。佳时易失闲难得，有酒重来莫厌频。

当年晏殊以使相知颍州时，在西湖边建筑清涟阁，离任后，颍州士民怀念他，改称"去思堂"。西冈是晏殊汴京私宅所在地，十三年前欧氏以馆阁校勘与修《崇文总目》，在京师晏殊私邸与张瓒有过醉饮的往事。诗歌叙写世事沧桑、人生易老的生活体验，抒发对酒当歌、及时行乐的人生感慨。

五月间，欧阳修冒着烈日酷暑启程赴京。船过陈州（今河南淮阳），镇安军节度使程琳殷勤款留欧阳修一家，连续几天为他们接风洗尘，然后才给放行。抵达汴京，已是六月一日。上朝觐见的时候，仁宗看到阔别十载的欧阳修，简直不敢相认。当年风华正茂的庆历谏臣，如今须发斑白，两鬓苍苍。他不由得恻然动心，询问欧阳修在外几年，今年多大年纪，显得格外关怀备至。欧阳修请求出知外郡。仁宗深情地说："这些年我见识过不少人。一般人在担任小官的时候，还肯对我尽心直言，一旦有了较高的名誉地位，就会顾虑重重，不肯多说。像你这样敢于说实话的人，实在太少了。你就别离开朝廷吧！"

七月十三日，根据仁宗的旨意，朝廷授欧阳修权判流内铨。流内铨是吏部的官署。判流内铨一般以御史知杂以上的官员充任，它的职责是掌管文官从初仕到幕职州县官的铨选、差遣、考察等事务，具有一定实权。这时候，朝廷上下官员，大都是反对庆历新政才上台的。他们忌恨欧阳修重新得到进用，更担心欧阳修等人一旦被重用，将危及他们的仕途。因此，他们勾结在一起，形成一股排斥欧阳修的政治势力。

欧阳修上任伊始，就积极上书论事。目睹这些年朝廷滥施恩荫，候补官员成倍增长，而编制有限，补员指标多被权贵子弟抢占，候缺待补的，大都是出身贫寒的士子。这些士子呆在京师等候补员，常常一住经年，穷困潦倒。欧阳修上奏《论权贵子弟冲移选人札子》，请求朝廷限制贵族特权，只有在遇到特殊事故，如镇守边疆而不许搬家，以及致仕、分司、丁忧、患病等，才准许大臣子弟请求差遣,以保障贫寒士子能够正常补员。仁宗准依欧阳修奏议,下令三班审官,依此办理。

有人伪造欧阳修的一份奏疏,内容是请求仁宗淘汰那些依仗恩宠、谋求私利的宦官。这份伪造的奏折在京师广为流传,朝廷内外,议论纷纷。宦官们对欧阳修咬牙切齿,他们暗中勾结朝臣,多方搜寻欧阳修过失,伺机打击报复。

不久,一个叫杨永德的宦官终于找到了一个把柄,向欧阳修发起了一场攻击。事情是这样的:翰林学士胡宿是欧阳修的好友,他的儿子胡宗尧按例由吏部铨选,改任京官,仁宗批示说:此人曾经犯法,只准"循资"。所谓"循资",指任官自下而上顺次递升,依格铨授,不得逾越。几年前,胡宗尧在常州推官任上,因为知州擅自将官船借人,胡宗尧受到牵连,也挨受处分。在仁宗召问时,欧阳修指出:胡宗尧当年只是受长官连累,罪责不大,而且事隔多年,根据考任条例,可以调任京官。宦官及欧阳修的政敌们群起而攻,指责欧阳修徇私枉法,庇护朋友的儿子,侵犯皇帝的权力。七月二十七日,朝廷罢免欧阳修的判流内铨,让他出知同州(今陕西大荔)。

欧阳修出守同州的消息传到宣城,梅尧臣还在家里守丧。他不胜感慨,寄赠一首诗歌,题目为《闻永叔出守同州寄之》:

冕旒高拱元元上,左右无非唯唯臣。独以至公持国法,岂将孤直犯龙鳞。茱萸欲把人留楚,苜蓿方枯马入秦。访古寻碑可销日,秋风原上足麒麟。

他批评仁宗身边尽是唯唯诺诺的佞臣,容不下正直敢言的欧阳修。宽慰老朋友出守陕西,访寻古代金石碑铭,足以安闲消磨时日。

朝廷许多正直臣僚,纷纷挺身而出,请求挽留欧阳修。因胡宗尧案由判吏部南曹改官同知太常礼院的吴充,上疏替欧阳修辩说。他说:"欧阳修因为忠诚正直,所以擢拔为皇帝侍从,不应该因谗言而放逐。如果皇上认为我是出于私情而论救欧阳修,那么,我愿意与他一道受贬谪。"奏疏上呈后,没有回音。

知谏院范镇指出:"吏部铨曹在接到仁宗批示以后,有了疑义,申述自己的观点。这是官府常事。进谗言的人诬为是侵权。这样一来,上下官员彼此畏惧,恐怕没有谁敢于议论朝政是非了。"他请求公布进谗言者的名单,给予处罚,恢复欧阳修等人的原职。

殿中侍御史赵抃也上书论救欧阳修,说:"最近这段日子,正直的官吏纷纷出守外郡,侍从大臣当中,像欧阳修这样贤明的能有几个?只因为公正行事,不会逢迎权贵,就被逼出朝廷。这样办事,受伤害的人一定很多。"大臣们再三进言,仁宗渐渐有了醒悟。

八月十五日,刘沆出任宰相。去年,他以参知政事兼任《新唐书》提举官,实际主持纂修事务的宋祁出知外郡,唐书局缺乏一位主持工作的刊修官。第二天,他上朝面请仁宗,留下欧阳修刊修《新唐书》,仁宗当即同意了。并且对他说:"你召见欧阳修,向他说明这件事。"刘沆回答:"明天,欧阳修就要上朝向您辞行。您当面挽留他,那样,恩惠就是出自陛下。"仁宗照办了。十七日,欧阳修被任命为《新唐书》刊修官,主持唐书局工作。

九月一日,欧阳修被提升为翰林学士。次日,又被任命兼史馆修撰。第一次赴翰林院当班,仁宗特地赏赐他一套服装、一条金带、一匹金镀银鞍辔马。不久,又被差遣管理三班院。当时,曾公亮由翰林学士改任侍读学士、出知郑州(今属河南),宰相刘沆奏告欧阳修还没有主判单位,请求让他顶替曾公亮判三班院。仁宗问道:"翰林学士有了人选吗?"刘沆说,"现在正在商榷。"仁宗指示说:"欧阳修不仅是一个好差遣,也是一个好翰林学士。他可以替代曾公亮。"于是,在短短的一个多月里,欧阳修入翰林院,担任史官,主管三班院。

有一天,欧阳修因事单独在内殿谒见仁宗。仁宗说他打算仿效太祖、太宗,下翰林院,召见翰林学士,向欧阳修询问唐朝有关典章制度。欧阳修说:"唐朝的翰林学士,以诤谏为职业,参与朝廷机密,决定大臣升黜,号称'内相',又被称为'天子私人'。因为翰林学士在皇帝身边供职,所以当时的制度规定:翰林学士不准与大臣们交往。"退朝以后,欧阳修上奏疏,建议翰林学士不得私自谒见宰执大臣。谁知，朝臣闻讯后，一片哗然，认为这太不近情理，仁宗也没有依奏。次年七月七日，欧阳修再次上书，重申前朝典章制度，奏请两制、两省官员，非公事不得拜见执政，也不得与台谏官私下往来。出于公事需要，只允许在中书省、枢密院禀告。仁宗终于认识到这项提议的深刻意义，同日颁发有关诏令，禁止翰林学士私自结交宰执大臣，恢复了前朝的典章制度。

在欧阳修等人荐举下，王安石今年春天舒州（今安徽潜山）通判任满以后，由朝廷召试馆职，授集贤校理。王安石力辞不就，请求差遣外任。他在《上欧阳永叔书》中解释说，自己的祖母、二兄、一嫂相继丧亡，家庭负担太重，京师难以养家。九月一日，朝廷授王安石群牧司判官，他仍然一味推辞。经过欧阳修出面劝说，王安石才勉强就职。

大约在王安石就职前夕，欧阳修为了开导他，邀请王安石见面。两年后，欧阳修追忆这件往事，赋写《赠王介甫》诗：

翰林风月三千首，吏部文章二百年。老去自怜心尚在，后来谁与子争先。朱门歌舞争新态，绿绮尘埃试拂弦。常恨闻名不相识，相逢樽酒盍留连。

首联以李白诗歌和韩愈文章，盛赞王安石的诗文创作成就。中间两联，诗人自叹衰老，将文坛复古、诗文革新的希望，寄托在后起之秀王安石身上，更希望王安石能继自己之后主盟文坛，领导诗文革新健康发展。尾联表达钦慕之情，热切希望彼此在一起杯酒联欢。王安石接到赠诗后，也追忆当年的情景，回赠了《奉酬永叔见赠》诗：

欲传道义心虽壮，强学文章力已穷。他日若能窥孟子，终身何敢望韩公。抠衣最出诸生后，倒屣尝倾广座中。只恐虚名因此得，嘉篇为赆岂宜蒙。

他以孟子与韩愈的卫道精神自我鞭策，对欧阳修的推崇奖掖，表示由衷感激。从王氏自述的学文之力已穷、传道之心犹壮，以及诗中透露的慨然以天下为己任的雄心壮志，可见王安石的志向在于"立德"与"立功"，"立言"位居其后，他不屑于仅是主盟文坛。自从至和初年欧王会晤以后，双方书信往来频繁，尽管晚年两人政见不尽相同，却终生保持友好交情。

二十九日，欧阳修进献二十首《春帖子词》。"帖子词"是宋代宫廷八节宴席上的一种应景文学。为了庆祝冬至、夏至、春分、秋分、立春、立夏、立秋、立冬等八个节令，宫廷内部常常举办宴席，翰林院官员写诗赋词应酬风景，有时张贴在宫阁门墙上。这类诗歌从来就是逢场作戏、敷衍应酬，而且往往流于歌功颂德、粉饰太平。到了欧阳修手上，却赋予"规箴""讽谕"的新内容，陈腐的"帖子词"面貌焕然一新。如《皇帝阁六首》其二：

阳进升君子，阴消退小人。圣君南面治，布政法新春。

意在劝勉仁宗实施新政，奖进正直君子，黜退奸邪小人。又如《夫人阁五首》其一：

太史颂时令，农家候土牛。青林自花发，黄屋为民忧。

旨在规劝皇妃身居后宫黄金屋，要心忧天下老百姓。

有一天，仁宗偶尔见到这组御阁春帖子词，爱不释手，询问左右侍从："这些帖子词是谁写的？"侍从回答："这是欧阳学士的作品。"于是，仁宗派人取来欧阳修所写的全部帖子词，只见篇篇寓含讽谏内容，不由得连声赞叹："举笔不忘规劝进谏，真是一位优秀的侍臣啊！"

作为一个富于正义感的士大夫，欧阳修在重返朝廷以后，在屡遭打击、饱餐宦海艰辛之后，依然保持着抑恶扬善、忠正敢言的精神风貌。然而，他也清醒地认识到，时过境迁，今非昔比，自己所处的环境，仍是孤单危苦，当年以范仲淹为核心的朝政革新派，有的含冤谢世，有的离京远贬。守旧派势力依旧炙手可热，气焰嚣张。在这种处境下，要像庆历年间那样为朝政改革奔走呼号，已经毫无可能。欧阳修不得不为退步抽身作准备。岁暮时节，他目睹夏季返京师时满街苍翠欲滴的槐树，而今在秋霜后落叶飘零，不由得感伤起来，树犹如此，人生岂能长盛不衰？大自然的节候变化，引发诗人悲秋叹老的身世感慨，他吟咏了《述怀》诗：

岁律忽其周，阴风惨辽夐。孤怀念时节，朽质惊衰病。忆始来京师，街槐绿方映。清霜一以零，众木少坚劲。物理固如此，人生宁久盛？当时不树立，后世犹讥评。

顾我实孤生，饥寒谈孔孟。壮年犹勇为，刺口论时政。中间蒙选擢，官实居谏诤。岂知身愈危，唯恐职不称。十年困风波，九死出槛阱。再生君父恩，知报犬马性。归来见亲识，握手相吊庆。丹心皎虽存，白发生已迸。惭无羽毛彩，来与鸾凤并。铩翮适群翔，孤唳惊众听。严严玉堂署，清禁肃而静。……群居固可乐，宠禄尤难幸。何日早收身，江湖一渔艇。

回顾庆历新政时期，自己位居谏职，为朝政革故鼎新，敢作敢为，一往无前，却落得个"十年困风波，九死出槛阱"的结局，如今宠禄加身，却依然处在"铩翮追群翔，孤唳惊众听"的危境，既不能为朝廷除弊兴利，又不能使自己宏图大展，诗人认为愧对荣华富贵，萌发了收身归隐的思想。此诗实为作者半生宦海沉浮的复杂心态写照，字里行间可见他的坦荡情怀、旷达胸襟，也可见仕途险恶，有志难伸的人生苦闷，以及饱经政治风霜之后的心灰意冷、悲愤无奈。

这一年，徐无党南归故里婺州永康县（今属浙江），欧阳修为他撰写了赠序。徐无党在皇祐年间参加进士考试，名列前茅，在社会上小有名气。眼看他少年得志，文章擅名，欧阳修为了使他在学业上继续前进，决心摧抑他的凌人盛气。《送徐无党南归序》写道：

予读班固《艺文志》、唐四库书目，见其所列，自三代、秦、汉以来，著书之士，多者至百余篇，少者犹三四十篇；其人不可胜数，而散亡磨灭，百不一二存焉。予窃悲其人，文章丽矣，言语工矣，无异草木荣华之飘风，鸟兽好音之过耳也。方其用心与力之劳，亦何异众人之汲汲营营？而忽焉以死者，虽有迟有速，而卒与三者同归于泯灭。夫言之不可恃也盖如此。今之学者，莫不慕古圣贤之不朽，而勤一世以尽心于文字间者，皆可悲也。

文章以"立德""立功""立言"的"三不朽"立论，指出浮靡奇崛、华而不实的形式主义文风，有如草木开花，随风而散，鸟兽鸣声，过耳即逝。勉励徐无党在建功立业、著书立说的同时，注意加强自身道德修养。

至和二年（1055）正月十二日，仁宗前往奉先寺资福禅院，拜谒宣祖神御殿。按照事先的安排，顺便还要祭奠温成皇后祠庙，欧阳修竭力反对。他的《请驾不幸温成庙札子》指出：近来朝廷内外议论纷纷，认为陛下托名祭祀祖先，本意是追思后宫宠妃。这事非同小可，有损圣上德行，请求仁宗祭祀祖庙后不要前往皇后祠庙，以免社会上说长道短。御史中丞孙抃、知制诰韩绛也先后谏阻。仁宗终于放弃了原先计划，采纳了欧阳修等人的建议。

正月二十八日，晏殊在京师病逝，享年六十五岁。同年三月下葬。仁宗赐书神道碑首，题写"旧学之碑"四字，并下令欧阳修考察晏公一生行迹，撰写《晏公神道碑铭》。欧阳修同时撰有《晏元献公挽辞三首》，其三写道：

富贵优游五十年，始终明哲保身全。一时闻望朝廷重，余事文章海外传。旧馆池台闲水石，悲笳风日惨山川。解官制服门生礼，惭负君恩隔九泉。

挽辞颂扬晏殊的人格、政事和文学，表达对逝者故世的沉痛哀悼和对恩师知遇的由衷感激。其中也展示师生之间为人处世的差异，晏殊的富贵优游、明哲保身，与欧阳修的处世人格大相径庭。

五月二十七日，欧阳修上奏《论雕印文字札子》。近年来，社会上私自雕版印刷的书籍越来越多，虽然朝廷一再颁布禁止民间私自雕印文字的命令，却屡禁不止，愈演愈烈。在京师书店中，欧阳修发现一部二十卷的《宋文》，编纂当今朝廷大臣议论时政的文章，头一篇就是富弼的让官表，其中许多文字涉及契丹国事。这些文章不宜流传在外，一旦传入契丹，将会损害国家之间的关系。还有一些不足为人师法的所谓"范文"，流播社会，误人子弟。因此，欧阳修建议：凡是没有经过官府审定，私自雕印、贩卖书籍的，要严加惩治，要焚毁雕版，查封书店，并奖励人们检举揭发。仁宗批准了欧阳修的奏疏。

六月二日，欧阳修因为声援台谏官弹劾宰相陈执中，没有被朝廷采纳，于是自请外任，以翰林侍读学士出知蔡州（今河南汝南）。知制诰贾黯同时自请出知外郡。早在去年底，宰相陈执中家中女奴银儿非正常死亡，移送开封府检视，发现尸体上伤痕累累，结果闹得满城风雨，有说陈执中亲手打死女奴，有说陈执中爱妾张氏活活打死女奴，另一女奴也被打得遍体鳞伤，含恨自缢身亡。殿中侍御史赵抃上书弹劾陈执中。当时，蔡襄权知开封府，讼狱由开封府处理，朝廷先后派遣齐廓、张昪、崔峰、曹观等人复查案情，取得立案证据。今年以来，赵抃、孙抃等人又多次劾奏陈执中刚愎自用，淆乱朝纲，打击迫害正人贤士。由于仁宗偏袒，朝廷下令撤销陈执中案子，全体台谏官联名上书，表示坚决反对。欧阳修《论台谏官言事未蒙听允书》批评仁宗"拒忠臣而信邪佞"，支持台谏官"以理而争之"。指出：

> 宰臣陈执中自执政以来，不叶人望，累有过恶，招致人言，而执中迁延，尚玷宰府。……近年宰相多以过失因言者罢去，陛下不悟宰相非其人，反疑言事者好逐宰相。……天下之人与后世之议者，谓陛下拒忠言，庇愚相，以陛下为何如主也！

仁宗固执己见，拒谏饰非，仍然庇护陈执中。为此，欧阳修自请蔡州，以示抗议。

欧阳修、贾黯双双自请出补外郡，在朝廷掀起轩然大波。殿中侍御史赵抃上疏，慷慨陈词：

> 近日以来，所谓正人贤士者，纷纷引去。朝廷奈何自剪除羽翼？……如吕溱知徐州，蔡襄知泉州，吴奎被黜知寿州，韩绛知河阳府，此皆众所共惜其去。又闻欧阳修乞知蔡州，贾黯乞知荆南府。侍从之贤，如修辈无几。今坚欲请郡者非他，盖杰然正色立朝，既不能曲奉权要，而乃日虞中伤，皆欲效溱、襄、奎、绛而去尔。

知制诰刘敞也上书请留欧阳修，指出："吕溱、蔡襄、欧阳修、贾黯、韩绛皆有直质，无流心，议论不阿执政，有益当世者，诚不宜许其外补，使四方有以窥朝廷启奸佞之心。"次月二日，欧阳修终于被仁宗留在朝廷，重新担任翰林学士，判太常寺兼礼仪事。

在朝廷舆论的压力下,六月十一日,宰相陈执中罢为镇海军节度使,出判亳州(今安徽亳县)。欧阳修与陈执中关系素来不太和谐。陈执中皇祐元年(1049)八月罢相出知陈州(今河南淮阳),次年欧阳修从颍州移守南京(今河南商丘),赴任途中,登门拜谒,陈执中拒而不见。去年,欧阳修还朝作翰林学士,陈执中担任首相,双方不相往来。这次陈执中罢相出外,恰好碰上欧阳修草拟诰词,陈执中自忖一定没有什么好词。谁知宣读的诰词不挟私见,持论公正。其中说到陈执中为人,有道:"杜门却扫,善避权势而免嫌;处事执心,不为毁誉而更守。"肯定了陈执中的清高自守,刚直不阿。陈执中一听,大喜过望,说:"即使与我有深交的人,也说不出这样的话。这可是我为人处世的实际情况啊!"他亲手抄录一份,寄给朋友李师中,并在信简中写道:"我后悔过去没有真正认识欧阳修这个人!"

同是十一日,文彦博、富弼出任宰相。宣读制书的时候,仁宗派遣小黄门到朝堂上窥视,只见士大夫纷纷庆贺朝廷用人得当。当初,仁宗向王素询问如何选用贤相。王素说:"只有宦官宫妃不知道姓名的人,才是合适的人选。"仁宗说:"这样说,富弼合适了。"结果真的受到朝臣拥戴。几天后,欧阳修上朝奏事,仁宗告诉他这件事,并且说:"古人求相,有依靠梦幻和占卜的,我今天任用两位宰相,如此得人心,不是胜过梦幻和占卜吗?"欧阳修顿首称贺。

十六日,龙图阁直学士张昇以右谏议大夫权御史中丞。张昇为官清廉正直,仁宗曾对宰相说过:"这人可以主持御史台。"所以用他替代孙抃。这时,富弼入朝为相。欧阳修恢复翰林学士,士大夫称颂朝廷"三得人"。

为了纯洁儒学,欧阳修建议删除《九经正义》当中的谶纬说法。所谓谶纬,是汉代流行的一种神学迷信思想。它以《易经》中的"河图""洛书"神话传说和西汉董仲舒"天人感应说"为理论根据,编造图谶符命,欺世惑众。自西汉末年以来,谶纬与经学混在一起,儒家学说趋于神学化。虽然曹魏以来历代封建王朝明令禁止谶纬之说,但是,汉唐经籍注疏当中,仍然保留不少谶纬说法。欧阳修《论删除九经正义中谶纬札子》指出：自从秦始皇焚书坑儒以后，孔孟学说中断。汉兴，收拾亡佚，先秦经籍所剩无几，其中有的变成残篇断简，有的出于屋壁塚墓，更多的得自高龄昏眊儒生的口耳相传。这样的儒家经典，距离孔孟学说已经很远。汉代儒家学者各持偏学异说，自立门户，授受相传，还讲究一个师法。六朝以后，师道渐亡，注家各为笺传，经籍本义泯灭殆尽。到唐太宗时期，诏令孔颖达等人编纂九经注疏，号称《九经正义》。自那以来，著为定论，凡是不遵从"正义"说法，统统斥为异端邪说。然而，唐人纂辑的注疏，广博而杂乱，选择不精，许多地方引用谶纬说法，奇谈怪论，称为"正义"，的确名实不副。欧阳修请求仁宗下令，召集名儒学官，删芟《九经正义》当中的谶纬说法，正本清源，使经义纯粹，使文人学子不受怪异学说惑乱。仁宗读过奏疏以后，下令国子学官摘取《九经正义》所引的谶纬之说，逐条抄录，奏报朝廷。后来，由于宰辅大臣刘沆、文彦博、富弼等人不同意擅改经籍，欧阳修这项建议没有得到实施。

滁州人在丰山中捕获一只毛发洁白的兔子，派人赠送给京师欧阳修。欧阳修如获至宝，将白兔锁在富丽堂皇的樊笼里，用精美的食物喂养，并邀请朋友们在"珠箔花笼"下饮酒赋诗。他本人的《白兔》诗咏道：

天冥冥，云濛濛，白兔捣药姮娥宫。玉关全锁夜不闭，窜入滁山千万重。滁泉清甘泻大壑，滁草软翠摇轻风。渴饮泉，饥栖草，滁人遇之丰山道。网罗百计偶得之，千里持为翰林宝。翰林酬酢委金璧，珠箔花笼玉为食。朝随孔翠伴，暮缀鸾皇翼。主人邀客醉笼下，京洛风埃不沾席。群诗名貌极豪纵，尔兔有意果谁识？天资洁白已为累，物性拘囚尽无益。上林荣落几时休，回首峰峦断消息。

这是一首咏物咏怀诗，却有着深刻寓意。诗人俨然以玉兔自况，在滁州山林享受自由生活的白兔，被送到京师翰林院，虽然过上荣华富贵的生活，却失去了宝贵的自由。它曲折地表达作者翰林侍从的人生体验，即对宦途羁累的厌倦和对山林日园的向往。当时这首诗拥有众多的唱和作。据欧阳修书简,可知梅尧臣至少写过两首别开生面的《白兔诗》,在刘敞、刘攽、韩维等人的文集中,至今还保存着这类唱和诗歌。这一组白兔诗与咏唱紫石屏、澄心纸等一样,虽然表现的是文人闲适自处的心境与娱乐调侃的情怀,但众多诗人逞才使气,竞技炫才,表现对诗歌技巧的刻意追求,促使诗歌题材的平民化、生活化,并表现人文精神志趣,张扬文化人格,最终促成宋调风貌形成。特别是欧氏获读梅尧臣第一首和诗后,要求梅氏应不似"诸君所作,皆以嫦娥月宫为说",而要"以他意别作一篇,庶几高出群类"。梅尧臣《重赋白兔》诗接受欧氏意见,摆脱俗套,另立新意。欧阳修倡导咏物诗的主题翻新,实际标志着"禁体物语"诗的延伸与发展,即由当初的限禁措辞用事,进而限禁审题立意,它直接导引后来黄庭坚诗法中的"换骨法"。

令人遗憾的是,这只可爱的白兔从温暖的南方来到霜寒雪冻的北国,不习惯严酷的气候,更受不了笼拘羁绁的痛苦,第二年春天死去了。欧阳修在嘉祐四年(1059)写作《答圣俞白鹦鹉杂言》诗,其中咏道:

忆昨滁山之人赠我玉兔子,粤明年春玉兔死。……兔生明月月在天,玉兔不能久人间。况尔来从炎瘴地,岂识中州霜雪寒?渴虽有饮饥有啄,羁绁终知非尔乐。天高海阔路茫茫,嗟尔身微羽毛弱。尔能识路知所归,吾欲开笼纵尔飞。

诗人从梅尧臣豢养的白鹦鹉,想起了当年的玉兔子。梅诗中违性笼养的白鹦鹉,也有主人公梅尧臣的影子。当时,梅尧臣在唐书局编纂《新唐书》。有一次,他对妻子刁氏自嘲说:"吾之修书,可谓猢狲入布袋矣。"刁夫人是出身诗书门第的大家闺秀。她信口对句,说道:"君于仕宦,何异鲇鱼上竹竿耶?"这一副绝妙的对联,是梅尧臣当时处境和心态的写照。欧阳修诗中的"玉兔子"和梅尧臣笔下的"白鹦鹉",正是这一对志同道合老诗友同病相怜的共同化身。

十四　出使契丹

　　至和二年(1055)八月四日,契丹国主耶律宗真去世,享年四十,在位二十四年。其子耶律洪基继位,是为道宗。当时,宋廷还没有获悉契丹国主耶律宗真去世的讣闻,按照常例,向契丹派遣祝贺元旦、祝贺皇太后和皇帝生日的使臣。十六日,朝廷委派欧阳修以右谏议大夫名义出任贺契丹国母生辰使,并将持送仁宗画像。同时被任命的,还有契丹生辰使、契丹国母正旦使、契丹正旦使等多人。月底讣告传来,并获知耶律洪基已经继位契丹国主。宋廷于是改命欧阳修为贺契丹登宝位使,向传范为副使,同时任命吕公弼、郭谘为正副祭奠使,李参、夏佽为正副吊慰使,改派刘敞、张掞等人为契丹国母生辰使、契丹生辰使。

　　九月,欧阳修将家室搬迁到高桥,这里距离薛夫人娘家住址较近,便于内弟薛仲孺协助管理家务。他又致信给正在太学补监生的焦千之,要焦千之向胡瑗先生请假,暂时搬出太学,代为管教家中儿女们的学业。一切安排就绪,还是放心不下,他在给连襟王拱辰的书简中写道:

　　家中少人照管,且移高桥,去薛家稍近,然公期管勾,往来须及百余日。但得回来耳静,便是幸也。

　　初冬时节,已是天寒地冻天气。欧阳修一行启程北上,在恩州(今河北清河)和冀州(今河北冀县)之间,见到了老朋友沈遵。沈遵,江阴(今属江苏)人,进士出身,精通乐理,擅长琴曲,官至太常博士。当年欧阳修贬官至滁州,《醉翁亭记》流传人世,沈遵慕名前往,游赏滁州山水,谱写《醉翁吟》曲词。这次晤面,他设宴款待欧阳修。夜半酒酣,操琴演奏《醉翁吟》,琴音凄清,沁人心脾,使欧阳修激动不已。次年,欧阳修有《赠沈遵》诗,其中咏道:

　　群动夜息浮云阴,沈夫子弹醉翁吟。醉翁吟,以我名,我初闻之喜且惊。宫声三叠何泠泠,酒行暂止四坐倾。有如风轻日暖好鸟语,夜静山响春泉鸣。坐思千岩万壑醉眠处,写君三尺膝上横。沈夫子,恨君不为醉翁客,不见翁醉山间亭。翁欢不待丝与竹,把酒终日听泉声。有时醉倒枕溪石,青山白云为枕屏。花间百鸟唤不觉,日落山风吹自醒。

这是当时听奏琴曲的动情场面。夜半酒阑,沈氏弹奏的《醉翁吟》琴曲凄婉悠扬,引发欧阳修回想起当年滁州优游山水的惬意生活,对照今日出使的道途艰辛,心中别有一番滋味。

边郡雄州(今河北雄县),是北宋与契丹接境地。从这里渡过巨马河,就是契丹国境。然而,这里距离契丹都城上京临潢府(今辽宁昭乌达盟巴林左旗),还有千余里路程。欧阳修伫立雄州城头,举目北眺,只见夕阳西下,衰柳秋鸦,境外一片荒凉。瞻望前程,思念家人,欧阳修赋《奉使契丹初至雄州》诗:

古关衰柳聚寒鸦,驻马城头日欲斜。犹去西楼二千里,行人到此莫思家。

雄州的老百姓,长期遭受契丹凶悍骑兵的侵扰掠夺,保家卫国,不屈不挠,妇女儿童都骁勇尚武,有着压倒强虏、御侮国门的英雄气概。可是,守内虚外的宋王朝,面对强敌,步步退让,苟且偷安。五十年前,与契丹签订屈辱的"澶渊之盟",虽然暂时弭除了战祸,但是加重了边民的负担。欧阳修雄州之行,目睹边民的勇武风姿,写作《边户》诗:

家世为边户,年年常备胡。儿童习鞍马,妇女能弯弧。胡尘朝夕起,虏骑蔑如无。邂逅辄相射,杀伤两常俱。自从澶州盟,南北结欢娱。虽云免战斗,两地供赋租。将吏戒生事,庙堂为远图。身居界河上,不敢界河渔。

诗人巧借边民之口,叙述澶渊之盟前边民的尚武与抗争,揭露澶渊之盟后宋廷的妥协与边民的屈辱,对宋廷屈己苟安的外交国策作了委婉嘲讽,抒写爱国者的忧虑和愤慨,对长期承受屈辱痛苦的边民寄寓深切同情。

人马过了巨马河,行进在契丹境内,时令已是寒冬腊月。一路上北风呼啸,黄沙弥漫,四周一片萧索,征马声声悲鸣,冰雪在阳光下熠熠闪光。欧阳修《风吹沙》诗咏道:

北风吹沙千里黄,马行确荦悲摧藏。当冬万物惨颜色,冰雪射日生光芒。一年百日风尘道,安得朱颜常美好？揽鞍鞭马行勿迟,酒熟花开二月时。

在风沙和冰雪的摧残下,欧阳修一行历尽艰难苦楚。然而,他敦促同伴们快马加鞭,并鼓励说:"明年春暖花开时节,就是我们回家与亲人团聚的日子。"

十二月十三日,欧阳修一行抵达上京,代表宋廷向已即位的耶律洪基表示祝贺。在上京,欧阳修受到契丹国异乎寻常的热情接待。契丹国主耶律洪基委派两位皇叔,即陈留郡王耶律宗愿,惕隐大王耶律宗熙主持欢迎晚宴,陪客当中还有宰相萧和足,太皇太后的弟弟、尚父中书令晋王萧孝友等人,并且解释说:"这不是按常规办事,属于特殊接待规格,因为欧阳修名声太重的缘故。"负责接待工作的契丹送伴使耶律元宁也说:"我国接待宋廷使者,从来没有委派过这么多皇帝最宠信的大臣来主宴陪客。"

此月下旬,欧阳修一行踏上归程。完成了一项艰难的例行公事,出了上京城门,走在回朝的路途上,大家的情绪格外高昂,一路欢声笑语。欧阳修与副使向传范并辔而行,想到即将与家人团聚,他兴高采烈地在马上口占一绝,题为《奉使契丹回出上京马上作》:

紫貂裘暖朔风惊,潢水冰光射日明。笑语同来向公子,马头今日向南行。

穿着貂皮制成的衣裘,仍然感觉到朔风刺骨,潢河上的封冰在日照下闪闪发光。同样是冰雪朔风,与北上途中相比较,诗人与向传范的览物之情,显然欢快多了。

二十七日,欧阳修一行抵达契丹境内松山(今内蒙赤峰市西)。先行返程的刘敞已经到达柳河(今河北承德西北伊逊河西岸),闻讯后赋《柳河》诗:

相望不容三日行,多岐无奈百长亭。欲知河柳春来绿,正似松山雪后晴。

这首诗"明抄本"《公是集》题目作:《十二月二十七日宿柳

河,闻永叔是日宿松山,作七言寄之。自柳河直路趋松山,不过三百里,然虏讳不肯言。汉使常自东道,更白隰长兴,折行西北,屈曲千余里乃与直路合。自此稍西南,出古北口矣》,诗人感慨柳河与松山直路仅是三日路程,契丹人不肯明言,我朝使者往往误入歧途,多走了许多冤枉路。

嘉祐元年(1056)正月,行经大名府(今河北大名)时,判大名府、北京留守贾昌朝置酒设宴,为使者们接风洗尘。他预先跟一位色艺俱佳的官伎打好招呼,要她准备好一些歌曲,为欧阳修劝酒,官伎却没有吭声。后来,贾昌朝又叫都厅召见那位官伎,要她作些准备,她依然不吱声。贾昌朝叹了一口气,以为此人粗野,不通文墨。谁知在宴席上,这位官伎捧杯高歌,欧阳修从始至终侧耳倾听。每次进酒劝杯,欧阳修都一饮而尽。贾昌朝感到惊奇,召来官伎一问,原来她唱的歌曲都是欧阳修填的词。欧词抒情性、音乐感都很强,流传广泛,歌伎无须准备,可以随时登台演唱。

二月二十一日,欧阳修返抵汴京,向仁宗进献《北使语录》。在当时出使的臣僚中,欧阳修早衰多病,往返六千里,长途跋涉,觉得格外疲惫劳苦。

欧阳修返归京师时,河北百姓正在热火朝天地开修六塔河,企图治理黄河祸患。这些年里,黄河频繁决堤,多次洪流漫溢,泛滥成灾。景祐元年(1034)七月,黄河在澶州(今河南濮阳)横陇埽决堤。庆历元年(1041),仁宗下令暂时停修黄河缺口,商议开挖分水河,不久,河流自行分流,于是筑堤护卫澶州城。八年(1048)六月六日,河水在商胡埽(今河南濮阳东北)决堤,缺口宽达五百七十步,河水泛滥大名府、恩州、冀州等地,在乾宁军(今河北青县)东北入海,形成所谓的"黄河北流"。皇祐二年(1050)七月,黄河又在大名府馆陶县(今属河北)郭固决堤,四年(1052)正月,虽然堵塞住郭固决口,而河水仍然壅塞。于是,判大名府兼河北安抚使贾昌朝提议"塞商胡,开横陇,回大河于故道"。欧阳修去年三月二十九日,上《论修河第一状》,驳斥了贾昌朝的提案,认为这项工程太大,又违背河流避高就低的水性,指出"当此天灾岁旱之时,民困国贫之际,不量人力,不顺天时,臣知其有大不可者五"。他一连列举了五大理由,驳斥贾昌朝的建议。去年九月,河渠司李仲昌又提出一项新建议,导引黄河水北入六塔河,使黄河水流归横陇故道。欧阳修当即上书驳议。他的《论修河第二状》指出贾、李二说都不足采用,认为贾昌朝"言故道者未详利害之源",李仲昌"述六塔者近乎欺罔之说",并且提出自己的治河主张:"臣请选知水利之臣,就其下流,求其入海之路而浚之。不然,下流梗涩,则终虞上决,为患无涯。"然而,由于宰相文彦博、富弼支持李仲昌的主张。就在欧阳修出使契丹期间,仁宗下令兴工,一场人为的黄河水患在统治者错误的治黄决策下开始酝酿爆发。

欧阳修返朝途中,见河北正集中民力开修六塔河。他焦急万分,赶紧上奏《论修河第三状》,批评朝臣不负责任:"开修六塔河口,回水入横陇故道,此大事也,中外之臣皆知不便,而未有肯为国家极言其利害者。"请求仁宗"速罢六塔之役"。又根据这次奉使往来河北实地调查的结果,提议治理黄河"惟治堤顺水为得计",可惜仁宗、富弼一意孤行,六塔河工程终于全面施工。

四月一日,商胡决口堵塞,黄河水向北流入六塔河。由于六塔河河道狭窄,不能容纳黄河水流量,当天晚上,商胡重新决口,数千里河北大地顿时被洪水吞噬,数百万河北百姓葬身洪波,在黄河水患史上写下新的悲惨的一页。在付出了极其惨重的代价以后,人们才认识到欧阳修的先见之明。

返抵京师家门后,欧阳修摆脱了旅途艰辛,感受家庭的舒适与温馨。见到四个聪明伶俐的儿子,在薛仲孺、焦千之的照料下,一个个学业长进,更让他倍感欣慰。老大欧阳发已有十七岁,前年入太学,师从当代名儒胡瑗,他年龄虽小,却少年老成,恭谦谨慎,对古乐钟律之学深感兴趣,正得老师真传。最小的儿子欧阳辩也七岁了,活蹦乱跳,顽皮可爱。而欧阳修心里最喜欢的还是十岁的老三欧阳棐。棐儿酷爱读书,并已显露出文学写作的天赋。一天,欧阳修正在书房练习书法,别的儿子都瞄一眼就走过去了,只有欧阳棐守在旁边看得津津有味。见棐儿这么用心,欧阳修打心眼里高兴,亲笔抄写新作的《鸣蝉赋并序》赠给他,以示奖励。并在文后题跋说:

予因学书,起作赋草。他儿一视而过,独小子棐守之不去。此儿他日必能为吾此赋也。因以予之。

五月以来,京师大雨不止,洪水冲破城门,毁坏官衙民房,浸淹社稷神坛,街市水波浩渺,人畜死亡不计其数。幸存者乘坐木筏露宿街头,老幼拥挤,狼狈不堪。至于黄淮流域,河决堤溃,滚滚洪流吞噬着田野村落。平民百姓蒙受的灾难,更是苦不堪言。

六月二十九日,仁宗被迫颁发诏书,允许百官上书言事。诏书说道:

迺者淫雨降灾,大水为沴,两河之间,决溢为患,皆朕不德,天意所谴,其令中外实封言时政阙失,毋有所讳。

在仁宗看来,雨水成灾,出自上天谴告,因此不得不下"罪己诏",允许文武臣僚无所忌讳地批评朝政过失。

进入七月以后,大雨依然滂沛。欧阳修家宅地势低洼,被洪水淹浸,几番仓皇迁徙,处境十分狼狈。他在写给朋友赵槩的信中写道:

某为水所淹,仓皇中搬家来唐书局,又为皇城司所逐,一家惶惶,不知所之。欲却且还旧居,白日屋下,夜间上筏子露宿。人生之穷,一至于此!

七月六日,宰相文彦博、富弼等人在一起商议,趁仁宗颁发诏书检讨时政的机会,劝他确立皇子,以安抚天下人心。由于事前没有与枢密院协商,枢密使王德用心怀不满,他双手合掌加额,大发牢骚:"将我这尊菩萨置于何地!"有人把这话告诉欧阳修,欧阳修不以为然,说:"这个老衙官,他知道什么!"

欧阳修向仁宗上奏《论水灾疏》。奏疏首先详细而又形象地描绘京城内外、近畿远郡洪水泛滥成灾的凄惨景况:

王城京邑,浩如陂湖,冲溺奔逃,号呼昼夜,人畜死者不知其数。其幸而免者,屋宇摧塌,无以容身,缚筏露居,上雨下水,累累老幼,狼藉于天街之中。又闻城外坟冢,亦被浸注,棺椁浮出,骸骨漂流。此皆闻之可伤,见之可悯。生者既不安其室,死者又不得其藏,此亦近世水灾未有若斯之甚者。此外四方奏报,无日不来,或云闭塞城门,或云冲破市邑,或云河口决千百步阔,或云水头高三四丈余,道路隔绝,田苗荡尽。是则大川小水,皆出为灾,远方近畿,无不被害。

奏疏叙事状物,生动逼真,在古文体制之中大量运用对偶排比句式,节奏鲜明,情感强烈,体现欧阳修散文的语言特色。

此疏重要内容之一,就是借此天灾示警,请求仁宗顺应人心,趁早确立皇子。在封建宗法制度下,历代封建帝王都是早旦确立储君,以免一旦驾崩,导致宫廷内乱和社会危机。仁宗皇帝年届四十七岁,临御天下三十多年,却一直没有确立太子。他原有三个儿子,相继患病夭亡,以后再没有皇子降生,储嗣也迟迟不立。正月间,他在早朝时忽然中风,歪倒在龙椅上,说不出话来。此后,多日神志不清,直到二月间,才逐渐康复。皇帝数十天不能上朝视事,引起朝野人心浮动,宫廷内外一片惊恐。范镇、司马光等正直大臣早已先后激切陈言,奉请仁宗择立皇储。仁宗一直迟疑不决,欧阳修建议在宗室中选择一人作为皇子,以安定社会人心,可暂时不急于立为储嗣,一边考察其为人处世,一边等待新皇子诞生。这一番直言奉劝,依然不见功效。

奏议另外一个重要内容,就是建议罢免狄青枢密使职务,让他出知外郡,以保全其人。狄青,字汉臣,行伍出身,有勇力,善骑射。在宋夏战争当中屡建战功,深得军心。在平定广西侬智高叛乱后,官拜枢密使。这次京师大水灾,狄青一家避水徙迁相国寺,起居都在大殿上。一时讹言四起,有说狄青身应图谶,有帝王之相;有说狄家的狗头上生角,狄府夜晚有奇光冲天。飞短流长,不一而足。为了弭息讹言,保全狄青,欧阳修建议将他罢免枢务并出知外郡。八月十四日,朝廷任命韩琦为枢密使,狄青被罢枢密使,加同平章事,出判陈州。狄青出知陈州后,宰相文彦博故意每月两次派遣使者前往抚问,实际上是察看狄青的举动,使狄青的精神常常处于极度紧张的状态。次年三月,狄青在忧惧当中死在任所。

没过多久，欧阳修又上《再论水灾状》，着重荐贤任能。他推荐知池州包拯、知襄州张瓌、崇文院检讨吕公著，群牧判官王安石等四人。在欧阳修心目中，包拯"清节美行，著自贫贱，谠言正论，闻于朝廷"；张瓌"静默端直，外柔内刚，学问通达"；吕公著"识虑深远，文章优长"；王安石"学问文章，知名当世，守道不苟，自重其身，论议通明，兼有时才之用，所谓无施不可者"。他请求仁宗重用这四位难得的贤人，听其言而用其才。通过进用贤良，顺应天命，来扶助艰难时局。

夏秋之交，梅尧臣除母丧服，从宣城返至汴京。由于城内水淹，一时找不到住所，只得寓居在船上。欧阳修三天后才获此消息，急忙赶到城东赚河岸边，看望这位久别的老友。欧阳修《答圣俞》诗中写道：

翁居南方我北走，世路离合安可期。汴渠千艘日上下，来及水门犹未知。五年不见劳梦寐，三日始往何其迟。城东赚河有名字，万家弃水为污池。人居其上苟贤者，我视此水犹涟漪。……况出新诗数十首，珠玑大小光陆离。他人欲一不可有，君家筐篋满莫持。

诗人感慨梅氏生活贫困，却创作丰富，诗名显赫，表达了由衷钦敬之意。当时已是翰林学士的欧阳修，在接下去的日子里，一次次蹚水溅泥来到河边探视老友，如此笃于友情，荣悴如一，令梅尧臣感动不已。梅尧臣《高车再过谢永叔内翰》诗咏道：

古人重贵不重旧，重旧今见欧阳公。昨朝喜我都门入，高车临岸进船篷。俯躬拜我礼愈下，驺从窃语音微通："我公声名压朝右，何厚于此瘦老翁！"……老虽得职不足显，愿与公去欢乐同。欢乐同，治园田，颍水东。

这一对地位悬殊的朋友，如此亲密无间，情同手足，在欧阳修的侍从们看来，实在难以理解。欧阳修随后步入梅尧臣住宅。他们煮茶品诗，谈古论今，也说到共同在颍州买田，准备在那里共同安度晚年。遗憾的是，梅尧臣四年后溘然去世，没有来得及兑现自己的诺言。

这个时候的梅尧臣，已经是颇具声名的大诗人，却依然仕途蹭蹬,生活拮据。欧阳修当即派人送去二十匹绢帛,赈济朋友的无米之炊。下一步,该怎么安排他的职务呢?皇祐三年(1051),梅尧臣召试学士院,赐同进士出身,授官太常博士。这只是一个虚衔,实际职务是监永济仓,负责管理粮仓。当初,梅尧臣对这种任职愤愤不平。如今,无论如何不能再这样安排了。欧阳修打听到国子监学官还缺两名直讲,他决定推荐梅尧臣。自皇祐四年(1052)以来,国子监配有八员直讲,各专一部经典,教授监生,一般选用四十岁以上、通经明义、品行端正的京官、选人担任。欧阳修《举梅尧臣充直讲状》,称赞梅尧臣"性纯行方,乐道守节,辞学优赡,经术通明,长于歌诗,得风雅之正"。请求朝廷依照当年录用孙复的先例,将梅尧臣补为国子学直讲。朝中宰相是富弼,韩琦升任枢密使,欧阳修的荐举很快就得到批准。秋末冬初,梅尧臣有了与自己身份、才学相匹配的职务,一家人终于可以在京城安心地定居下来。

就在这场历史罕见的大水灾中,苏洵领着儿子苏轼、苏辙来到汴京。苏洵,字明允,号老泉,眉州眉山(今属四川)人,时年四十八岁。他二十七岁才发愤读书,多次参加科举考试遭到失败,于是绝意科举,闭门苦读,考证古今治乱事迹,精通六经及百家学说,成了当时著名的学者。他擅长古文,文章切中时弊,文风恣肆,雄健有力。近年结识益州(今四川成都)知州张方平。雅州(今四川雅安)知州雷简夫等人。这次,趁两个儿子赴京应试,父子一道成行。早在去年,欧阳修的朋友吴照邻由蜀来京,曾经携来苏洵文稿,向欧阳修推荐过苏洵。这次启程的时候,雷简夫致信韩琦、张方平和欧阳修,推荐这位蜀中奇士。雷简夫《上欧阳修内翰书》写道:

伏见眉州人苏洵,年逾四十,寡言笑,淳谨好礼,不妄交游,尝著《六经》《洪范》等论十篇,为后世计。张益州一见其文,叹曰:"司马迁死矣,非子吾谁与?"简夫亦谓之曰:"生,王佐才也。"呜呼!起洵于贫贱之中,简夫不能也。然责之亦不在简夫也。若知洵不以告于人,则简夫为有罪矣。用是不敢固其初心,敢以洵闻左右。恭唯执事职在翰林,以文章忠义为天下师。洵之穷达,宜在执事。向者,洵与执事不相闻,则天下不以是责执事;今也,简夫之书既达于前,而洵又将东见执事于京师,今而后天下将以洵累执事矣。

他慷慨陈词,把向朝廷荐举苏洵的历史责任委托给欧阳修,并激励欧阳修担当起这一历史使命。

苏氏父子进京前,在成都拜见了张方平。张方平赏识"三苏"文章,预言苏轼兄弟这次应试一定会金榜题名。对于苏洵,他曾向朝廷推荐为成都学官,不见答复。张方平自恨职微言轻,说道:"要找个得力的推荐人,最合适的莫过于欧阳修了。"于是,他也写了一封推荐信,要苏洵面交欧阳修。

苏氏父子五、六月间抵达京师,正好遇上大雨成灾。待水势稍减,苏洵持张方平和雷简夫的推荐信拜访欧阳修,并献上自己的书简和二十篇文稿。欧阳修与张方平关系并不和谐。庆历新政失败后,张方平担任御史中丞,卖力地追究韩琦、范仲淹"朋党"案,与欧阳修反目为仇。然而,对张方平推荐的人才,欧阳修并不冷落。他认真阅读苏洵的文章,被其"纵横天下,出入驰骤"的磅礴气势所震撼,不由得发出感慨:"文章就应该遵循这样的方向发展啊!"又对登门造访的苏洵说道:"我这一辈子见过的文士可多啦,其中最喜欢的是尹洙和石介,但是,读他们的文章总觉得有所缺欠,不够完美。今天读了你的文章,真是觉得太好了!"他当即上书,连同苏洵文章呈奏仁宗,请求朝廷破格录用人才。他的《荐布衣苏洵状》说道:

伏见眉州布衣苏洵履行淳固,性识明达,亦尝一举有司不中,遂退而力学。其论议精于物理而善识变权,文章不为空言而期于有用。其所撰《权书》《衡书》《机策》二十篇,辞辩宏伟,博于古而宜于今,实有用之言,非特能文之士也。其人文行久为乡间所称,而守道安贫,不营仕进。苟无荐引,则遂弃于圣时。其所撰书二十篇,臣谨随状上进。伏望圣慈下两制看详。如有可采,乞赐甄录。

欧阳修强调苏洵有文才,有学识,而且文章切于实际,"不为空言而期于有用",同时表彰他的高尚人品,"守道安贫,不营仕进"。他还向韩琦荐举苏洵,使苏洵成为韩琦家中的座上客。韩琦有心录用苏洵,但是宰相富弼表示异议,说:"姑且稍微等候一下吧。"受苏洵请托,欧阳修也曾致信富弼,希望富弼能够抽空接见苏洵。信是这样写的:

> 欧阳修启。暑雨,不审台候何似。有蜀人苏洵者,文学之士也,自云奔走德望,思一见而无所求。然洵远人,以谓某能取信于公者,求为先容,既不可却,亦不忍欺,辄以冒闻。可否进退,则在公命也。

富弼是否接见苏洵,不得而知。苏洵的任职问题,就这么一直搁置着。次年四月,苏洵妻子程氏在故乡病逝,苏氏父子匆忙赶回四川治丧守制。又过了两年,朝廷征召苏洵赴舍人院考试策论,苏洵认为这是对自己的学识和推荐人欧阳修的极端不信任,心中愤愤不平,一再称病拒绝应试。经过欧阳修等人再三荐举,朝廷最终在嘉祐五年(1060)八月任命苏洵为试秘书省校书郎。欧阳修对苏洵的一再奖掖推赏,使老苏文章在嘉祐初年就已名倾京师,声震天下。

有一次,在欧阳修的家宴上,苏洵初次见到王安石。这时候的王安石,名声已经烜赫。苏洵从社会传闻中,也略知其为人为学。见他蓬头垢面而侃谈经书,心里十分反感,故意不理睬他。欧阳修想介绍苏洵与王安石交游,王安石也表示愿意与苏洵往来。然而,苏洵对王安石抱有偏见,说:"我了解王安石,这是一个不近人情的人。这种人没有不成为天下祸害的!"他反倒奉劝起欧阳修别与这种人打交道:"依我看,这个人将来一定会扰乱天下。他一旦得志,即使是圣明的君主,也会被他迷惑。先生为什么要与这种人交游呢?"苏洵拒绝与王安石交往,后来还撰写了谩骂王安石的《辨奸论》,斥责王安石是"不近人情"的"大奸慝"。

十一月三日,王德用罢免枢密使,贾昌朝再次入朝出任枢密使,这在臣僚当中引起一片惊恐。欧阳修《论贾昌朝除枢密使札子》指出:

> 伏见近降制书,除贾昌朝为枢密使。旬日以来,中外人情,

莫不疑惧,缙绅公议,渐以沸腾。盖缘昌朝禀性回邪,执心倾险,颇知经术,能文饰奸言,好为阴谋,以陷害良士。小人朋附者众,皆乐为其用。前在相位,累害善人,所以闻其再来,望风恐畏。

作者揭露贾氏勾结宦官、宫妃,热衷钻营。贾昌朝结识仁宗张贵妃(温成皇后)奶妈"贾婆婆",拜为"姑姑"。庆历年间,因为贾婆婆、张贵妃一再荐举,被任命为枢密使,又兼任宰相。台谏官多次上书劾奏,才出判大名府。如今又因宦官的关系,再次入主枢府。欧阳修的奏疏,朝廷没有答复。一年半后,台谏官再次群起而攻,弹劾贾昌朝交结宫人,贿赂宦官,私建大宅,才使贾氏罢相出判外郡。

十二月八日,朝廷任命胡瑗以太子中允、天章阁侍讲,兼管太学。胡瑗,字翼之,世称安定先生,是北宋著名教育家。早年担任湖州教授,从学弟子数百人,教学得法,规章制度健全。庆历年间京师兴办太学,正是取法湖州州学。皇祐年间,朝廷任命胡瑗为国子监直讲,太学生日益增加,礼部贡举及第者,胡瑗弟子往往占百分之四五十。前些日子,仁宗擢拔胡瑗为天章阁侍讲,替自己讲史说经。欧阳修担心胡瑗一走,太学生日渐离散,因此上疏请求挽留胡瑗继续主持太学。他的《举留胡瑗管勾太学状》写道:

> 国家自置太学十数年间,生徒日盛,常至三四百人。自瑗管勾太学以来,诸生服其德行,遵守规矩,日闻讲诵,进德修业。……今瑗既升讲筵,遂去太学,窃恐生徒无依,渐以分散。……臣等欲望圣慈特令胡瑗同勾当国子监,或专管勾太学,所贵生徒不至分散。

朝廷同意欧阳修的建议,留下胡瑗继续主持太学,稳定了太学教育繁荣兴旺的态势。嘉祐四年(1059)胡瑗病逝时,仁宗赗赠胡瑗家室。集贤校理钱公辅率领一百多名太学生在佛寺设灵堂哭祭,朝廷以"师丧"准假两天。后来,欧阳修撰写《胡先生墓表》,高度肯定胡瑗对宋代教育的贡献:

> 先生为人师,言行而身化之,使诚明者达,昏愚者励而顽傲者革,故其为法严而信,为道久而尊。师道废久矣,自明道、景祐

以来,学者有师,惟先生暨泰山孙明复、石守道三人,而先生之徒最盛。

胡瑗等人重整师法师道,振兴北宋教育,进而标举名节,崇尚品格,改造儒学,倡谈性理,最终发展成为北宋理学,实现了光复儒家独尊地位的伟大理想。自中唐以来,历代古文家们孜孜追求,前仆后继为之奋斗的政治目标,终于实现了。这个目标的实现,欧阳修也有着不可磨灭的功劳。

十五　嘉祐贡举

嘉祐二年(1057)正月六日,欧阳修被任命为权知礼部贡举。早在庆历年间,欧阳修就已文名满天下,到了嘉祐初年,已成为文坛泰斗。这次被任命为知举官,主持本届礼部贡试,决定合格举人名次。仁宗亲笔书写"文儒"二字赐给他,希望他认真选拔人才,努力完成朝廷三令五申改革文风的任务。同他一道主持本届考试的同知贡举是端明殿学士韩绛、翰林学士王珪、侍读学士范镇和龙图阁直学士梅挚。他们又共同推举梅尧臣为参详官。参详官,又称小试官,负责考试录取等具体事务。

宋代科举取士,完全取决于考试的卷面成绩,它一方面奠定了人才选拔的客观性与公正性,另一方面也导致科场作弊的普遍性与严重性。这些年应举人数大量增加,各种作弊手段应时而生,主要方式有"怀挟""假手""授义"三种。"怀挟"又称"挟书""怀藏",即举子挟带书册进入考场。举子挟带的都是些蝇头细字抄写的袖珍本,社会上甚至有专门抄写这种小书谋生的人,抄写一本可以获利二三万钱。"假手"又称"代笔",即请人代考,包括请他人当"枪手"、请同考人代作等方式。"授义"本指口传答案,后来发展为"传义",即考场上互相以纸笔传递答案。针对这五花八门的科场积弊,欧阳修上呈《条约举人怀挟文字札子》《论保明举人行实札子》等奏议,请求严肃考场纪律,严惩保举失实的官吏。针对有的举子暗中挟带微型书物入场，以及考场上多人串通起来共同作弊等行为，欧阳修建议：制订贡院新章程、严格监门搜身，强化贡院巡查，重赏查获舞弊行为的有功巡捕，严惩作弊举子，以切实保障"士子无滥举，朝廷得实才"。

正月七日，欧阳修等人受命后即刻进入贡院，过着与世隔绝的禁闭生活。宋代贡举考试，为了防范考官作弊，自淳化三年（992）苏易简知贡举以来，实行"锁院"制度。朝廷任命的权知贡举、权同知贡举等考官一经公布名单，就得马上进入贡院锁宿，不得与外界接触。考官入院锁宿后，开始拟定考题、监印试卷、编排考生座位表，准备择日开考。举子考试完毕，开始阅卷衡文，称"较艺"。为了保证评卷的公正性，还实施一系列复杂的程序，包括"封弥""誊录""初考""复考""定号""奏号"等，只有待到定出成绩等次、公布录取名单后，才允许考官出院回家。

在五十天的锁院生活中，不准与外人交往，也不准与家人见面，生活沉闷，心境寂寞，欧阳修等人在工作之余，只得以喝酒吟诗打发多余的时日。六人相与唱和，共得古诗、律诗、歌行体一百七十三篇，后来编纂成《礼部唱和诗》三卷。这是当时的一件盛事。欧阳修《礼部唱和诗序》写道：

嘉祐二年春，予幸得从五人者于尚书礼部，考天下所贡士，凡六千五百人。盖绝不通人者五十日，乃于其间，时相与作为古律、长短歌诗杂言，庶几所谓群居燕处言谈之文，亦所以宣其底滞而忘其倦怠也。……次而录之，得一百七十三篇，以传于六家。

礼部唱和的六人当中，王珪与欧阳修的关系有些特别。王珪是庆历二年（1042）的别头试进士，当时的考官是欧阳修，彼此有座主与门生之谊，而十五年后，两人又同知贡举，实是科场前所未有的盛事，这在当时传为佳话。他们本人对此也感慨万千，王珪《呈永叔书事》诗咏道：

诏书初捧下西厢，重棘连催暮钥忙。绿绣珥貂留帝诏，紫衣铺案拜宸香。卷如骤雨收声急,笔似飞泉落势长。十五年前出门下,最荣今日预东堂。

作者从今天的试场景况落笔,追溯十五年前的座主与门生之谊。而欧阳修《答王禹玉见赠》诗则相反,它从十五年前的试场景况入手,感慨昔日的座主与门生,如今同为主考官:

昔时叨入武成宫,曾看挥毫气吐虹。梦寐闲思十年事,笑谈今此一樽同。喜君新赐黄金带,顾我宜为白发翁。自古荐贤为报国,幸依精识士称公。

诗人当年在武成王庙作"别头试"考官时,亲眼目睹王珪挥毫应试的恢宏气概,赞扬王珪的才华横溢,少年得志,继而庆幸今日有王珪等精英襄助自己鉴别裁定,人才选拔一定客观公正。十五年的时间距离,考场的今昔对比,更加显现喜庆气息,双方共同沉浸在欣慰与欢快之中。

欧阳修的唱酬诗,今存三十二首。其中《礼部贡院阅进士就试》诗最为著名,生动再现了考场上举子入场答卷、考官衡文判卷的情景:

紫案焚香暖吹轻,广庭清晓席群英。无哗战士衔枚勇,下笔春蚕食叶声。乡里献贤先德行,朝廷列爵待公卿。自惭衰病心神耗,赖有群公鉴裁精。

前四句描写礼部考场庄严肃穆的场面,渲染考场紧张静谧的氛围。清晨,在宽敞的尚书省中东厢,红木案几上摆设着香炉,香烟袅袅。考官与举子对拜以后,举子就座开考。考场上鸦雀无声,只听见笔纸摩擦发出的轻微声响。这场景,使人想起士兵衔枚、春蚕食叶的情形。颔联最为警策,它与梅尧臣《较艺和王禹玉内翰诗》中的名句"万蚁战时春日暖,五星明处夜堂深"一道,被当时参与唱和的人一致称道。

作为文坛盟主的欧阳修,决定利用这次难得的主考机会,推进文体革新。北宋诗文革新,已经走过了半个多世纪的历程。它萌芽于宋初,柳开、王禹偁的诗文创作,力矫五代卑弱浮艳文风。到真宗大中祥符年间,杨亿、刘筠、钱惟演为首的"西昆体"盛行天下,"五代体"扫荡殆尽。仁宗天圣七年(1029),诏令文风复古。石介猛烈攻击华艳佻薄的"西昆体"。到了庆历年间，太学兴起，欧阳修主持文坛，西昆"时文"渐息，诗文革新进入一个崭新阶段。然而，在反对"西昆体"的过程中，流行着一种"太学体"的新弊病。受学官石介、孙复和胡瑗的影响，太学中盛行一种内容迂阔矫激、文辞艰涩怪僻的古文，人称"太学体"。"太学体"作家一反"西昆体"华靡文风，追求深沉而陷于艰涩，向往奇特而坠入怪僻。历史仿佛出现了惊人的重复，北宋诗文革新也面临着唐代古文运动后期产生皇甫湜文风的危险。欧阳修敏锐地意识到：能否自我克服"太学体"新弊端，关系到诗文革新运动的前途与命运，他决定借助于行政力量，采取断然措施，提倡"平淡典要"的文风，痛抑险怪奇涩的"太学体"。

"太学体"标榜文章复古，以新奇相尚，视怪僻为高，世人翕然效法，蔚成文坛风气。欧阳修要拨乱反正，情知社会阻力很大，然而，他还是勇敢地担当起历史责任。事后，他在致朋友王素的书简里说：

> 某昨被差入省，便知不静。缘累举科场极弊，既痛革之，而上位不主。权贵人家与浮薄子弟多在京师，易为摇动。一旦喧然，初不能过。

宋代科举考试，为了杜绝考官徇私舞弊，自景德年间陈彭年、戚纶制定考试条例以来，严格实行"糊名""誊录""初考""复考""定号""奏号"等程序。"糊名"又称"封弥"。考生交卷后，先由封弥院选派官员密封卷首的举子姓名、籍贯等，改编成"仁""义""礼""智""信"之类号码，然后发送誊录院，由誊录院委派抄手誊录成副本，副本经严格校对后，才交给考官们评判。考官"初考"评定的成绩等次，又要经封弥院密封；再由别的考官"复考"。两次评等差异大的，还需要第三次评判，最后参校几次评判结果，确定成绩等次。"复考"合格的试卷，才呈送主考官，再从誊录院调取真卷，点取批对，定夺魁选。"定号"结束后，礼部将考试结果上报尚书省，再上奏皇帝，叫"奏号"。最后的一道程序是"拆号"与"放榜"。拆号官一般由台官担任，因为省试奏号三百人上下，往往入夜拆号，黎明放榜，以示"天明为限"。考官们只有在"拆号"与"放榜"之后,才知道考卷主人的姓名。

欧阳修在评判考卷时,读到一份"太学体"试卷。考生功底不错,但文章内容空疏,思想偏激,文辞险怪。在一通空洞议论以后,考生写道:"天地轧,万物苗,圣人发。"欧阳修听说太学中有一个叫刘几的学生,擅长这种文章,颇具声望。他估计这就是刘几的试卷,于是在文章末尾开玩笑地续上两句:"秀才剌(荒谬),试官刷。"并用大红笔在试卷上从头到尾横抹一杠,批上"大纰缪"三字,将它悬榜示众,黜落不取。这种涂抹批改文字,宋人谑称"红勒帛"。后来启封一看,果然是刘几的考卷。在这场礼部考试当中,凡是文章奇涩险怪的,尽在落选之列。

这一年策论的题目是《刑赏忠厚之至论》。有一位考生撰写的文章,仅用六百余字就简明扼要地阐述了以仁义治国的道理。语言酣畅通达,气势古朴雄放,颇有《孟子》文章风格。其中一段写道:

当尧之时,皋陶为士。将杀人,皋陶曰:"杀之",三。尧曰:"宥之",三。故天下畏皋陶执法之坚,而乐尧用刑之宽。四岳曰:"鲧可用!"尧曰:"不可! 鲧方命圮族。"既而曰:"试之!"何尧之不听皋陶之杀人,而从四岳之用鲧也? 然则圣人之意,盖亦可见矣。《书》曰:"罪疑惟轻,功疑惟重。与其杀不辜,宁失不经。"呜呼! 尽之矣!

梅尧臣阅卷以后,大为激赏,立即呈荐给主考官欧阳修,建议擢为头一名。欧阳修一读,也惊喜异常,觉得文章纵横古今,说理精辟透彻,理应夺占榜魁。但是,他猜测考卷的主人是门人曾巩,为了避免嫌疑,防人闲话,经再三斟酌,最终忍痛割爱,将它压为第二名。启封以后才发现,原来这是苏轼的试卷。

苏轼在这里引用的一个典故,欧阳修冥思苦想,不知出自哪本书。他想考生文章写得如此漂亮,典故必有出处,一定是自己读书不够,孤陋寡闻。考试结束后,苏轼登门致谢时。欧阳修问道:"你那篇《刑赏忠厚之至论》中引用的典故,说远古尧帝的时候,皋陶为司法官,有个人犯罪,皋陶三次提出要杀他,尧帝三次赦免他。它出自哪本书?"苏轼回答:"记载在《三国志·孔融传》注解当中。"事后,欧阳修查阅此书的注释,不见有关记载。过了些日子,碰上苏轼,他再次问起。苏轼说:"曹操灭袁绍后,把袁熙的妻子赐给儿子曹丕。孔融对此不满,说:'从前周武王将妲己赐给周公。'曹操问:'记载在哪部经典?'孔融回答:'没有记载,只不过是以今天的事情来猜测古代,估计是这样的。'我在文章中写到的尧与皋陶的事情,也是按照情理推测的。"欧阳修一听,大吃一惊,叹道:"这个人真会读书,真会用书,将来文章一定独步天下。"

后来,欧阳修又读到苏轼的《谢欧阳内翰书》,为这青年的非凡见识与杰出才华,再一次拍案叫绝。他深深地感受到后生可畏,却以宽广的胸怀,表现出提携后进的满腔热忱。他的《与梅圣俞》书信说道:

读轼书,不觉汗出。快哉快哉!老夫当避路,放他出一头地也。可喜可喜!

苏轼文章的信笔抒意,挥洒自如,就如行云流水,既平易流畅,又仪态万方。欧阳修预言未来的文坛必将属于这位年轻人,一方面哀叹"三十年后一定流行苏轼的文章,没有人读我的文章了";另一方面,他极力推赏苏轼,并派遣门人晁美叔登门向苏轼求教。晁美叔拜访苏轼时,说道:"我跟着欧阳公求学多年。他派我前来向你学习,说你一定会闻名天下,他应该放你出一头地。"欧阳修推重、奖掖苏轼,显现其忠厚长者的豁达大度,被后人传为美谈。

清明时节,"锁院"的考官们出院。完成了遴选人才的重要任务,结束了五十天与世隔绝的生活,欧阳修感到格外的轻松愉快。他的《和出省》诗咏道:

僮奴祓被莫相催,待报霜台御史来。晴陌便当联骑去,春风任放百花开。文章纸贵争驰誉,朝野人言庆得才。共向丹墀侍临选,莫惊鳞鬣化风雷。

在同伴们急于要离院回家的时候,诗人劝告他们不要催促童仆赶忙打点行装,还得等待御史台官员拆封张榜后才能动身,并相约出院后趁着春晴一块并马踏青,观赏春风中仍在竞放的百花。诗歌洋溢着出省离院的喜悦心情,同时祝福省试中式的举子再接再厉通过殿试,像鲤鱼跳龙门一样喜登科第,一举成名。

礼部发榜时,太学中原先名声彰著、中选呼声最高,深受世人推重的学子几乎统统落选,中第的都是一些文风平易的"无名之辈"。顿时,议论汹汹,风波骤起。落第举子们怨怒谩骂,喧嚣闹事,攻击考官们终日沉溺于诗歌酬唱,评判试卷敷衍塞责。有些轻薄放肆的落选者,拦堵在欧阳修早晨上朝的路途中,见欧阳修车马驰来,一齐上前围攻、辱骂。街道上巡逻的士兵赶过来遣散闹事者、护卫车马,也无济于事。还有一些落第举子索性撰写《祭欧阳修文》,扔进欧阳修家门,诅咒他早日死去。

正当欧阳修处境艰难的时候,仁宗皇帝给了他有力的支持。奏名之后的殿试,按常规进士录取名单和等第,由殿试最终定夺。据《宋史·选举志》,此科以前的历届科考,殿试对礼部奏名进士"黜落甚多"。嘉祐二年的殿试,由于落第举子们闹事、侮辱主考官欧阳修,礼部奏名参加殿试的考生,一律赐进士及第、进士出身或同进士出身。此榜开启了宋代科举史上殿试无黜落的先例。所有礼部奏名的进士,无一例外地被皇帝御试认可,表明朝廷对欧阳修以"平淡典要"为衡文标准的肯定和支持,因而获得广泛的社会影响并垂范后世。李焘《续资治通鉴长编》明确指出,这种结果与"进士群辱欧阳修"有关系。

这场科举考试,获取人才之盛,堪称空前绝后。北宋文化史上的著名学者,北宋中后期文坛、学坛、政坛的杰出人物,可谓网罗殆尽。如文坛上的苏轼、苏辙、曾巩,"唐宋古文八大家"中的宋六家,此举即占其半;学坛上的程颢、张载、朱光庭,他们首倡的"洛学""关学",在中国理学主要学派"濂洛关闽"中,此举亦占其半;政坛上的吕惠卿、曾布、王韶、吕大钧等,都是北宋后期"新旧党争"中的风云人物。目睹此科录取的诸多精英,当初不服气的落第举子们,后来一个个心悦诚服。

尤其值得庆幸的是,通过这一次严厉打击"太学体"文章,文坛风气幡然转变，一代平易流畅的宋文风格由此形成。从某种意义上讲，它实现了"庆历新政"提出的科举改革任务。科场风习的改变，推动文坛风气的更新。此时，欧阳修、王安石、曾巩、苏洵、苏轼、苏辙，所谓"唐宋古文八大家"的宋六家齐聚文坛，宋代文学进入了第一个辉煌灿烂的高峰期。历经二三十年的不懈努力，欧阳修终于将宋代古文运动引入健康发展的轨道，平易流畅成为宋代散文的群体风格。欧阳修作为开创一代文风的宗师，为中国散文发展作出了突出贡献。

欧阳修一回到家里，就获悉杜衍已在二月五日去世的噩耗，心中不胜悲切。他立即撰写《祭杜祁公文》，派遣赵日宣代表自己赴南京杜公灵前致祭。杜公次子杜诉聘请欧阳修为父亲撰写墓志铭，他欣然允诺，并且自认为责无旁贷，然而，他要求宽容些时日，需要慎重其事。他在《与杜诉论祁公墓志书》当中说道："平生知己，先相公最深。别无报答，只有文字是本职，固不辞，虽足下不见命，亦自当作。然须慎重，要传久远，不斗速也。"同年十月，杜衍下葬的时候，墓志铭交稿。它详尽记载了杜衍一生行为大节，称颂杜公高尚品格。欧阳修还搜集自己与杜公在南京时的唱和诗，辑成一卷，留传给两家子孙。又集录杜公书简和诗歌，分类编纂成十卷，以此报答杜衍对自己的知遇之恩。

三月十九日，契丹使者耶律防、陈颙来宋廷索求真宗、仁宗画像。两年前，契丹国主耶律宗真曾派人送来自己及隆绪太后的画像，请求换取两帝圣容，宋廷当时已经允诺。后来因为耶律宗真去世，事情搁置起来。这次，契丹委派专使来取画像，执政大臣商议后，打算拒绝交付。欧阳修认为这种做法不妥当。他的《论契丹求御容札子》指出：替国家出谋划策，应该注意四点，即遵守信义、讲究是非，符合人情、审度时势。如果拒绝交付两帝画像，就是自食其言，出尔反尔，四个方面都将亏损。他建议派出回谢使，告谕契丹国主，今年冬天将两帝画像交由契丹贺正旦使带回。

立夏时节，骄阳似火，暑气熏蒸，汴京流行旱疫。欧阳修冒热当班，中了暑气，腹疫发作，疼痛难忍，请假在家调养。家人也染上流疫，欧阳修忧心忡忡。他在致朋友王鼎的信中写道：

修自出贡院，为君士喧诟。寻而入夏，京师旱疫，家人类染时气。区区中复有病患忧煎。

夏秋之交，京师阴雨连绵。尤其是七月九日，整天瓢泼大雨，街市一片浩渺，水势不下去年。欧阳修家住在汴京直南，地势低洼，连续两个夜晚，他亲自指挥家人通宵达旦地戽水。同样困在水灾当中的梅尧臣，派人前来看望欧阳修一家。欧阳修将自己家中的狼狈处境，写信告诉梅尧臣。信中写道：

自入夏，闾巷相传，以谓今秋水当不减去年。初以为讹言，今乃信然。两夜家人皆戽水，并乃翁达旦不寐。街衢浩渺，出入不得。更三数日不止，遂复谋逃避之处。住京况味，其实如此，奈何奈何！方以为苦，不意公家亦然，且须少忍。特承惠问存恤，多感多感！

梅尧臣读信以后，赋诗纪事，寄赠欧阳修。欧阳修获读梅尧臣赠诗后，有《答梅圣俞大雨见寄》诗。其中咏道：

嗟我来京师，庇身无弊庐。闲坊僦古屋，卑陋杂里闾。邻注涌沟窦，街流溢庭除。出门愁浩渺，闭户恐为潴。墙壁豁四达，幸家无贮储。蛤蟆鸣灶下，老妇但欷歔。九门绝束薪，朝爨欲毁车。压溺委性命，焉能顾图书？乃知生尧时，未免忧为鱼。

欧阳修全家租赁城南居民区的一所旧房舍，居处低洼，在这大雨成灾的日子里，全家生活保障和生命安全都陷入狼狈窘境。

八月四日，仁宗爱女兖国公主出嫁。几天以后，欧阳修上《论选皇子疏》。前一年夏秋之间，大雨成灾，欧阳修请仁宗确立皇嗣，结果奏疏被扣压在宫中，不见答复。这次仁宗嫁女，身边寂寞，欧阳修再次犯颜上书，奉请仁宗选养皇侄作为后嗣，可以暂时不立为太子，一方面慢慢考察嗣子是否贤良，另一方面等待皇子降生。奏疏上呈后，仍不见仁宗批复。

九月五日，龙图阁直学士、吏部郎中梅挚出知杭州（今属浙江）。仁宗为他赋诗送行："地有湖山美，东南第一州。循良勤抚俗，来暮听欢讴。"离京那天，朋友们设宴饯别，欧阳修即席赋《送梅龙图公仪知杭州》诗：

万室东南富且繁,美君风力有余闲。渔樵人乐江湖外,谈笑诗成樽俎间。日暖梨花催美酒,天寒桂子落空山,邮筒不绝如飞翼,莫惜新篇屡往还。

欧氏极力称誉梅挚的政治能力和文学才华,希望他到了风光秀丽的杭州城,多多寄赠诗作。梅挚赴任后,在西湖东南面的吴山上建筑楼堂,摘取仁宗赐诗首句的诗意,命名"有美堂"。两年后,欧阳修应邀为他撰写了《有美堂记》。

这年秋天。王安石出知常州(今属江苏)。上任伊始,他一再致书欧阳修,感谢知遇奖进之恩。当时,欧阳修身边有一位新入选的进士,叫吕惠卿,字吉甫,福建泉州人,新授真州(今江苏仪征)推官。真州距离常州不远。欧阳修写了一封书信,将吕惠卿推荐给王安石。信中写道:

秋气稍凉,伏唯尊候万福。毗陵名郡,下车之始,民其受赐。……吕惠卿,学者罕能及,更与切磨之,无所不至也。因其行,谨附此咨起居。

正是这一纸书信,使王安石与吕惠卿相识。两人的关系后来变得错综复杂,但是,这两个人无疑都是北宋后期政治舞台上的风云人物。

冬天到了,欧阳修上书请求出知洪州(今江西南昌)。早在去年冬天,他就上奏过相同内容的奏疏,后来因为被任命为知举官,请奏没有答复。一年来,欧阳修身体日渐衰弱,双眼昏花,右臂疼痛,步履艰难。他一直惦念着父母坟茔,想趁早修建墓园,了却心中的一桩憾事。他的《乞洪州札子》恳切陈词:

臣去冬曾有奏陈,乞差知洪州一次,寻以差入贡院,无由再述恩私。伏念臣本以庸愚,叨尘恩宠,一入禁署,迨今三年。进无补于朝廷,退自迫于衰病。眼目昏暗,脚膝行步颇艰,右臂疼痛,举动费力。虽翰苑事无繁剧,圣恩曲赐优容,然非养病尸居之地。兼臣乡里在吉州,昨于丁忧持服时,归葬亡母,荒迷之中,庶事未备。本期服阕还朝,上告圣慈,乞一近乡州郡,贵得俸禄,因便营缮。而自叨禁职,荏苒岁时,贪宠忘亲,此又人子之责也。所以夙夜彷徨,不能自止。欲望圣慈悯臣衰朽,察臣恳迫,特许差知洪州一次。

然而，仁宗此时对欧阳修信任正笃，正在不断进用。九月，让他兼判秘阁秘书省。十一月，兼判史馆，并暂代胡宿权知审刑院，十二月，权判三班院。判三班院是实职，三班院是官署，主管武官三班使臣之注拟、升移、酬赏等事宜。因此，他不会放欧阳修出知远郡。欧阳修又一次失望了。

嘉祐三年（1058）三月一日，欧阳修被任命兼侍读学士，替仁宗进读书史、讲说经义、备供顾问应对。他深知这是朝廷对自己的重用。但是，他认为侍读的职位，特别清贵。宋朝开国以来选用侍读格外慎重，担任这个职务的通常只有一两个人，如今却有十位之多。冗官是宋朝的积弊，自己心知其弊，屡谏其事，不应当重蹈其辙。因此，他固辞不拜。他在《再辞侍读学士状》当中，自述辞命理由：“臣身见兼八职，侍读已有十人”，“不使圣慈慎选之清职，遂同例授之冗员。”朝廷最终尊重欧阳修的意愿，十多天后，改命他为宗正寺同修玉牒官。

知福州蔡襄从建安（今福建建瓯）寄来新茶，欧阳修品尝后，觉得精美异常。他邀来梅尧臣共同品味，并赋《尝新茶呈圣俞》诗：

建安三千里，京师三月尝新茶。人情好先务取胜，百物贵早相矜夸。年穷腊尽春欲动，蛰雷未起驱龙蛇。夜闻击鼓满山谷，千人助叫声喊呀。万木寒凝睡不醒，唯有此树先萌芽。乃知此为最灵物，宜其独得天地之英华。

茶叶是宋代人的重要生活资料之一。宋人饮茶习俗盛行，制茶工艺先进。建安东面三十里凤凰山下北苑，盛产名茶，称“建茶”。这是宋代茶叶上品，而建茶当中的精品，号称“龙凤茶”，又称“团茶”，上面印有龙凤图纹，价格昂贵，专供皇宫饮用。欧阳修品尝着精美的建安新茶，赋诗描绘了宋人早春采茶的盛况：惊蛰前夕，夜露未晞，茶农五更击鼓进山，采撷肥润的茶芽。太阳出山后鸣锣收工，不在阳光下采摘，避免茶芽膏腴内耗，保持泡水时候色彩鲜明。诗歌还描绘了宋人十分讲究的品茶风气，成为宋代茶文化的重要的文献资料。

春末的一天，欧阳修与韩绛等人在学士院议事，忽然昏晕倒地，由此患上了风眩病。大约有一年时间，晕头晕脑。病情严重的时候，眼冒金花，头脑里天旋地转，写封短信也不得不停下笔来瞑目养神。他打算在《新唐书》修成以后，立即归隐田园，过上避世幽居生活。他早已在颍州买置了田产，为退步抽身作好了准备。近日写作的《归田四时乐》春夏二首，表达的正是这种归田退隐的情怀：

春风二月三月时，农夫在田居者稀。新阳晴暖动膏脉，野水泛滟生光辉。鸣鸠聒聒屋上啄，布谷翩翩桑下飞。碧山远映丹杏发，青草暖眠黄犊肥。田家此乐知者谁，吾独知之胡不归？吾已买田清颍上，更欲临流作钓矶。

南风原头吹百草，草木丛深茅舍小。麦穗初齐稚子娇，桑叶正肥蚕食饱。老翁但喜岁年熟，饷妇安知时节好。野棠梨密啼晚莺，海石榴红啭山鸟。田家此乐知者谁，我独知之归不早。乞身当及强健时，顾我蹉跎已衰老。

诗歌以清新明丽的语言，描写春种夏收时节的田园风光与农家之乐，抒发向往田园、急流勇退的归隐情怀。景物极具时令特征，意象饱蘸作者情韵，强烈透视诗人的内心世界，表达归隐田园、临流垂钓的生活愿望。这本是一列组诗，欧阳修吟诵了春、夏两首，秋、冬两首则嘱托梅尧臣续作。这在当时诗坛也是一则佳话，就如欧阳修致梅尧臣书信中所说的："闲作《归田乐》四首，只作得二篇，后遂无意思。欲告圣俞续成之，亦一时盛事。"梅尧臣很快就叫人送来了续作的秋、冬两篇，欧阳修读后十分高兴，在回信中诙谐地说道："承宠惠二篇，钦诵感愧。思之，正如杂剧人上名，下韵不来，须勾副末接续尔。呵呵。家人见诮，好时节将诗去人家厮搅。不知吾辈用以为乐尔。"

十六　权知开封府

　　嘉祐三年(1058)六月十一日,朝廷任命欧阳修以龙图阁学士权知开封府。开封作为北宋的京都,设府尹为行政长官,以亲王出任,但是不常委派,一般以权知府事行使职权,由待制以上的官员担任。权知开封府,执掌首都大权,主管京城的民政、狱讼和社会治安,是一个重要而事务繁忙的职位。许多官员追慕而不及,欧阳修却决意辞命。欧阳修《辞开封府札子》自叙衷曲,陈词恳切:

　　臣久患目疾,年齿渐衰,昏暗愈甚。又自今年春末,忽得风眩。昨于韩绛入学士院敕设日,众坐之中,遽然昏瞀,自后往往发动。缘臣所修《唐书》,已见次第,所以盘桓,欲俟书成,便乞补外。岂期圣造,委以治烦。臣素以文辞专学,治民临政,既非所长,加以早衰多病,精力不强,窃虑隳官败事,上误圣知。兼所修《唐书》,不过三五月,可以毕手。置局多年,官吏拘留,糜耗供给,今已垂成。若别差人,转成稽滞;只委臣了毕,则恐无暇及之。欲望圣慈,矜臣衰病,才非所长。欲乞别选材能,许臣且仍旧职,候《唐书》成日,乞一外任差遣,以养衰残。

　　作者自称只是擅长文章,不善于治民临政,加上早衰多病,体力不支,只求在《新唐书》成书以后,委派一个外任,养病保身,安享晚年。谁知仁宗不改初衷,当朝宰相富弼和韩琦也拒绝欧阳修辞命。他只得硬着头皮,勉强走马上任。

　　前任权知开封府是有名的包拯。包拯,字希仁,安徽合肥人,是当时有名的能臣。他为官清正,执法不避权贵,不护亲朋,以威严刚毅著称。治理开封数年,名震朝野,贵戚宦官为之敛手。京城流传着一句俚语:"关节不到,有阎王包老",将包拯与公正威严的阎王爷相提并论。

　　欧阳修为政讲究宽简,遵循人情事理,不求赫赫声誉。有人替他担心,说道:"前任包拯威名震动京都,有着古代京兆尹的风采。你却没有任何动人的地方，怎么是好？"欧阳修回答说："人的才气、个性不一样，各有长短，只要各自扬长避短，都可以达到预期目的。怎么可以丢掉自己的长处，用自己的短处去曲徇习俗，搏取声誉呢？我应该尽自己的努力去工作，胜任不了就退下来。"他上任以后，按照自己的政治主张行事，一切也都治理得井井有条。七百多年后的清嘉庆年间，有人在开封府衙东西两侧各树一座牌坊，一边写着"包严"，另一边写着"欧宽"。欧阳修的"宽简"与包拯的"威严"，代表着封建循吏的两种风范，同时流芳，并传为千古美谈。

六月十五日，欧阳修上奏《论编学士院制诏札子》，建议由翰林学士院编纂立国以来朝廷所颁布的制诰文书，保存当代历史档案。宋朝建立以来，仁宗明道年间以前的制诰文书，虽然有所编录，但是没有区分类别卷次。景祐初年以后的，则渐渐散失。欧阳修进翰林院后，曾经试图按类辑编，发现百分之五六十已经丢失。为此，他请求仁宗组织人员将宋朝立国以来由学士院起草的文书，分门别类，依照年月，汇编成册，题名为《学士院草录》。对于已经散亡的，寻访搜求，予以补足。自今以后，应委派专人逐年编纂，使本朝史料不致散佚湮没。仁宗同意他的建议，下令由翰林院实施。

七八月间，京师权贵犯法现象日趋严重。推究其原因，在于权贵们有恃无恐，一旦触犯刑律，常从宫中乞得恩命，以逃脱惩罚。欧阳修莅职不满两个月，就遇上十起此类案件。对于权贵倚仗权势、为非作歹的行为，欧阳修深恶痛绝，决心严加惩处。他上奏《请今后乞内降人加本罪二等札子》，请求允许今后对替别人谋求内降的人，连同罪犯一并治罪；凡是罪犯自行求得内降的，一律施以加重本罪二等的处罚，切实制止宦官小人扰乱朝纲，败坏法纪。当时，一个叫梁举直的宦官，私自役使官兵，触犯了朝律，被交付开封府处置。然而，从宫廷接二连三传出内降，要求宽恕免罪。欧阳修坚决顶住压力，三次内降，都被拒绝，最终将梁举直绳之以法。欧阳修《论梁举直事封回内降札子》说：

今梁举直累烦睿听，干求不已，本府遵依前后诏敕，再具执奏,未许公行。伏以曲庇小臣,挠屈国法,自前世帝王,苟有如此等事,史册书之,以著人君之过失。今梁举直不欲受过于其身,宁彰陛下之过于中外,举直此罪重于元犯之罪。今纵未能法外重行,以戒小人干求内降者,其元犯本罪,岂可曲恕?举直苟为爱身之计,不思爱君之心,乃是小人全无知识尔。如臣忝被恩宠,列于侍御,职在献纳,合思裨补。岂可阿意顺旨,为陛下曲法庇纵小臣,以彰圣君之失?其内降,臣更不敢下司,谨具状缴连进纳。

权贵势要、皇亲国戚看到新知府秉公执法,不徇私情,不得不规矩起来。京城顿时晏然无事。

欧阳修的公事公办,处事铁面无私,自然会招人嫉恨。在人际关系极为复杂的官场上,一不小心,就会授人以柄。一天上朝时,皇帝说:"有臣僚上书言事,说开封府推官吴充因为与权知开封府欧阳修是亲家,而被提拔为户部判官,这不合朝廷规章。"按照当时的官场升迁制度,推官应该任职三年后才有资格徙迁判官,而吴充任推官刚过一年,资历不足。吴充比欧阳修年轻十四岁,彼此私交很好,早在宝元初年,两人就有了书信往来。后来同朝共事,情意相契。不久前欧阳修的长子欧阳发迎娶了吴充的女儿,两家关系更加密切。论者上书内容属实,中书政事堂要求皇帝公布奏折,以便调查处理,但皇帝说奏折已经焚毁,又请问上奏者姓名,皇帝也不作回答。此事虽然不了了之,没有对欧阳修构成任何危害,但是朝野议论纷纷,还是让他感受到压力。然而,即便在这种情形下,他也不因噎废食,依然举贤不避亲,出面推荐梅尧臣。

此时,梅尧臣担任国子监直讲已有两年了,虽是一个五品官,却清闲无事。欧阳修给宰相韩琦写了一封书信,希望他推荐梅尧担任馆职。馆职是文臣清贵职务。文人一经馆职,便为名流,且有利于日后升迁。欧阳修的书简是这样写的:

修顿首启:自明公进用,虽愚拙有以竭其思虑,致万一裨补之,而久无一言,甚可责也。今窃见国子监直讲梅尧臣,以文行知名,以梅之名,而公之乐善,宜不待某言,固已知之久矣。其人穷困于时,亦不待某言而可知也。中外士大夫之议,皆愿公荐之馆阁。梅得出公之门,一美事也;公之荐梅,一美事也;朝廷得此辈,一美事也。某不敢以一言而让三美,故言之,虽公而不敢泄。公赐择焉。惶恐惶恐。

书简强调梅尧臣的道德文章,与他的"穷困"地位极不相称,指出韩琦出面荐举梅尧臣,一事而占"三美",何乐而不为!书简词情婉曲恳挚。然而,这次推荐没有结果。欧阳修出于不得已,只得将梅尧臣推举到自己的唐书局,让他担任编修官。

《新唐书》的编纂工作,已经进入紧张而关键的时刻。梅尧臣进局以后,主修《方镇表》和《宰相表》,成为欧阳修的得力助手。这固然是欧阳修引荐梅尧臣入局的原因之一,更重要的原因在于,欧阳修力图改善梅尧臣的政治地位。《新唐书》成书在望,进奏的时候,梅尧臣就有希望得到晋升。然而,谁也没有料到,唐书局竟然成了梅尧臣的最后归宿。两年后,就在《新唐书》进奏前夕,梅尧臣却被京师的一场流疫夺去了生命。

这一年,梅尧臣夫人生了个儿子。就在小孩出生的前一天晚上,梅尧臣梦见一位道士送给自己一个黄龟儿,因此孩子的小名就叫"龟儿"。欧阳修听到消息后,非常高兴,认为这是老天爷对抑郁不得志的梅尧臣的一种安慰。前几天,欧阳修给梅尧臣送去一坛酒,正好用作满月洗儿。洗儿是婴儿满月举行的沐浴仪式,亲朋欢聚一堂,又称洗儿会。洗儿时以彩线绕银盆,以银盆盛香汤,香汤中放入金银钱果,长辈用银钗搅水,称添盆。洗儿后剃去婴儿胎发,将婴儿抱入姆婶房中,称移寡。此后产妇与婴儿可以到室外活动。欧阳修还写了一首《洗儿歌》送去:

> 月晕五色如虹霓,深山猛虎夜生儿。虎儿可爱光陆离,开眼已有百步威。诗翁虽老神骨秀,想见娇婴目与眉。木星之精为紫气,照山生玉水生犀。儿翁不比他儿翁,三十年名天下知。材高位下众所惜,天与此儿聊慰之。翁家洗儿众人喜,不惜金钱散闾里。宛陵他日见高门,车马煌煌梅氏子。

他以调侃的笔墨,描写"龟儿"的活泼可爱,恭贺朋友晚年得虎子,祝福"龟儿"有光明远大的前途。内容未能免俗,话语稍显夸张,然而诗句生动活泼,气势磅礴,表现诗人诚挚的友情与诙谐的个性。梅尧臣十分感激朋友的一片深情,写了一首《依韵和答永叔洗儿歌》,其中咏道:"我惭暮年又举息,不可不令朋友知,开封大尹怜最厚,持酒作歌来庆之。"

嘉祐四年(1059)正月到了,按照往年习俗,京城元宵节要大闹花灯,万民出游,欢庆新春。然而,去年冬天以来,开封地区雨雪霏霏,天寒地冻,柴炭米蔬价格暴涨,老百姓难耐饥寒,有投井跳河的,有活活冻死饿死的。作为父母官的欧阳修,一方面组织人员赈灾济贫,一方面上奏《乞罢上元放灯札子》,请求仁宗罢免今年的元宵放灯,以表示敬畏天命,忧虑民生。仁宗批准了欧阳修的奏议,罢弃了元宵灯节。

十年前,欧阳修患上了眼病,从那以后,他很少在灯光下看书。权知开封府以来,由于公务繁忙,每天都要在灯烛下批阅公文。自去年年底开始,双眼疼痛,视力模糊,实在难以坚持工作,不得不几次告假,在家中调治疗养。

正月里,欧阳修一直处在病休当中。为了不贻误职事,他三次上书仁宗,请求免去权知开封府事,让自己出知洪州(今江西南昌)。二月三日,朝廷鉴于欧阳修的健康实况,同意免除权知开封府职务。解脱了开封知府的职务,欧阳修如释重负,如脱樊笼,心里由衷高兴。他在致吴奎的书简中说道:"病中闻得解府事,如释笼缚,交朋闻之,应亦为愚喜也。"然而,遗憾的是,朝廷并没有让他出知洪州,而是超转一官授他给事中,同提举在京诸司库务,让他在京师边工作边养病。

二月二十八日,仁宗亲临崇政殿主考礼部奏名进士。欧阳修身体已有好转,被任命为御试进士详定官,负责审定由初考官和复考官评定的成绩等次。仁宗亲笔书写"善经"二字赐给欧阳修。评定地点在崇政殿后院,同事有翰林学士、集贤校理江休复,端明学士韩绛等人。

在崇政殿后院,欧阳修等人被关了个把月的"禁闭",公事之余,依然饮酒赋诗。院中有一株鞓红牡丹,这是洛阳牡丹花中的名贵品种,最初产于青州,又名青州红。因为花色深红,有似熟牛皮所制腰带的颜色，所以又称为"鞋红"。欧阳修在滁州幽谷曾栽种过此树，如今睹物兴感，赋《禁中见鞋红牡丹》诗：

盛游西洛方年少，晚落南谯号醉翁。白首归来玉堂署，君王殿后见鞋红。

回首风华正茂的洛阳时代，追忆滁州任上的醉翁生涯，如今两鬓苍苍，入侍翰林院。眼前的花容依旧，人事却已沧桑。抚今追昔，不由得感慨系之。

在院试中，欧阳修常与江休复、韩绛唱酬诗歌。其中《和江邻几学士桃花》咏道：

草上红多枝上稀，芳条绿萼忆来时。见桃著子始归后，谁道仙花开落迟？

他们进入宫苑时，桃花含苞欲放，时在二月中下旬，出院时桃树落花结果，已是三月中旬了。

两年前，被欧阳修黜落的"太学体"文人刘几，这次化名刘煇，改变文风，在胡宿主考的礼部贡试中过关，御试又以第一名当选。起初，欧阳修听说刘几参加这场考试，说道："除恶务尽，这次要继续打击轻薄考生和险怪文风，铲除文坛害群之马。"在复查试卷时，看到一位考生在文章中议论到："主上收精藏明于冕旒之下。"欧阳修肯定地说道："我读到刘几的文章了！"毫不犹豫地将这位考生黜落。后来启封才知道，这是江苏举子萧稷。这一年的赋试题目，叫《尧舜之性赋》，有一位考生在文章中写道："故得静而延年，独高五帝之寿；动而有勇，形为四罪之诛。"欧阳修读完试卷，拍案叫好，选拔为头一名。启封以后，才知道这位考生叫刘煇。金銮唱名的时候，有认识的人说："这就是刘几！他改了名字。"欧阳修大吃一惊，愣了半晌。转念一想，既然他已经改变了文风，就应该不咎既往，成就他的名声。刘几赋文中有一句"内积安行之德，盖禀于天"，欧阳修认为"积"字用得不妥，将它改为"蕴"字。文章传出去以后，人们都认为这句很精彩，刘几的名声更大了。

在详定试卷时，听说有一位考生打算抛弃结发妻子，欧阳修、江休复、韩绛等人十分愤慨。他们在一起议论，提到"天将雨、鸠逐妇"的俗话,将这位负心考生比做鹁鸠。相传鹁鸠鸟冷酷无情,阴雨天将雌鸟驱逐出巢,天晴了又呼唤雌鸟回来。他们吟诗对句,指斥这位考生的无情无义,欧阳修《代鸠妇言》咏道:

斑然锦翼花簇簇,雄雌相随乐不足。抱雏出卵翅羽成,岂料一朝还反目。人言嫁鸡逐鸡飞,安知嫁鸠被鸠逐。古来有盛必有衰,富贵莫忘贫贱时。女弃父母嫁日归,中道舍君何所之?天生万物各有类,谁谓鸟类为无知。虽无仁义有情爱,苟闻此言宁不悲?

他感叹举子当年夫妇恩爱,科举得第以后反目成仇,这是无情无义的行为。规劝举子回心转意,富贵不忘糟糠之妻。

在这次科试中,王安国落选了。王安国,字平甫,是王安石的大弟,自幼敏悟,博览群书,工于词章,以文学著称一时。这次考试失败,他泰然自若,毫无愠色。驾舟南下时,欧阳修为他送行,赋《送王平甫下第》诗。诗中感叹科举取士的失误,称颂王安国安贫乐道:"朝廷失士有司职,贫贱不忧君子难。"对于自己身为皇帝侍从,又是王安国的知己,却不能荐贤举才,欧阳修心中深感愧疚:"自惭知子不能荐,白首胡为侍从官?"

三月二十五日,御史中丞包拯改任三司使,在朝廷内外引起一片哗议。当初,张方平担任三司使,因为购买富豪家产,被包拯劾奏罢免。宋祁继任三司使,包拯又连章弹劾,说宋祁在四川做官生活奢侈,游宴过度,又说他的兄长宋庠现任枢密使,做弟弟的理应回避,于是宋祁改知外郡,由包拯出任三司使。包拯不避嫌疑,欣然受命。这引起欧阳修的不满。

欧阳修《论包拯除三司使上书》,指出朝廷用人,要推尊名节之士。所谓名节之士,知廉耻,懂礼让;义不苟得,自重其身。他惋惜包拯学问不深,思虑不熟,连续弹劾两位三司使,自身取而代之。这是《左传》上所讲的,"牵牛蹊田而夺之牛",做得太过分了。有人牵牛践踏了某人的田地,某人就夺了他的牛作为惩罚,这种处罚未免太重了。退一步说,即使包拯自己问心无愧,也不可不避嫌疑。他建议朝廷另选三司使,改任包拯其他职务,以保全包拯的名节。奏章上呈以后,包拯不敢赴任,居家辞命,然而朝廷不肯改任。过了许久,包拯才去三司就职。

酷暑时节,欧阳修因为前些日子开封府伏案劳累,气血亏滞,左臂疼痛,难以抬举,又患哮喘病,眼病也复发,先后请假数十天,卧居城南,调养将息。

刘敞去年十月被召回京师担任纠察刑狱,这时也在休假养病。他派人送来一个端溪绿石枕头,一床蕲州竹簟。宋人度暑流行瓷枕、石枕与竹簟,以端石、蕲竹做成的石枕、竹簟弥足珍贵。正处在酷热难耐当中的欧阳修大喜过望,说道:"这两件东西,对于喜欢睡懒觉的我来说,真是太宝贵了!"刘敞还派人送来一篇《病暑赋》,欧阳修读后,欣然唱和。其《病暑赋》写道:

吾将东走乎泰山兮,履崔嵬之高峰。荫白云之摇曳兮,听石溜之玲珑。松林仰不见白日,阴翳惨惨多悲风。邈哉不可以坐致兮,安得仙人之术解化如飞蓬?吾将西登乎昆仑兮,出于九州之外。览星辰之浮没,视日月之隐蔽。披阊阖之清风,饮黄流之巨派。羽翰不可以插余之两腋兮,畏举身而下坠。既欲泛乎南溟兮,瘴毒流膏而铄骨。何异避喧之趋市兮,又如恶影之就日。又欲临乎北荒兮,飞雪层冰之所聚。鬼方穷发无人迹兮,乃龙蛇之杂处。

为了躲避盛夏炎热,我东走泰山,西登昆仑,南泛南溟,北临北荒,然而,"四方上下皆不得以往兮,顾此大热,吾不知夫所逃"。加上疾病缠身,苦痛难熬,"惟衰病之不堪兮,譬燎枯而灼焦"。幸亏有朋友送来"端石"与"蕲竹",使我安睡度日,"惟冥心以息焦兮,庶可忘于烦酷"。赋作对朋友的关心,表达了感激心情,描写暑天患病的苦楚,生动活泼,摆脱了一般赋作板滞僻涩的毛病。

焦千之这些年里一直追随欧阳修,专心钻研经籍,妻子和儿女寄居在淮南为官的岳父家中,自己孑然一身,旅食京师。今年科场,他再次失利。欧阳修想为他谋个生计。朋友赵槩去年十月接替刘敞出知郓州(今山东东平)。夏季,欧阳修给赵槩写了一封信,推荐焦千之主持郓州州学。书信写道:

焦千之秀才久相从,笃行之士也。昨来科场,偶不曾入。其人专心学古，不习治生，妻、子寄食如家，遑遑无所之。往时闻郓学可居，所资差厚，可以托食，而焦君以郡守贵侯，难以屈迹。今遇贤主人，思欲往托。窃计高明必亦闻此，但恐郓学难居，今已有人尔。若见今无人，则焦君不止自托，其于教导，必有补益，亦资为政之一端也。

赵槩回书，慨然允诺。然而，焦千之因为岳父改任京官，家属随同来京，他最终没有赴郓州州学。次年五月，焦千之被朝廷召试合格，赐进士出身，后来做过国子监直讲、无锡县令，家境也由此好转。

城南调养期间，欧阳修一边养病，一边练习书法，原本出于眼病不能看书，病臂需要锻炼，谁知一练入迷，竟至痴爱成癖。免去了繁杂的开封府事，闲暇与寂寞也是他沉迷书法的原因之一。梅尧臣闻讯后，前不久为他寄赠宣州诸葛高笔，欧阳修赋有《圣俞惠宣州笔戏书》诗：

圣俞宣城人，能使紫毫笔。宣人诸葛高，世业守不失。紧心缚长毫，三副颇精密。硬软适人手，百管不差一。京师诸笔工，牌榜自称述。累累相国东，比若衣缝虱。或柔多虚尖，或硬不可屈。但能装管櫜，有表曾无实。价高仍费钱，用不过数日。岂如宣城毫，耐久仍可乞。

作者以诗代书，先述宣州诸葛高笔的佳美，继而议论京师笔工虽然又多又好，却往往名实不副，价高而不耐用。字里行间洋溢着欧、梅的真挚友情，看似游戏笔墨，实质以庄寓谐，揭示事理，告诫人们观察事物不要徒见外表，而要察看其内在本质。

嘉祐中期以后，欧阳修对书法爱好有增无已。尤其是次年四月，蔡襄回到京城就任翰林学士、权三司使后，欧阳修常与蔡氏研讨，更有了书法理论的探索，一部分心得体会就保存在《笔说》《试笔》等杂著中。嘉祐年间，喜爱书法的欧阳修，曾被江邻几戏称为"风法华"。相传过去有一位疯疯癫癫的和尚，一到别人家里，只要见上笔墨，拿起来就写，书写的内容看似毫无条理，有的却成为日后祸福的应验。欧阳修也是一见笔墨就书写，所以江邻几称其为"风法华"。欧阳修"有暇即学书"，乐此不疲。

他在《试笔》中自称"自少所喜事多矣。中年以来,渐次废去……其愈久益深而尤不厌者,书也"。欧阳发《先公事迹》也说:"先公笔札,精劲雄伟,自为一家。当世士大夫有得数十字,皆藏以为宝。"南宋朱熹曾称赞说:"欧阳公作字,如其为文,外若优游,中实刚劲。"然而,欧阳修本人却一再自悔学书太晚,"恨字体不工,不能到古人佳处"。因此,他一辈子谢绝为他人书碑刻石。

七月,欧阳修上奏《论史馆日历状》,主张革除史馆弊端,健全史官职责,保存当朝史料。古代的国史由宰相监修,翰林学士修撰。在这以前,有两府宰执撰写《时政记》,起居郎与起居舍人编纂《起居注》,再由著作郎与著作佐郎会集修撰成《日历》。到了仁宗末年,史馆虽然有馆员,但是荒废了职事。《时政记》《起居注》和《日历》记事简略,朝廷大事百不存一。有些大事,史官想记载却不敢下笔。古代国君并不阅读本朝史籍,如今史籍撰述完毕,一定要抄录奏报,因此史官有所忌讳,不敢直言记事。欧阳修建议,《时政记》《起居注》和《日历》,必须秉公直书,按月上报史馆,并请求史籍撰成以后,不必进本,恢复古代修史的优良传统。

八月二十一日,仁宗赏赐殿中丞致仕龙昌期五品服饰和一百匹丝绢。龙昌期,陵州(今四川仁寿东)人,年近九十,是一位学贯三教、兼通诸家的"异端"学者。前些日子,他上奏自己注释的《周易》《论语》《孝经》以及《道德阴符经》等著述,共计百余卷,仁宗交由两制审阅。两制的意见是:龙昌期的注释诡谲怪诞,穿凿附会,竟然指斥周公是"大奸",实在不足为训,请求仁宗下令四川焚毁雕刻的版本。龙昌期不服,亲自前来朝廷辩说。由于文彦博庆历年间出知益州,曾经向龙昌期问过学,经他从中竭力推荐,所以才有了仁宗的赏赐。欧阳修、刘敞等人奏劾龙昌期鼓吹异端邪说,危害儒道,理应严厉打击,万万不可奖赏。仁宗最终决定追回赏赐给龙昌期的服饰和丝绢,遣送他返回四川老家。

秋天的一个夜晚,欧阳修正在灯下读书,忽然从西南方向传来一阵奇怪的声音,开始有如淅淅沥沥的雨声,接着有如波涛汹涌澎湃,有如暴风骤雨迅猛而来。欧阳修感伤地叹息:"这就是秋声啊!"于是命笔写作《秋声赋》。这些年来,他深受仁宗信任,官位不断升迁,但是,由于政治理想与现实政治之间的尖锐矛盾,他在思想上陷于极度苦闷之中。他不愿意养尊处优,尸位素餐,渴望有所作为,造福百姓,然而朝政弊端丛生,官吏因循成习,社会危机四伏,时弊积重难返。他在思想上处于两难境地:守成则日趋冗滥,改革又徒滋纷扰。表现在诗文创作中,便是一种悲秋叹老、衰病无能的感伤情绪。《秋声赋》中写道:

　　故其为声也,凄凄切切,呼号愤发。丰草绿缛而争茂,佳木葱茏而可悦,草拂之而色变,木遭之而叶脱。其所以摧败零落者,乃其一气之余烈。夫秋,刑官也,于时为阴;又兵象也,于行为金。是谓天地之义气,常以肃杀而为心。天之于物,春生秋实。故其在乐也,商声主西方之音,夷则为七月之律。商,伤也,物既老而悲伤;夷,戮也,物过盛而当杀。

　　春夏的青草欣欣向荣,葱茏的树木赏心悦目,在秋气吹拂下,前者变色,后者凋零,那摧残树木、零落花草的力量,只不过是秋气的余威啊!这就是大自然的伟力!作者继而援引古代传统文化中的种种说法,解释秋气肃杀的原因。秋在四时之中属"阴",在五行当中属"金",在五音之中属"商",主兵主杀,是不祥之物。它残酷地摧杀草木,戕害万物,出于其肃杀的本性,是天经地义的。春华秋实,生老病死,这是大自然的法则。文章接着写道:

　　嗟乎!草木无情,有时飘零。人为动物,唯物之灵,百忧感其心,万事劳其形,有动于中,必摇其精。而况思其力之所不及,忧其智之所不能,宜其渥然丹者为槁木,黟然黑者为星星。奈何以非金石之质,欲与草木而争荣?念谁为之戕贼,亦何恨乎秋声。

　　作者感慨人生不必去思虑自己力量与智慧达不到的事情,人的体质并非坚如金石,何必自我戕害,去同无情的草木争芳斗艳?看上去,他似乎在提倡一种安天知命、与世无争的人生哲学,实际上,其中蕴涵着作者几十年宦海沉浮、饱经风霜以后的深沉慨叹,表现了作者在现实政治中难以有所作为的无可奈何情绪。文章保存着赋体文主客答问、铺张扬厉的特点,但是,它骈散兼行,体小而微,句式和语言趋于散文化,比起汉唐赋作,显得清新别致、自由灵便。它直接开启了苏轼前、后赤壁赋的创作,为宋代文赋的发展开拓了道路。

王安石新近创作的《明妃曲二首》,在社会上广泛流传,反响强烈,许多人参与唱和。欧阳修也有两首和诗,并对第一首尤为自负。有一次,喝过酒以后,他对儿子欧阳棐说:"我的《庐山高》诗,现在没有人能够写得出,只有李白写得出;《明妃曲》后篇,李白也写不出,只有杜甫写得出;至于前篇,杜甫也写不出,只有我才写得出。"由此可见,他是多么的自鸣得意。《明妃曲和王介甫作》全诗如下:

胡人以鞍马为家,射猎为俗。泉甘草美无常处,鸟惊兽骇争驰逐。谁将汉女嫁胡儿,风沙无情貌如玉。身行不遇中国人,马上自作思归曲。推手为琵却手琶,胡人共听亦咨嗟。玉颜流落死天涯,琵琶却传来汉家。汉宫争按新声谱,遗恨已深声更苦。纤纤女手生洞房,学得琵琶不下堂。不识黄云出塞路,岂知此声能断肠!

诗人描写北国匈奴的特殊风俗,悲伤王昭君背井离乡,远嫁异族。令人可哀的是,中原的王昭君死在异邦匈奴,异邦匈奴的琵琶却传入中原。今天生活在幽邃内室的琵琶女,不识昭君出塞之苦,只知无病呻吟地弹奏琵琶"新声",哪知这种"遗恨"之声令人肝肠欲断。作品的主题,在于以昭君"自作思归曲"所叙异域之苦,对比"汉宫"以其"新声谱"争宠取乐,表现明妃的不幸命运与忧伤情怀,感慨世人未能真正理解王昭君流落异乡的痛苦,也曲折嘲讽宋廷苟且偷安的享乐风气。这是对传统王昭君诗词主题的别出新意,也揭示作者富有哲理的独特生活感受。全篇以文为诗,一气贯通,展示"以气格为主"的宋诗特色。

十七 进奏《新唐书》

嘉祐五年(1060)二月十五日,苏轼、苏辙兄弟结束母丧,随父亲苏洵返抵京师。苏轼被朝廷任命为福昌县(今河南宜阳西)主簿,苏辙被任命为渑池县(今属河南)主簿。欧阳修奉劝苏轼暂时不要上任,打算推荐他参加制科考试。"制科",又称"制举",它不同于三年一度的"进士""明经"一类的"常举",而是由皇帝下诏并亲自主持,针对才识优异的士人举行的特殊考试。参加制科考试,必须由两名朝廷重臣担保推荐,同时呈进被荐者写作的五十篇文章,经由学士院严格审查和考核后,方可参加御试。考试策论,限制字数,要求很严格,中试后待遇优厚,世人称之为"大科"。欧阳修《举苏轼应制科状》写道:

> 臣伏见新授河南府福昌县主簿苏轼,学问通博,资识明敏,文彩烂然,论议蜂出,其行业修饬,名声甚远。臣今保举堪应材识兼茂,明于体用科,欲望圣慈召付有司,试其所对。如有谬举,臣甘伏朝典。

次年八月,苏轼参加了"贤良方正能直言极谏科"考试,录为第三等。与此同时,天章阁待制杨畋推荐苏辙参加"材识兼茂明于体用科"考试,也入选第四等。兄弟俩双双中选制科,在社会上再次引起轰动。据有人统计,两宋三百余年,制科总共开考二十二次,入等者才四十一人。而且按照制科惯例,第一、二等为虚设,最高等级是第三等,其次为第三次等,第四等、第四次等。此前只有吴育获得过第三次等,其余均在四等以下。苏氏兄弟的入等成绩都是骄人的。

三月四日,刘沆病逝于陈州知州任上,享年六十六岁。刘沆,字冲之,吉州永新(今属江西)人。天圣八年(1030)进士及第。他与欧阳修既是庐陵同乡,又是科举同年。至和初年,刘沆官至宰相。嘉祐初年被劾奏罢相,出知应天府,后来徙知陈州。刘沆性格豪放直率,不拘小节。有人非议他的处世人格,说他平日擅长刺探大臣过错，暗中上下其手，谋图私利。刘沆病逝以后，家属不敢向朝廷请求谥号。仁宗深知刘沆为人，替他撰写挽词，又亲笔题写"思贤"二字，作为碑志篆额。欧阳修参加了刘沆葬礼，并撰写《刘丞相挽词》二首。其一咏道：

南国邻乡邑，东都并隽游。赐袍联唱第，命相见封侯。念昔趋黄阁，相看笑白头。盛衰同俯仰，旌旐送山丘。

欧阳修回顾与逝者不寻常的情谊，感慨人生短促，盛衰无定，表达对朋友去世的沉痛哀悼。

二十八日，欧阳修为民请命，上《论茶法奏状》。宋初以来，朝廷对茶叶一直实行"榷禁"政策，由官府专卖，不许民间经营。其中的弊端，欧阳修早在康定元年(1040)《通进司上书》当中就已揭示。去年二月，仁宗下令"弛茶禁"，取消专卖，实行"通商法"。欧阳修起草的《通商茶法诏》指出："划去禁条，俾通商贾。历世之弊，一旦以除。"从理论上讲，"通商法"比起过去榷茶制的"三说法""见钱法"都要优越。它减轻茶农负担，方便小商私贩，受限制打击的是从茶叶垄断中谋取暴利的豪商巨贾。但是，实际效果并非如此。一年多的改革实践，茶税变租钱，朝廷利润增加，而茶农负担加剧。欧阳修奏状归结新茶法只有"一利"，即实施新法，老百姓没有私贩茶叶的罪名，而具有"五大害"：

江南、荆湖、两浙数路之民，旧纳茶税，今变租钱，使民破产亡家，怨嗟愁苦，不可堪忍，或举族而逃，或自经而死。此其为害一也。自新法既用，小商所贩至少，大商绝不通行。前世为法以抑豪商，不使过侵国利与为僭侈而已，至于通流货财，虽三代至治，犹分四民，以相利养。今乃断绝商旅，此其为害二也。自新法之行，税茶路分犹有旧茶之税，而新茶之税绝少。年岁之间，旧茶税尽，新税不登，则顿亏国用。此其为害三也。往时官茶容民入杂，故茶多而贱，遍行天下。今民自买卖，须要真茶，真茶不多，其价遂贵。小商不能多贩，又不暇远行，故近茶之处，顿食贵茶，远茶之方，向去更无茶食。此其为害四也。近年河北军粮用见钱之法，民入米于州县，以钞算茶于京师。……不唯客旅得钱，变转不动，兼亦自京师岁岁辇钱于河北和籴，理必不能。此其为害五也。

显而易见，一利不足以补五害，新茶法弊大于利。因此，欧阳修建议仁宗撤除"通商法"，重新厘定新法。

刘敞等人也上书议论新茶法弊病，请求另立茶法。仁宗为此征询宰辅大臣意见。富弼说："去年刚刚罢去榷茶，改革已经施行两百余年的旧制，推行新法，不可能没有一点缺陷。只要稍微调整一下，就可以了。这就好比一个人大病刚痊愈，用粥食、汤药补理一段时间，就会平复的。"仁宗认为富弼言之有理，新茶法没有撤销。后人对北宋茶法的评说，见仁见智，众说纷纭。但是，有一点是毋庸置疑的，欧阳修当初主张改革茶法，这次又反对新法，提议重定茶法，目的都是一个，那就是革除时弊，为民请命。

春季的一天，梅尧臣由屯田员外郎升任都官员外郎，欧阳修邀来了京师的朋友们，设宴为他庆贺。酒席上，刘敞开玩笑说："梅圣俞的官位大概到此为止吧！"满座宾客大吃一惊。刘敞赶紧解释说："唐朝有个郑都官，如今有个梅都官了。"他的意思是称赞梅尧臣的诗歌成就，足以与晚唐著名诗人郑谷齐名。梅尧臣听了很不高兴，朋友们也都指责刘敞信口雌黄。谁知道一语成谶，梅尧臣的悲剧命运，倒真的叫刘敞不幸言中了。

四月二十五日，梅尧臣感染上流行病，在京师突然去世，享年五十九岁。欧阳修痛失良友，五内俱裂。他长歌当哭，赋《哭圣俞》诗：

昔逢诗老伊水头，青衫白马渡伊流。滩声八节响石楼，坐中辞气凌清秋。一饮百盏不言休，酒酣思逸语更遒。……荐贤转石古所尤，此事有职非吾羞。命也难知理莫求，名声赫赫掩诸幽。翩然素旐归一舟，送子有泪流如沟。

诗人回忆起洛阳初逢时意气风发，壮怀激烈的往事。三十年后，目睹梅尧臣灵柩载船南归，他感叹自己虽然尽了推举荐引的责任，却没能成就梅尧臣的仕途功名。诗歌以柏梁之体、哀悼之语，深情回忆往昔，哀叙现实，表达对挚友不幸去世的深切哀悼。生离死别，泣血之章，长歌当哭，荡气回肠。在宋诗发展史上，欧梅唱和自此结束，而以欧阳修、梅尧臣、苏舜钦为标志的北宋中期诗文革新业已取得决定性胜利。

欧阳修想起一年前的一桩往事，那时梅尧臣刚刚受命预修《唐书》，梅氏想到从此以后，就得每天赶赴唐书局坐班，绝没有在国子监那样自由潇洒，长年养成的山野之性将受到严重拘束，不由得对夫人感叹道："吾之修书，可谓猢狲入布袋矣。"刁氏夫人笑着顺口回答："君于仕宦，何异鲇鱼上竹竿邪？"夫人意在调侃丈夫一生官运蹇舛，有如鲇鱼上竹竿，越爬越上不去啊。此语外传后，人们击掌称赏："吾之修书，可谓猢狲入布袋矣；君于仕宦，何异鲇鱼上竹竿邪？多么好的一副对联啊！"想起这里，欧阳修心里涌起一阵阵酸楚。可怜这位才华横溢而终身寒微的老朋友，近年来专心编撰《新唐书》，眼看就要书成奏报，却不幸撒手而去。如果能够熬到进奏《新唐书》的那一天，或许其晦暗仕途会有一些起色。想到这一切，欧阳修涕泗滂沱，无可奈何之余，只得归结为"天命"了。

欧阳修又想到，岁月荏苒，天圣末年的洛阳文友，近来只剩下梅尧臣和自己。这些年里，自己百病交加，鬓发苍苍，齿牙摇动；而梅尧臣虽然比自己大五岁，却身体强健，红光满面，没想到梅尧臣倒比自己先逝去。从今以后，自己孑然一身，只能和晚辈的朋友交游了。他的《祭梅圣俞文》写道：

> 余狷而刚，中遭多难，气血先耗，发须早变。子心宽易，在险如夷，年实加我，其颜不衰。谓子仁人，自宜多寿，余譬膏火，煎熬岂久？事今反此，理固难知，况于富贵，又可必期？念昔河南，同时一辈，零落之余，惟予子在。子又去我，余存兀然，凡今之游，皆莫余先。

作者对梅氏的坎坷遭际、不享高寿深表同情，又将自己与逝者作比较，悲怆之情，椎心泣血。梅尧臣家境贫寒，去世时遗下高堂老母、妻室刁氏和四子二女，幼子"龟儿"尚在襁褓当中。欧阳修与杜植、裴煜等人，多方求助同僚故旧，募捐凑集数万钱，助赙梅家葬事，并且派人买置田产，委托专人代管，所得收入用以抚恤梅氏家室，教育梅氏子女。同时上书朝廷，奏请录用梅尧臣长子梅增为官。

在这场京师流行病当中,江休复也不幸染病身亡。他比梅尧臣还早八天去世,享年五十六岁。江休复,字邻几,开封陈留(今属河南)人。自幼博学,擅长诗文,与苏舜钦、梅尧臣交游深厚,同欧阳修往来也很密切。晚年,他撰述《嘉祐杂志》,对欧阳修有所非议。欧阳修本想争辩几句,因为梅尧臣认为江氏言之有理,所以欧阳修最终没有吭声。江休复死后,欧阳修前往吊丧,哭得很伤心,并且对丧主说道:"你父亲的墓志,理应由我欧阳修撰写。"次年,欧阳修写作《江邻几墓志铭》,对江氏没有一字一句贬损。晚年出知蔡州(今河南汝阳)时,从江氏后人那里读到江休复文集,又撰写《江邻几文集序》,抒发内心深处对故旧的思念之情:

自明道、景祐以来,名卿巨公往往见于余文矣。至于朋友故旧,平居握手言笑,意气伟然,可谓一时之盛。而方从其游,遽哭其死,遂铭其藏者,是可叹也。盖自尹师鲁之亡,逮今二十五年之间,相继而殁为之铭者至二十人,又有余不及铭与虽铭而非交且旧者,皆不与焉。呜呼,何其多也!不独善人君子难得易失,而交游零落如此,反顾身世死生盛衰之际,又可悲夫!

名义上是为亡友文集撰写序言,实际上借序发端,喟叹故旧零落,感慨死生盛衰,表达对亡友们的深切思念和沉痛哀悼。

这些年里,欧阳修全身心地投入《新唐书》主修工作,亲自编撰"本纪",宋祁负责撰写"列传","志""表"则分头由范镇、王畴、宋敏求、吕夏卿、刘羲叟、梅尧臣等执笔,最终由欧阳修笔削定稿。至和元年八月欧氏入主唐书局时,真正潜心在撰著《新唐书》的,只有宋祁一个人。而今主持唐书局六年后,在众人共同努力下,全书已近告竣。朝廷考虑到一书出自多人手笔,体例、语言难以统一,诏命欧阳修审阅全书,负责统稿,以保持风格体例的一致。众多的参撰者之中,宋祁在唐书局的时间最长,撰写内容最多,他受天圣以来"涩体"文风影响,文笔与欧阳修迥然不同,有些奇险古奥,佶屈聱牙。可要直截了当地批评或提出修改意见,欧阳修又觉得难以启齿,因为无论是年龄还是资历,宋祁都堪称长辈,自己只能委婉地表达观点。

有一次,欧阳修在唐书局的墙壁上写下八个大字:"宵寐非祯,札闼洪休。"宋祁进门后,端详了好一会,对欧阳修说:"你的意思不就是'夜梦不祥,题门大吉'吗?何必说得这么艰涩怪僻?"欧阳修笑着回答:"我这是模仿您的《唐书》笔法呀!您在《李靖传》里说的'震霆无暇掩聪',不就是'迅雷不及掩耳'的意思吗?这不是犯了和我一样的毛病吗?"宋祁觉得所言在理,愧疚地笑了笑,此后文笔有所改进,怪异之风有所收敛。

对于朝廷诏命审阅《新唐书》,负责全书统稿,欧阳修说:"宋祁是我的长辈,况且世人的看法并不一致,何必一定要按照自己的观点统成一体呢。"他最终没有改删过"列传"一个字。对《新唐书》"列传"中的一些文章,欧阳修还是颇为欣赏的。相传晚年退居颍州西湖时,他每天取来《新唐书》列传,叫儿子欧阳棐诵念,自己躺靠在椅子上闭目聆听,当听到《藩镇传叙》时,他慨然叹赏:"宋祁的列传如果都能写成像这篇文章这么好,他的笔力真是常人难以企及的啊!"而当《新唐书》修成时,御史说道:"按照惯例,史书署名只列书局当中官位最高的人。你的官位最高,就署你的姓名吧!"欧阳修当即表示反对:"宋祁刊修列传,劳苦功高,而且在局时间最长,怎么可以掩夺他的功劳呢?"于是,本纪、志、表署欧阳修的姓名,列传署宋祁的姓名。宋祁闻讯后,深受感动,说道:"自古以来,文人热衷于争名夺利,像欧阳修这样的主动让名,真是前所未有的啊!"也有人说,《新唐书》文风未能统一,欧阳修坚持分别署名,其中恐怕也有文责自负的考虑。

六月,欧阳修亲自校对《新唐书》。他原先以为《新唐书》修纂完毕,就可以松口气,好生休息一番。谁知唐书局送来校样,仍有一些错字,想到一字之差,四方流传,后患无穷,必须自己亲自校对才敢放心。他在致朋友王道损的信中说道:

盖以《唐书》甫了,初谓遂得休息,而却送本局写印本,一字之误,遂传四方,以此须自校对。其劳苦牵迫,甚于书未成时,由是未遑及他事。

校对文稿是件劳心费神的苦差事,比起修纂工作有过之而无不及。炎夏酷暑时节,欧阳修把全部精力倾注在校对工作上,以保证《新唐书》的刊印质量。

七月十二日,《新唐书》二百二十五卷进奏朝廷。从庆历五年(1045)成立唐书局到最后成书,前后历时十七年。书成奏报时,提举编修是宰相曾公亮,刊修官为欧阳修、宋祁,编修官有范镇、王畴、宋敏求、刘羲叟、吕夏卿等,还有刚刚逝世的梅尧臣。

《新唐书》问世前,已有后晋宰相刘昫监修《唐书》二百卷,为区别两种《唐书》,按修纂的先后次序,分别称为《旧唐书》和《新唐书》。《旧唐书》修于五代乱离之时,能够援引的史料有限,基本上依据唐代《实录》《国史》删节改写而成,前繁而后简,文陋而气弱,未尽人意。欧阳修为曾公亮撰写的《进新修唐书表》,批评《旧唐书》"纪次无法,详略失中,文彩不明,事实零落",并感慨它"不足暴其善恶,以动人耳目,诚不可以垂劝诫,示久远,甚可叹也"。

欧阳修对自己的《新唐书》"本纪"十卷,颇为自鸣得意。他自诩《新唐书》"本纪"的长处在于"《春秋》笔法",却不知短处也在于此。《春秋》笔法,一味求简,以简为贵,使得史实记述,过分追求简净,把本来丰富详尽的历史内容简化成三言两语,有些历史大事也误以为无关紧要而删除得只字不留,致使不少有用的史料受到损失。后人对于《新唐书》中的一些史实,只有借助《旧唐书》,才能弄清本末。这是后人之所以将《旧唐书》补入"正史"的主要原因。

《新唐书》各"志"比《旧唐书》内容详细,各种典章制度记述条理清晰,对于它们的沿革演变,尤能委曲道尽。古今史学家公认《新唐书》"志"优于《旧唐书》。《旧唐书》"志"三十卷,分为十一类,《新唐书》增为五十卷,分成十三类。它归并、改称《旧唐书》中一些类目,新增《仪卫志》《选举志》《兵志》三种。这种体例经由欧阳修规范后,后来历朝史志大都取法效用。《新唐书》"艺文志"与《旧唐书》"经籍志"内容出入较大。《旧唐书》"经籍志"搬用《开元四部录》,所记载的书目只限唐玄宗开元年间以前,其中唐人文集仅一百余家。《新唐书》"艺文志"将开元前后直至唐末的书目统统载入,而且简载作者出处情况,其中仅唐人文集就有六百多家,成了今天人们查考唐人著述的主要依据。《百官志》增添了关于宰相制度和翰林学士制度的沿革说明,《食货志》增加了文武俸禄制度的介绍,又详叙授田制和租庸调法,内容比《旧唐书》充实详尽。新增加的《选举志》详细记载唐代科举取士制度的沿革发展情况,使人们对这个关系重大而又错综复杂的选才任人问题,有了认识的门径。《仪卫志》记述了唐代皇帝、皇后等人的仪仗制度,涉及服饰、武器之类,有助于后代考古学家的工作。

在史家体例中,司马迁《史记》首创十"表",班固《汉书》也有八"表",但从陈寿《三国志》之后,各史籍缺"表",《旧唐书》也没"表"。欧阳修在《新唐书》中重新立制宰相、方镇、宗室世系、宰相世系四"表",不仅补充《旧唐书》缺失,而且重开后来史书的体例。

早在宋代,《新唐书》就已取代《旧唐书》,成为记述唐代历史的唯一正史。宋代号称"十七史",明代所谓"二十一史",其中都包含《新唐书》,而《旧唐书》不在其列。直到清代乾隆四年(1739)重新校刻"正史",才把《旧唐书》引入"正史"范围。当时著名的史学家王鸣盛、赵翼,都认为新旧《唐书》各有优劣,主张两书并列,互为补充,相辅而行,共同传世。这是历史给予新旧《唐书》公正合理的评价。

《新唐书》进奏以后,欧阳修立即上书,请求出知洪州(今江西南昌)。他的《乞洪州第六状》恳切陈词,申述自己再三请求出知洪州的原因:

臣不幸少孤,先父远葬乡里,在吉州之吉水。昨臣丁母忧日,又扶护归葬,然臣方在忧祸,故事力有所不周。臣但仰天长号,抚心自誓,只期服阕,便乞一江西差遣,庶几近便营缉。至于种植松柏,置田招客,盖造屋宇,刻立碑碣之类,事虽仓卒,冀于一二年间勉力可就。当是时,乡人父老、亲族故旧,环列墓次,并闻臣言。自臣除服还朝,皆引领望臣归践前约,而臣迁延荏苒,一住七年,是臣欺罔幽明,贪恋荣禄,食言不信,罪莫大焉。

欧阳修南归心切,原因之一就在于要兑现诺言,修建父母墓园,了却心头夙愿。然而,这一次依然没有获得朝廷俞允。

范镇等人知道欧阳修《新五代史》早已完稿,于是向朝廷建议,取欧阳修《新五代史》,付唐书局缮写上进。欧阳修闻讯后,赶紧上书,婉词谢绝。他的《免进五代史状》说道:

往者曾任夷陵县令,及知滁州,以负罪谪官,闲僻无事,因将五代史试加补辑,而外方难得文字检阅,所以铨次未成。昨自还朝,便蒙差在唐书局,因之无暇更及私书,是致全然未成次第。欲候得外任差遣,庶因公事之暇,渐次整辑成书,仍复精加考定,方敢投进。冀于文治之朝,不为多士所诮。

欧阳修以"全然未成次第"为理由,谢绝上进《新五代史》。实际情况并非尽然。早在皇祐五年(1053)守母丧期间,他的《新五代史》就已厘定了初稿。书简《与梅圣俞》其二十三说道:

闲中不曾作文字,只整顿了《五代史》,成七十四卷。不敢多令人知,深思吾兄一看。如何可得极有义类,须要好人商量。此书不可使俗人见,不可使好人不见,奈何奈何。

此后,他一直秘不外传,坚持继续修改,并赠送知心朋友曾巩、刘敞等传阅,听取他们的批评意见。至和元年(1054),曾巩读过书稿以后,写信谈了自己的看法,令欧阳修深感震撼。他在《与渑池徐宰无党》中说:"《五代史》,昨见曾子固议,今却重头改换,未有了期。"为了不致贻笑大方,一直到晚年,他始终不肯将书稿公诸人世。直到欧阳修逝世以后,才由朝廷敕令他的家属进呈,熙宁十年(1077)才得以刊刻行世。

欧阳修独力撰写的《新五代史》,与薛居正等编纂的《旧五代史》相比较,后出的《新五代史》显示出许多优点。从史料上说,《旧五代史》成书于大乱初定的宋朝建立之初,依据的史料多为五代"实录",加之成书仓促,采访剪裁难免失误。《新五代史》成书时,历经太祖、太宗、真宗、仁宗四朝的搜寻结集,新的史料不断发掘,欧阳修笔下的《十国世家》、人物列传和少数民族历史,充分利用新材料,内容比旧史更充实、更丰富。就史识而言,《旧五代史》所依据的五代"实录"为当朝人编写,多有隐讳矫饰,编撰者又多为五代旧臣,记事与史实多有不合。同时,《旧五代史》充斥大量"天人感应"的荒诞记事,对历史兴亡未能作出合理解释。《新五代史》强调并注重人事,能从史实出发分析事件的前因后果,总结历史教训。

中国古代正统史家的治史宗旨,大致可以划分为两大类,一类注重以史学正人心,一类注重以史学鉴政事。在北宋时期,前者以欧阳修为代表,代表作是《新五代史》;后者以司马光为代表,代表作是《资治通鉴》。欧阳修《新五代史》总结晚唐五代的历史教训,立志改革北宋弊政,借史学整饬人伦道德,挽救颓败世风。在中国古代"正史"中,《新五代史》另树一帜,具有独特的风格。

《新五代史》的独特风格之一,是注重史论,感慨淋漓。欧阳修一反前代史家惯例,发论不用"论曰""赞曰""史臣曰"等字眼,直接以"呜呼"领起。他自我解释说,这是因为五代衰世,史事值得哀叹的缘故。这种史论,从感慨中生发,笔锋中常挟忧愤之情,形成一种哀伤咏叹的格调,格外动人心弦。如《唐六臣传》论赞,感叹唐末的"白马之祸"与朋党之论,说道:

呜呼!始为朋党之论者谁欤?甚乎作俑者也,真可谓不仁之人哉!……欲孤人主之势而蔽其耳目者,必用朋党之说也。一君子存,群小人虽众,必有所忌,而有所不敢为,唯空国而无君子,然后小人得肆志于无所不为,则汉魏、唐梁之际是也。故曰:可夺国而予人者,由其国无君子,空国而无君子,由以朋党而去之也。呜呼,朋党之说,人主可不察哉!传曰"一言可以丧邦"者,其是之谓与!可不鉴哉!可不鉴哉!

发论者一唱三叹,情感沉痛,所论富于情韵,余味无穷。自司马迁《史记》以后,史家很少有这类文字。

五代之际,政治腐败,世风颓丧。欧阳修《新五代史》序赞,多以愤激之情,鞭挞黑暗与奸邪。对不顾名节,安富尊荣,先后事五姓、相六帝的冯道,在五代、宋初某些人的心目中,是一位稳重廉俭、有德有量的元老大臣,称其履行"郁有古人之风",宇量

"深得大臣之体"，只是惋惜他历仕数朝，有如一女嫁数夫，乃人生之不幸。欧阳修《新五代史》则将冯道打入"杂传"，并在传序中写道：

《传》曰："礼义廉耻，国之四维；四维不张，国乃灭亡。"善乎，管生之能言也！礼义，治人之大法；廉耻，立人之大节。盖不廉，则无所不取；不耻，则无所不为。人而如此，则祸乱败亡，亦无所不至，况为大臣而无所不取，无所不为，则天下其有不乱，国家其有不亡者乎！予读冯道《长乐老叙》，见其自述以为荣，其可谓无廉耻者矣，则天下国家可从而知也。

这一番理直气壮的议论，可谓义正词严，鸣鼓而攻，一举剥落了冯道"厚德""伟量"的外衣，还其无耻政客的本相，并将冯道与寡妇李氏守节自誓、引斧断臂的义烈行为相对照，斥责冯道连村姑野妇都不如，并以此为例，警告那些"不自爱其身而忍耻以偷生"的士人。

《新五代史》的独特风格之二，是义例森严，寓褒贬，别善恶。其叙事语言注重"一字褒贬"，往往就某些词语赋予特殊含义，先立一例，而各以事从之，使褒贬自见。关于为这一点，徐无党注《新五代史》多有揭示。例如《梁本纪第二》，徐无党注文说："用兵之名有四：两相攻曰攻，以大加小曰伐，有罪曰讨，天子自往曰征。"攻战得地之名有二："易得曰取，难得曰克。"战败之名有二："我败曰败绩，彼败曰败之。"此外，降、附有别："以身归曰降，以地归曰附"；诛、杀有别："当杀曰伏诛，不当杀者以两相杀为文"；反、叛有别；"叛者，背此而附彼，犹臣于人也；反，自下谋上，恶逆之大者也"等等。这类《春秋》笔法，使《新五代史》记事章法严谨，褒贬有度。

《新五代史》独特风格之三，就是鲜明的文学性。欧阳修以文学家而兼撰史书，人物传记语言生动，描写精彩，人物形象栩栩如生。如《死节传》对王彦章的刻画："彦章为人骁勇有力，能跣足履棘行百步。持一铁枪，骑而驰突，奋疾如飞，而他人莫能举也，军中号'王铁枪'。"

简括的三两笔，就勾勒出一员猛将的形象。在晋军进逼、国

势危亡之际,王彦章被召为招讨使。欧阳修写其受命出兵破敌的经过:

（梁）末帝问破敌之期,彦章对曰:"三日。"左右皆失笑。彦章受命而出,驰两日至滑州,置酒大会,阴遣人具舟于杨村,命甲士六百人皆持巨斧,载冶者,具鞲炭,乘流而下。彦章会饮,酒半,佯起更衣,引精兵数千,沿河以趋德胜。舟兵举锁烧断之,因以巨斧斩浮桥,而彦章引兵急击南城。浮桥断,南城遂破,盖三日矣。

仅仅使用一百余字,就概述了一场战争的全过程,王彦章骁勇善谋,沉着果敢的大将风度,描写得活灵活观,人物形象跃然纸上。

九月一日,欧阳修兼任翰林侍读学士,为仁宗进读书史,讲释经义,备供顾问应对。同一天,刘敞以翰林侍读学士出知永兴军（今陕西西安）。八日,刘敞登门拜辞欧阳修。欧阳修设宴款待,赋《奉答原甫九月八日见过会饮之作》,表述难分难舍的心情:"念君将舍我,车马去有期,君行一何乐,我意独不怡。"后来,在启程送别宴席上,欧阳修斟酒赠笔,赋《奉送原甫侍读出守永兴》诗,嘱咐他分手之后,要"新诗醉墨时一挥,别后寄我无辞远。"刘敞到了长安,不仅时常寄赠诗歌,而且将在长安获取的古器皿、古文字,一一制成拓片寄给欧阳修,欧阳修的《集古录》,不少珍贵资料,采自刘敞寄赠的金石拓片。

秋冬之际,欧阳修上奏《论均税札子》,请求限制推行均税法,解民倒悬之苦。当年,欧阳修通判滑州,有部属孙琳,自称曾与郭谘在肥乡县（今属河南）推行均税,创立千步方田法,简便易行,公家私人都有好处。庆历三年（1043）十月,欧阳修在朝廷任谏官,大臣正讨论均税法。他上奏《论方田均税札子》,推荐孙琳、郭谘的"方田均税法"。仁宗同意他的奏请,在蔡州某县试行,不久,人们反映实施起来并不方便,于是罢免了。去年八月,朝廷重新设置均税司,派遣孙琳、林之纯、席汝言、李凤等人分赴陕西、河北两路推行均税法,结果两路人心浮动、社会骚乱,河北数千饥民,集中到京师三司告状。欧阳修说道:"均税的目的,不是为了聚敛民财,而是为了便利老百姓。没想到在实施均税的过程中,小人俗吏,追求税利,贪功希赏,借机压榨平民百姓。"因此,他奏请减免均税地区的超量税数,没有实施均税的地区暂不施行。仁宗批准了他的奏请,均税一事只在少数地区试行,没有按原计划大规模铺开。

十八 备位二府

韩琦出任宰相以后,一再向仁宗荐举欧阳修。仁宗见欧阳修身体衰弱,迟迟不敢重用。有一天,韩琦对仁宗说道:"韩愈是唐代名士,后人都认为他可以做宰相,可是当时朝廷没有重用他。假如让韩愈做了宰相,未必对唐朝有好处,就因为没有让他做,至今人们仍在说唐朝皇帝的坏话。欧阳修是当今的韩愈,陛下也不肯重用。我担心后世人不仅会骂我们做大臣的人没有推荐,也会像攻击唐朝皇帝那样说我朝廷的坏话。陛下不妨试用一下,让天下后世知道陛下是重用贤才的。"仁宗觉得韩琦言之有理,决定对欧阳修委以重任。

嘉祐五年(1060)十一月十六日,朝廷任命欧阳修为枢密副使,时年53岁。枢密副使是枢密院的副长官。枢密院简称"枢府""密府",长官枢密使简称"枢密",知枢密院事简称"知枢",两者都别称"枢相"。作为宋朝最高军事机关,枢密院掌管军务边防,出纳机密命令,与中书省合称"二府"。欧阳修接受新职后,携薛夫人进宫拜谢。仁宗正宫曹皇后一见面就认出了薛夫人,问道:"夫人是薛家的女儿吧?"原来薛奎当年担任参知政事,薛夫人少女时代跟随母亲金城夫人赵氏进宫朝拜,曹皇后曾经亲自赐给她冠帔。薛夫人为人聪颖敏慧,对答明辩,深受曹皇后喜爱。从此以后,薛夫人每次进宫,都被曹皇后召问咨询,对欧阳修日后办事,暗中裨补不小。

欧阳修地位上升了,荐贤举能的热忱毫无减衰。进入枢密院不久，他上奏《举章望之、曾巩、王回等充馆职状》。章望之，字表民，福建浦城（今福建蒲城）人。当时担任秘书省校书郎，欧阳修称赞他"学问通博，文辞敏丽，不急仕进，行义自修，东南士子以为师范"。曾巩自嘉祐二年（1057）进士及第以后，担任太平州司法参军，名声彰著，文章天下流传。王回，字深父，前几年进士及第，任命为亳州卫真县主簿，称病不赴仕，退居颍州。欧阳修称王回"学行纯固，论议精明，尤通史传姓氏之书，可备顾问"。欧阳修保举这三个人召试馆职，声称日后三人行为若与荐举状不相符合，自己甘愿同罪受罚。次年，曾巩被召至京师，担任馆阁校勘。

那年，一个叫吴孝宗的青年人，给欧阳修写了一封长信，并附上自己撰著的《法语》等十多篇文章，请求指导。欧阳修读罢这些文章，惊异此人文辞俊拔，有过人之才华。双方见面后，知悉吴孝宗字子经，江西抚州人，与王安石尚有亲戚关系。他问道："你的文章写得如此精彩，而我以前却一点也没听说过，你与王安石、曾巩都是同乡，为什么他们也从没提到过你呢？"吴孝宗顿时面红耳赤，低下头老老实实地回答："我年少无知的时候，不知自重，曾做过不少坏事，在家乡名声不太好，所以不为王、曾二位前辈所赏识。"欧阳修对于这种一度失足的年轻人也不放弃，同样予以热情接待和耐心指导，临行赋诗勉励。其《送吴生南归》诗写道：

吴生始见我，袖藏新文篇。忽从布褐中，百宝写我前。明珠杂玑贝，磊砢或不圆。问生久怀此，奈何初无闻？吴生不自隐，欲吐羞俯颜：少也不自重，不为乡人怜。中虽知自悔，学问苦贱贫。自谓久而信，力行困弥坚。今来决疑惑，幸冀蒙洗湔。我笑谓吴生，尔其听我言：世所谓君子，何异于众人。众人为不善，积微成灭身。君子能自知，改过不逡巡。惟于斯二者，愚智遂以分。颜回不贰过，后世称其仁。孔子过而更，日月披浮云。子路初来时，鸡冠佩猳豚。斩蛟射白额，后卒为名臣。子既悔其往，人谁御其新。丑夫祀上帝，孟子岂不云。临行赠此言，庶可以书绅。

诗人认为君子、智者与普通人、愚者的区别，不在于不犯错误，而在于知错能改。他列举了颜回、孔子、子路等不重犯同样错误、善于改过自新的圣贤人物，指出他们犯过的错误丝毫无损于他们作为千古圣贤的崇高伟大。少年落魄，误入歧途，只要下决心悔过自新，无论是天上的神灵还是世上的凡人都会接纳、都会欢迎。在欧阳修的教育和鼓励下，吴孝宗回到家乡，洗心革面，勤奋读书，在十年后的熙宁三年（1070）科考中荣登进士榜。

嘉祐六年（1061）三月二十五日，仁宗游览后苑，欧阳修等人侍陪，君臣在华景亭观赏春花，在涵曦亭垂钓，在太清楼设宴款客。酒酣耳热，仁宗向执政大臣出示《赏花钓鱼诗》一首，命令侍臣们唱和进献。仁宗御制诗中有"徘徊"一词，和诗都以它为韵。欧阳修《应制赏花钓鱼》诗，尾联咏道："自惭击壤音多野，帝所赓歌亦许陪。"这次君臣游春酬唱，是景祐三年（1036）以来，二十六年间朝廷的一桩盛事。吴奎当时出知郓州（今山东东平），欧阳修在给他的书信中，对他未能参加这次盛会表示深深遗憾。

春末夏初，一个叫张先的人进京拜谒欧阳修和翰林学士承旨宋祁。欧阳修一生，先后与两位名叫张先，字子野的人交游。一位祖籍博州（今山东聊城），比欧阳修大十五岁，是欧阳修在洛阳时的文友，此人早已在宝元二年（1039）病逝。这一位张先，祖籍乌程（今浙江湖州），比欧阳修大十七岁，同于天圣八年进士及第，做过都官郎中，晚年活动在杭州、吴兴等地。他擅长词曲，喜欢写作长调，爱好雕琢字句，词风清新工巧。他的词作中有"心中事""眼中泪""意中人"等名句，时人称他"张三中"。然而，他自以为应称为"张三影"，因为他对词中"云破月来花弄影""帘压卷花影"及"堕风絮无影"等句很自负。

社会上又广泛流传他的《一丛花》词句："沉恨细思，不如红杏，犹解嫁东风。"欧阳修久闻其名，又喜爱读他的词章，遗憾不认识这个人。一听见门人通报张先来访，立即倒屣出迎，说："您就是那位'红杏嫁东风'郎中啊！"欧阳修热情接待了这位七十二岁高龄的著名词人。

五六月间，欧阳修上奏《论台谏官唐介等宜早牵复札子》，请求召回因弹劾陈旭而贬知外郡的唐介等人。陈旭与欧阳修同时出任枢密副使。台谏官对陈旭的任命严重不满。谏官唐介、赵抃，台官范师道、吕诲、王陶等人连章劾奏，揭露陈旭阿谀攀附贵戚，暗中勾结宦官史志聪、王世宁，才当上枢密副使。陈旭上疏自辩，闭门不朝，请求罢官。仁宗下手诏，要陈旭出门视事，唐介等台谏官则又闭门请罪。朝廷只得在四月二十七日同时贬黜双方，陈旭出知定州（今河北定县），唐介贬知洪州（今江西南昌），赵抃、范师道、吕诲分别出知虔州（今江西赣州）、福州（今属福建）、江州（今江西九江）。欧阳修的上疏，一方面为台谏官蒙受不公平待遇打抱不平，另一方面旨在维护台谏作为朝廷权力平衡机制的权威性，揭示帝王拒谏饰非的严重后果。他的奏札立论于"人情说"：

臣近见谏官唐介、台官范师道等，因言陈旭事得罪，或与小郡，或窜远方。陛下自临御已来，擢用诤臣，开广言路，虽言者时有中否，而圣慈每赐优容。一旦台谏联翩，被逐四出，命下之日，中外惊疑。臣虽不知台谏所言是非，但见唐介、范师道皆久在言职，其人立朝，各有本末，前后言事，补益甚多。岂于此时，顿然改节，故为欺罔，上昧圣聪？在于人情，不宜有此。

在叙述五人之中的王陶不徇私情，与恩师抗争的事迹后，又指出："夫牵顾私恩，人之常情尔。断恩以义，非知义之士不能也。以此言之，陶可谓徇公灭私之臣矣。此四人者，出处本末之迹如此，可以知其为人也。就使言虽不中，亦其情必无他。"一篇千余字的奏疏，反反复复以人情立论，唐介等人的高风亮节以及他们所蒙受的冤屈，昭然于世。在这个基础上，欧阳修请求仁宗特赐召还四位谏官，以此勉励那些守节敢言的士大夫。唐介、赵抃、吕诲等人，在神宗朝先后返回朝廷担任要职，成为宋廷的一代名臣。

八月二日，欧阳修为自己的《内制集》撰写序言。翰林院的官吏收集欧阳修担任翰林学士、知制诰期间起草的制诰诏令，按岁月编排，共得四百余篇，编成《内制集》八卷。制诰文为了便于宣读,大都采用四六体,欧阳修并不喜欢这种文体,认为"其屑屑应用,拘牵常格,卑弱不振,宜可羞也"。他之所以不忍心舍弃这些文章,是因为它们的内容可取。自至和元年(1054)九月至嘉祐五年(1060)九月,整整六年,上自朝廷宫禁,下至蛮夷海外的史事,制诰诏令当中,无所不载,足以补正《时政记》《起居注》《日历》等史书的缺漏错谬。

闰八月二十一日,欧阳修改官参知政事,进封开国公。参知政事,简称"参政"。北宋前期,朝廷设"中书门下"与"枢密院"对掌文武大权。中书门下居东,称"东府";枢密院居西,称"西府",合称"二府"。中书门下办公厅在"政事堂",别称"都堂"。其中以同中书门下平章事为宰相,以参知政事为副宰相,辅助宰相处理中书门下政务。

仁宗在富弼守母丧以后,提升韩琦为首相,曾公亮为次相。欧阳修与韩琦、曾公亮同心辅政。每逢中书省议事,欧阳修畅所欲言,认为不对的,一定当面据理力争。韩琦豁达大度,从善如流,有关法令典故,多咨询曾公亮;有关文学词章,多咨询欧阳修。文武百官奉法循理,朝政清明,史称"嘉祐之治"。

十月的一天,欧阳修从枢密院来到中书门下省,见到了谏官司马光请求仁宗确立皇嗣的奏疏,不久,江州省知州吕诲也有请立皇子的奏状。韩琦、曾公亮、欧阳修连夜商议,来日上朝齐心协力促成这件事。

第二天,奏事垂拱殿,司马光、吕诲的奏章上呈后,仁宗先开了口:"朕早就有这个想法,只是没有合适的人选。"停了一会,他环顾左右,问道:"赵氏宗室子弟当中,哪个合适?"

韩琦惶恐地说道:"宗室不与外臣相交往,这事哪里是臣子们敢议论的,请由陛下自己定夺。"

仁宗这才说:"宫中曾经抚养过两个宗室小孩,小的很纯朴,但是不太聪明,大的还可以。"

韩琦等人赶忙请问大孩姓名。

仁宗说:"他叫赵宗实,今年三十岁。"

韩琦、欧阳修等人都表示极力赞同。但是下殿之前,欧阳修又进言："此事至关大局,臣等不敢立即执行,还请陛下今晚三思之后,我等明日再来取旨。"

第二天,奏事崇政殿,三位宰臣再次请示,仁宗说："朕意已定,再无疑议。"大家又说："凡事都要有渐进的程序,且容臣等给新皇子商议一个合适的职衔。"当时,赵宗实因为生父濮安懿王过世不久,正在忧居之中,朝廷下旨起复,除泰州防御使,判宗正寺。赵宗实再三辞避,圣旨准许除服之后就命。

嘉祐七年(1062)三月八日,参知政事孙抃在欧阳修开导下自请改官,出任同群牧制置使。孙抃,字梦得,眉州眉山(今属四川)人,现年六十六岁。年轻的时候正直敢言,喜欢荐举人才。近两年出入二府,老朽健忘,遇事不置可否,言行荒唐可笑,人们相传以为口实。前些日子,枢密使张昪请求致仕,朝廷舆论都认为孙抃按资历应当补缺,同时又都认为他一定不能胜任。殿中侍御史韩缜等人,为了堵塞孙抃滥补,上书奏劾孙抃老迈昏庸,只顾保身保禄,是个奸邪小人。

有一天,大臣奏事以后,仁宗单独留下韩琦、曾公亮。孙抃下殿问欧阳修："宰相留下干什么?"

欧阳修说："恐怕是商议你的事情。"

"我有什么事?"孙抃大吃一惊。

"韩御史弹劾你,你不知道吗?"

孙抃跺脚不迭："我不知道啊!"于是赶紧称病,上书请求免职,仁宗很快地批准了他的请求,改任群牧司的闲散官职。

五月,刘敞从长安给欧阳修寄来两件古铭拓本,一是韩城鼎铭,一是汉博山盘记。刘敞出知永兴军,治所长安(今陕西西安)是秦汉故都,荒基败塚当中,埋藏着无数的古物奇器,一场大风雨过后,常常被冲刷出来,让农夫牧童发现,于是流传人间。刘敞酷爱古器,苦心收罗,收获甚多。他知道欧阳修正在集录金石文字,常常制成拓片寄赠。对这两件拓本,欧阳修惊喜异常。自庆历五年(1045)以来,十八年间,欧阳修多方集录前代金石铭刻,往往获取别人难以得到的东西。三代以来各个朝代的铭文,大都具备,唯独缺乏前汉文字,他常常为此感到遗憾。这次

欧
阳
修
书
系

250

得到的汉博山盘记，填补了该项空白，真可谓夙愿得偿。后来，他将韩城鼎铭连同刘敞杨南仲的译文，以及前汉博山盘记，编入《集古录》，并且撰写了跋尾。

千卷《集古录》编纂成书以后，欧阳修亲自撰写《集古录目序》，其中写道：

予性颛而嗜古，凡世人之所贪者，皆无欲于其间，故得一其所好于斯。好之已笃，则力虽未足，犹能致之。故上自周穆王以来，下更秦、汉、隋、唐、五代，外至四海九州、名山大泽、穷崖绝谷、荒林破冢，神物鬼物，诡怪所传，莫不皆有，以为《集古录》。

秦汉以前的字画，多见于钟鼎彝器之上，东汉以后，石刻方始盛行。欧阳修专一好古，尽力辑录古代金铭石刻。《集古录》所搜罗的材料，时间跨度大，内容丰富多彩，上自周穆王，下至隋唐末五代，既有青铜铭文的拓片，如《古敦铭》《毛伯敦铭》《龚伯彝铭》《韩城鼎铭》等；也有历代碑刻拓本，如《后汉西岳华山庙碑》《魏受禅碑》《晋南乡太守碑》《隋太平寺碑》《唐魏载墓志铭》等；还有不少法帖，如《晋兰亭修禊序》《晋王献之法帖》《晋七贤帖》等。

欧阳修还为《集古录》部分篇目撰写过跋语，这就是后来汇入《欧阳文忠公集》的四百一十二篇《集古录跋尾》。跋尾的内容涉及史事、书法和文章艺术等。欧阳修集录金石刻辞的最初动机，本在于鉴赏书法和观摩文章，聚少成多以后，考订史实却成了主要目的，也最具学术价值。欧阳修利用金石刻辞考订史实。碑刻墓志之类文章，多出自碑主亲朋故旧之手，难免有褒美失实之处。因此，关于历史人物的是非功过，他并不依从金石刻辞，但对于他们的世系、子孙，官职、姓名等，则多据以订正史籍。例如，他据《唐雁门王田氏神道碑》订正《旧唐书》错误，指出田承嗣只有十子，不是十一子；田绪排行第六，不是第七；第九子是田纷，不是田绅。欧阳修又利用金石刻辞补充史料。如新旧《唐书》中的《薛仁贵传》，都没有薛仁贵实名薛礼的记载，而民间却流传"薛礼东征"的历史传说，欧阳修以《薛仁贵碑》中"公讳礼，字仁贵"的刻辞，补充史家疏漏，并为历史传说故事提供史实根据。欧阳修还利用金石刻辞考索典章制度。他的《后汉修西岳庙复民赋碑》跋尾说:"汉家制度,今不复见。唯余家集录汉碑颇多,故于磨灭之余,时见一二。"又据张洗《唐济渎庙祭器铭》,考证唐代滥官始于开元盛世,从而揭示宋代冗官的历史渊源。

《集古录跋尾》是欧阳修审订考释金石刻辞的结论,是我国第一部金石研究专著。在我国古代历史上,大规模搜集金铭石刻,并用以考订史书讹谬,始于欧阳修此著。金石学后来成为中国古代文化的专门之学,并最终发展成为现代考古学,欧阳修是其首创者。《集古录跋尾》集录广博,考订精审,论断卓越,是我国古代金石学的开山之作,在世界考古史上也称得上早期佳作。

《集古录跋尾》中的金石刻辞,对欧阳修书法艺术及其书法鉴赏也是大有裨益。他在《范文度模本兰亭序》跋文中说道:"余尝集录前世遗文数千篇,因得悉览诸贤笔迹。比不识书,遂稍通其学。然则人之于学,其可不勉哉!今老矣,目昏手颤,虽不能挥翰,而开卷临几,便别精粗。"《集古录跋尾》有关金石书法的论析,更是欧阳修美学艺术观的展现,它对宋代美学的嬗变及其成型颇具影响。欧阳修的书法爱好,连同他日常生活中的斗茶、哼曲、弹琴、弈棋、玩画、鉴砚,以及赏月品花、游山玩水、饮酒赋诗等,一代宗师的以身作则,率先垂范,广泛而深刻地影响了一代文士与一代士风。如此广泛而雅致的生活情趣与艺术品位,奠定北宋士大夫特定的文化氛围与文化性格,构建宋代新型文人的丰厚文化素养。

八月五日,仁宗同意韩琦、欧阳修的奏请,颁发诏书,确立赵宗实为皇子,赐名曙。早在今年二月,赵宗实父丧除服,却依然一再辞让判宗正的敕命。立储之事一拖再拖。七月的一天,韩琦与欧阳修私下商议说:"颁布判宗正的任命,天下人都知道他将要立为皇子,不如就此正式确定他的皇子地位。"随后,他们将赵宗实的十余封辞让表呈交仁宗,仁宗问如何处置此事,韩琦未及回答,欧阳修上前奏告:"宗室从来不领职事,如今忽然破格提拔这孩子,任命他为判宗正,天下人都知道陛下将要立他为皇太子,不如正式确定名分。知宗正的敕命,他可以辞让。如果确立为皇子,只需用一纸诏书告示天下就行了,由不得他接受不接受。"仁宗沉思良久,问韩琦:"这样办,行吗?"韩琦极力赞同。仁宗说:"那好,就尽快办理。"后来,仁宗又在欧阳修选择好的十个日字旁的汉字当中,亲自圈点"曙"字作为赵宗实的赐名。于是,由王珪起草立皇子诏书,欧阳修撰写改名札子。诏令颁布之后,仁宗皇帝又召集全体宗室成员入宫,明确宣示立赵宗实为皇子之意,随即命内侍省皇城司在内香药库的西面营建皇子宫室。至此,一件困扰朝廷内外近十年的仁宗后嗣问题,终于有了着落,天下人心趋于安定。

十二月二十三日,仁宗在龙图阁、天章阁召集宰辅、近侍、三司副使、台谏官、皇子赵曙、宗室大臣等人,观赏太祖、太宗、真宗的书翰墨宝。接着,君臣来到宝文阁,仁宗兴致勃勃挥翰作飞白书分赐群臣。"飞白书"是我国古代书法中的一种特殊字体,它利用毛笔的卷曲飞动,硕大粗壮的笔画当中,夹杂着丝丝空白痕迹,显得华艳飘荡。这种字体既威严壮观,又轻逸活泼,适宜宫阙题署。自汉末蔡邕创立这种书体以后,深受历代帝王垂青,梁武帝、隋炀帝、唐太宗、唐高宗、武则天、宋太宗都喜爱并擅长这种书体。仁宗政事之余,没有其他嗜好,只是喜爱翰墨书法,"飞白书"艺术尤其神妙。同前代帝王一样,仁宗也以赏赐"飞白书"作为笼络臣僚的手段。

欧阳修得到仁宗双幅字绢"飞白书",上面是一个硕大的"岁"字,下款有仁宗签名,并加盖御印。翰林学士王珪奉命题写"嘉祐御札赐欧阳修"八个字,又在绢尾标上"翰林学士臣王珪奉圣旨题赐名"字样。

赐书完毕,仁宗又出示自作《观书诗》一首,命群臣唱和。欧阳修有《观龙图阁三圣御书应制》诗。随后,仁宗在群玉殿赐宴款待群臣,君臣尽兴而归。

二十七日,仁宗又在天章阁召见近臣、皇子及三馆臣僚,观赏太祖、太宗、真宗三朝瑞物,以及太宗、真宗文集。接着又赴宝文阁,仁宗书赐"飞白书",欧阳修再得一幅金花笺字。君臣继续在群玉殿宴饮。仁宗说道："天下久无事,今日之乐,寡人与爱卿共享,诸位应该一醉方休。"几天后,欧阳修赋《群玉殿赐宴》五言八韵诗一首,连同《谢赐飞白并赐宴诗状》一道奏进,表述自己的感激之情。

嘉祐八年(1063)元宵节,京师像往年一样,张灯结彩,百姓群集御街,歌舞杂剧、百戏奇术等应有尽有,一派喜气洋洋景象。按照往年惯例,仁宗应该在十四日清晨出游各宫寺,与随行大臣游宴赋诗,天黑时回宫,在宣德门与大臣们观灯饮酒。可是,正月以来,仁宗自感身体不适,十四日清晨没有出游。十五日晚上,才来到慈恩寺、相国寺和端门,设宴款待中书、枢密大臣,酒过三巡之后,酒宴也草草结束。

当晚,宰相韩琦、曾公亮,枢密使张昇因事告假,参加宴会的只有参知政事欧阳修、赵槩,枢密副使胡宿、吴奎等四个人。酒过三巡时,环顾宴席上的四个人,都是同时期的翰林学士,并相继进入二府。这真是前所未有的盛事啊!大家七嘴八舌地聊起当年翰林院的旧事,彼此开怀豪饮,笑乐不已。

谁也没想到,仁宗的身体从此日复一日地衰弱。二月后,病情进一步加剧,朝廷奉旨颁发德音为皇帝祈福求寿,同时召集多名御医会诊,宰臣的每日奏事,也改在仁宗寝宫福宁宫西阁。三月二十二日,仁宗还抱病亲临延和殿,主持本榜礼部奏名进士御试。此榜夺魁者,是欧阳修称颂其赋"辞气似沂公"的福建才子许将。沂公即前状元宰相王曾。王曾,字孝先,青州益都(今属山东)人,封沂国公。《宋史》本传称他"善为文辞","杨亿见其赋,叹曰:'王佐器也。'"

三月二十九日,仁宗饮食起居如常,可是当天晚上初更时分,忽然起床急命内侍进药,同时召皇后面见,待皇后赶到时,仁宗以手指心,已经不能说话。在当晚三更时分溘然长逝,时年五十四岁,在位四十二年。

仁宗皇后曹氏,是开国元勋曹彬的孙女。大家闺秀出身的曹皇后,为人端庄镇定,处事沉稳缜密,仁宗去世之后,宫中一片慌乱,曹后从容不迫,将所有宫门的钥匙收集在一起,放在面前,同时派心腹内臣密召宰辅黎明进宫。

第二天是四月一日,韩琦、曾公亮、欧阳修等天未放亮就来到宫中,与曹后商定召皇子即位。皇子赵宗实随即抵达,闻知此事,连声说道:"某不敢为,某不敢为。"同时转身就跑。几名宰臣急忙上前拉住,给他戴上皇冠,披上龙袍。同时召殿前马步军副指挥使、都虞候及宗室刺史以上至殿前,宣读仁宗遗诏。又召翰林学士王珪起草遗制。午后百官皆集,仍然身着吉服,只是解去金带和所佩金、银鱼袋,依次自垂拱门外步入福宁殿前痛哭。韩琦宣读遗制,英宗赵曙即皇帝位。百官在福宁殿东楹拜见新帝,随后又回到福宁殿前痛哭。次日,大赦天下,恩赐百官,优赏诸军。

英宗即位之初,宰臣奏事时,总是详问本末,然后裁决,处事无不得当,满朝文武大臣翕然相庆,称为明主。谁知数日后英宗忽然患病,语无伦次,精神失常。韩琦与欧阳修等宰臣忧心如焚,再三商量之后,只得请皇太后垂帘听政,与英宗共同处理朝务。欧阳修当即起草《请皇太后权同听政诏》。

曹太后听政时期,欧阳修配合韩琦主持朝政。每次帘前奏事,或是执政聚议,凡有不同见解,欧阳修总是直言无忌,据理力争。台谏官到政事堂议事,有些事情并不牵涉自己,往往同僚们来不及开口,欧阳修已经挺身上前,当面指点对方的是非曲直。下级官吏请示、报告公务,以前的执政官表态大都是含含糊糊、模棱两可,叫人不得要领;欧阳修却是直截了当地指示:"某事可以办,某事不可以办。"日后英宗亲政时,听人们说起这些情形,曾经当面劝告欧阳修:"你性子耿直,说话毫无顾忌,每次奏事,与两位相公意见不同,便互相争执,语言不回避。又听说你与台谏官议事,常常当面指出缺点,可想而知,人们都不喜欢你,以后要注意克服这些毛病。"数年后,欧阳修上奏给神宗的《又乞外郡第一札子》,谈到自己的处世为人,说道:

臣拙直多忤于物,而在位已久,积怨已多。若使臣顿然变节,勉学牢笼小人以弭怨谤,非惟臣所不能,亦非陛下所以任臣之意。

实际上这是对当年英宗劝告的答复。欧阳修宁愿刚正直道，积怨于人，不愿谨言慎行，明哲保身。他认为谨小慎微，远祸全身，既不符合自己的性格，也违背了朝廷授官的本意。

七月九日，契丹国派遣祭奠使来京，欧阳修陪伴使者在都亭驿宴饮。都亭驿在东京城的光化坊，位于御街西北的汴河北岸，是汴河上的一个重要驿站，专用以接待契丹国使者。契丹国使者中有一个叫韩皋谟的，自称是契丹皇太叔耶律重元派来的，向宋廷密告皇太叔打算夺取皇位，请求宋廷出兵接应。中书门下、枢密院集体讨论这件事，有人主张出兵接应，差点形成决议。欧阳修坚决反对，他说："中国对待邻国，应当以信义为本，不能支持、帮助邻国内部叛乱。如果事情没有成功，就要落人话柄。"主张出兵的人哈哈大笑，指着欧阳修的鼻子说："迂腐儒生！迂腐儒生！"欧阳修坚持己见，争辩不已，最终使此事搁置下来。同月二十九日，耶律重元与他的儿子尼噜古密议起事，准备刺杀道宗耶律洪基，然后自立为帝。结果阴谋败露，尼噜古在混乱中战死，耶律重元事败后自杀。当初积极主张出兵接应的人，这才佩服欧阳修的远见卓识。

有一次，欧阳修在中书省东阁值夜，夜半时分，万籁俱寂，卧听宫廷铜壶滴漏声，难以成眠。他忧时感事，赋《夜宿中书东阁》诗：

翰林平日接群公，文酒相欢慰病翁。白首归田徒有约，黄扉论道愧无功。攀髯路断三山远，忧国心危百箭攻。今夜静听丹禁漏。尚疑身在玉堂中。

他想起当年任翰林学士，与韩绛、吴奎、王珪在翰林院值班，四人共同约定五十八岁致仕，并由韩绛将盟约写在堂柱上。如今盟期在即，却备位执政，归田致仕的愿望一时难以实现，建功立业的希望也很渺茫。仁宗去世，英宗继位，欧阳修陷入了"忧国心危"愁悒难瘳的境地，这是怎么回事呢？

原来，英宗与曹太后之间产生了矛盾。曹氏与赵曙不是亲生母子关系，感情上自然有着一层隔阂。仁宗皇帝晚年，迟迟不立赵宗实为皇子，与曹氏的态度大有关系。这些事情经由某些人添油加醋,传到了英宗的耳朵,因此英宗继承皇位后,心中对曹太后并不满意。加上英宗即位伊始,忧疑成疾,发作精神病,难以控制自己的言行,说了许多对曹太后不逊的话。英宗病中对身边的宦官也很放肆,常常棍棒相加,左右多怀不满。这些人将英宗的怨言怪话,添枝加叶地报告给太后,宦官头子、入内都知任守忠串通于两宫之间,鼓捣是非,挑拨离间,并且伙同一些原先反对确立英宗为皇子的大臣,暗中进献废除英宗、扶立新君的主张。皇帝与太后两宫之间的矛盾顿时加剧,关系日趋恶化。朝廷权力中枢矛盾明朗化,问题非同小可。何况契丹与西夏,利用宋朝新丧,正在窥探宋王朝统治集团内部的虚实,皇帝与太后之间的矛盾如果张扬到异邦他国,后果不堪设想。这一切怎不叫欧阳修忧心如焚呢!

九月十九日,欧阳修等人在太后帘前奏事完毕,太后叫太监取来韩虫儿案卷,请中书大臣们过目。一个多月来,坊间流传一种谣言:宫女韩虫儿怀有仁宗遗腹子。说是去年腊月的一天,仁宗在宫中散步,亲眼看见一个宫女在井边打水,井绳上缠绕着一条小龙,询问身边太监,都说没有看见。仁宗觉得蹊跷,于是召见那个宫女,原来是永昌郡夫人翁氏的婢女韩虫儿。后几天,韩虫儿被仁宗召去侍寝,怀上身孕。韩虫儿逢人就说:"皇上要我侍寝,取走我手臂上一只金镯子,交代说:'你应当替我生个儿子,将来拿这金镯子作验证。'"对于这些流言飞语,曹太后将信将疑,她派遣宫女精心护理韩虫儿,增加月银,改善待遇。然而,到了分娩的日子,不见韩虫儿生育。太后派人追究,事情终于水落石出。原来韩虫儿为了逃避养母的打骂,贪图生活享受,故意弄虚作假。欧阳修看过案卷以后,上前奏告:"韩虫儿案情已经查明,这个人不可以继续留在宫中。否则,外人难以消除疑虑。"于是,韩虫儿被杖责二十,押送承天寺做长发,永昌郡夫人翁氏也受到降黜处分。

入冬以后,随着英宗身体的逐渐康复,欧阳修积极协助韩琦进谏两宫,调和英宗与曹太后之间的矛盾。有一次,韩琦、欧阳修在太后帘前奏事,曹太后呜咽流涕,详细诉说英宗的无礼言行,并且说:"我老太婆没有立足之地了,相公一定要替我做主。"

韩琦劝解说:"这是因为皇帝病态失常的缘故,一旦病好了,决不会这样。儿子病中失礼,做母亲的能不容忍吗?"

太后听了,还是满脸的不高兴。

欧阳修上前劝说:"太后侍奉仁宗几十年,仁宗恩德,天下著称。作为一个妇人,很少有不妒忌的,当年张贵妃恃宠骄横,太后都能够宽宏大量,忍让克制,如今母子之间,难道还有什么容忍不了的吗?"

太后说:"如果大家都像你这样理解我,那就好了。"

欧阳修接着说:"这些事情岂止是我们知道,朝廷内外没有人不知晓的。"

太后的脸色这才稍稍有些平和。

欧阳修又说:"仁宗在位年久,恩德深入人心,世人信服,所以一旦驾崩,天下人秉承遗命,拥戴嗣君,没有哪个敢于反对。如今太后深居内宫,我们几个人主持朝政,如果我们的行为举措不遵从仁宗遗旨,天下人谁肯听从呢?"

这番话就是针对有人企图废去英宗,另立新君而说的,软中有硬,合情合理,无可反驳。太后心中明白,默不作声。从此以后,太后开始善待英宗。

在英宗面前,韩琦、欧阳修也进行了语重心长的劝说。当他们去拜见英宗时,英宗说:"太后待我很不慈爱。"大家纷纷劝解道:"自古圣帝明君不少,只有舜帝被称为大孝,难道是别的帝王都不孝吗? 父母慈爱而儿子孝顺,这是人之常情,不足称道;只有父母不慈爱而儿子不失于孝道,才是值得人们称道啊。如果陛下能像侍奉亲生父母一样侍奉太后,太后哪有不慈爱的?"英宗顿时醒悟过来,从此再也不说太后的坏话了。两宫矛盾由此出现缓和,一场朝廷危机最终得以解除。

十九　濮议之争

治平元年（1064）春天，欧阳修在繁忙的政务中，哀病交攻，心力疲耗，再次萌发辞官归隐的念头。在一次早朝的路上，晨星寥落，残月冷照，他想起十年来随班入朝，夙兴夜寐，心里追慕隐居安闲生活，吟诵了《早朝感事》诗：

疏星牢落晓光微，残月苍龙阙角西。玉勒争门随仗入，牙牌当殿报班齐。羽仪虽接鸳兼鹭，野性终存鹿与麋。笑杀汝阴常处士，十年骑马听朝鸡。

首联咏诵早朝途中的晓色，颔联描写威武壮观的朝仪，颈联吐露身在朝堂、志存田园的心愿，尾联抒述对朋友常秩隐居生活的由衷向往。常秩，字夷甫，颍州汝阴（今安徽阜阳）人。投考进士失败以后，退居乡里，潜心研究《春秋》学，以经术著称于时。嘉祐、治平间，修荐于朝，朝廷多次征召，以为颍州教授，又除国子监直讲，又以为大理评事、知长葛县，皆不赴，于是声名愈高。欧阳修敬重这位处士，致仕前夕寄赠常秩诗歌，欣慰地咏道："赖有东邻常处士，披蓑戴笠伴春锄。"然而，就在欧阳修致仕退居颍州的时候，常秩却接受王安石召命，入朝做官去了。因此，后来有人谑改欧阳修本诗尾联为"笑杀汝阴欧少保，新来处士听朝鸡。"讥讽这位深受欧阳修推崇却没能坚守晚节的假隐士。

新正改元以来，朝廷依然维持着两宫同理朝政的格局。春季里，英宗已能独自清醒地处理国务政事，曹太后两次亲书手诏，提出还政。当大臣们将手诏呈交英宗时，英宗却扣留下来，不作批示。四月，英宗的身体已经完全康复，二十三日前往相国寺、天清寺、醴泉观祈雨，整个京城为之振奋，朝野上下奔走相告，欢呼庆贺。韩琦早就有心让英宗亲政。有一次，他特地同时将十来桩朝政事务禀奏英宗，只见英宗裁决如流，而且事事处置允当。于是，韩琦决定出面催促曹太后撤帘还政。

五月十三日，韩琦向曹太后禀奏说："先帝葬礼之后，我本来就应该退隐，只是因为皇上身体欠佳，所以一直拖延到今天。如今皇帝已经完全康复，真是天下的大幸，我的使命也算是完成了。今天，我先向太后禀报，请求辞去相位，出知外郡。"

太后当然听出了韩琦话语的意思，说道："丞相怎么可以求退？老身应该退居深宫，让皇帝临殿听政吧！"

韩琦一听，立即上前再拜称贺，说："东汉的马皇后与邓皇后，是历史上扬名千古的贤德后妃，她们都难免贪恋权势。如今太后能够急流勇退，马、邓二位贤妃实际上都不如您。"接着又从怀中拿出几份奏章，说道："台谏也有奏疏，请求太后还政，不知太后决定什么时候撤帘？"话音刚落，太后猛然站起，转身就离座而去。韩琦立即大声喝令仪鸾司撤去垂帘，帘落之时，御屏后面太后的身影还依稀可见。太后随即正式降诏书还政，欧阳修受命撰写《皇太后还政合行典礼诏》颁发全国。同日，朝廷举行隆重庆典，英宗开始亲政，为时一年多的曹太后称制宣告结束。

英宗亲政以后，普天同庆，面临着朝廷百官并进爵秩、宗室故旧并加封赠，应该如何对待自己的亲生父亲呢？这是一个事关礼制而又颇具争议的问题。英宗的生父叫赵允让，是宋太宗的孙子。当年，真宗的太子赵祐夭折以后，曾经将赵允让迎入宫中抚养，打算立为皇子，后来仁宗出生了，才将他送返府邸。赵允让于嘉祐四年（1059）病逝，追封为濮王，谥号安懿。英宗是由"濮王"赵允让过继给仁宗做儿子的，按照封建礼制，过继的儿子等同亲生儿子，但是，英宗生父赵允让是在儿子过继之前死去的，这又该怎么称呼呢？大臣们感到犯难。

治平元年五月二十八日，韩琦等中书宰臣奏请给濮王和他的三位妃子追封尊号。奏疏说道：

臣等忝备宰弼，实闻国论，谓当考古约礼，因宜称情，使有以隆恩而广爱，庶几上以彰孝治，下以厚民风。臣伏请下有司议濮安懿王及谯国太夫人王氏（濮王正妻）、襄国太夫人韩氏（濮王继妻）、仙游县君任氏（英宗生母）合行典礼，详处其当，以时施行。

这封奏状表达了英宗的私衷,但是,仁宗去世两周年的"大祥"祭礼即将来临,英宗担心大臣们在这个问题上很难有统一的看法,因此,他下令等到"大祥"以后再作讨论。

八月二十三日,欧阳修协助韩琦,贬逐了宦官头目任守忠。任守忠,字稷臣。仁宗朝后期担任宣政使、入内都知,侍奉宫廷内部生活事务,是皇帝和皇后最为接近的人。仁宗晚年选立后嗣,本来早已属意于英宗,任守忠从中百般沮阻,企图改立昏弱小儿,便于自己操纵。曹太后垂帘听政时期,他又拨弄是非,离间两宫关系,被谏官司马光、侍御史吕诲等人劾奏。司马光列出了任守忠十大罪状,请求诛杀。英宗迟迟不忍执行。这一次,韩琦为了便宜从事,发出"空头敕"一道。欧阳修心中有数,当即在空白诏书上面签押自己的名字。另一参政赵槩觉得事情有些棘手,询问欧阳修:"怎么办?"欧阳修鼓励他,说道:"只管签名,韩公自有主张。"韩琦坐在政事堂上,派人拘捕任守忠、公布他的罪状,宣布赶出宫廷,前往蕲州(今湖北蕲春)安置。为了防备夜长梦多,中途生变,韩琦取出空白诏书填写,指派使臣立即将任守忠押上贬途。宫中一大隐患被及时清除。

这一年,在科举取士、人才选拔问题上,欧阳修与司马光之间爆发了一场争论。谏官司马光去年同翰林学士范镇知贡举,对嘉祐三年(1058)、嘉祐五年(1060)、嘉祐七年(1062)各路参加考试和考中进士的情况做了个统计,发现按考试成绩统一录取进士,结果是东南地区录取得多,西北地区考上的少。出生于西北地区的司马光,为家乡的考生抱不平,上奏《贡院乞逐路取人状》,主张仿效古代录取孝廉的方法,按地区户口数量决定取人指标。贡院进士取录要按照地区分配名额,每十人取解一人参加考试,然后按地区糊名誊录,分别进行录取。朝廷大臣中许多人赞同这个提案,英宗也表示原则上同意,下令由两制尽快制订具体实施方案。

欧阳修代表东南地区的士子,上书反对司马光的意见。他的《论逐路取人札子》提出:科举取士,唯才是举,应该不问东西南北之人,将各路贡士混合录取。至于南北录取人数不均,这是因为四方风俗有异,人性利钝不一,"东南之俗好文,故进士多而经学少;西北之人尚质,故进士少而经学多。"如果将进士和明经综合起来统计,西北地区考试录取做官的人数要比东南地区还多。欧阳修一共列举了六条理由,反驳司马光的提议。至于科举改革,他认为"事久不能无弊,有当留意者,然不须更改法制,止在振举纲条尔。"他不同意改变科举录取体制,只主张严肃规章制度,防止滥竽充数,保障"惟能是选"。

治平二年(1065)正月十三日,英宗与欧阳修等人议论西北边境形势。自去年秋天以来,西夏国王谅祚要求恢复宋夏边境"榷场"贸易,没有获得宋廷同意,因此频繁出兵侵扰秦凤、泾原等路。数以万计的西夏骑兵横空而来,烧杀抢掠,宋朝西部边境军民损失惨重。英宗感叹军事人才难得,欧阳修趁机推荐起用孙沔。孙沔,字元规,会稽(今浙江绍兴)人。这是一位庆历时期的边境老将,熟悉边事,有治军才能。皇祐年间,在平定侬智高叛乱中,以战功提升为枢密副使。后来,因为淫乱违法被罢官。孙沔虽然年已七十,但是心力不衰,飞鹰跑马,一如当年。欧阳修《乞奖用孙沔札子》,请求英宗"弃瑕使过",以备"一方之寄"。朝廷终于任用孙沔知河中府(今山西永济县西),旋即出守庆州(今甘肃庆阳),继而改帅鄜延,不幸于赴任途中病逝,时在次年四月。

针对西部边境新形势,欧阳修上奏《言西边事宜第一状》,建议英宗"外料敌情,内量事势,鉴往年已验之失,思今日可用之谋"。他认为当前敌我形势,已经不同于庆历初年。这次谅祚叛乱,未必对宋朝不利,宋廷可以趁机"雪前耻,收后功"。在总结过去宋夏战争经验教训的基础上,欧阳修提出主动出击,先发制人的战术方针:不搞大规模出击,兵分五路,轮番进攻。我军每次出击,敌军一定集中兵力抵御,敌军在东面集结,我军就从西面进攻。五路轮流出击,使敌军疲于奔命。我军以逸待劳,以攻为守,定能确保西部边境安全。

奏状上呈以后,许久不见反响。欧阳修又上《言西边事宜第二札子》,敦请英宗"赫然发愤,以边事切责大臣"。他吐露心中最大的忧虑:"臣恐上下因循,又如庆历之初矣。"请求将自己的奏状,连同韩琦进奏的庆历年间议论山界的文字,一道降付二府,供朝臣讨论。

二月十一日,三司使蔡襄被迫出知杭州。在这些日子里,人们竞相传说:当年,仁宗选定英宗做皇子,内廷多持反对意见,蔡襄也有奏章表示异议。英宗病愈亲政后,对蔡襄耿耿于怀,好几次向宰辅大臣问到:"蔡襄是个什么样的人?"

有一次,蔡襄因老母患病,早朝请假,英宗疾言厉色地责问中书大臣:"三司执掌天下钱谷,事务繁忙。蔡襄十天当中,请假四五次为什么不换人?"韩琦奏告说:"三司使没有过失,哪有理由罢免?再说,今天要找一个才识名望超过蔡襄的人,实在不容易。"欧阳修接着解释:"蔡襄家有八十余岁的老母亲。老母体弱多病,需要照顾。今天他只请早朝假,太阳出来就会上班,并没有荒废三司事务。"尽管如此,大臣们奏事,凡有涉及三司的,英宗总是怂然不乐。

蔡襄迫于疑惧心理,多次上书请知外郡。在决定蔡襄去留的时候,韩琦问英宗是不是亲眼见到过蔡襄反对立皇子的奏疏。英宗说:"宫中虽然找不到文字证据,但是早在庆宁堂时,我就听说过这回事。"韩琦、曾公亮都奉劝英宗不要轻信流言飞语,指出小人们惯用"疑似之言"陷害忠良。欧阳修更是径直问道:"陛下认为这件事到底是有还是没有?"英宗回答:"虽然没有文字证据,又怎么能肯定它一定没有呢?"欧阳修不同意英宗的说法,禀告说:"这是毫无根据的疑似之谤。不要说没有证据,就是有了证据,也需要辨别真假。前朝夏竦陷害富弼,指使婢女方习石介笔迹,伪造石介替富弼撰写的废立诏书,全靠仁宗英明,富弼才得到保全。至和初年,我免丧返回朝廷,小人伪造我请求淘汰宦官的奏稿,传布朝廷内外,宦官对我无不咬牙切齿,判流内铨才六天,就出知同州,也是全靠仁宗保全,我才有今天。由此可见,即使有了文字根据,也要分辨真伪,何况没有任何证据,希望陛下不要多疑。"英宗仍然愤愤不平:"造谣毁谤的人,为什么不讲别人,就讲蔡襄呢?"他最终还是让蔡襄罢免三司使出守杭州去了。

五月二十七日,欧阳修将中书门下机要文字编成《总目》。以前,京师各衙门军民官吏财经之类,都没有总数,中书省一旦需要,就临时要下属各部门汇集。欧阳修深感不便。利用公务闲暇,他把中书应当掌握的材料,收集整理成《总目》一书。英宗有所咨询,宰相按《总目》回答。有时欧阳修在家休假,英宗就派遣宦官直接到中书省取来查阅。

六月十一日,御史中丞贾黯奏劾新任河东都转运使孙长卿。孙长卿,字次公,扬州(今属江苏)人,与欧阳修早年在洛阳有过交往,原任环庆路总管。孙沔起用并委任边防重职,适逢孙长卿任官期满,因此被取而代之。中书省认为孙长卿在职期间没有过错,于是改任现职。台谏官却连上奏章,弹劾孙长卿守边不负责任,主张降职使用。

当贾黯再一次递上弹劾孙长卿的奏札,英宗忍不住大声呵斥:"已经办成的事情,怎么可以改变!"欧阳修觉得这样解释不太合理,赶紧上前补充说:"臣等不是因为事情已经办成了,就不可以改变。如果朝廷的任命果真不太妥当,就应该采纳台谏官的意见,以显示陛下从谏如流和臣僚知过必改。问题在于孙长卿的任命并无过错。如果屈从台谏官意见,就会使孙长卿蒙冤受屈。这在情理上站不住脚,所以难以从命。"英宗对台谏官的连章劾奏,不耐其烦,忿然说道:"难怪有人说,台谏官侵夺执政权力。"欧阳修觉得这种说法也不对,于是站过去替台谏官说话:"陛下这么说就不对了,朝廷设置台谏官,就是专门用于劝谏。如果台谏官遇事沉默不语,就是失职。如果认为劝谏就是侵权夺权,那么台谏官就没事可做了。"

仁宗大祥期过后,英宗下诏,由礼官和待制以上的大臣们讨论祭祀典礼中皇帝对亲生父亲濮王赵允让的称呼问题。诏书在四月九日下达,"濮议之争"形成高潮则在六月以后。

朝廷大臣在"濮议之争"中形成"中书派"和"台谏派"两大对立派别。"台谏派"的主要代表人物有谏官司马光,翰林学士王珪,侍御史吕诲、范纯仁,监察御史吕大防、赵鼎、赵瞻、傅尧俞等。司马光代表"台谏派"首先奋笔立议,主张按照前朝惯例,对濮王赵允让"高官大国,极其尊荣",对濮王正妻王氏、继妻韩氏、英宗生母任氏三位妃子"改封大国太夫人"。王珪等人附议并补充司马光的意见,认为濮王是仁宗的兄长,英宗皇帝应该称濮王为皇伯,封赠册书上则不直呼其名。

以宰相韩琦、曾公亮,参知政事欧阳修、赵槩为代表的"中书派",先以司马光奏章对濮王究竟怎么称呼表述不具体为由,拒绝立案讨论。王珪等人的补充意见出来后,中书派表示不同意。他们援引《仪礼·丧服记》《开元开宝礼》以及本朝《五服年月敕》等经典,指出英宗作为仁宗嗣子,守濮王丧已降低了一个等级,守丧过后,对亲生父母还应称呼父母。如果按照台谏官的意见,那么,英宗所下的册命书该如何下笔?世间哪有儿子册封父母的道理?查遍古今《礼》制,都没有改称亲生父亲为"皇伯"的记载。英宗应该称濮王为皇考。并建议将两派意见同时下达,让朝臣们展开讨论。

六月二十一日,英宗再下诏令,命三省并御史台官员共同详议此事。出乎"中书派"意料之外,大多数朝臣赞成司马光的意见。尤其始料不及的是,曹太后站到"台谏派"一边。二十三日,宫中传出太后手书,严厉指斥韩琦等人,认为英宗不应当称濮王为"皇考"。韩琦等将讨论详情回奏太后,认为称皇伯更属无稽之谈。

英宗看见太后表了态,觉得不便再往下讨论了,于是在二十六日下诏,暂时中止"濮议",要求有关人员广泛考据经典,按照《礼》制行事。但是"台谏派"自恃有曹太后撑腰,不仅没有停下来,反而加强攻势。礼官范镇等上疏力请议称皇伯,侍御史吕诲、范纯仁,监察御史吕大防等纷纷声援。这些奏章都被英宗压了下来,未作批示。台谏官迁怒于中书大臣,论辩不休。一直到八月初,由于秋霖不止,暴雨成灾,京城地下水冒涌,毁坏官衙民房,溺死人畜,损失惨重,"濮议之争"才不得不渐渐停息下来。

七月五日,枢密使富弼以镇海节度使、同平章事出判河阳

（今河南孟县）。富弼嘉祐八年（1603）五月除丧服返朝，被任命为枢密使，与宰相韩琦常有龃龉。朝政大事，除非英宗指定必须两府合议，韩琦才会征询富弼的意见。曹太后还政，突然撤除东殿帘帷，富弼大吃一惊，事前毫无所知。他在背后大发牢骚："我富弼好歹也算备位辅佐，别的事情可以不事先告知，这么大的事情难道不应该提前打个招呼吗？"有人拿这席话责备韩琦。韩琦不以为然，说道："这是当时太后的想法，怎么可以公开告诉别人。"富弼听到以后，更加怨恨韩琦，欧阳修这些年与韩琦关系密切，自然也引起富弼不满。在"濮议之事"中，富弼没有支持"中书派"，他认为"中书派"追尊濮王的主张，出自欧阳修，说："欧阳修读书知礼，怎么干出这种事情！这是遗忘了仁宗，坑害了当今皇上，欺骗了韩琦啊！"

富弼离开京师那天，欧阳修没有出席饯别宴会，只是写了一封简短的告别信。这是欧阳修与富弼之间最后一次书信联系。富弼出判河阳以后，与韩琦、欧阳修断绝了往来，甚至在欧阳修、韩琦去世的时候，连祭吊活动都没有参加。

二十二日，枢密使张昇因为久病在假，自请出知许州（今河南许昌）。早在英宗谅阴、太后垂帘时期，枢密使缺人，欧阳修按资历应当升迁。二府正在秘密商议，打算不让欧阳修知道，进奏太后，任命欧阳修为枢密使。有一天，在待漏院里，欧阳修见韩琦、曾公亮窃窃私语，猜知他们的谈话内容，当即正色地对他们说："现在天子没能亲政，母后垂帘主事，政务得失，世人都说是我们几个人做主。那样干，就是几位大臣自相安排官位，怎么能让天下人信服？"两人听了欧阳修这席话，觉得在理，于是停了下来。这次张昇出守外郡，枢密使位置再次空着，英宗也想让欧阳修替补，欧阳修再次辞让不拜，最后只得让文彦博出任。

二十八日，王回在颍州病逝，享年四十三岁。王回，字深甫，祖籍福州侯官（今福建福州），徙居颍州，是宰相曾公亮的外甥。嘉祐年间进士及第后，辞官归隐。治学师法欧阳修，精通史传姓氏之书。欧阳修皇祐年间编撰《欧阳氏谱图》，嘉祐年间考订《集古录》，以及撰写《新五代史》，编纂《新唐书》，常常折节下问。多年来,欧阳修与王回师友相兼,情投意合。这次朝廷刚刚颁发王回的任官敕命,王回却溘然弃世。欧阳修哀悼不已,亲自赶赴颍州送葬,他的《祭王深甫文》写道:"念昔居颍,我壮而子方年少;今我老矣,来归而送子于泉。"

八月十四日,欧阳修独自在崇政殿奏事,进呈奏疏以后,正要退身,英宗问起他的近况。欧阳修说:"听说最近台谏官连上奏疏,弹劾我不该坚持'濮议',幸蒙陛下保全。您知道,这不是我一个人的主张。正是您压住了台谏官的所有奏章,弹劾的风潮才稍稍平息下来。"

英宗说:"参政性格直爽,不怕得罪人,常常当面指出别人的过错,所以有人不喜欢你。今后要注意一下人际关系。"

欧阳修点着头:"臣一定记住皇上的训示。"

"月初水灾以来,上书进谏的人都说朝廷没有进用贤良。你是怎么看的?"

"这些年,朝廷选拔贤良的路子过于狭窄,这的确是当今的一个时弊。在这个问题上,我同韩琦的看法并不一致。"

"为什么说选拔贤良的路子过于狭窄? 中书省平日推荐的,都是些什么人?"

"自从富弼、韩琦辅政以来,十多年里,地方上的提刑、转运使,朝廷的中书、枢密等,选拔人才格外精粹,进用了一些有用之才。然而,这都是一些善理钱粮,精通刑法的强悍官吏。我所说的选拔贤良,指的是馆职。"

"馆职选人怎样?"

"朝廷用人,历来是从两制(内制、外制)选拔到二府(中书省、枢密院),从三馆(史馆、昭文馆、集贤院)选拔到两制。因此,三馆是培养辅弼大臣的地方。从前,馆职选人有三条路子,如今堵塞了两条。这就是我所讲的过于狭窄。"

"从前有哪三条路子?"

"进士高科是一路,大臣荐举是一路,按资历差遣是一路。从前,进士及第前五名都进入馆阁,状元及第有十年升到宰辅的;如今状元也需要两任十年以后,才可以召试馆职,第二名以下,都没有机会应试,这就是所谓的进士高科的路子被堵塞。以前,大臣推荐贤人进馆阁,随时可以召试;如今只有在馆阁缺人时,才让上簿候选人应试,馆阁满员了,上簿候选人只有长期等待,这就是我说的大臣荐举的路被堵塞。现在,只剩下按资排辈差遣这一条路子,这些人大都年老多病。所以,我说朝廷选拔贤良的路子过于狭窄。"

几天后,在中书大臣奏事时,英宗下诏,选拔人才召试馆职。次年九月,欧阳修又连上两道奏札,请求补选馆职,论述馆阁取士的重要性,再度引起英宗重视。他下令叫中书大臣韩琦、曾公亮、欧阳修、赵槩,各自推荐五个人,并且交代说:"馆阁是培育杰出人才的地方,你们各自为我推荐几位才德兼备的人才。即使是亲戚朋友,也不要回避,我会亲自考察他们。"推荐上来的有蔡延庆、刘攽、章惇、安焘、李清臣、刘挚等二十人。韩琦等人认为一次荐人太多,不便录用。英宗说:"既然委托诸位推荐,就要考察录用,真是贤才还嫌多吗?"朝廷于是首先征召其中十人应试馆职,其余的以后陆续安排召试。

九月四日,欧阳修奏报《礼书》一百卷编纂成书,英宗赐名为《太常因革礼》。当年,欧阳修判太常寺,发现礼院文献大都已经散失,曾奏请仁宗委派官吏编修。嘉祐六年(1061),他以参知政事兼任提举官,推荐姚辟、苏洵入局编纂。历时四年,大功告成。英宗对欧阳修、苏洵、姚辟等人各有赐银,表示犒劳。不幸的是,苏洵次年四月在京师病逝,没有享受到加官晋级。

十七日,李清臣制科中试。李清臣,字邦直,安阳(今属河南)人。皇祐年间进士及第,先后担任邢州司户参军、和川县令。韩琦欣赏他的才学,将侄女嫁给了他。欧阳修称赞李清臣文章神奇,风格似于苏轼。秘阁召试以后,试卷送到中书省。还没有启封的时候,欧阳修就说:"如果考官没有把李清臣录取为第一名,这就是考官的失误。"打开一看,第一名果然是李清臣。

十九日,欧阳修奏劾"内降补僧官"。从前,管理僧人和寺庙的僧官有了缺额,大都依据权贵荐举,由宫廷下令补编。台谏官对这种做法多有批评意见,仁宗也深知其中的弊端,因此制定了法规：凡是僧官缺编，两街各推荐一人，考试后择优补职。这次僧官缺额，中书省已下令两街推选，宦官陈承礼却请求录用宝相院和尚庆辅，由宫廷直接下令补额。中书省认为不妥当，韩琦、曾公亮各有奏章。欧阳修奏事时，对英宗说道："补一个僧官，合适不合适，只是一件小事，没有多大关系。但是，中书已按规章执行，而宫廷传令破坏朝廷章程，这是宦官干扰朝政。这种事情怎么能容忍它抬头！"又指出："自古以来，宦官和女人难以防范。在小事上，陛下不以为意，听之任之，张扬出去，外人以为陛下亲近宦官和女人，朝廷政令可以随意改变，那就有损于陛下的形象了。皇上应该立即批准中书省的奏疏，下令按条例考试选用。"英宗认为欧阳修说得有道理，采纳了他的建议。

秋天，欧阳修应韩琦请命，撰写了《相州昼锦堂记》。相州，即今天的河南安阳，是韩琦的故乡。至和年间，韩琦以节度使判相州，在故居后宅园圃中建筑"昼锦堂"。堂名本于《汉书·项籍传》"富贵不归故乡，如锦衣夜行"，反其意而用之，显然有着荣归炫耀的意思。欧阳修却赞美主人公不以富贵荣华为意，志在利国利民、建功立业的美德。文章写道：

> 仕宦而至将相，富贵而归故乡，此人情之所荣，而今昔之所同也。……然则高牙大纛不足为公荣，桓圭衮冕不足为公贵；惟德被生民而功施社稷，勒之金石，播之声诗，以耀后世而垂无穷。此公之志，而士亦以此望于公也。岂止夸一时而荣一乡哉！

这些议论，明显超越了主人公的本意，是从更高的思想境界对朋友韩琦进行勉励和规劝。

本文被后人誉为"天下文章，莫大于是"。欧阳修十分重视本文写作。文章写成以后，送到韩琦手上，韩琦爱赏不已。谁知几天以后，欧阳修派人送来新的修订本，并且郑重其事地交代："前次的稿本有不妥当的地方，刻石请换用这个稿本。"韩琦再三核对，只发现首句"仕宦至将相，富贵归故乡"中间各添加了一个"而"字。有了这个虚词，语气显得更加流畅圆润。韩琦请人书碑刻石，竖立在宅园的最佳位置上。

深秋时节，金风萧瑟，细雨濛濛，本是吟赏菊花的好天气。

欧阳修感慨家国身世，心境黯然。去年八月，他失去了一个女儿。过度的悲伤，使他十年来久患不愈的眼病恶化了。年初，又不幸患上消渴症，病体难支。想到多年来备位二府，受到形格势禁，身家拖累，不能奋力报效朝廷，心中忧愁羞愧，不能自安。他的《秋怀》诗咏道：

节物岂不好，秋怀何黯然。西风酒旗市，细雨菊花天。感事悲双鬓，包羞食万钱。鹿车终自驾，归去颍东田。

诗中描绘的美好秋景，与抒发的黯然情怀，形成鲜明对比。秋月春花，良辰美景，勾惹不起诗人的生活热情，表达的是不愿尸位素餐，向往致仕归田的夙愿。欧阳修一生力戒因循，不安于养尊处优，不愿意苟且偷安。在理想难以实现的情况下，他向往的只能是辞官引退，以寻求心境安宁。

十一二月间，南郊祭祀以后，侍御史吕诲重新挑起"濮议之争"。他七上奏疏，请求早日定下"濮王"的名分，英宗没有听从。接着，他连上四道奏状，请求罢免台职出知外郡，英宗也没有依准。于是，他上书弹劾宰相韩琦，说韩琦在皇帝即位数月间，自恃劳苦功高，树朋党，隳法度；上书请求追尊濮王夫妇，首倡阿谀皇帝的风气；又壅塞言路，意欲专权。如今时逾半年，"濮议"不决。韩琦还在顽固坚持错误，不想改正，这称得上忠臣吗？

治平三年（1066）正月七日，"台谏派"突然改变斗争策略，放弃了真正发起并实际主持"濮议之争"的韩琦，把弹劾矛头转向欧阳修。侍御史吕诲、范纯仁，监察御史吕大防联名合奏：

豺狼当路，击逐宜先，奸邪在朝，弹劾敢后？伏见参知政事欧阳修首开邪议，妄引经据，以枉道悦主人，以近利负先帝，欲累濮王以不正之号，将陷陛下于过举之讥。……臣等及修，岂可俱进？言不足用，愿从窜责，上不辜陛下之任使，下不废朝廷之职业，臣等之志足矣。

他们斥责修为"首开邪议"的"豺狼""奸邪"，表示与欧阳修势不两立的斗争决心。继而历数韩琦、曾公亮、赵概等，称他们苟且附会，请求皇帝一并罢黜。十三日和十八日，他们又连续两次劾奏,弹劾中书省全伙,仍然列欧阳修为"首恶"。

欧阳修突然变成"台谏派"的主攻目标,看来有着多方面的原因:第一,韩琦、曾公亮是两朝重臣,又是拥立英宗的朝廷元勋,地位一时难以动摇。"台谏派"只得改选地位稍低的欧阳修进行打击。第二,欧阳修确实是"中书派"礼制思想的主脑。"中书派"的观点,大都出自欧阳修之口;"中书派"的奏章,大都出自欧阳修之手。第三,欧阳修庆历年间以谏官身份首开言路,导致后来的"谏官之横"。这时,易地而居,自身成了宰执大臣,因而成为"台谏派"克敌制胜的最佳选择目标。

十七日,翰林学士范镇因为草拟韩琦迁官制诰行文失误,自请出知陈州(今河南淮阳)。有人散布谣言,说范镇本是欧阳修的好朋友,因为"濮议之争"没有支持"中书派",得罪了欧阳修。欧阳修乘机打击报复,将范镇贬知外郡。对这种无稽之谈,欧阳修和范镇一笑置之,不予理睬。他们之间对"濮议"的看法不同,各守己见,但是,这不影响双方的个人友情。

面对"台谏派"迅猛凌厉的攻势,欧阳修毫不气馁。他代表"中书派"奋笔立论,驳斥"台谏派"的观点。欧阳修《论濮安懿王典礼札子》归纳"台谏派"的论点为三说:

臣以为众论虽多,其说不过有三:其一曰宜称皇伯,是无稽之臆说也;其二曰简宗庙致水灾者,是厚诬天人之言也;其三曰不当用汉宣、哀为法,以干乱统纪者,是不原本末之论也。

他概括"台谏论"的三个观点:英宗应该称呼濮王为皇伯;"濮议之争"导致去年秋天的水灾谴告;皇上追尊生父,是效法汉宣帝、汉哀帝的错误做法。对此,欧阳修逐一驳斥,申述"中书派"的主张。其中,反驳"台谏派"所谓"宜称皇伯"的看法时,欧阳修指出:

若所谓称皇伯者,考于《六经》无之,方今国朝见行典礼及律令皆无之;自三代之后,秦、汉以后,诸帝由藩邸入继大统者,亦皆无之,可谓无稽之臆说矣。

他认为要英宗将亲生父亲濮王改称"皇伯",这在儒家经典和现行礼制中都没有依据,自古以来也没有先例,纯属无稽之谈。

与此同时，"中书派"认识到仅仅依靠理论武器、引经据典，难以战胜"台谏派"，必须争取曹太后的支持。于是，韩琦通过宦官苏利涉、高居简做工作，争取到太后转变态度，站到"中书派"一边来。这一招很快奏效，"濮议之争"的形势由此急转直下。

二十二日，朝廷颁发曹太后手书，太后态度来了个一百八十度大转弯。她称翻阅前史，皇帝封崇濮安懿王，自有先例，因而不仅主张英宗称呼濮王夫妇为父母，而且建议追封为皇帝和皇后。紧接着，英宗降下一道诏书，谦让不接受父皇母后的尊号，只接受父母的称呼，并请求在皇考陵园立庙祭祀。

对于"中书派"导演的这幕双簧戏，"台谏派"显然识破天机。二十三日、二十五日和二十六日，台谏官连珠炮式劾奏，请求追究"欧阳修首恶、韩琦令高居简等眩惑母后之罪"。吕诲等人自动停职，闭门家居待罪。英宗一再督令中书省降公文催促谏官赴台供职，台谏官一一封回公文，坚持要求辞去台谏职务。

二十七日，英宗下诏停止"濮议之争"。韩琦等人进呈"台谏派"的九道申奏状，英宗询问中书大臣该怎样处置。欧阳修说："御史们认为理难并立。如果认为我们有罪，就应当留下御史们；如果认为我们无罪，那就听候皇上处置。"英宗犹豫了半晌，最后下令贬黜台谏官，并且交代说："不应该处分得太重。"结果，吕诲出知蕲州(今湖北蕲春)，范纯仁通判安州(今湖北安陆)，吕大防出知休宁县(今属安徽)。当时，赵鼎、赵瞻、傅尧俞出使契丹回到汴京，闻讯也上疏请求同贬，因为他们都是台谏派的支持者。于是，又贬傅尧俞出知和州(今安徽和县)，赵鼎通判淄州(今山东淄川)，赵瞻通判汾州(今山西汾阳)。还有知制诰韩维、司马光也请求同贬，皇帝没有批准。翰林侍读吕公著劝阻贬谪台谏官，皇帝不听，则请求补外，于是出知蔡州(今河南汝南)。一场旷日持久的"濮议之争"至此宣告结束。

"濮议之争"是一场关于封建伦常礼仪的争论，以今天的眼光看来，实在迂阔，毫无意义。但是，在礼教盛行的封建时代，谁都认为这是一件大事，一定会据理力争，毫不退让。在"濮议之争"中，"中书派"看上去获得了胜利，实际上却是失败者。当时的朝廷臣僚，大都指责中书大臣迎合英宗"顾私亲"，士大夫公开表态支持欧阳修观点的，只有曾巩、刘敞等少数人，时论一般站在失败了的"台谏派"一边，贬官的台谏官赢得了世人的普遍尊敬。欧阳修被"台谏派"指斥为"佞臣"中的"首恶"，承担着这场论争的主要罪责，声名尤为狼藉。值得注意的是，后来的宋明理学家大都非议欧阳修的观点，倒是对欧阳修治学持有异议的清代乾嘉学派，如钱大昕、段玉裁等人，对欧阳修的"濮议"观点持赞赏和肯定的态度。

"濮议"一停息，欧阳修连上五道奏状，请求离开中书，出知外郡，却没有获得英宗俞允，而另一场更大风波"长媳案"正在等待着他。

四月二十五日，苏洵在京师病逝，享年五十八岁。自去年九月《太常因革礼》奏报以后，苏洵因为积劳成疾，一直卧病不起。欧阳修对苏洵的病情一直非常关心，多次致信问候，嘱咐他"调慎药食"。听说他在服用一剂古方药，欧阳修去信指出，该药方太凉，应该参用别的方剂。又亲自送去一个单方，听说有了疗效，写信要他耐心专服，不要追求急功近效，然而，苏洵的病情还是一天天加剧，终于不治而逝。

苏洵的死，在朝廷上下引起震动，自英宗、宰执大臣到巷闾文士，都为他哀伤惋惜。英宗诏赐缣绢一百匹和白银一百两，苏轼兄弟坚辞不受，只请求朝廷追赠父亲一个官衔，于是英宗特赠苏洵为"光禄寺丞"，并下令官府备船送苏洵灵柩归葬四川故里。当时，韩琦赙赠白银三百两，欧阳修赙赠二百两，苏轼兄弟都婉辞谢绝了。

苏洵文名卓著，又志在用世，许多朝廷大臣都曾呼吁重用。但是，苏洵终归郁郁不得志而死，这实在叫有识之士感到痛心。朝野人士为苏洵撰写挽词的，多达一百三十三人，其中包括韩琦、曾公亮、欧阳修、赵槩等朝廷宰执，包括著名文士王珪、刘敞、张焘、苏颂、郑獬、姚辟等人。欧阳修与苏洵交游十年，志同道

合,对苏氏知之甚深。其《苏主簿挽歌》写道:

布衣驰誉入京都,丹旐俄惊返旧庐。诸老谁能先贾谊,君王犹未识相如。三年弟子行丧礼,千辆乡人会葬车。我独空斋挂尘榻,遗编时阅子云书。

首联赞颂苏洵以布衣之士而名动京都,哀悼他壮志未酬而灵柩返乡。颔联将逝者比做当今的贾谊、司马相如,惋惜他才华超众而仕途蹇乖,蕴涵对今朝"君王""诸臣"不能破格重用苏洵的不满情绪。颈联想象灵归故乡以后居丧、会葬的隆重场面。尾联感伤文友逝去,知音难觅。全诗饱含着对逝者的敬重和盛赞,洋溢着伤逝悼亡的满怀深情。次年,欧阳修又为苏洵撰写了《文安县主簿苏君墓志铭》,其中写道:

年二十七,始大发愤,谢其素所往来少年,闭户读书,为文辞。岁余,举进士再不中,又举茂材异等不中,退而叹曰:"此不足为吾学也。"悉取所为文数百篇焚之,益闭户读书,绝笔不为文辞者五六年,乃大究六经、百家之说,以考质古今治乱成败、圣贤穷达出处之际,得其粹精,涵畜充溢,抑而不发。久之,慨然曰:"可矣。"由是下笔,顷刻数千言,其纵横上下,出入驰骤,必造于深微而后止。盖其禀也厚,故发之迟;志也悫,故得之精。

作者高度评价苏洵的文学成就,赞颂其才华、学识和人品,是研究苏洵生平思想的宝贵资料。墓志叙事文笔生动,人物形象鲜明,读后可以"想见其为人"。

十一月以后,英宗卧病不起,不能言语,处理政务只能写在纸上,以笔代言。御医多方救治,病情仍不见好转。监察御史里行刘庠奏请速立皇子,病中的英宗很不高兴,未予批示。

十二月二十一日,英宗的病情进一步恶化。宰臣们问安之后,韩琦上前奏道:"陛下患病久不视朝,中外忧惧惶恐,应该早立皇太子以安定人心。"英宗点头同意。韩琦当即请英宗亲笔书写,英宗执笔写道:"立大王为皇太子。"韩琦提醒说:"陛下所指是不是颍王?请予明示。"英宗于是在句下加写道:"颍王顼。"韩琦赶忙招来内侍高居简,将御书交给他,命翰林学士起草制书。不一会,翰林学士承旨张方平迅速赶到,在御榻前待命。英宗靠在几案上，含含糊糊地说了几句话，张方平未能听清楚。英宗用手指着几案，张方平递上纸笔，英宗写下"来日降制立某为皇太子"十个字，其中所写的名字不是很清楚，张方平又呈上纸笔，请皇上再写，英宗于是写下"颍王"二字，又写下"大大王"三字。张方平领旨退出的时候，英宗不禁潸然泪下。

治平四年（1067）正月八日，英宗在福宁宫去世，年仅三十六岁，在位五年。欧阳修撰写《英宗遗制》。同一天，太子赵顼即位，这就是宋神宗。按封建体制，皇帝死后，年号得从下一年更改，因此英宗正月继承皇位，次年才得改元。赵顼是英宗的长子，时年二十岁，是一位渴望有所作为而又敢作敢为的皇帝。在即位前，就留心政治时局与政治人物，注意观察社会动态。早在嘉祐三年（1058），时任三司度支判官的王安石，向仁宗奏呈《上仁宗皇帝言事书》，提出朝政改革意见时，就曾引起他的注意。

十九日，百官进官一等，欧阳修转官尚书左丞。他的连襟王拱辰早已积官至吏部尚书，这次推恩行赏，本来可以转官仆射。欧阳修认为"仆射"是宰相的官阶，王拱辰没有担任过宰相，不应该序进此官，结果只是升迁太子少保。王拱辰是欧阳修科举登第的同榜状元，又都是薛奎的同门女婿。他先娶欧阳修夫人的姐姐，本是欧阳修的姐夫，后来续娶欧阳修夫人的妹妹，又成了欧阳修的妹夫。欧阳修曾有诗戏谑调笑，咏道："旧女婿为新女婿，大姨夫作小姨夫。"欧阳修与王拱辰虽然是连襟亲属，但早年政治观点不同，欧阳修支持范仲淹，王拱辰依附吕夷简，两人关系一度并不和谐。

在英宗丧礼期间，百官本应缟服素袍，欧阳修赴福宁殿哭吊时，一时疏忽，在缞绖丧服里头，穿着紫地皂花紧丝袄，被监察御史里行刘庠发现。刘庠上疏弹劾。劾章中写道："细文丽密，闪色鲜明。衣于纯吉之日，已累素风；服于大丧之中，尤伤礼教。"欧阳修知罪，闭门在家，听候朝廷处置。神宗皇帝压住了劾奏章，从宫中派出使者，前往欧阳修府上，告诉他更换服饰，并传达口宣，抚慰欧阳修，要他返回中书省供职。

二月里，欧阳修第三子欧阳棐，考中了进士，这给年老体衰的欧阳修莫大的精神安慰。六年前，即嘉祐六年（1061）春天，刘敞的儿子登进士第，欧阳修特地致信祝贺，其中感慨地谈到自己的几个儿子，说："某已衰病，三四小子，未有能获荐有司者。"如今三儿金榜题名，给了老父几分慰藉。

然而，正当欧阳修为儿子登第感到高兴的时候，忽然祸起萧墙，他又被卷入一场诬陷风波。

有一个叫蒋之奇的人，字颖叔，常州宜兴（今属江苏）人。嘉祐二年（1057），即欧阳修知贡举那一年，进士及第。欧阳修平日看重这位门生，待他优厚。在"濮议之争"中，蒋之奇参加制科考试落选。他登门拜谒欧阳修，极力称赞"中书派"的观点，非议"台谏派"的看法。去年三月十日，在欧阳修大力荐举下，英宗特批蒋之奇出任监察御史里行。后来，他见朝廷舆论同情并支持"台谏派"，自己也被台谏官指为"奸邪"，又见英宗去世，欧阳修失去政治靠山，为了洗刷自己，他决定反戈一击，与欧阳修划清界限。

蒋之奇终于找到了一个机会。欧阳修夫人薛氏有个堂弟叫薛宗孺，前些年以水部郎中知淄州，曾推荐崔庠担任京官，后来崔庠贪赃枉法受惩罚，作为推荐人的薛宗孺，被京东路转运使司弹劾，并被拘捕候审。讼狱拖了很长时间，碰上神宗登基，大赦天下。薛宗孺满以为有姐夫欧阳修在中书执政，自己完全可以获得赦免。谁知欧阳修特地对此郑重声明，千万不要因为薛宗孺是自己的姻亲而侥幸免罪，结果薛宗孺被依法免去官职。薛宗孺怀恨在心，不久前回到京城，制造流言飞语，污蔑诋毁欧阳修，说他有才无行，与长媳吴氏关系暧昧。集贤校理刘瑾平日与欧阳修不和，听到风声后，到处散布。御史中丞彭思永听后，告诉部下蒋之奇。蒋之奇决定拿这个材料弹劾欧阳修。

蒋之奇独自上殿弹奏，控告欧阳修"帷薄不修"，即私生活淫乱，涉及乱伦，请求判处欧阳修极刑，并且暴尸示众。神宗看了劾章，怀疑案情的真实性。蒋之奇援引彭思永作证，并伏地不起，坚持请求立案审理。

几天后，蒋之奇拿出劾奏章，请彭思永过目。彭思永也上疏声援蒋之奇，说欧阳修罪该贬谪，并且说道："以个人隐私控告朝廷大臣，一般难以成功，但欧阳修在濮议当中触犯众怒，已经成为众矢之的，一定可以告赢的。"神宗因此将蒋之奇和彭思永的弹劾奏疏转付枢密院。

虽然说北宋文士大都诗酒风流，蓄妓娶妾是司空见惯的事情，但是一旦事涉人伦道德，那就非同小可。翁媳关系暧昧，不仅有亏私德，而且为社会公德所不容。特别是对欧阳修这样的文坛宗师而言，简直是奇耻大辱。他一闻讯，当即上奏《乞根究蒋之奇弹疏札子》，继而又有《再乞根究蒋之奇弹疏札子》《乞罢政事第一表》《又乞罢任根究蒋之奇言事札子》等。一个月内连上十三封奏疏，专为根究蒋氏诬告而发，可见欧阳修维护个人声誉和尊严的决心与勇气。他的《再乞根究蒋之奇弹疏札子》请求追问蒋之奇消息来源，指出：

之奇诬罔臣者，乃是禽兽不为之丑行，天地不容之大恶。……欲望圣慈特选公正之臣，为臣辨理。先次诘问之奇所言是臣闺门内事，之奇所得，必有从来，因何彰败，必有踪迹。据其所指，便可推寻，尽理根穷，必见虚实。

为了便于案情调查，欧阳修又一再上表，请求罢免参知政事，以便朝廷所差遣的官吏无所畏惧，秉公办案，后来干脆闭门居家，听候朝廷处置。

神宗下手诏，秘密咨询天章阁待制孙思恭，询问应该如何处置欧阳修讼案。孙思恭，字彦先，登州（今山东蓬莱）人。欧阳修与他素无交往，但是，孙思恭十分敬重欧阳修的人格，他在神宗面前极力解救欧阳修。神宗于是派人从枢密院取回蒋之奇、彭思永劾章，连同欧阳修奏疏，一道批示，降付中书省，下令查问劾奏者消息来源，有无真凭实据，以辨明事实真相。同时，派遣内侍朱可道前往欧阳修家中探望，亲赐手书一封，给予安抚慰问：

春寒安否？前事，朕已累次亲批出诘问因依从来，要卿知。付欧阳修。

在审查过程中，蒋之奇交代消息得自彭思永。彭思永与刘瑾是庐陵同乡，又是故交好友，不忍心牵连，因此一口咬定，消息来自道听途说，记不清出自谁人之口。他又自我辩解说："我在御史台供职，凡是听到传闻，应该与僚属商议。我对蒋之奇谈起道听途说的事情，并且告诫他不要外传。我甘愿受处罚。"蒋之奇也说："我只是从彭思永那里听到消息，就奏告皇上。如果认为不应当以道听途说弹劾朝廷大臣，那么我情愿与彭思永一道受贬谪。"

为让案件得以继续审查，案情得以水落石出，欧阳修又连上奏章，请求朝廷务必推究虚实，使罪有所归。他的《再乞诘问蒋之奇言事札子》写道：

（蒋）之奇明列章疏，伏地顿首，坚请必行。若不明见事状，审知虚实，岂敢果决如此！及朝廷穷究，又却不指定所闻之人姓名，亦不明言有何事迹，但饰游辞，无所的确。盖之奇初以大恶诬臣，期朝廷更不推究，便有行遣。及累加诘问，遂至辞穷也。不然，思永、之奇惧见指说出所说人姓名后，朝廷推鞫，必见其虚妄，所以讳而不言也。

此时，欧阳修亲家吴充也上书朝廷，极力要求查明真相，明示天下，不致门户枉受污辱。于是，神宗再次批示中书省，要求彭思永、蒋之奇交代传话人姓名，及其所言事实的具体依据。但是彭思永仍然不愿意供出刘瑾，只承认此事出自道听途说，暧昧不实，个人愿意承担全部责任。三月四日，神宗又派遣宦官朱可道，再赐欧阳修一封亲笔信，予以抚慰安勉，劝他出门视事。神宗手书写道：

春暖，久不相见，安否？数日来，以言者诬卿以大恶，朕晓夕在怀，未尝舒释。故累次批出，再三诘问其从来事状，讫无以报。前日见卿文字，力要辨明，遂自引过。今日已令降黜，仍出榜朝堂，使中外知其虚妄。事理既明，人疑亦释，卿宜起视事如初，无惮前言。赐欧阳修。

次日，朝廷将彭思永贬知黄州（今湖北黄冈），贬蒋之奇监道州（今湖南道县）酒税。又在朝堂上张贴榜文，批评蒋之奇、彭思永"偶因燕申之言，遂腾空造之语，丑诋近列，中外骇然"。

并指出其严重危害性:"苟无根之毁是听,则谗欺之路大开,上自迩僚,下逮庶尹,闺门之内,咸不自安。"

诬罔虽然已经辨明,但是,作为辅弼大臣和文坛宗师的欧阳修,受到这种奇耻大辱,已经无心在朝执政。特别是目睹"濮议之争"以后,朝廷士大夫同情"台谏派",衔恨自己,感到十分寒心。当台谏官肆意诬陷时,朝臣当中,竟没人站出来为自己说话,只有亲家吴充,因为案情牵涉他的女儿,才上书辩诬,不致门庭枉受污辱。这一切,更加坚定了欧阳修离开朝廷的决心。

欧阳修情知一时难以致仕退隐,于是三上表章,恳请出知外郡。三月二十四日,欧阳修终获罢参知政事,除观文殿学士,转刑部尚书,出知亳州(今安徽亳县)。

二十　从亳州到蔡州

治平四年(1067)闰三月三日,枢密院颁发了欧阳修统管亳州驻军的命令。在向神宗辞行的时候,欧阳修请求赴亳州途中取道颍州,并在颍州稍作停留。神宗同意了他的请求。

春末夏初,天气已经转热。船行蔡河,欧阳修因服用生冷食物,复发了消渴症。经过陈州(今河南淮阳)时,他维舟登岸,调养了几天,受到知州范镇的热情接待。在"濮议之争"当中,欧阳修与范镇观点相左,双方在朝堂上各持己见,私下仍然维持着个人友情。

抵达颍州,正是初夏时节。麦黄桃红,黄鹂鸣啭。眼前的景物多么美好,多么亲切!抚今追昔,欧阳修赋《再至汝阴三绝》:

黄栗留鸣桑葚美,紫樱桃熟麦风凉。朱轮昔愧无遗爱,白首重来似故乡。

十载荣华贪国宠,一生忧患损天真。颍人莫怪归来晚,新句君前乞得身。

水味甘于大明井,鱼肥恰似新开湖。十四五年劳梦寐,此时才得少蜘蹰。

自从至和初年母丧除服,离颍赴阙,迄今已有十四五年了。满头白发的欧阳修,在饱经忧患之后,回到颍州,有着游子归乡的感觉。

欧阳修在颍州暂住下来,主要原因是徇从民俗,避开五月上任。五月,俗称"恶月",民间多有禁忌,有"六斋"、驱邪、逐疫、放生等习俗。宋代士大夫又迷信当朝以火德王天下,正月、五月、九月恰是火德生、壮、老的月份,因此回避在这期间上任。同年夏天,欧阳修在致曾巩的书信中,谈到稍留颍州的原因时,说道:"所以少留者,盖避五月上官,未能免俗尔。"

此外,他要亲自查看房屋改建工程,为退隐归休作好准备。原有的旧房地势颇佳,喧静适中,周围有许多空地,只要改建旧宅,扩大规模,就可以安家落户了。估计不出一年,一切都能收拾妥当,届时就可以正式请求致仕归田了。欧阳修甚至兴致勃勃地憧憬起退休以后的快乐生活,其《书怀》诗咏道:

齿牙零落鬓毛疏,颍水多年已结庐。解组便为闲处士,新花莫笑病尚书。青衫仕至千钟禄,白首归乘一鹿车。况有西邻隐君子,轻蓑短笠伴春锄。

诗中所说的"西邻隐君子",就是欧阳修出守颍州时结识的常秩。嘉祐、治平年间,朝廷曾多次征召,但他一再婉拒,依然过着恬淡的隐居生活,因此深受欧阳修的敬重。

四月十七日,欧阳修的朋友丁宝臣在家乡病故。享年五十八岁。丁宝臣景祐元年(1034)进士及第,与在京的欧阳修相识,授任峡州军事判官后,又与贬知夷陵县的欧阳修交游密切。皇祐年间,出任端州(今广东肇庆)知州,在侬智高叛乱中兵败城陷,受到降职处理。嘉祐四年(1059),欧阳修有《举丁宝臣状》。这些年丁宝臣正在逐步起用,忽遭病故,令人感嗟惋叹。欧阳修的《祭丁学士文》以及次年撰写的《集贤校理丁君墓表》,对逝者的怀才不遇,表示深切同情和愤慨不平。

五月三日，欧阳修应颍州知州陆经请命，翻检诗稿，将皇祐二年（1050）离开颍州后所写的十三首"思颍诗"，刻石竖立在州署，并撰写《思颍诗后序》。序文写道：

皇祐元年春，予自广陵得请来颍，爱其民淳讼简而物产美，土厚水甘而风气和，于时慨然已有终焉之意也。尔来俯仰二十年间，历事三朝，窃位二府，宠荣已至而忧患随之，心志索然而筋骸惫矣，其思颍之念，未尝少忘于心，而意之所存，亦时时见于文字也。……乃发旧稿，得自南京以后诗十余篇，皆思颍之作，以见予拳拳于颍者，非一日也。

十多年前，欧阳修就在颍州置买田产，并有部分家属居住在这里。这些年地位蒸蒸日上，由于理想与现实的矛盾，加上身体日益衰弱，他一直思慕着退隐，盼望来这里安度晚年。

颍州知州陆经，就是早年与欧阳修交往甚密的陈经，字子履，越州（今浙江绍兴）人，活跃在仁宗、英宗、神宗三朝，平生备受欧阳氏赏识与关爱。他能诗善文，工于书法，尤其擅长真书行书。庆历、皇祐年间长期失意潦倒，流离窜斥。欧阳修怜悯他的贫寒，凡是应邀撰写碑志时，一定与丧主约好，得由陆经书碑刻石，使他有了一笔可观的收入，书法也驰名天下。此时，陆经正以翰林学士知颍州。欧阳修登门拜访，在他的书房里目睹了仁宗"飞白书"的风采。这是当年仁宗在群玉殿宴请侍从臣僚时赐给陆经的。应陆经请命，欧阳修撰写了《仁宗御飞白记》，叙述主人公陆经荣获仁宗赐墨的本末，感怀帝王恩宠。

欧阳修与老友陆经由于年龄的差异，更由于仕宦履历的不同，志趣与心态今已迥然不同。一直没有机会施展才华，雄心犹在的陆经身在颍州，颇有投闲置散的感觉。虽然饱经人生的风霜雨雪，却是一如既往的无所畏惧。欧阳修的心境则与他恰恰相反，历尽宦海风波之后，他早已意兴阑珊，只是急切地盼望回归田园，过上饮酒、清谈的闲适生活。《奉答子履学士见赠之作》诗写道：

谁言颍水似潇湘，一笑相逢乐未央。岁晚君尤耐霜雪，兴阑吾欲返耕桑。铜槽旋压清尊美，玉麈闲挥白日长。预约诗筒屡来往，两州鸡犬接封疆。

在欧阳修心目中，颍州是一块永恒的乐土，谁说颍水与湘江一样是黯然分手的地方，咱们可是相逢一笑，欢乐无穷。朋友间志趣与心境虽然不同，诗文酬唱却是永恒的期约。你所在的颍州与我即将赴任的亳州接壤交界，鸡犬之声相闻，分手之后一定要保持诗书往还，音问常通。

逗留颍州期间，欧阳修见自己的"濮议"观点仍不能为世人所理解，甚至被大多数士大夫所误会，为此陷入深深的痛苦当中。他搜集有关"濮议之争"的历史文献，编纂成《濮议》四卷，奏献神宗。欧阳修系统阐述自己的观点，寄希望于后人明鉴。《濮议序》指出，"濮园之议，其可与庸人以口舌一日争耶？此臣不得不述其事以示后世也。"后世学者对"濮议之争"，见仁见智，莫衷一是。宋明理学家大都非议欧阳修的观点，清代乾嘉学派对欧阳修的看法给予了肯定和赞赏。

五月二十五日，欧阳修启程离开颍州，在赴亳州的途中，他遇到了苏颂，并将《濮议》的底稿送给了这位年轻学者。关于"台谏派"指责自己是濮议"首恶"，欧阳修没有过多的自我辩解，只是说道："今人认为濮议是错误的，让我一个人单独承担罪责，韩琦和曾公亮应该有愧于我。后人如果认为濮议是正确的，而独自称赞我一人，那么，我将有愧于韩琦和曾公亮。""濮议"最初出于韩、曾两位宰相，只是在遭受台谏官反对以后，欧阳修单独在朝堂上辩驳，才被人们误解为"濮议"的倡导者。

二十八日，欧阳修抵达亳州。六月二日，正式接任知州职位。亳州古称谯郡，当时属淮南东路，位于涡河上游，距京师仅三百余里。境内山清水秀，民朴俗陋，加上年成丰熟，社会安定，诉讼稀少，欧阳修将它视为藏拙养病的"仙乡"。他的《戏书示黎教授》诗写道：

古郡谁云亳陋邦，我来仍值岁丰穰。鸟衔枣实园林熟，蜂采桧花村落香。世治人方安垅亩，兴阑吾欲反耕桑。若无颍水肥鱼蟹，终老仙乡作醉乡。

黎教授，不详其名，时任亳州州学教授。诗人以游戏的方式、调侃的语调描写亳州的岁丰人乐,甚至认为,如果不是原先选择好了鱼肥蟹鲜的颍州作为退老归宿地,那么,自己将在这里退休养老,安享晚年。

作为一郡之守的欧阳修,许多朋友、政敌都在朝廷做官,即便沉溺"仙乡"之乐,数十年的从政习惯与社会责任感,仍然使他不得不关心朝政。当时,他的长子欧阳发在京师任职,正好成为欧阳修在京师的耳目。欧阳修初抵亳州时写给欧阳发的信件,要儿子留心京师政坛变化,关注朝廷人事升降,并要儿子代表自己从事朝野上下的人际交酬,应对各种世俗礼仪。书简《与大寺丞发》其三说道:

> 黎直讲并彭州刘比部书,并早与附达。见吴省副,再三申意,续有书也。近日群议如何?《谢上表》到后,莫有云云否?因的书中略说来,不妨。曾学士书,汝去相看,自送与。

《与大寺丞发》其四又说:

> 韩维龙图昨因何出?辞颍求襄,何故不得而得?汝问冲卿便知,书中报来。待发书往,汝略要知尔。《谢上表》到多时,因何不传?若传,人言谓何?及今诸事,有何议论?亦问冲卿便知,子细报来。此中如井底。焦秘校所论如何?且频与见。彼新自南来,必载柴米来,如无时,速报来。曾学士处《国史》送来足也未?或未足,早取令足,报来。

可以说,欧阳修自治平四年初夏离京之后,虽然一直没有回过京师,却始终对京城动态了如指掌。正是有了儿子欧阳发代表他在京城联络上下官员,打探朝廷各种信息,才能如此明了时局,胸有成竹。这种情况,一直维持到退休以后。作为在中枢主政多年的欧阳修,不敢也无法忘情于政坛,这是可以理解,也属理所当然的。

继四月丁宝臣去世后,又有好几位欧阳修的知心朋友相继谢世。六月十一日,胡宿病逝,享年七十三岁,欧阳修有《祭胡太傅文》和《太子太傅胡公墓志》。七月二十七日,吴奎逝世,享年五十八岁,欧阳修为作《祭吴太资文》。老朋友们一个个撒手而去,已是年逾花甲而且衰病连年的欧阳修,自知本人的时日也不多，心头一阵阵凄楚悲凉。他不由得想起二十六年前逝去的朋友石延年，石介的奇豪人格与坎坷际遇，石介的身后寂寞与墓茔荒凉，引发作者对盛衰之理的思索，一种老境感怀与同类悲怆在心中油然而生。他倾注满腔激情，精心写作《祭石曼卿文》，派遣李敩祭奠于石曼卿墓下。祭文写道：

呜呼曼卿！吾不见子久矣，犹能仿佛子之平生。其轩昂磊落，突兀峥嵘，而埋藏于地下者，意其不化为朽壤，而为金玉之精。不然，生长松之千尺，产灵芝而九茎。奈何荒烟野蔓，荆棘纵横，风凄露下，走燐飞萤。但见牧童樵叟，歌吟而上下，与夫惊禽骇兽，悲鸣踯躅而咿嘤。今固如此，更千秋而万岁兮，安知其不穴藏狐貉与鼯鼪？此自古圣贤亦皆然兮，独不见夫累累乎旷野与荒城？呜呼曼卿！盛衰之理，吾固知其如此，而感念畴昔，悲凉凄怆，不觉临风而陨涕者，有愧乎太上之忘情。

祭文深情地呼唤曼卿，称赞其声名不朽，哀悼其死后凄凉，抒写盛衰之感和悲怆之思。感情浓烈，语言工丽而骈散相兼，一韵到底，读之令人回肠荡气。

八月，更让欧阳修揪心痛肺的，是在福建老家守母丧的蔡襄溘然长逝，享年五十六。欧阳修当即派遣李敩赴蔡襄灵前致祭。听说蔡襄卧病守丧期间，痛失长子，随后自己也撒手而去，留下一个幼儿，成为二丧之主。欧阳修潸然泪下，哀痛不已。他的《祭蔡端明文》亦是感慨淋漓，泣不成声：

呜呼！盛必有衰而生必有死，物之常理也；生为可乐而死为可哀，人之常情也。而又有不幸于其间者，宜其为恨于无穷也。自公之奋起徒步而名动京师，遂登朝廷，列侍从。其年壮志锐而意气横出，材宏业茂而誉望伟然。……及其衰也，母夫人丧犹在殡，而公已卧病于苫块之间，而爱子长而贤者遽又卒于其前，遂以奄然而瞑目。一孤藐然，以为二丧之主。呜呼，又何其不幸也！此行路之人闻之，皆为之出涕，况于亲戚朋友乎！况如修者，与公之游最久，而相知之最深者乎！

作者感叹人世间的生死盛衰，称颂逝者的名节、才华和孝道，哀伤其晚年家门不幸。一唱三叹，欷歔感愤，令人泫然泪下。

次年,欧阳修又满怀深情地撰写了《端明殿学士蔡公墓志铭》,缅怀挚友正直而坎坷的一生,惋惜其盛年早逝,充溢对挚友知交的哀悼痛惜之情。

欧阳修与蔡襄同年及第,同登谏列,又在"庆历新政"中并肩作战,同革时弊,三十多年的宦海生涯中,无论出入进退,始终亲密无间。受蔡襄的影响,欧阳修曾一度热衷于学习书法,而每次获得书帖珍品,一定请蔡襄鉴定品评。蔡襄一生从不轻易为人书碑刻石,唯独喜欢书写欧阳修文章。前不久,蔡襄手书欧阳修景祐元年撰写的《洛阳牡丹记》,并派人将摹本送给亳州欧阳修。可谁也没有想到,派来送摹本的人还没来得及返回福建,蔡襄逝世的噩耗却已传到了亳州。《洛阳牡丹记》竟成了蔡襄的绝笔!欧阳修不由得仰天长吁,发出悲怆的慨叹。《牡丹记跋尾》写道:

(蔡襄)惟不肯与人书石,而独喜书余文也。若《陈文惠公神道碑铭》《薛将军碣》《真州东园记》《杭州有美堂记》《相州昼锦堂记》,余家《集古录目序》,皆公之所书。最后又书此记,刻而自藏于其家。方走人于亳,以模本遗予,使者未复于闽,而凶讣已于亳矣,盖其绝笔于斯文也。於戏!君谟之笔既不可复得,而予亦老病不能文者久矣,于是可不惜哉!

九月二十日,欧阳修撰写《归田录序》。《归田录》是欧阳修嘉祐中期业已开始撰写的那些记录朝廷轶闻趣事的随笔,内容包括朝野趣事、官场轶闻及职官制度等,多是作者与士大夫们茶前饭后的谈资笑料,自以为值得记载,可供日后归田闲居时披览。他在序言中,首先交代主体内容:"《归田录》者,朝廷之遗事,史官之所不记,与夫士大夫笑谈之余而可录者,录之以备闲居之览也。"既而对近年的个人生活,沉痛地反思自咎,写道:

幸蒙人主之知,备位朝廷与闻国论者,盖八年于兹矣。既不能因时奋身,遇事发愤,有所建明,以为补益;又不能依阿取容,以徇世俗。使怨疾谤怒丛于一身,以受侮于群小。……盖方其壮也,犹无所为,今既老且病矣!是终负人主之恩,而徒久费大农之钱,为太仓之鼠也。

他不甘心过着饱食终日、无所用心的生活,却又限于形格势禁,有志难酬,自比为窃食官仓的老鼠,这是多么沉痛的自责,何等深刻的反省!

相传《归田录》成书于去年初,在神宗即位以前。书成以后没有流传,而《归田录序》不胫而走。相传,欧阳修退居颍州时,宋神宗读到序文,立即派遣宦官向欧阳修"宣取"《归田录》。欧阳修考虑到书中记事大都涉及今朝人物,有些事情目前不便广为张扬,因此删除了部分内容。又看到删芟后文稿篇幅不够,于是填充了一些杂记笑料,凑成两卷。这个进本,就是当今传世的本子。原书没有流传,保存在欧阳修后裔手上,下落不得而知。

熙宁元年(1068)二月二十八日,欧阳修率领僚属出游太清宫。亳州西境的卫真县(今河南鹿邑)是道教教主老子的故乡。县东十里的太清宫始建于东汉延熹八年(165),是道教著名宫观。大中祥符七年(1014),宋真宗亲临亳州太清宫,加封老子为"太上老君混元上德皇帝",掀起北宋帝王崇尚道教的高潮。欧阳修一生弘扬儒学,排斥佛道。同时,他又认为道教鼓吹清静无为,恬淡寡欲,不像佛教那样蛊惑人心,祸害民生。他的排斥异端,主要致力于辟佛。

这次往游太清宫,一出城门,欧阳修就在马背上吟诗一首——《游太清宫出城马上口占》:

拥旄西城一据鞍,耕夫初识劝农官。鸦鸣日出林光动,野阔风摇麦浪寒。渐暖绿杨才弄色,得晴丹杏不胜繁。牛羊鸡犬田家乐,终日思归盍挂冠。

早春时节的出游途中,晨曦中的田园风光,幽美而恬静,展示一片农家之乐,再一次唤起欧阳修归隐退居的想法。

太清宫里有八棵古桧,苍劲挺拔,根株枝干都向左扭结,相传是老子亲手种植,仙人骑着白鹿,依托这八棵古桧升腾天境。欧阳修从来不信神怪说法,他徘徊在古桧树下,吟诵《升天桧》诗:

青牛西出关,老聃始著五千言。白鹿去升天,尔来忽已三千年。当时遗迹至今在,隐起苍桧犹依然。惟能乘变心,所以为神仙。驱鸾驾鹤须臾间,飘忽不见如云烟。奈何此鹿起平地,更假草木相攀缘?乃知神仙事茫昧,真伪莫究徒自传。雪霜不改终古色,风雨有声当夏寒。境清物老自可爱,何必诡怪穷根源。

诗歌从老子升天的故事说起,揭示神仙鬼怪难以置信:神仙能乘风御气,驱鸾驾鹤,为什么这只白鹿起于平地,而且还得依托八棵古桧才能升天呢?欧阳修认为古桧萧森,苍劲翠绿,自然喜人可爱,不必故弄玄虚,附会神异传说。诗人质疑太清宫"八桧",质疑老子飞天等神异传说,表现其不信神怪,摈斥佛道的一贯思想。

欧阳修虽然不信神仙之说,但在亳州任上,还是常常与道士们往来。有一位嵩山道士许昌龄,住在颍阳(今河南登封县颍阳镇)石堂山石室,即当年欧阳修游览过的紫云洞。前不久,许道士拄着拐杖来游太清宫。欧阳修邀请到州廨,闲聊论道,十分投机。说到当年往游紫云洞所见苔藓成文"神清之洞"的往事,欧阳修似乎心驰神往。分手以后,许道士鹤发童颜的形象时刻萦回在欧阳修脑海,就如他的《又寄许道人》诗中所描写的:

绿发方瞳瘦骨轻,飘然乘鹤去吹笙。郡斋独坐风生竹,疑是孙登长啸声。

诗歌描写许道士仙风鹤骨,音容笑貌,借竹间风声,表达对道人离去的怀念。诗人将许道士比做魏晋时期的隐士名流孙登,欣赏其飘然欲仙的潇洒生活。

后来,欧阳修一再回忆起"神清之洞"的奇特景观,作《戏石唐山隐者》诗,更加表露出对神仙生活的向往之情:

我昔曾为洛阳客,偶向岩前坐盘石。四字丹书万仞崖,神清之洞锁楼台。云深路绝无人到,鸾鹤今应待我来。

诗歌戏赠道士朋友许昌龄,回忆早年嵩山之游,叙写神清洞的寂寥。其中期盼人世超脱、向往天界仙境的"戏"言,反映儒学兼融释道的哲理化倾向。欧阳修平生力辟佛道,晚年却性趋宽容,对道佛态度稍有退让。当然,这种宽容与退让,是在坚守儒学正统思想前提下的兼容并包。后来的理学家,正是在这种学术融通的基础上追求发展,吸收佛经、道藏的某些思想,将儒、佛、道三教融通,开创封建社会后期学术思想的新天地。

四月八日,刘敞病逝在南京留司御史台任所,享年五十。刘敞,小欧阳修十二岁,是欧的吉州同乡。庆历六年(1046)与弟刘攽同榜进士及第,官至集贤院学士,判南京御史台。在朝为官敢言事,为宦四方有政绩。刘敞是北宋中期著名学者,博闻强识,学贯古今,精研《春秋》学,不拘汉唐注疏,与欧阳修同开宋人疑经惑传、自说解经的时代风气。欧阳修与刘敞一生诗文酬唱甚勤,《新五代史》《集古录跋尾》的写作获益刘敞甚多。对朋友的多才而早逝,欧阳修深感痛惜。其《祭刘给事文》写道:

若吾原甫者,敏学通于今古,精识造乎幽微,乃百炼之英而万世之鉴也。一为末疾昏之,至使良臣不能措其术,百药无所施其功,遂埋至宝,衔恨无穷,此所以士夫惊呼,莫不为朝廷而痛惜。

次年,欧阳修又撰写《集贤院学士刘公墓志铭》,缅怀死者一生行为大节,表彰其刚正敢言,磊落光明的处世人格,同情其受诬陷、被埋没、英年早逝的不幸遭遇。作者深情地哀伤墓主的落魄不得志:"呜呼!以先帝之知公,使其不病,其所以用之者,岂一翰林学士而止哉!"

自春天以来,欧阳修连续上呈奏章,请求致仕,以实现归老颍州的夙愿。秋季进奏的请求致仕《第五表》,自诉体衰多病,其情可悯:"夏秋之际,痾疹日增,弱胫零丁,唯存骨立,昏瞳眊瞀,常若冥行。"他恳请神宗满足自己的退休愿望,没想到朝廷六降诏书,不赐允俞。相反地,由于青州知州吴奎七月在任所病逝,八月四日,神宗诏令欧阳修转官兵部尚书,改知青州(今山东益都),充京东东路安抚使。

青州,是西汉武帝时著名的"十三刺史部"之一,北宋时期是京东东路的首府。京东东路下辖八州一军,除了青州之外,还有齐、密、沂、登、莱、淮、淄七州及淮阳军。安抚使是负责各路军务治安的长官,责任十分重大。还有令欧阳修深感不安的是,自己的官资又一次超转,由刑部尚书越过户部超转为兵部尚书。作为北宋前期文官迁转官阶的"尚书",由低向高的迁转的次序是：工部、礼部、刑部、户部、兵部、吏部。去年三月，欧阳修受任亳州知州时，官阶由尚书左丞跨越工部、礼部尚书，直接转官刑部尚书，如今就职才满一年，又跳过户部而升转兵部尚书，就如欧阳修《辞转兵部尚书札子》所说的："尚书六曹，一岁之间，趗转其五。"欧认为这是无功受赏，受之有愧，因而坚辞不受。他连上三道《辞免青州札子》，以身体衰残、难负重任等理由辞让新职，然而朝廷未同意，不得不退而求其次，请求留任亳州，却依然没有批准。无奈之下，欧阳修最后只得硬着头皮，拖着病体，前往青州上任。

青州南部边界有座穆陵关，又称穆陵镇，是由南向北进入青州的必经之地。欧阳修顶风冒霜过了关隘，身子虽已进入青州地界，心里却惦记着颍州。"思颍"情怀仍是欧氏青州诗作的鲜明主题。途经齐州（今山东济南）的时候，正是初冬时节。一路上晓行夜宿，餐风饮露，欧阳修倍觉疲惫。他吟诵了《晓发齐州道中》诗：

岁晚劳征役，三齐旧富闲。人行桑下路，日上海边山。轩冕非吾志，风霜犯客颜。惟应思颍梦，先过穆陵关。

令欧阳修惆怅并沮丧的是，原先的亳州，尚与自己的归宿地颍州相毗邻，如今赶赴的青州，却远在渤海之滨，即使是梦归颍州，也得翻越州城南面那座高峻的穆陵关，何其艰难险阻！

十月二十七日，欧阳修抵达青州。视事几天后，他发现这块东州重地、表海名邦，民风乡俗纯厚，社会秩序稳定，也是养拙的好处所。让人苦恼的是，病体日益沉重，归隐遥遥无期。一天，他登临青州名胜表海亭，吟诵《表海亭》诗：

望海亭亭古堞间，独凭危槛俯人寰。苦寒冰合分流水，欲雪云垂四面山。髀肉已消嗟病骨，冻醪犹可慰愁颜。颍田二顷春芜没，安得柴车自驾还。

表海亭，在青州府城北面，取《左传》世胙太公以表东海为名。《左传·襄公二十九年》记载季札观乐，称赞齐乐"美哉，泱泱乎大风也哉！表东海者，其太公乎！国未可量也"。诗人登亭临远，展现在眼前的，是一派北国壮丽风光。欧阳修喟然兴叹,感慨身体日趋衰病,田园行将荒芜,不知何时才能驾着柴车返归颍州田园。

莅任不久,就有猎户来衙献上虎豹豺狼等猎物,请求官府奖赏。在欧阳修看来,捕杀残害百姓的虎豹豺狼等凶兽,确是为民除害,理当奖励,但与此同时,还须告诫百姓,千万不可贪功趋利,伤及无辜。为此,他赋《射生户》诗:

射生户,前日献一豹,今日献一狼。豹因伤我牛,狼因食我羊。狼豹诚为害人物,县官赏之缣五匹。射生户,持缣归。为人除害固可赏,贪功趋利尔勿为! 强弓毒矢无妄发,恐尔不识麒麟儿。

面对献狼豹的猎户,诗人奉劝他们除害的时候,千万不可误伤珍贵的"麒麟儿"。麒麟是古代传说中的一种动物,形状像鹿,头上有角,全身有鳞甲,尾像牛尾,古人认为是仁兽、瑞兽。诗人以此为喻,告诫人们不要贪功求赏,不要狂捕滥杀,不要伤及善类。

有一天,有位猎户献上一只驯鹿。驯鹿是鹿的一种,俗称"四不像",雌雄都有长角,蹄宽大,尾极短,善游泳,性格温和。看着这只被绳索绑缚、失去自由的驯鹿,欧阳修心中有了一种同病相怜的感觉,他决定暂将驯鹿饲养在府上,待来年春暖后放归山林。他的《驯鹿》诗咏道:

朝渴饮清池,暮饱眠深栅。惭愧主人恩,自非杀身难报德。主人施恩不待报,哀尔胡为网罗获。南山蔼蔼动春阳,吾欲纵尔山之傍。岩崖雪尽飞泉溜,涧谷风吹百草香。饮泉啮草当远去,山后山前射生户。

诗人哀伤驯鹿无辜罹身网罗,决定将其放归山林,更担心放归后仍有被猎杀的危险。诗人似在以驯鹿自喻,感慨自己贪宠多年,君恩未报而遭小人暗算,盼望回归大自然,获得一个安全养生之所。

熙宁二年(1069)二月三日,神宗不顾众多元老反对,任命王安石为参知政事。接着又在朝廷设立专门机构"制置三司条例司",负责制定三司条例。三司是北宋最高财政官署,包括掌管户口、赋税和专卖等事务的"户部",掌管财政收支和粮食漕运等事务的"度支",掌管工商茶盐收入和兵器制造等事务的"盐铁"等,统筹全国财政事务。说起来只是制定各种新法,实质上全面主持变法事宜,为此,神宗大胆起用由王安石推荐的一班新人,如吕惠卿、章惇、蔡确、曾布等,准备全面实施变法。

神宗登基继位时,年方二十,血气方刚,锐意革弊兴利。尤其是面对国力积贫积弱的颓败局势,他深感屈辱,无脸面对列祖列宗,决心即刻变法求治,尽快富国强兵,以复兴祖宗家业。有一次,他和大臣们谈到太平兴国四年(979)的史事,当时宋太宗征辽失败,狼狈逃归,心情沉痛地说道:"太宗兵败燕京城下,辽兵穷追不舍,仅得个人脱身,所有随身携带的器物,随行侍候的嫔妃,都被辽兵抢走,腿上连中两箭,日后年年发病,他的逝世,也是因为箭伤复发。像这样不共戴天的仇敌,我们还要年年捐银输帛,我们做子孙的如何受得了啊!"一边说着,一边泣不成声。洗雪国仇家恨的夙愿,加上熙宁初年社会矛盾相对缓和的时局,农民起义和军队哗变的浪潮已经平息,西夏、辽国对宋廷的威胁也相对减弱,朝廷内外处于表面平静的和平环境。受到这种虚假太平景象的鼓舞,神宗雄心勃勃,志在用兵辽、夏,统一中国,只是苦于财政窘迫,国库空竭,要解决财政困难,就只有寄希望于变法而治。

神宗积极探求变法革新之路,"思除历世之弊,务振非常之功",渴求得到元老大臣们的支持。他在广泛征询意见时,元老大臣们没有谁支持他对外用兵。富弼说:"陛下上台不久,应当首先布德行惠,愿二十年口不言兵。"韩琦说:"治国之本,当先聚财积谷,募兵于民。"司马光则说:"人主应先修身而后治国。"大臣们深知天下之事已经积重难返,皇帝上台伊始,应当稳健务实,循序渐进地革弊兴利。然而,稳健务实常常流于因循守旧,循序渐进则可能落入碌碌无为,在神宗看来,这些元老大臣都过于老成持重,早已失去"庆历新政"时的改革锐气。为了推动变法革新事业,他不得不倚重王安石等少壮力量。去年四月,他下令翰林学士王安石越次入对,咨询治国平天下的大事。王安石退而上奏《本朝百年无事札子》，批评朝廷累世因循守旧的弊端，申述"变风俗，立法度"的政治主张，宣称"大有为"的时机已经到来。王安石的这些政治见解，是他多年来对宋朝百年内忧外患、革弊兴利历史经验的反思与总结，也是他长期州县官任上关注社会，体验民生的认识与体会，加之他在鄞县、舒州、常州等地试行改革的实践中，逐渐摸索并形成一整套变法理论和操作方案。这一切正好投合神宗的心怀。神宗肯定并赞许王安石的变法主张，破格进用了一班力主变革的年轻人。一场轰轰烈烈的变法运动正在酝酿爆发。

这时，欧阳修寓居在僻远的青州，公事之余，饮酒弹琴，读书看山，一心守拙养病，只盼望着退休归隐。特别是他获悉沂州（今山东临沂）知州卢士宗最近被批准致仕，更激发他退隐归田的决心。他的《春晴书事》诗咏道：

莫笑青州太守顽，三齐人物旧安闲。晴明风日家家柳，高下楼台处处山。嘉客但当倾美酒，青春终不换颓颜。惟惭未报君恩了，昨日卢公衣锦还。

诗歌描绘晴春绮丽风景，羡慕朋友光荣退休，自愧未能辞官归乡，是诗人悠然心态、恬静生活的真实写照。他渴望像"三齐"先贤那样，安闲自在地过日子。百无聊赖之际，他焚香诵经，消磨时日。他的《读易》诗咏道：

莫嫌白发拥朱轮，恩许东州养病臣。饮酒横琴销永日，焚香读《易》过残春。昔贤轩冕如遗履，世路风波偶脱身。寄语西家隐君子，奈何名姓已惊人。

为政之余，他读《易》消遣，养疴度日，生活知足常乐，一心养拙待归。他羡慕先贤的鄙弃功名富贵，庆幸自身已经摆脱世路风波，遗憾的是名声在外，一时还难以归隐田园。

王安石变法经过一番紧锣密鼓的准备，终于大张旗鼓地出台了。七月颁行"均输法"，九月发布"青苗法"，十一月颁布"农田水利法"。与当年的庆历新政相比较，王安石新法回避了朝政体制的改革，绕开了积重难返的吏治问题，把变法的重点放在"理财"与"整军"上。在新法当中，属于"理财"的有青苗法、免役法、均输法、市易法、方田均税法、农田水利法等;属于"整军"的有减兵并营、将兵法、保马法、保甲法等。"理财"是为了"富国","整军"是为了"强兵",最终目的是为了缓和社会矛盾,增加朝廷收入,充实国库,实现富国强兵,巩固赵宋王朝的统治。

与庆历新政比较,王安石变法的手段激烈得多,成效也显著得多。其来势之迅猛,声势之浩大,震惊了满朝文武大臣,朝野物议沸腾,众论汹汹。尽管宋朝是一个改革浪潮风起云涌的时代,宋代士大夫普遍信奉《周易》"变通"之学,可是在变革的具体运作方式上,有着各种不同甚至是截然相反的思想观点。而且,北宋中后期是一个因循守旧已经习以为然的社会,人们虽然对现实并不满意,却又害怕和抵触可能发生的新变化。政治舞台上的大事件,属于社会各阶层人们的群体实践,不可避免地卷入许多的复杂因素。更何况,改革从来就是政治权力的再分配,社会利益的重新洗牌,势必涉及一些既得利益者和既得利益集团,使得有些人自觉不自觉地站在对立面。不赞成这种变法的大臣们,纷纷进言上书,陈述五花八门的反对理由。但是,这丝毫动摇不了宋神宗、王安石的变法决心。反对者被陆续罢官贬职,排挤出京师,变法运动按照既定方针广泛深入地开展下去。

朝廷大论辩的风潮,并没有影响到蛰居青州藏拙养病的欧阳修。王安石变法的宗旨,与欧阳修政治思想有着相通处。改革朝政的腐败制度与因循现状,扭转国家积贫积弱的态势,致力于富国强兵、民生安乐,这是欧阳修长期以来孜孜追求的政治目标。然而,王安石的激烈变法手段,尤其是重视"国计",忽略"民生"的一系列做法,与欧阳修的宽简政治观、爱民政治实践格格不入。随着岁月遭递,年岁增大,欧阳修已不像青壮年时代那样血性刚烈,而是变得宽容忍事。正如他致朋友黎醇的信中所说到的:"某性自少容,老年磨难多,渐能忍事。"对门人王安石主持的这场变法运动,欧阳修还在冷静观察,不想急于表态。

初夏时节,白日苦长,欧阳修百无聊赖,憧憬着未来,赋《日长偶书》诗:

日长渐觉逍遥乐,何况终朝无事人。安得遂为无事者,人间万虑不关身。

青州民生安乐,官吏奉公守法,诗人感觉无事而逍遥,更心仪退休归隐后的生活情状。浅白的诗语,幽静的意境,显露作者闲适生活中的清放情怀。

秋天里,欧阳修依然过着饮酒看山的闲适生活。他的《留题南楼二绝》咏道:

偷得青州一岁闲,四时终日面屛颜。须知我是看山者,无一诗中不说山。

醉翁到处不曾醒,问向青州作么生。公退留宾夸酒美,睡余欹枕看山横。

公事之余,酒醉睡饱,欧阳修登上南楼,放目远眺,城外的层峦叠嶂历历在目。他对一年来的青州悠闲生活,颇为自鸣得意。

青州下属临淄县(今山东淄博东北)的知县蒋之仪,是蒋之奇的胞兄,他因事得罪了京东东路安抚使司、转运使司的官员。这些官员知道他的胞弟蒋之奇忘恩负义,兴起"长媳案"风波,诬陷欧阳修,想借欧阳修之手打击蒋之仪。他们在欧阳修的面前极力说蒋之仪的坏话,请求欧阳修严加惩处。但是,欧阳修决非那种徇私情,泄私愤,不分青红皂白处事的人,经过仔细考察以后,他发现蒋之仪的工作并无过错,于是亲自出面,想方设法保全蒋之仪。

登州(今山东蓬莱)沙门岛(今山东长岛县庙岛),是北宋死囚赦免犯的流放地。日积月累,岛上罪人众多,而官府只给提供三百人的口粮,岛上管理罪犯的寨主李庆自作主张,将多余的犯人丢入大海。两年的专横滥杀,无端死去者七百余人,罪犯减少了,秩序也易于控制。马点担任登州知州以后,实施严格监察,不允许寨主滥杀罪人。结果罪犯多起来了,又不畏惧寨主,肆无忌惮,难以驾驭。安抚使司的官员打算允许寨主恢复原先的管理办法。欧阳修坚决不同意,认为人命关天,朝廷既然已经赦免了这些罪犯的死罪,寨主怎么能肆意滥杀?他上书朝廷,奏请减少发配到沙门岛的罪犯人数,并将岛上服刑多年,罪情较轻的放还一部分。从此，沙门岛上安定无事，许多犯人得以保全了性命。

公事之余，欧阳修将一年多来青州任上撰写的诗文，汇编成《东阁后集》，又题名《营丘集》。书成以后，赋《题东阁后集》诗：

东阁三朝多大事，营丘二载是闲辞。近诗留作《归荣集》，何日归田自集诗？

欧阳修在亳州任上，曾经辑编仁宗、英宗、神宗三朝参政任上所写的诗文，命名《东阁集》。这两部自编集，连同后来自编的《归荣集》，都没有流传下来。其中的诗文作品，一部分经由作者晚年重新遴选，编入了《居士集》，一部分由后人汇入《居士外集》，还有一部分恐已散失不传。

熙宁三年（1070）正月二十四日，神宗颁发诏书，命令各路散发青苗钱，既禁止强行摊派，也不许阻挠发放。青苗法，是王安石变法的一项重要内容，又称"常平新法"，是对常平仓法的进一步改革。它的具体做法是：每年夏秋粮食还没有成熟的时候，老百姓需要借贷粮食，就把借贷的粮食折合成现钱贷付，粮食收获以后，随税钱同时纳还。为了防范借钱人负债逃跑，官府强制贫户与富户相互担保。在农民青黄不接的时候，由官府取代高利贷者向农民借贷，并且限制为百分之二十的息钱。应该说，立法的本意，在于压制高利贷者乘人之危而获取巨利，保护和便利普通老百姓。但是，在实施过程中，官府借助行政命令放钱收息，朝廷派出四十一个使者前往各地催督发放，并以青苗钱发放利息的多少来考核官员政绩，这就难免导致强行摊派，坑害百姓利益。而且老百姓被迫接受贷款，春借秋偿，秋借春还，本利相加，一旦遇上天灾人祸，官府严催紧逼，只得付出加倍的利息借钱还债，不少农户因此倾家荡产。即便是有的农户破产后侥幸出逃，所欠官债则由担保富户代偿。初衷良好的一项惠民政策，其效果却招致一片民怨沸腾。

二月，韩琦上书请求罢免青苗法，神宗一度有所动摇。王安石见势不妙，赶紧称病不朝，请求出知外郡。为了安抚王安石，保障变法运动继续深入开展，神宗罢黜了韩琦的河北四路安抚使,让他改任大名府路安抚使。

三月,欧阳修目睹青苗法的种种弊端,实在忍受不住,上奏《言青苗钱第一札子》,其中说到:

臣伏见朝廷新制俵散青苗钱以来,中外之议,皆称不便,多乞寝罢,至今未蒙省察。臣以老病昏忘,虽不能究述利害,苟有所见,其敢不言。

他接着陈述了自己对青苗法的看法,请求朝廷先做三件事:第一,为了体现青苗法旨在利民,不在谋利,请求取消百分之二十的利息;第二,对特困户、因灾害拖欠青苗钱的农户,暂停继续发放青苗钱,并准予暂不交还欠款;第三,罢去派遣到各路催督青苗钱发放的提举、常平官,废除强行摊派,真正做到让老百姓自愿借贷。然而,急于求成的神宗和执拗自信的王安石,正在坚定不移地走自己的路,根本听不进任何不同的声音。奏疏上呈朝廷以后,有如石沉大海,没有反响。

春天里,欧阳修将《诗本义》厘定成书。早在景祐、宝元年间,他在夷陵、乾德贬所,职闲心静,潜心研究经学,已经开始撰写《诗本义》。他大胆地"訾议毛郑",勇敢地将毛公《诗诂训传》和郑玄《毛诗传笺》一分为二,坚持合情合理解经,对其中种种"臆说""衍说""曲说"展开严厉批评,直接从《诗经》原文出发,探求经典本义。宝元二年(1039),欧阳修与梅尧臣在河南清风镇会晤时,曾向梅尧臣出示过《诗本义》初稿。三十多年来,政事之余,他一直坚持研究与探索,对书稿反复补充修订。今年春天,他在致朋友颜复的信中写道:

某衰病如昨,幸得闲暇偷安,但苦病目,不能看书,无以度日。诗义未能精究,第据所得,聊且成书,正恐眼目有妨,不能卒业,盖前人如此者多也。今果目视昏花,若不草草了之,几成后悔。

看来他是担心眼病恶化,难以完工,才草草成书的。书成以后,只向两三位朋友出示,征取他们的意见。次年秋天,在致王益柔龙图的信中,他再次发出喟叹。

某承见谕诗义,晚年迫以多病,不能精意,苟欲成其素志,仅且了却，颇多疏谬。若得一经商榷，何幸如之。

可见，欧阳修对这数十年研究心得的成果，并不十分满意，晚年仍在不断修订此书。《诗本义》是他一生从事《诗经》研究的心血结晶。

四月十五日，欧阳修将皇祐年间撰写的《先君墓表》，认真地改写成《泷冈阡表》。泷冈，在吉州永丰县沙溪镇。这里埋葬着欧阳修的双亲和两位亡妻。墓表大胆地突破常规格套，一碑双表，以真挚的情感、细腻的笔触，记载几件精心选炼过的"琐屑"小事，父亲廉洁奉公、谨慎吏事、慷慨待客与孝顺家母等高风亮节，自然地溢于言表。在表彰父亲品格的同时，母亲治家俭薄，仁惠刚毅，胸襟宽阔等母仪盛德也相映生辉。文章语气舒缓，文字平易，却情真意切、感人肺腑。在我国古代碑志文当中，它享有"千古至文"的美称。

欧阳修在青州境内谋得一块大碑碣，墨绿色，长六尺三寸，宽二尺八寸，厚七寸。他在碑石正面镌刻《泷冈阡表》，碑阴刻上《欧阳氏世次》。书法精湛，正楷阴文，柔中蕴刚，相传为欧阳修亲笔所书。碑石后来运抵沙溪，竖立在西阳宫"泷冈阡表亭"内。现存上世纪60年代初建筑的碑亭，是三层楼阁式，飞檐翘角，气势不凡。据记载，它始建于南宋淳熙年间。泷冈阡表碑，2006年6月定为国家级文物保护单位。

《泷冈阡表》碑刻上，有一些依稀斑纹，状似龙爪痕迹。在永丰县沙溪镇，流传着一个古老的故事：当年欧阳修派官员用船装载着"泷冈阡表碑"南归故里，由长江入鄱阳湖时，风涛大作，一条飞龙围绕着轮船盘旋起舞，不愿离去。在船只即将倾覆的危急关头，船夫们惊呼："主人有珠玉宝物吗？请赶快投祭水中，以免灾殃！"官员答道："没有任何珠宝，只有这块碑碣。"于是将碑石推入水中，盘龙随即升空，冉冉而去，湖面恢复平静，人船相安无事。后来，在一个雷电交加的晚上，一只大乌龟驮着"泷冈阡表碑"来到永丰沙溪欧阳观墓前。经人们仔细察看，碑碣完好无损，只是在《泷冈阡表》"祭而丰不如养之薄"八个字上增添了红笔圈画，周围龙涎斑斑，水滴淋漓。这种龙神借观《泷冈阡表》的无稽传说，显然出自后人的编派，其用意就在于宣扬《泷冈阡表》惊天地、泣鬼神的非凡艺术魅力。

二十九日，神宗派遣入内东头供奉官冯宗道来到青州，慰问欧阳修，并传宣本月十二日朝廷关于欧阳修任职的敕告。欧阳修被任命为检校太保宣徽南院使、判太原府、河东路经略安抚监牧使，兼并、代、泽、潞、麟、府、岚、石路兵马都总管，由提点刑狱席汝言随即来青州接任欧阳修的职务。这是欧阳修始料不及的事情。去年冬天，他两上奏疏，强调体衰多病，请求移知淮颍之间的小郡寿州（今安徽寿县），没有获得朝廷同意。今年二月以来，他交割了公事，待在家里养病，没想到朝廷却授以如此重任。他不敢接受任命书，将敕告寄存在州军资库，连上四道《辞宣徽使判太原府札子》，请托冯供奉奏呈神宗皇帝。

自上年二月以来，王安石晋升参知政事后，中书内阁的五位宰辅大臣，政治态度、境况各不相同，人们用"生""老""病""死""苦"五字，诙谐而形象地概称五位宰执。王安石年富力强，积极主持变法运动，独揽中书省大权，显得"生"龙活虎；宰相曾公亮年逾古稀，老态龙钟，正在坚持请求告"老"归乡；宰相富弼不赞成大变法度，更不赞成军事行动，一直消极抵制，称"病"不朝；参知政事唐介是王安石变法的对立派，直言进谏，不被采纳，忧心忡忡，患病而"死"；参知政事赵忭也不同意变法，见大势所趋，无力阻挡，只是连声叫"苦"。中书大臣由"生、老、病、死、苦"五种人组成，实乃出于赵宋王朝"祖宗家法"的人事制衡术，任用政见不一的官僚，使之相互制约，既可以兼听则明，集思广益，又可以保障君主不受制于任何一方，以利于君主专制集权。

新近提升的宰相陈升之，表面上附和王安石，内心却反对变法，一旦登上宰相宝座，就不与王安石合作。神宗命令欧阳修迅速启程，赴阙朝见。朝廷内外都在传言，神宗想让欧阳修出任宰相，替代年已七十一、正在告老求退的曾公亮。为了此事，他曾与王安石商讨过几次。

有一次，神宗问王安石："欧阳修与邵亢相比较，怎么样？"

王安石说:"邵亢比不上欧阳修。"

"与赵抃相比,如何?"

"他比赵抃强。"

"比吕公弼呢?"

"比吕公弼也强。"

"与司马光比较呢?"

"也要强。"

这里提及的邵亢,字兴宗,润州丹阳(今属江苏)人。英宗朝因论事得体,被赞为"国器",以知制诰知谏院。神宗即位后,迁龙图阁直学士,进枢密直学士、知开封府,治平四年九月,拜枢密副使。后因无大建树为神宗所厌,出知中外郡。吕公弼,字宝臣,寿州(今安徽凤台)人,是已故宰相吕夷简的儿子,时任枢密使,后以反对变法出知外郡。当神宗将他们与欧阳修相比较时,王安石都作了实事求是的回答。但是,一旦发现神宗想用欧阳修做宰相,王安石就设法阻挠了。他说:"陛下应该让欧阳修赴阙朝见,同他讨论时事,进一步谨慎地考察,看看他在政府对变法是有利还是有害。欧阳修人品虽然很好,但是观察事物常常乖违事理,对时政的看法大多谬误。"

神宗担心朝廷没有深孚众望的宰相。王安石说:"宁愿用才德平庸之辈,也不能使用从中作梗的人。"

"宰相人选还是要用肯做事的人。"

"肯做事的人固然很好,但是,还要看他做的是什么事。如果他所做的事违背常理,就会耽误陛下的大事了。陛下决策往往过多地受到朝野舆论的牵制,一旦受到牵制,就会失去机遇,耽误大事。这是为臣的不能不预先忧虑的事情啊!"

神宗沉默良久,最后说:"那就等欧阳修来了以后,再从长计议吧。"

然而,欧阳修迟迟不来京师,只是连续呈递辞命奏疏,请求朝廷追回新命,让他改知与颍州毗邻的蔡州(今河南汝南)。

五月十九日,鉴于青州境内今年春季发放的"夏料青苗钱",至今尚无一户偿还,而按照朝廷命令,"秋料青苗钱"发放又迫在眉睫。或许是长时间的观察思考，已经有了成熟的观点，或许是公开自己的观点，以断绝朝廷希望自己出面支持变法的幻想，欧阳修选择在这个关键时刻，就青苗法公开表明自己的态度。他不顾朝廷的三令五申，毅然上奏《言青苗第二札子》，请求朝廷允许停发"秋料青苗钱"。奏疏指出：

臣窃见自俵青苗钱以来，议者皆以取利为非，朝廷深恶其说，遂命所司条陈申谕。其言虽烦，而终不免予取利，然犹有一说者，意在惠民也。以臣愚见，若夏料钱于春中俵散，犹是青黄不相接之时，虽不户户阙乏，然其间容有不济者，以为惠政，尚有说焉。若秋料钱于五月俵散，正是蚕麦成熟，人户不乏之时，何名济阙，直是放债取利尔；若二麦不熟，则夏料尚欠，岂宜更俵秋料钱，使人户积压拖欠。以此而言，秋料钱可以罢而不散。

由于时间紧迫，他没等到朝廷批复，就擅自命令京东东路各州军停止发放秋料钱。这一做法引起朝廷的极大不满，结果，五月二十一日朝廷降旨"谴呵"欧阳修擅自停发秋料青苗钱。碍于他的声望，朝廷宽容了他，只是批评，特许免罪，没有惩罚。事后，欧阳修表面上承认错误，呈奏了《谢擅止散青苗钱放罪表》，实际上，内心深处对青苗钱的看法并没有改变。

王安石也越来越清醒地认识到，不能指望欧阳修支持自己的变法主张，因此更加不赞成欧阳修重返中书执政。他对神宗说道："我早就说过，欧阳修在政府，一定对变法没有好处，只会使那些反对变法的人依附到他门下，给朝廷增添更多乱子。"

通过一年多对变法实践的观察，欧阳修深知自己的政治主张与王安石之间的差异太大。王安石变法的宗旨在于富国强兵，本来无可厚非，但是，所颁布的一系列新法，都是围绕增加朝廷财政收入，所采纳的一系列措施，都在激励地方官吏为着数字政绩和官位晋升，严刑苛法地榨取百姓。"爱民""惠民"的立法动机，却导致"扰民""害民"的执法效果。如此为了目的，不择手段；为了富国，不惜损民，与自己的宽政爱民思想、稳健改革观点大相径庭。他进一步坚定了不入朝做官的决心，与王安石保持政治上的距离，只维持私人友谊。

六月十五日,欧阳修第六次上奏《辞宣徽使判太原府札子》。他陈述了实在难以从命的三大理由:"义所难安,一也;精力已衰,二也;用非所学,三也。"其中也委婉地谈到了他对时局的看法,表示了他难以支持王安石变法的态度:

历官以来,多触罪辜,屡罹忧患,盖以不通时务,不习人情。加以晚年,继之衰疾,识虑昏眊,举事乖违。大抵时多喜于新奇,则苟独思守拙;众方兴于功利,则苟欲循常。至于军旅之间,机宜之务,则又非其所学,素不经心。盖以病悴已衰之躯,持昏眊乖违之见,任素非所学之事,一有败阙,虽戮臣身不足以塞责,而误国之计,如后患何!

这段话的要害就在于:"大抵时多喜于新奇,则独思守拙;众方兴于功利,则苟欲循常。"申明自己恪遵的"守拙""循常",与王安石崇尚的"新奇""功利"格格不入,这乃是欧阳修难以从命的真正原因。

七月三日,朝廷终于同意欧阳修的一再恳请,满足他的请求,让他改知蔡州(今河南汝南)。

八月,欧阳修启程赴蔡州任。途经颍州时,他以足疾为由,在颍州滞留了一个多月。

九月七日,欧阳修在颍州将亳州及青州任上吟诵的十七首思颍诗,编纂成《续思颍诗》,并撰写了序言。同日,改号"六一居士",写作《六一居士传》自明心志。其中说道:

六一居士初谪滁山,自号醉翁。既老而衰且病,将退休于颍水之上,则又更号六一居士。客有问曰:"六一何谓也?"

居士曰:"吾家藏书一万卷,集录三代以来金石遗文一千卷,有琴一张,有棋一局,而常置酒一壶。"

客曰:"是为五一尔,奈何?"

居士曰:"以吾一翁,老于此五物之间,是岂不为六一乎。"

欧阳修生动而幽默地解说"六一"名号的来由,自叙其晚年生活情趣。晚年欧阳修的人生乐趣,别无奢望,只喜爱读书、集古碑、做学问,辅以弹琴、弈棋、饮酒,借此消遣度日。多年来困于宦海官场,轩冕爵禄的拘束,世俗杂务的纠缠,使自己心力交瘁,未老先衰,无暇享受到自由生活的乐趣。"六一"之乐是他最后的人生目标,这种乐趣只有辞官归老才能实现。文章采用汉赋常用的主客问答形式,笔调悠闲纡缓,流露着作者思归求退的急切情感,也透露出无可奈何的时代苦闷感。

九月二十七日,欧阳修抵达蔡州。蔡州,属京西北路,又称汝南,位居汝水中游。这里离欧阳修日夜向往的归老之地——颍州,已是近在咫尺,而且,郡小地偏,物产富庶,是一个条件优越的古郡,有利于自己养病保身,就如他在《蔡州谢上表》中所说的:"惟古豫之名邦,控长淮之右壤,土风深厚,物产丰饶。虽宣化班条,惭无异术,而守官循法,足以偷安。"同年冬季,他在致韩琦的书简中,还提到之所以力请蔡州,就因为这里地僻事闲,可以躲开王安石变法风潮的直接冲击,养拙以待退。他说:

某昨蒙上恩,察其实为病瘁,得蔡如请。土俗淳厚,本自闲僻,日生新事,条目固繁,然上下官吏,畏罚趋赏,不患不及,而老病昏然,不复敢措意于其间。若郡县平日常事,则绝为稀少,足以养拙偷安,俟日而去尔。

他已下决心在一年内辞官归隐,退居颍州,安度暮龄余生。他的《寄答王仲仪太尉素》诗,咏道:

丰乐山前一醉翁,余龄有几百忧攻。平生自持心无愧,直道诚知世不容。换骨莫求丹九转,荣名岂在禄千钟? 明年今日如寻我,颍水东西问老农。

当年的滁州醉翁,久经身世坎坷、时局隐忧的折磨,已到了风烛残年。回顾自己的一生,光明磊落,问心无愧。他不慕长生不老,不贪荣华富贵,只求早日归田,保全个人名节。

十月二十二日,欧阳修应襄阳知府史中辉的请求,撰写《岘山亭记》。岘山,又称岘首山,在现今湖北省襄阳市南郊,东临汉江。西晋初年,羊祜镇守襄阳,功绩卓著,曾在登临岘山时感慨泣涕,称此山永存而与此山有关的前贤湮没无闻,自己百年之后魂魄还应留在此山之上。死后,百姓在岘山上建羊公庙纪念他,又在他生前游山休憩的地方建岘山亭。杜预继羊祜之后守襄阳,在平定吴国的统一大业中,功劳最著。他将战功刻在两块碑石上,考虑到将来或有"高岸为谷,深谷为陵"的变化,将其□的一块竖立在岘山上,另一块沉没于汉水中,无论将来如何沧海桑田变化,都会有一块石碑留存人间。熙宁初年,史中辉以光禄卿来守襄阳,扩修改建岘山亭,使后轩与前亭相称,并以自己的官衔将后轩命名为"光禄堂"。史中辉与欧阳修是朋友,托词襄阳民众要为他立碑记功,嘱咐欧阳修为他作记。

欧阳修历来反对趋时邀誉,但是,碍于朋友的情面,不便断然拒绝。他颇费斟酌,写下一篇含蓄吞吐,诗意隽远的名作。文章对史中辉的虚荣好名,并不直接点破,而慨叹羊祜、杜预的"汲汲于后世之名"。尤其是对杜预的刻石记功,感叹之中语含讥讽:杜预刻功于二石,一立山顶,一沉水底。他是知道高山深谷可以互为变化的,却不知道石碑也会磨灭消泯,这难道不说明他太爱重自己的名声,从而过分地作出长久考虑吗?他也太看重自我,想得太深远了吧!这里话中有话,不赞成朋友好名记功的态度,自在不言之中。当然,欧阳修将朋友与历史名人羊祜、杜预相提并论,也含有劝勉朋友的意思,鼓励朋友像羊祜与杜预一样建功立业,造福一方,依靠有所作为的功业政绩而名垂千古。

熙宁四年(1071)春天,欧阳修获悉王安石与韩绛在去年十二月十一日并任宰相。他给王安石发去贺信,对这位门生在变法运动中的一些做法,他心存不满,但是,对王安石政治地位的上升,他还是由衷感到高兴,祝福王安石自我保重,在事业上圆满成功。他的《贺王相公拜相启》写道:

相公诚明禀粹,精覈穷微。高步儒林,著三朝甚重之望;晚登文陛,当万乘非常之知。……伏唯上为邦国,精调寝兴。欢下之忱,叙陈罔既。

初春以来,欧阳修百病交攻,眼病、脚疾严重恶化。自二月下旬以后,他告了病假,在家中调养。

三月十五日,他在病中展读《集古录》第五百四十三卷《赛阳山文》,篇末题跋的六个人,都是当代名士。那是嘉祐四年(1059)孟夏祭祀前夕,自己在翰林院任学士,与梅尧臣,刘敞等六人在唐书局饮酒下棋，欢聚终日，大家兴致勃勃地为这帧北魏碑拓题写跋尾。第二年夏天，江休复、梅尧臣病逝。再过了几年，刘敞、吴奎也相继病故。七年当中，死去四人。残存的三人当中，祖无择去年因事废官，范镇因反对王安石变法被强迫致仕，只有自己拖着病体依然居守官位。

他又想起当时同修《新唐书》的七个人，如今宋祁、王畴、吕夏卿、刘羲叟、梅尧臣等五个相继作古，活着的只有自己和宋敏求，而宋敏求去年也因反对王安石擢用李定被黜职。追怀往事，他感叹人世沧桑，盛衰无定，昔日交游零落殆尽，心中不由得愀然生悲。

正是怀着这种伤感、思旧的情绪，欧阳修撰写了《江邻几文集序》。当年江休复去世，欧阳修给他写过墓志铭。十五年后，欧阳修来到蔡州，在江氏子孙家中读到江休复的文集，写下了这篇序言。在序言中，对亡友的诗歌文章成就，只有几句话轻轻带过，而用浓墨重彩抒写内心深处对亡友的怀念心情，抒写故旧零落的悲凉感受：

盖自尹师鲁之亡，逮今二十五年之间，相继而没为之铭者至二十人，又有余不及铭，与虽铭而非交且旧者，皆不与焉。呜呼，何其多也！不独善人君子难得易失，而交游零落如此，反顾身世死生盛衰之际，又可悲夫！

二十五年来，欧阳修目睹尹洙、苏舜钦、范仲淹、杜衍、梅尧臣、江休复、余靖、苏洵、蔡襄、刘敞等师友故旧，一个个相继谢世。抚今追昔。无限伤感，借着替亡友文集作序的机会，他挥洒凄清苍凉的笔墨，饱含死生盛衰的感慨，思友念旧，欷歔道情，写下这篇情韵绵邈的佳作。

韩琦在相州（今河南安阳）兴修的荣归堂建筑群已经落成，新春佳节，邀请欧阳修前去参加庆典。欧阳修因为官守在身，不能赴会。后来，韩琦寄来五咏诗，分别咏诵相州的荣归堂、昼锦堂、观鱼轩、狎鸥亭和休逸台。欧阳修有五首唱和诗。其中《狎鸥亭》咏道：

险夷一节如金石，勋德俱高映古今。岂止忘机鸥鸟信，陶钧万物本无心。

《休逸台》咏道：

清谈终日对清樽，不似崇高富贵身。已有山川资胜赏，更将风月醉嘉宾。

诗歌颂扬了韩琦安邦定国以后，淡泊功名利禄，寄情山水风月的旷达胸怀，抒发自己景仰向往的心情。韩琦读了和诗以后非常高兴，感叹欧阳修是自己的真正知己，说："我在中书时，对于个人的进退升降，从来不放在心上。永叔可以说是我真正的知心朋友。"

四月十九日，欧阳修上呈《蔡州再乞致仕第一表》。奏状本是三月初写好的，因为当时边境形势紧张，西夏军队攻陷抚宁堡（今陕西米脂县西），庆州（今甘肃庆阳）宋军叛乱，欧阳修不便上呈，只得暂时搁置。四月中旬，边事已经安宁，于是抓住时机上奏。奏状自述百病交攻，衰体难支的情状：

臣年日加老，病益交攻，新春以来，旧苦增剧，中痹渴涸，注若漏卮，弱胫零丁，兀如槁木，加以睛瞳气晕，几废视瞻，心识耗昏，动多健忘。

他请求神宗准许自己解职归田。目睹前些日子对新法执行不力的人，一有请退，朝廷立即批准。欧阳修估计这次请命可以很快成功。在致长子欧阳发的信中，他说："吾十九日已入却致仕文字，若近例，一削便允，则且暮间便有命。"

五月的一天，薛公期编纂亡父薛奎文集告竣，请欧阳修为作序文。岳父薛奎的一生行迹，重在功业而非文章，欧阳修撰写的序文，在简要总结薛奎为政为文的同时，巧借他人之酒杯，浇消自我之块垒，鲜明地表现本人的文学思想。《薛简肃公文集序》开章写道：

君子之学，或施之事业，或见于文章，而常患于难兼也。盖遭时之士，功烈显于朝廷，名誉光于竹帛，故其常视文章为末事，而又有不暇与不能者焉。至于失志之人，穷居隐约，苦心危虑而极于精思，与其有所感激发愤唯无所施于世者，皆一寓于文辞。故曰穷者之言易工也。

早在《梅圣俞诗集序》中，欧阳修就已提出"穷而后工"的创作思想，但似乎仅就诗歌而言，而在这里，"穷而后工"所涉及的则包括散文、词赋等一切文辞。生活上的穷困潦倒，政治上的困顿窘迫，所产生的忧思感愤，深刻地影响着欧阳修在文学上的创作。政治上越"穷"，作品往往越"工"。这是因为作家遭受政治挫折，成为失志者，有了时间和精力，创作由"余事"而跃为正业，得以发愤专力于文学创作。更重要的原因是，官运塞滞，脱离上层官僚机构，沉溺社会底层，或自放于水光山色，或贴近于平民黎庶，对社会生活的真实有了深刻体验，自然萌发好文章。值得指出的是，本文写作距离欧阳修致仕仅一个月，此后欧氏没有再写正式的古文，因此，这篇序文可以视为欧阳修古文创作的封笔之作。

熙宁四年六月十一日，在欧阳修连上三表二札以后，朝廷才批准他以观文殿学士、太子少师致仕。北宋致仕官带职，是从该年二月王素开始的。欧阳修这次以太子少师带观文殿学士致仕，是出于朝廷的特殊恩遇，使他退休以后，仍然可以享受各种优厚待遇。因此，他在《谢致仕表》中说："道愧师儒，乃忝春官之峻秩；身居畎亩，而居书殿之清名。"

按照宋朝的规定，朝臣致仕的年限是七十岁。是年，欧阳修六十五岁，还有五年差距。当他再三请求退休时，门人蔡承禧问道："先生道德声重被朝廷倚重，又没有到退休年龄，为什么急于离去呢？"欧阳修说："我平生的名节，已经被后辈门人描绘殆尽，只有快点退隐，才能保重名节。难道还要等着让人家驱赶下台吗？"

离开蔡州前夕，欧阳修特地向一年来保持密切往来的道士们道别。壶公观有个道士叫刘道渊，与欧阳修同年出生。告别的时候，欧阳修送给他一领道服作为留念。

二十二年以后，还有人看见这位八十七岁高龄的老道士，仍然穿着这件补了又补的细布单衣道袍。他逢人便说，"这是已故蔡州知州欧阳永叔送给我的。二十多年来，我一直穿着它，破了就缝补，却从来没有弄脏了而浆洗。"苏辙听到这个消息以

后,感慨万千,赋《蔡州壶公观刘道士》诗:

思颍求归今几时?布衣犹在老刘师。龙章旧有世人识,蝉蜕惟应野老知。昔葬衣冠今在否,近传昔问不须疑。曾闻圯上逢黄石,久矣留侯不见欺。

这是元祐八年(1093)七月的事情。苏辙在朝做官,听朋友曹涣漫谈赴京途中见闻,说到蔡州老道士刘道渊的故事。他慨然兴叹,感怀蔡州各界人士对欧阳修的深情眷念。

二十一　最后的岁月

熙宁四年(1071)六月下旬,欧阳修接到朝廷同意致仕的敕告。他归心似箭,立即打点行装,准备启程。天气已经炎热,好在蔡州与颍州相距不远,只要两天工夫就可以到达。不料连续几天,大雨滂沱,地面积水成潦,耽搁了三五天。七月四日,欧阳修全家才抵达颍州。

这时的颍州知州是吕公著。上年四月,在朝担任御史中丞的吕公著,因为反对推行青苗法,指斥吕惠卿"奸邪不可用",被罢知颍州。对于欧阳修来颍安家落户,吕公著非常高兴,赋诗表示欢迎。欧阳修喜获赠诗,欣然命笔,作《答和吕侍读》诗:

昔日题舆愧屈贤,今来还见拥朱轓。笑谈二纪思如昨,名望三朝老更尊。野径冷香黄菊秀,平湖斜照白鸥翻。此中自有忘言趣,病客犹堪奉一樽。

真是一种历史的巧合,二十三年前,诗人身为颍州知州,结织并倚重青年才俊吕公著;二十三年后,当年的颍州通判,成了今日的颍州太守,而且成了"名望三朝"的闻人显士。欧阳修谦逊地向朋友表达了自己的敬意,抒写了自己对颍州自然风物所领略到的无穷意趣。

门生曾巩、苏轼、苏辙等人,纷纷寄来贺信,庆贺恩师致仕荣归,赞美先生的道德文章,祝愿他在颍州享受天伦之乐,安度幸福晚年。可是,摆在欧阳修眼前的,却是一大堆杂碎烦人的家事。旧房改扩工程,还没有完全竣工。一个庞大的家族,人多费用大,家计尚没有着落,田产需要添置,生计需要安排。这一切,都繁杂琐碎,够人费心劳神。入秋以后,已成沉疴的眼疾、脚病和消渴症同时发作,又给忙碌中的欧阳修增添了不少痛苦。但是,欧阳修相信,只要忙过这一阵子,自己就是天底下无事的人了。即将降临的清闲自在的生活,一定有利于疾病调养,他对未来生活充满乐观和自信。

实现了致仕归田的夙愿,欧阳修回想起至和初年的那场盟约。当时自己与韩绛、吴奎、王珪一块在翰林院值班,大家相约五十八岁退休。如今虽然晚了七年,毕竟还算是如愿以偿。他写了一首《寄韩子华》诗,告慰朋友韩绛:

人事从来无定处,世途多故践言难。谁如颍水闲居士,十顷西湖一钓竿。

韩绛已在该年三月边事失败后罢相出知邓州(今河南邓县)。诗歌前两句感慨仕宦践言之艰难,解释自己没能如期践约的缘由,体谅朋友眼前的处境。后两句自矜退居颍州,垂钓西湖的惬意、自适与悠闲。

他又想起皇祐二年(1050)留守南京的时候,杜衍退休闲居,两人常在一块诗酒酬唱。自己曾在一首答赠杜衍的诗中咏道:"报国如乖愿,归耕宁买田,期无辱知己,肯逐利名迁。"迄今二十二年了,杜衍弃世也已十五个春秋,自己这才实现归耕买田的诺言。追怀往事,老泪纵横,欧阳修赋诗一首,派人送呈南京杜公祠堂,告慰这位敬爱的师长:

掩涕发陈篇,追思二十年。门生今白首,墓木已苍烟。报国如乖愿,归耕宁买田。此言今始践,知不愧黄泉。

诗人感慨二十余年的沧桑变化,表达自己不愿贪禄恋栈、尸位素餐的心迹,久请终获致仕的欣慰心情,追思对良师益友的感恩情怀。

就在欧阳修退归颍州前夕,他的朋友、颍州处士常秩出山了。常秩早年参加进士考试失败,隐居民间,研治《春秋》,以经术著称乡里。欧阳修知颖州，从刘攽、王回那里，听说民间有个叫常秩的，颇有节操学行，于是邀请参加宴席，渐渐知名于世。后来，欧阳修多次向朝廷荐举，常秩却屡召不起，名声更加彰著。英宗即位后，再次征召，仍然以身病为由，坚辞不出。神宗登位，吕公著一再推荐，仍不肯出仕。去年，吕公著因为反对新法，黜知颖州。欧阳修赴蔡州任途中滞留颖州，三人谈论时政，常秩极力赞赏王安石新法，表示了出山的愿望。王安石召他赴阙，一召即起。今年五月，常秩抵达京师，受到神宗召见。神宗问他为什么久召不起，常秩说："先帝用官位征召我，我不敢来。陛下不用官位召我，所以我来了。"神宗听了很高兴，又问欧阳修、吕公著、王安石相比较怎么样，常秩回答说："青苗法合符古义，王安石既知经又知道，吕公著不知经不知道，欧阳修只是擅长写文章。"第二天，常秩被任命为右正言、管勾国子监、直舍人院。他始终赞成变法，然而对政事无所建明，因而受到世人的讥议。欧阳修回到颖州后，钦慕多年的两位处士——王回与常秩，一位已经故世，一位正在出山，心中难免有些失望和惆怅。

值得欧阳修欣慰的是，他曾经大力荐举过的另一位名士连庶，终生坚守气节，老死田园。连庶，应山（今属湖北）人。早年担任过寿春（今安徽寿县）县令，政绩卓著，不久退居田园，至今二十余年。早年的欧阳修、宋庠、宋祁，在贫贱不得志的年月里，都曾结识过连庶，连庶为他们提供过帮助。这三个人后来都发迹了，连庶却从来没有求谒过他们。早些年，欧阳修、祖无择推崇连庶的道德文章，向朝廷大力荐举。谁知连庶对朝廷命官却一笑置之，坚持辞官不受。

颖州西湖，唐宋以来与扬州瘦西湖、杭州西湖一样享负盛誉。欧阳修皇祐初年离开颖州以后，始终依恋、心驰神往的，正是这十里西湖。颖西湖四季风光不同，终年景物宜人。欧阳修陶醉西湖四时风物、吟咏西湖四时胜景，多年来陆陆续续写成十首《采桑子》鼓子词，每一首都以"西湖好"三字起句。归老颖州以后，他对十首《采桑子》词作了通盘的润色整理，供歌妓在酒宴上演唱。其中第一首咏道：

轻舟短棹西湖好,绿水逶迤。芳草长堤,隐隐笙歌处处随。无风水面琉璃滑,不觉船移。微动涟漪,惊起沙禽掠岸飞。

春日里泛舟西湖,芳草迷堤岸,绿水满湖曲,悠扬的笙箫声,处处隐约可闻。湖面波平如镜,上下水天一色,船行处微波荡漾,惊起了岸边的水鸟,它们展翅奋飞,给幽美的湖光山色,添增一派勃勃生机。这是作者阳春三月荡舟西湖所领略到的诗情画意。

第四首咏道:

群芳过后西湖好,狼藉残江。飞絮濛濛,垂柳栏干尽日风。笙歌散尽游人去,始觉春空。垂下帘拢,双燕归来细雨中。

春花过后,遍地落红。喜有暖风拂拂,柳絮濛濛。虽然游人散尽,歌舞停歇,没有百花争春,万人踏青的热闹场面,但是,隔着帘栊欣赏和风细雨中的双双飞燕,别有一番安谧恬适的生活情趣。这是作者暮春时节游览西湖的独特感受。

八月,朝廷准备次月举行明堂大祭祀,诏令欧阳修前往京师陪席助祭。明堂,本是古代帝王宣明政教的场所,凡是朝会、祭祀、庆赏、选士、养老、教学等重大典礼,都在那里举行。后世保存古制,多在京师东南郊建立明堂。皇祐二年(1050)九月,仁宗举办隆重的明堂祭礼,合祭天地,并以祖宗配享,百神从祀。从那以后,明堂成为宋朝重大祭典。欧阳修因为身体原因,上疏告病,请求免去陪祭。神宗同意了他的请求。

九月十日,明堂祭典在京城隆重举行,接着天下大赦,百官进秩。十七日,神宗派遣专人前来颍州,赏赐欧阳修一套朝服、一条金腰带、一百五十两银器、一百五十匹丝绢,还有米面羊酒等物品。

九月中下旬,苏轼与苏辙来到颍州,拜谒恩师欧阳修。是年六月,在京城担任开封府推官的苏轼因为訾议新法,被人诬告,自请通判杭州。七月抵达陈州(今河南淮阳),与担任陈州州学教授的苏辙团聚。苏轼在陈州滞留七十余天,启程赴杭时,与苏辙同来颍州谒见恩师欧阳修。

苏轼兄弟的来临,令欧阳修非常高兴。他在西湖边设宴款待苏轼兄弟。苏轼《陪欧阳公燕西湖》诗，描写了欧阳修六十五岁时的形貌和谈锋：

谓公方壮须似雪，谓公已老光浮颊。揭来湖上饮美酒，醉后剧谈犹激烈。

或许是酒力与诗兴的作用，或许是孤寂中见到知己，精神格外振奋的缘故，主人公鹤发童颜，红光满面，言词慷慨激昂，看上去身体好多了。苏轼诗中还咏道：

湖边草木新着霜，芙蓉晚菊争煌煌。插花起舞为公寿，公言百岁如风狂。赤松共游也不恶，谁能忍饥啖仙药。已将寿夭付天公，彼徒辛苦吾差乐。

当苏轼兄弟采摘芙蓉、菊花为欧阳修祝寿时，欧阳修借用韩愈诗句"男儿不再壮，百岁如风狂"，坦言人生百岁，自古难亨，生存的意义不在乎寿命长短而在乎生命质量。追随仙人学道求长生，可要辟谷服食，长期忍饥挨饿，这是一般人难以做到的。豁达的欧阳修听天由命，将生死寿夭付与老天爷，保持一颗平常心，知足常乐，安度晚年。

苏辙也有一首《陪欧阳少师永叔燕颍州西湖》诗，咏道：

西湖草木公所种，仁人实使甘棠重。归来筑室傍湖东，胜游还与邦人共。公年未老发先衰，对酒清叹似昔时。功成业就了无事，令名付与他人知。平生著书今绝笔，闭门燕居未尝出。忽来湖上寻旧游，坐令湖水生颜色。酒行乐作游人多，争观窃语谁能呵。十年思颍今在颍，不饮耐此游人何。

诗歌记载欧阳修退隐后逍遥自在的生活。实现了十多年来孜孜以求的归隐颍州之梦，欧阳修尽情享受倦鸟归巢以后的安逸清闲。偶尔陪伴宾客出游西湖，行酒奏乐，引起湖边游人的聚议围观。

欧阳修虽然老迈衰迟，却依然思维敏捷，谈锋健锐。一天，苏轼朗诵文同的诗句："美人却扇坐，羞落庭下花。"诗句清新可爱，优雅动人。欧阳修却点头笑道："这不是文与可的诗，世间原有此诗句，只不过让文与可拾得而已。"文同，字与可，梓潼（今属四川）人，画家兼文学家。皇祐元年（1049）中进士，是苏轼的表兄。诗句见于文同"乐府杂咏"《秦王卷衣》篇,以落花映衬美女,对比鲜明,生动形象。欧阳修感慨这自然天成的诗句,出自"胸有成竹"的画家笔下,可谓得来全不费工夫。诗歌创作中的朴实语言与幽深意境,是欧苏心里共同的美学追求。

秋末的日子里,欧阳修与二苏游湖荡舟,饮酒赋诗,调侃戏谑,度过了一段美好的时光。欧阳修拿出自己珍藏的紫石屏,供苏氏兄弟观赏。庆历七年(1047),欧阳修自赋《紫石屏歌》,苏舜钦、梅尧臣都有和诗,这次苏轼、苏辙也都应命赋写了诗歌。

闲聊的话题,大都是严肃的。当欧阳修了解苏轼离京出知杭州,原因在于坚持自己的政治主张,上书批评王安石新法,因而受到变法派的诬陷和排斥,他十分赞赏苏轼的处世态度,说:"你坚守人格,自请出知外郡,符合我的思想。我平日所讲的'文学',一定要与'道义'相结合。只会写文章,没有品行,见利忘义的人,不是我的学生。"苏轼闻言再拜,指天盟誓:"我一定铭记先生'我所谓文,必与道俱'的教诲,至死不渝!"在后来的岁月里,苏轼以其整个人生实践了自己的诺言。

欧阳修主盟文坛以来,始终有意识地挑选自己的接班人。他首先选择的是曾巩,其次是王安石,最后选中了苏轼。就个人性情与生活志趣而言,欧阳修与曾巩最为情投意合。与同时代理学家直线型的衣钵相传作比较,欧阳修学术多方面开创性的贡献,影响却呈辐射形,他的学术并无门户,许多方面只开风气不为师,接受其影响者大有人在,直接传承者恐怕只有曾巩、徐无党、焦千之数人。曾巩是"欧学"的忠实传人,从曾巩身上大抵可以看到欧阳修的影子。但是,就社会声誉而言,王安石比曾巩知名度高,影响力大。欧阳修非常器重王安石的才学,多次向朝廷郑重荐用。然而,王安石的志趣并不在文学,他热衷于政治,志在兼济天下,追求建功立业。最后,苏轼以其文学艺术的超人全才脱颖而出,迅速受知于欧阳修,并被文坛一致认可。诚如欧阳修当年所预言的:"吾老矣,当放此子出一头地","三十年后,世上人更不道着我",未来的文坛属于苏轼。如今十五年过去了,苏轼已经成长为新一代的文坛巨匠。欧阳修深感自己身心日衰，来日不多，因而趁这难得的相聚机会，以衣钵相授之口吻，将引领时代文学发展的指挥棒传递给苏轼。欧阳修说："你是与我同一类的人，别人无法与你相比。如今我已经老朽，日后文坛发展的希望就此委托给你。"苏轼再拜稽首，说道："先生之言过奖了，虽然如此，学生一定尽力为之，不辜负您的重托。"

颍州相聚的日子里，师生之间也说些笑话，相互逗乐。一天，欧阳修向苏氏兄弟讲起一个小故事：从前，有个病人去找医生看病，医生问起他患病缘由。病人说："我在坐船的时候遇上大风，惊吓而成病。"于是，医生找来一把多年老船舵，从舵工手汗渍透的地方刮些粉末，拌和其他药物，让病人喝下去，结果，病很快就好了。中国古代药典上也有类似记载："止汗，用麻黄根节拌和旧竹扇研成粉末，一并吞服。"欧阳修郑重其事地说："医生以意用药，大都是这个样子。看上去荒诞不经，治起病来却很灵验。如果要究根问底，就难以解释了。"苏轼听罢，以谬攻谬，回敬了一通话："这样说来，将笔墨烧成灰化作水，让读书人喝下去，就可以医治昏庸糊涂病。照此类推，喝伯夷的洗手水，可以治疗贪婪病；吃比干的剩饭，可以治疗奸佞症；舔樊哙的盾牌，可以医治胆小病；嗅西施的耳环，可以诊治丑陋残疾。"苏轼的一连串机智反击，逗得欧阳修哈哈大笑。

十月间，苏轼告别欧阳修和苏辙，离颍东去，赴杭州通判任。北宋三位文章大家，在颍州西湖畔团聚，文酒相欢，并顺利完成文坛盟主接力棒的传递交接，保持文学发展的持续与后劲，在中国文学史上留下一段佳话。

夏末，曾巩改任齐州（今山东济南）知州，到任后，有一首《寄致仕欧阳少师》诗。其中称颂欧阳修说：

四海文章伯，三朝社稷臣。功名垂竹帛，风义动簪绅。

同时，曾巩还向欧阳修出示文稿《为人后议》。这是五六年前，在"濮议之争"当中写下的。文章旁征博引，依经典，据礼制，论证并支持欧阳修的观点，指出："为人后者，为之降其父母之服，《礼》则有之矣，为之绝其父母之名，则《礼》未之有也。"欧

阳修读后,感到非常欣慰,说道:"这是我当年想得到而得不到的东西啊!"他在《答曾舍人巩》的书信中写道:

> 辱示《为人后议》,笔力雄赡,固不待称赞,而引经据古,明白详尽,虽使聋盲者得之,可以释然矣。……方群口喧哗之际,虽有正论,人不暇听,非著之文章以要于久远,谓难以口舌一日争也。

对于自己的"濮议"观点,欧阳修始终坚定不移。他自信真理在手,不愿意以口舌争胜于一时,希望借文字流传永远,让后人去明鉴是非。今天,读到曾巩的文章,找到了学术思想上的知音,他的心情格外高兴。

冬天,欧阳修病体恹恹。然而,安顿家庭生活以后,他开始品尝到闲适生活的滋味。平日里身着宽大飘逸的道服,羽衣鹤氅,悠闲地隐居在西湖之畔。令人遗憾的是,僻居在颍州,亲朋好友多在京师,相互难得一见,心里时常感到寂寞。当他收悉赵槩从南京寄来的书信,说到明年春天前来颍州聚会,心中不胜欣喜。他在回信中写道:

> 所承宠谕春首命驾见访,此自山阴访戴之后,数百年间未有此盛事。一日公能发于乘兴,遂振高风,使衰病翁因得附托,垂名后世以继前贤,其幸其荣,可胜道哉!在公勉强而成之尔。

这里的"山阴访戴",指的是《世说新语》记载的山阴名士王徽之拜访朋友戴逵的故事,王徽之雪夜饮酒,忽然想起朋友戴逵,即刻乘船,连夜造访,天明抵达戴逵家门,却不见而归,自称:"我本乘兴而来,如今兴尽而归,何必一定要见戴逵。"东晋名士这类率性而为,不拘常规,自古传为佳话,也是文人心悠神往的境界。年近八旬的朋友仍有如此豪情雅兴,这令欧阳修异常感佩。

在颍州闲居的日子里,欧阳修有时品评前人或今人的诗歌,并以随笔、漫谈的方式,记录一些诗人掌故和文坛轶事,说起来只是"以资闲谈"。这种诗歌领域里的评古论今,阐述关于诗歌创作的理论主张,作者题名为《诗话》。标题下还有一句"解题"的话:"居士退居汝阴而集以资闲谈也。"实际上它绝非只是茶余饭后的谈资,而是我国古代文学批评体制的重要创新。从此,文坛上增添了一种新的文学样式,一种随笔漫谈式的诗歌评论体制。宋代及宋代以后，以《诗话》命名的诗歌批评著述日臻繁盛，后人为了表示区别，将欧阳修的开山之作，改称为《六一诗话》。

从体例上说，《六一诗话》开我国笔记体文学评论的先河，继之而起的有数不胜数的历代诗话，还有随之衍生的词话、曲话、赋话、文话等文学评论新体制蜂拥而来，形成宋以后中国文学批评的主体模式，一直影响到近现代。更为重要的是，《六一诗话》从评点唐人诗歌和北宋时人诗歌入手，阐述诗歌创作新主张，规范诗歌创作新标准。如《六一诗话》重点标举梅尧臣的诗歌创作思想："必能状难写之景如在目前，含不尽之意见于言外"，从而提出诗歌创作必须"意新"而"语工"的两个标准。所谓"意新"，指前人所未道，也指意境深邃，能够触发读者广泛而深刻的艺术联想。所谓"语工"，指的是语顺理通，在平淡流畅的语言中，坚持意蕴深沉而雅俗共赏的方向。《六一诗话》阐述的诗歌创作理论，正是宋诗发展的新方向。宋诗最终以理趣见长，诗语平易而警策。在欧阳修《六一诗话》诗歌创作理论的启迪下，经由苏轼、黄庭坚、陆游等杰出作家的不懈努力，终于使宋诗在唐诗登峰造极之后，另辟蹊径，吟咏出一种别具一格的竟界。这种境界使宋诗继唐诗而再盛，成就中国古典诗歌史上的另一座高峰。

熙宁五年（1072）正月的一个雨天，欧阳修找出十袭珍藏的石延年墨宝，题写《跋三绝帖》。三十多年前，石延年将自己的诗歌《筹笔驿》，亲笔书写在欧阳修提供的南唐澄心堂纸上，被欧阳修誉为《三绝帖》。澄心堂纸，为南唐后主李煜所造，纸质细薄光润，历来被世人珍重，自是一"绝"；石延年诗酒自放，诗风奇峭劲健，《筹笔驿》又是作者平生爱重的诗作，也是一"绝"；石氏工于书法，笔力遒劲，体兼颜柳，深受人们珍视，又是一"绝"。欧阳修终生珍藏这帧《三绝帖》，视为传家瑰宝。

春天里，欧阳修牙病发作，疼痛难忍，只得叫牙医拔去病齿。痛苦虽然免除了，但是从此不敢放量饮酒。孤寂当中，他赋写了《退居述怀寄北京韩侍中》二首。"其一"咏道：

悠悠身世比浮云，白首归来颍水濆。曾看元臣调鼎鼐，却寻田叟问耕耘。一生勤苦书千卷,万事销磨酒百分。放浪岂无方外士,尚思亲友念离群。

韩侍中即韩琦,当时判大名府兼任北京留守司事。欧阳修向他诉说"白首归来"的悠闲自在,又自比为"离群"的孤鸟,倾吐难得与亲朋好友相聚的苦恼。

三月十三日,房舍改建扩建工程全面告竣,欧阳修举办盛大庆典。他致信知州吕公著,邀请光临典礼仪式。书信写道:

修启:晴阴不常,不审动履何似? 前日四望,一赏群芳之盛,已而遽雨。古人谓四乐难并,信矣。十三日欲枉轩驾顾访,盖以草堂仅成,幸一光饰之尔。谨此咨布,余留面叙。

欧阳修的儿女亲家吴充,前年出任枢密副使,不能来颍参加新房落成典礼,特地寄赠诗歌,以志庆贺,欧阳修《答枢密吴给事见寄》诗咏道:

老得闲来兴味长,问将何事送余光。春寒拥被三竿日,宴坐忘言一炷香。报国愧无功尺寸,归田仍值岁丰穰。枢庭任重才余暇,犹有新篇寄草堂。

诗人感谢亲家的寄诗问候及新居庆贺,自述归田之后春寒恋枕、焚香安坐的宁静生活,独品闲逸之趣,自矜退居之乐,洒脱闲适之中犹见峥嵘之气。

令欧阳修喜不自胜的是,春暖花开时节,赵槩果真千里驾舟,来到了颍州。熙宁初年,赵槩告老退居南京,此时已是七十七岁高龄。欧阳修在西湖边的一所堂屋里隆重设宴,盛情款待老朋友,颍州知州、翰林学士吕公著应邀与宴,欧阳修兴致勃勃,在酒宴上热情致辞并即席赋诗。其《会老堂致语》写道:

致政少师一德元臣,三朝宿望。挺立始终之节,从容进退之宜。谓青衫早并于俊游,白首各谐于归老。已释轩裳之累,却寻鸡黍之期。远无惮于川涂,信不渝于风雨。幸会北堂之学士,方为东道之主人。遂令颍水之滨,复见德星之聚。里闾拭目,觉陋巷以生光;风义耸闻,为一时之盛事。

致语是古代宫廷艺人演出开始时说唱的颂辞,首段是骈文,称"致语",后为诗一首,称"口号"。欧阳修的致辞,感谢并欢迎高风亮节的老朋友千里来访,赞美赵槩犹如东汉范式、张劭"鸡黍之约"那样践约守信,歌咏朋友之间的情谊深长。他的即席赋诗也咏道:

欲知盛集继荀陈,请看当筵主与宾。金马玉堂三学士,清风明月两闲人。红芳已尽莺犹啭,青杏初尝酒正醇。美景难并良会少,乘欢举白莫辞频。

诗人称颂今日酒宴聚会,可以与东汉名士陈寔率子孙造访荀淑父子相媲美,歌咏"三学士""两闲人"之间真挚而深厚的情谊。此诗一出,当即广为传诵,颔联最为脍炙人口。"两闲人",指退休闲处的赵槩和欧阳修自身,两人都曾任过翰林学士,加上现任翰林学士吕公著,就是所谓的"三学士"。欧阳修还特意将款待赵槩的这所堂屋命名为"会老堂",以纪念这次难得的老友聚会,至今它仍是颍州西湖畔享负盛名的名胜古迹。

春光灿烂,柳暗花明。两位老人有时相携出游,共赏西湖美丽春色;有时相对小酌,回顾已往风雨历程。他们谈古论今,感伤世态炎凉,交情难得有始有终;慨叹千里履约,盛事真是难遇难逢。欧阳修《会老堂》诗咏道:

古来交道愧难终,此会今时岂易逢?出处三朝俱白首,凋零万木见青松。公能不远来千里,我病犹堪酹一钟。已胜山阴空兴尽,且留归驾为从容。

诗人回首往事,感慨满怀,历仕三朝的两位老臣,饱经政坛风霜雨雪,熔铸了纯洁真诚的友情。想当初景祐年间,欧阳修年轻气盛,与赵槩同在馆阁,常常轻慢这位沉默寡言的忠厚长者。然而,赵槩对此毫不介意。后来,欧阳修陷入"张甥案"危机,满朝大臣无人敢言,挺身而出替欧阳修辩说的,就是这位赵槩。赵槩恢廓豁达的襟怀,光明磊落的人格,在欧阳修心目中,俨然就是一棵凌寒独立的劲松。今日欧阳修带病奉陪酒宴,再三劝他多留住些时日。

欧阳修还有一首《渔家傲》词,题为《与赵康靖公》,也是颍州酒宴上的作品:

四纪才名天下重,三朝构厦为梁栋。定册功成身退勇。辞荣宠,归来白首笙歌拥。

顾我薄才无可用,君恩近许归田垄。今日一觞难得共。聊对捧,官奴为我高歌送。

上阕夸赞赵概才德。赵概早年以第三名进士及第,才名蜚声天下,官至枢密副使、参知政事,具有安邦定策的功勋,却淡泊名利,功成身退。下阕慨叹自身。词人归田后,难得与朋友聚会,今朝相逢对饮,千杯恨少,欢悦的心情溢于言表。

在欧阳修的殷勤款留下,赵概在颍州盘桓一个多月。如果不是子孙们多次派人来接,欧阳修还舍不得放他回去。临别之际,欧阳修许诺明年身体稍好的时候,将赴南京回访。谁知数月后,欧阳修就与世长辞,这番告别竟成了两人的永诀。

赵概离颍后,欧阳修顿觉寂寥与失落,幸有上清宫潘道士携琴来访,潘道士弹奏的古琴曲《越江吟》,抚慰他那颗孤寂的心。一天,风和日清,他独坐在会老堂中,凭窗远眺,只见田野老农在自由地劳作,有如神仙般的逍遥,不由得想起刚刚离去的那位老友。《叔平少师去后,会老堂独坐偶成》诗写道:

积雨荒庭遍绿苔,西堂潇洒为谁开?爱酒少师花落去,弹琴道士月明来。鸡啼日午衡门静,鹤唳风清昼梦回。野老但欣南亩伴,岂知名籍在蓬莱。

诗人独坐在赵概光顾过的会老堂上,千里之外老友的形象又浮现在脑海,置身在淳朴宁静的山野田园,品味着退休后的悠闲生活,真有些人间仙境的感觉。

六月二十一日,是欧阳修六十六岁生日。吴充从京城派人送来礼物。欧阳修十分感动,接受贺礼以后,给吴充致信道谢:

修顿首启:某田野之人,自宜屏缩。而况机政方繁,犹蒙曲记其生日,贶之厚礼,仰佩眷意之笃,感惧交并。某以衰病退藏,人事或不能勉力,交亲必赐宽恕。谨此以代布谢之万一。

吴充与欧阳修、王安石都是儿女亲家。他的女儿嫁给欧阳修长子欧阳发,次子吴安持娶的是王安石的长女。在欧阳修看来,仕途得志的吴充,正是王安石变法的得力臂助。欧阳修不愿意介入这场变法风波,所以特地在信中向亲家表示歉意。其实,在欧、王两位亲家当中，吴充的政治思想更多地接近欧阳修。他主张爱民政治和稳健改革，不赞成王安石的激烈变法手段。虽然他后来官至枢密使、宰相，但是，最终遭到变法派的迫害，过早地离开了人世。

七月，欧阳修与儿子们编纂《居士集》告成。《居士集》是今存唯一的欧阳修自编集。所收录的文章，以《薛简肃公文集序》最晚，作者自署写作时间为"熙宁四年五月"。致仕归颍以后的诗文，一概没有收入。编纂工作从去年五月开始，到今年七月结束。书中每卷末尾，都署有"熙宁五年秋七月男（欧阳）发等编定"字样，实际上选文一一出自欧阳修之手，欧阳发等人只是协助工作而已。

在编纂过程中，欧阳修将早年撰写的《本论》上、中、下三篇，删改成上、下两篇，集中表现反对佛教，弘扬儒学的主题。他又将早年写成的《正统论》七篇改写成三论，即《序论》《正统论上》和《正统论下》，并且提出"绝统说"，标志着其封建"正统论"在理论上的成熟。至于其他诗文的斟酌字词，修订文句，欧阳修事必躬亲，呕心沥血。有时一篇文章修改数十遍，有时甚至好几天决定不下某篇文章是否入选。

闰七月，欧阳修又一次病倒了。他自知多年积劳成疾，恐怕一病难起。刚刚卧床时，他写信给陈州的苏辙，告知体衰缠病。病情恶化以后，他遗嘱请韩琦日后为自己撰写墓志铭。欧阳修知道，"濮议"的主张至今不被世人理解，自己被人们误会为"濮议"的倡导者和主持人，只有让真正的"主议"人出面解释，才可以破除后人的疑惑。韩琦撰写《欧公墓志铭》，强调开始提议推尊濮安懿王，是中书省大臣反复讨论后共同奏请英宗的。从某种意义上讲，它澄清了事实，开脱了欧阳修的个人责任。

欧阳修卧病在床，听着窗外的潇潇秋雨，回想起往年秋天出游焦陂的情景，那是多么热闹、多么惬意啊！焦陂在颍州城南四十里，每逢秋高气爽时节，莲荷飘香，肥鱼鲜美，是人们理想的游览地。早在熙宁初年青州任上，欧阳修有一首《忆焦陂》诗，其中咏道："焦陂荷花照水光，未到十里闻花香。焦陂八月新酒

熟,秋水鱼肥鲙如玉。"此时此刻,他呻吟床褥,执笔写下生平最后一首诗歌《绝句》:

冷雨涨焦陂,人去陂寂寞。唯有霜前花,鲜鲜对高阁。

他想象着秋雨绵绵,水涨焦陂的情形:游人寂寞,秋花空对亭台楼阁。谁知这竟成了不祥的谶语,没过几天,果真是个"人去陂寂寞"了。

二十三日,欧阳修走完了艰难坎坷的人生旅途,在颍州西湖边的私人住宅里安然逝世,享年六十六岁。

消息传到京城汴京,神宗深感震惊,停止视朝一天,以表示沉痛哀悼。韩琦、王安石、范镇、曾巩、苏轼、苏辙等人都撰写了祭奠文章。悲悼这位文坛宗师、政治名宦、学术泰斗的离世,祭奠死者的在天之灵。

曾巩在齐州(今山东济南)撰写的《祭欧阳少师文》饱蘸血泪,在追述恩师的文章、政治成就、道德人格修养以后,抒写了自己获悉讣告时悲恸欲绝的心情:

闻讣失声,眥泪横溢。蟪冥不敏,早蒙振拔。言由公诲,行由公率。戴德不酬,怀情独郁。西望辒车,莫挂绋绋。

苏轼在杭州也因公务在身,不能临丧祭吊。他撰写的《祭欧阳文忠公文》,既为天下人公祭,也为苏氏家门私奠。文章真挚动情,感人至深:

昔其未用也,天下以为病;而其既用也,则又以为迟;及其释位而去也,莫不冀其复用;至其请老而归也,莫不怅然失望;而犹庶几于万一者,幸公之未衰;孰谓公无复有意于斯世也,奄一去而莫予遗。岂厌世溷浊絜身而逝乎,将民之无禄而天莫之遗。昔我先君,怀宝遁世,非公则莫能致;而不肖无状,因缘出入,受教于门下者,十有六年于兹。闻公之丧,义当匍匐往救,而怀禄不去,愧古人以忸怩;缄词千里,以寓一哀而已矣。盖上以为天下恸,而下以哭吾私。呜呼哀哉!

王安石与欧阳修晚年的政见并不相同,却终生保持着友好情谊。在众多的祭奠文章当中,以王安石《祭欧阳文忠公文》写得最好,感情最深。祭文全文如下:

夫事有人力之可致，犹不可期，况乎天理之溟漠，又安可得而推。惟公生有闻于当时，死有传于后世，苟能如此足矣，而亦又何悲！

如公气质之深厚，智识之高远，而辅以学术之精微，故充于文章，见于议论，豪健俊伟，怪巧瑰琦。其积于中者，浩如江河之停蓄；其发于外者，烂如日星之光辉。其清音幽韵，凄如飘风急雨之骤至；其雄辞闳辩，快如轻车骏马之奔驰。世之学者，无问乎识与不识，而读其文，则其人可知。呜呼！自公仕宦四十年，上下往复，感世路之崎岖。虽屯邅困踬，窜斥流离，而终不可掩者，以其公议之是非。既压复起，遂显于世；果敢之气，刚正之节，至晚而不衰。方仁宗皇帝临朝之末年，顾念后事，谓如公者，可寄以社稷之安危。及夫发谋决策，从容指顾，立定大计，谓千载而一时。功名成就，不居而去，其出处进退，又庶乎英魂灵气，不随异物腐散，而长在乎箕山之侧与颍水之湄。

然天下之无贤不肖，且犹为涕泣而歔欷。而况朝士大夫，平昔游从，又予心之所向慕而瞻依。呜呼！盛衰兴废之理，自古如此，而临风想望，不能忘情者，念公之不可复见，而其谁与归！

文章从悲叹欧阳修突然逝世写起，重点盛赞了逝者的文章、功业和为人大节，最后，表达作者及天下人对死者的仰慕凭吊心情。叙事、议论、抒情相结合，文采斑斓，格调高亢，造成一种壮美的悲剧氛围，充分抒写了祭者对逝者平生贴心知己，死后临风想望的无限深情。

八月十一日，朝廷赠授欧阳修"太子太师"，旌表他参弼三帝，定策两朝的政治功勋以及道德文章方面的突出贡献。

熙宁六年（1073）七月，枢密副使吴充上奏《欧阳公行状》，请求朝廷详定欧阳修谥号。

熙宁七年（1074）八月，欧阳修被谥"文忠"。按照《谥法》："道德博闻曰文，廉方公正曰忠。"这是宋廷对欧阳修道德、文章、人格的全面评价和高度肯定。

据说，起初太常礼院只谥"文"，用欧阳修配祀"一代文宗"韩愈。常秩当时兼判太常寺。他晚年与欧阳修失和，进言说：

"欧阳修有定策的功勋,请加上一个'忠'字。"李清臣担任太常丞,主持谥议,没有坚持原议,于是改谥"文忠"。表面上看来,这是褒扬,实际上有所贬抑。有的士大夫议论道:"欧阳修没有得到'文公'谥号,这谥号一定留给王安石。"后来果真如此,宋哲宗元祐元年(1806)王安石病逝。绍圣年间,谥号"文公"。

欧阳修去世后,灵柩暂厝颍州山丘。薛夫人娘家及欧阳氏亲戚大都住在京师和京师附近,薛夫人一度搬回汴京居住。按照北宋规定,朝廷文武大臣死后,一般安葬在汴京周围五百里以内。熙宁八年(1075)九月二十六日,欧阳修棺柩在河南新郑县旌贤乡刘村(今河南新郑县辛店乡欧阳寺村)落土下葬。墓志铭由韩琦撰文,宋敏求书碑,韩维篆写墓志盖。至于神道碑铭,元祐初年,苏轼、苏辙返朝做官,欧阳发等人邀请苏轼撰写,苏轼也曾爽快地允诺。但是,事后不久,他卷入新旧党争,来不及执笔,就贬知外郡去了。直到宋徽宗崇宁五年(1106),苏轼去世多年,苏辙罢官在家,欧阳棐方请苏辙撰写《欧阳文忠公神道碑》。这时,距离欧阳修下葬已有三十二个年头了。

宋哲宗元祐四年(1089),薛夫人在京师病逝,同年十一月,祔葬新郑欧阳修墓畔。陆陆续续葬在欧阳修墓茔旁边的,还有他的四个儿子:欧阳发、欧阳奕、欧阳棐、欧阳辩,以及孙子欧阳愬、欧阳恕等人。年深日久,这里形成规模宏大的欧阳家族墓地。封建社会后期的八百年间,这里古柏森森,祠殿巍巍,墓塚肃穆高耸,香火旺盛不衰。"欧坟烟雨"成为新郑境内的著名景观。每月一度的欧家庙会在这里举行,欧氏坟前人山人海,热闹非凡。直到今日,新郑欧墓依然是国内外文史爱好者及旅游观光者悠然神往的地方。

一代文宗欧阳修归老安徽阜阳,死葬河南新郑,曾经引发江西、庐陵籍宋代先贤的各种非议。江西籍学者洪迈不满欧阳修的《思颍诗》,他的《容斋续笔》感慨欧阳修身为庐陵人,葬父母于泷冈,却从中年就想着颍州,两作《思颍诗序》,竟没有一句话提及父母坟茔,称"每读二序,辄为太息。嗟乎,此文不作可也!"庐陵籍学者罗大经的《鹤林玉露》,也巧借周必大退休时尹直卿的贺诗:"六一先生薄吉州,归田去作颍昌游。我公不向螺江住,羞杀青原白鹭洲。"指责欧阳修心仪颍州山水,缺乏故乡情结。其实欧阳修一生,何曾忘情于庐陵和江西! 平生著书撰文,他坚持自署"庐陵欧阳修";所撰《吉州学记》,更是对庐陵的未来寄托殷切希望;与庐陵族人的书简往来,屡屡谈到祖坟的祭扫与管护。在他的诗文中,"区区彼江西,其产多材贤。"(《送吴生南归》)"为爱江西物物佳,作诗尝向北人夸。"(《寄题沙溪宝锡院》)常常洋溢对故乡江西的自豪。嘉祐元年至五年间,他先后八次请求出守洪州(今江西南昌),都未获允。从"梦寐江西未得归,谁怜萧飒鬓毛衰"(《寄阁老刘舍人》)等诗句,可见其晚年不能返归乡梓,实属无奈不得已。后代文人倒能体谅欧阳修的苦衷,元人欧阳玄《送振先宗丈归祖庭》诗序、明人解缙《欧阳文忠公家谱序》、王袆《送笪生序》等,都对他晚年未归故里表示理解与宽容。客观公正地说,欧阳修的归老与墓葬,无论在何地在何方,都无关紧要。的确,他是庐陵人的骄傲,也是江西人的自豪,但是,作为中华民族传统文化的杰出传承者与创造者,他不只是属于庐陵,也不只是属于江西,他属于整个中华民族,他属于全人类。

后 记

　　此著依据二十年前的旧稿增补修订而成，文字增订几近一半。这是一部纪实性的历史人物传记，书中所有叙事，凿然有据，素材源自传主著述、宋代史籍、宋人别集及笔记小说等。同一事件有多种记载的，择善而从，或兼采众说。若要考究内容的文献本源，可参见本人专著上海古籍出版社《欧阳修纪年录》、中华书局《欧阳修诗编年笺注》等。

　　全书以时间为经，事件为纬，错综铨次，条理叙述。相对历史小说《三国演义》所谓的"七分实事，三分虚构"，这部著作可称"九分实事，一分虚构"，而且"一分虚构"也有宋人撰述作为凭据。铺叙当中难免评议和点染，但在取材上，我们坚持"述而不作"的原则。目的就是尽可能按照历史的本来面貌，将一代文宗欧阳修的形象，再现于新时代中国人面前。

　　一千年前，欧阳修这一代文化精英生活的赵宋王朝，政治气候宽松，思想文化政策开明，文人社会地位优越，灿烂辉煌的学术文化应时而生。欧阳修作为宋代学者型政治家的杰出代表，又是封建盛世文人学士立身行事的光辉典范，也是宋朝重创造的时代精神的首倡风气者。因此，我们弘扬中华优秀传统文化，建设社会主义文化强国，提升国家及民族的文化软实力的时候，注重研究宋代社会及欧阳修等文化精英，批判继承这份珍贵的文化遗产，具有重要的意义。尤其是当今社会转型时期，经济大潮下的人心浮躁，道德滑坡，庸俗世风侵蚀文坛净土，人文精神渐次缺失,宋代社会及欧阳修的爱民宽简政治,重节操、厚人品在人文道德观念,疑经惑传、自出新义的文化创新精神,对于激励世人的文德节操,重建文化人的"道统"担当,具有重要的借鉴作用。

近年来,本人忙于教育部课题《欧阳修大辞典》撰稿,修订此著的大部分初稿,由刘菊芳同志执笔,最终经由本人定稿。撰稿过程中,参考了王水照、祝尚书、陈铭先生的有关专著,书前彩页的一部分照片,取自台湾欧阳礼先生的著述,谨此说明并申表谢忱。

书稿在极短时间内匆匆赶制而成,观点的提炼,材料的抉择,语言的表述,都难免存在缺陷,竭诚欢迎国内外专家学者及广大读者,予以批评指正。

刘德清

二〇一一年十二月十六日

于井冈山大学庐陵文化研究中心